共產世界大歷史

一個革命理想的形成與破滅

呂正理——著

A Macrohistory of the Communist World

The Making and Unmaking of a Revolutionary Ideal

2nd Edition

另眼看歷

《實用歷史叢書》

出版緣起

王榮文

歷史就是大個案

《實用歷史叢書》的基本概念，就是想把人類歷史當做一個（或無數個）大個案來看待。本來，「個案研究方法」的精神，正是因為相信：「智慧不可歸納條陳」，所以要學習者親自接近事實，自行尋找「經驗的教訓」。

經驗到底是教訓還是限制？歷史究竟是啟蒙還是成見？──或者說，歷史經驗有什麼用？可不可用？──一直也就是聚訟紛紜的大疑問，但在我們的「個案」概念下，叢書名稱中的「歷史」，與蘭克（Ranke）名言「歷史學家除了描寫事實『一如其發生之情況』外，再無其他目標」中所指的史學研究活動，大抵是不相涉的。在這裡，我們更接近於把歷史當做人間社會情境體悟的材料，或者說，我們把歷史（或某一組歷史陳述）當做「媒介」。

從過去現在

為什麼要這樣做？因為我們對一切歷史情境（milieu）感到好奇，我們想浸淫在某個時代的思考環境來體會另一個人的限制與突破，因而對現時世界有一種新的想像。

通過瞭解歷史人物的處境與方案，我們找到了另一種智力上的樂趣，也許化做通俗的例子我們可以問：「如果拿破崙擔任遠東百貨公司總經理，他會怎麼做？」或「如果諸葛亮主持自立報系，他會和兩大報紙持哪一種和與戰的關係？」

從過去瞭解現在，我們並不真正尋找「重複的歷史」，我們也不尋找絕對的或相對的情境近似性。「歷史個案」的概念，比較接近情境的演練，因為一個成熟的思考者預先暴露在眾多的「經驗」裡，自行發展出一組對應的策略，因而就有了「教育」的功能。

從現在瞭解過去

就像費夫爾（L. Febvre）說的，歷史其實是根據活人的需要向死人索求答案，在歷史理解中，現在與過去一向是糾纏不清的。

在這一個圍城之日，史家陳寅恪在倉皇逃死之際，取一巾箱坊本《建炎以來繫年要錄》，抱持誦讀，讀到汴京圍困屈降諸卷，淪城之日，謠言與烽火同時流竄；陳氏取當日身歷目睹之事與史實印證，不覺汗流浹背，覺得生平讀史從無如此親切有味之快感。

觀察並分析我們「現在的景觀」，正是提供我們一種瞭解過去的視野。歷史做為一種智性活動，也在這裡得到新的可能和活力。

如果我們在新的現時經驗中，取得新的瞭解過去的基礎，像一位作家寫《商用廿五史》，用企業組織的經驗，重新理解每一個朝代「經營組織」（即朝廷）的任務、使命、環境與對策，竟然就呈現一個新的景觀，證明這條路另有強大的生命力。

我們刻意選擇了《實用歷史叢書》的路，正是因為我們感覺到它的潛力。我們知道，標新並不見得有力量，然而立異卻不見得沒收穫；刻意塑造一個「求異」之路，就是想移動認知的軸心，給我們自己一些異端的空間，因而使歷史閱讀活動增添了親切的、活潑的、趣味的、致用的「新歷史之旅」。你是一個歷史的嗜讀者或思索者嗎？

你是一位專業的或業餘的歷史家嗎？你願意給自己一個偏離正軌的樂趣嗎？請走入這個叢書開放的大門。

各界推薦

（按姓氏筆劃排序）

共產主義曾是風靡一時的世界潮流，對兩岸的歷史走向也有舉足輕重的影響。作者以紮實的資料作為參考，鉅細靡遺地描述出共產主義的興衰，大膽跳脫群常的敘事框架，將視野抬高到國際的角度，俯瞰整個二十世紀共產主義的形成、擴張、及崩解。

——江仲淵　歷史作家、「歷史說書人History Storyteller」粉專創辦人

無論是否相信左翼，這都是必讀之作。

——沈榮欽　作家

剝削正義的統治基礎，如何出現？又怎麼成為新型態的壓迫？本書用心帶領讀者認識共產主義追求經濟平等、社會公義的理想如何被掏空，並在哪些歷史情境下遭極權專政體制取而代之。

——林芳如　好民文化行動協會副理事長

二十一世紀有系統地討論共產世界的歷史是非常重要的。二十世紀共產主義曾經是解決資本主義諸多

問題的解方，但本書整理的歷史資料已經顯示這條道路可能是行不通的，那麼我們現在又要如何找出一些作法既不重蹈過去共產主義的覆轍，又能夠解決社會經濟不平等與維持自由民主的問題呢？我非常認同作者提到的檢視與反省過去的歷史經驗是思考未來社會藍圖的必要作為，而這本書精彩的內容正好提供了我們這樣的素材，希望透過這本書的媒介可以勾勒出人類社會美好的未來。

——陳東升　國立臺灣大學社會學系特聘教授、國家科學及技術委員會智庫「科技、民主與社會研究中心」召集人

共產主義可以說是造成二十世紀動盪的一股最大潮流，雖然已經隨著蘇聯的解體而勢微，但共產中國在二十一世紀的影響，仍然隨著美中對抗而繼續發揮作用。毛澤東的頭像印在每一張人民幣上面，而習近平決定走回毛路線……作者這本增訂新修版《共產世界大歷史：一個革命理想的形成與破滅》，如其新副書名所揭示，提供了讀者比初版更清晰、完整，更切合時勢，而同樣濃縮易讀的新版本。

——陳健邦　臺積電文教基金會董事

在當前極度混亂而震盪的世局中，無論你關心的是瘟疫、人權、經濟、政治、傳播、國際關係或兩岸危機，如果能更深入地回顧共產主義的本質和其擴散全球的過程，必能更瞭解為何共產黨獨裁專制的基因就是不斷在國內、外輸出狡邪的謊言和殘酷的暴力，而更能清明地選擇真正符合人性的善良正道和自由理性的未來。

這本獨一無二的重磅鉅作，意外地絕不艱深難讀；兼具科技和管理專業的作者不但在浩瀚的史料中擇精馭繁，更能穿插許多深具啟發性的小故事，娓娓道來。更令人敬佩的是，作者在原著出版五年後，再接

再厲推出增訂新修版，迴映出這期間更混亂而震盪的變局，毫無疑問正是關心歷史和未來的有識之士必讀之作！

——張錦華　臺大新聞研究所榮譽教授

中共是威脅世界和平的超級病毒。瞭解這個病毒的源起、突變和毒性，是防治其擴散的必要工作。臺灣人深受中共威脅，自應詳讀本書。

——曹興誠　企業家、佛學家、收藏家、倡議家／聯華電子創辦人

馬克思宣稱，共產主義推翻資本主義乃是歷史的必然；在那之後，大家便能享受美好的生活，人人互信互愛，永遠沒有戰爭。這番話在當時聽來，是一個多麼令人振奮的希望啊！而在今日回顧，共產主義倡行將近兩百年，卻導致無數人的死難，更大的貧富差距，以及眾多的失能政府或失敗國家。

為什麼一個美好的革命理想最終殞落呢？《共產世界大歷史》增訂新修版持續聚焦於這個問題的探索和思辨，而歸納其癥結就出在「一黨專政」。歷史研究向來都具有清晰的現實意識，但因厚植於時空脈絡的有理有據，洞察或批判的力道將格外強大。閱讀本書，當能更加明白歷史的這層作用。

——黃春木　臺北市立建國高級中學歷史教師

本書應列為「共產黨研究」教科書，其對共產世界歷史提供了全面觀看的視角。

在封建制度崩壞後，中國內政動盪不安、人心惶惶，當時亟需「一盞明燈」，因而吸引愛國的青年與知識分子渴望參與改革，脫離封建獨裁，建立無產階級專政——也就是由底層勞動者為主體統治政體。

但今日中國共產黨所謂的「無產階級專政」，已經變成「專『無產階級』的政」——成為新獨裁，奴役底層人民，即無產階級者。

作者力求客觀敘述史實與引述觀點，並探討了共產黨體制的內在問題、權力鬥爭；透過本書，讀者可以全面而深入地認識共產世界的複雜歷史與其本質。

——黃春生　臺灣基督長老教會濟南教會主任牧師

此書抽絲剝繭，既客觀冷靜又發人深省。呂正理以深厚的史學功底，帶領我們穿梭於共產主義興衰的跌宕起伏間，淺顯易懂、鉅細靡遺地道出革命理想如何逐步走向幻滅，令人掩卷沉思，實為當代必讀的歷史啟蒙佳作！

——黃貞祥　國立清華大學生命科學暨醫學院分子與細胞生物研究所　副教授

本書作者以其理工邏輯思考之基礎、多年企業管理之經驗，研讀數百部中外歷史著作及相關史料，輔以其個人的親身見聞、獨到的史觀，完成了這本大作，令人擊節讚賞。增訂新修版本除了更詳敘東歐劇變及蘇聯解體之外，又納入了中國大國崛起，俄烏戰爭、美中衝突及新冷戰。讀者們不僅能從本書明白兩百年來共產世界之所以興，所以衰，也能看見資本主義是如何造成世界上種種的貧富不均，從而獲得對人類現在及未來的一些啟示。

——曾憲政　前國立新竹教育大學應用科學系教授兼校長、教改工作者

以獨特的眼光、清晰的理路、豐富的史例，為讀者呈現共產主義從學說思想到黨國體制的全部歷程。

從前臺灣的高中學生上三民主義課程，讀到孫中山說「馬克思是社會病理學家，不是生理學家」時還必須劃重點，然而真正了解箇中意思的人又有多少？

——廖彥博　歷史作家

人是工人，個個無產，全面公有，一切共產。何以世界曾有高達三分之一的地域，都奉行共產主義？本書盤點了每個關鍵歷史節點，仔細閱讀，便能回訪其來時路。

——謝佩霓　藝術評論家、策展人、藝術史學者

推薦序

你還相信共產黨嗎？

將近一百八十年前，當馬克思正式發表他的《共產黨宣言》時，歐洲乃至全世界不知有多少知識分子被這本書迷惑了。馬克思用極具煽動性的文字描述了工人階級的痛苦、資本主義的殘暴不仁以及人類社會發展的最高階段等等。最後，他提出了如何終結人類社會不幸的藥方：必須是一場暴力的無產階級世界革命。

這個革命在俄羅斯、在歐洲、在中國、在亞洲其他地區，最後在中南美洲及非洲都爆發了。當然這些革命的過程並不完全像馬克思當年所想像的，但是一個一個共產政權畢竟成立了，許多人也把這些共產政權幻想成當年馬克思所許諾的人間天堂。

但是在其後的一百多年中，這些人間天堂經歷了一次又一次幻滅：列寧對於國內及黨內反對派的殘酷鎮壓、史達林的大整肅、打敗納粹後，蘇聯對於東歐的帝國主義擴張，以及蘇聯及東歐多年的殘暴統治與經濟衰頹等皆是著例。

令人不解的是，當一九四九年中共政權成立時，許多中國人甚至國際人士竟完全忘記了當年蘇聯及東歐的教訓，自欺欺人地說：「新中國誕生了！」可是現實是殘酷的。在中共當政的七十多年中，他們的幻想同樣經歷了一次又一次的打擊：五大運動、三大改造、反右運動、大躍進、大饑荒、文化大革命、鬥爭四人幫、天安門大屠殺以及殘酷鎮壓法輪功等等。

一九九一年，在東歐的共產政權先後瓦解之後，蘇聯也瓦解了；但是中共政權卻意外地存活下來。在它重新推動改革開放十餘年後，又加入了世界貿易組織，這使得大陸的經濟快速發展，逐步成為世界第二大經濟體，同時也成為世界工廠與世界市場。這使得許多人得到一個錯誤的結論：共產黨可以搞開明專制，這對於大陸的經濟發展是有幫助的；而共產中國的經濟發展對於世界經濟是有重大貢獻的。但是他們完全忽略了這種表面的發展背後的慘痛代價：中共權貴階級的駭人貪腐、底層人民被惡劣剝削的深重痛苦、高壓統治對一般百姓的殘酷壓迫，以及竭澤而漁發展策略所造成的環境污染等。

習近平上臺後十餘年來推動的政策加重了這些錯誤：反腐敗越反越腐，底層人民被盤剝更形嚴重，因為社會不公、司法不公而必須加強維穩鎮壓，更無論加速發展而加深的環境破壞。這些問題當然並非中國所獨有，但是中國共產黨的一黨專政卻以驚人的速度，加重了以上的負面發展。

那麼中國大陸內部以及包含臺灣在內的國際社會，為什麼還有許多人不知道或者是視而不見呢？因為馬克思、列寧以降，共產黨人非常注重宣傳與洗腦，這使得許多人或者被蠱惑、或者自願迎合，而被動甚至主動的為共產黨人宣傳。究其實，就是因為許多人不瞭解共產主義的真相以及共產黨人的真實企圖。

最近幾年來，由於中共政權在政治上、外交上、軍事上以及國際貿易上的張牙舞爪，使人們逐漸認清了共產黨的真面目，而開始在國際社會上形成一股反共產、反專制的浪潮，呂正理先生這本新版《共產世界大歷史：一個革命理想的形成與破滅》的推出，恰逢其時地又為這股浪潮做了一個有力的推動。我相信，許多人在讀完這本書之後，會彼此相問：「你還相信共產黨嗎？」

臺大政治系名譽教授　明居正謹序

二〇二五年四月三日

增訂新修版自序

二〇二〇年七月，我在臺灣出版一本《共產世界大歷史：一部有關共產主義及共產黨兩百年的興衰史》（以下稱「初版」）。很高興，如今我將該書的內容做了大幅修改增訂之後，重新出版，並將書名改為《共產世界大歷史：一個革命理想的形成與破滅》（以下稱「增訂新修版」）。相信讀者們大多會同意，新的副書名更能貼切地說明共產世界在過去兩百多年間的演變，我就不多做解釋。不過我在寫作及修訂這本書的過程中，有一些心路歷程，也有一些有趣的故事，卻希望和讀者們分享。

當初我之所以想要寫一部「共產世界大歷史」，主要是源於一個理念：無論是在過去或現在，「共產主義」及「共產黨」對臺灣，對中國，乃至於對全世界所有的國家及人民，都產生了巨大的影響，無疑也將影響到未來；但以我的觀察，大部分的人對於共產主義及共產黨的認知可說是相當不足。我認為這是極其危險的一件事，特別是在網路時代，錯誤及造假訊息氾濫，人們很容易被誤導而有錯誤的認知，其結果是將會付出無法料想的代價。因而我認為，人們有必要認真去讀一些有關共產主義及共產黨的書，特別要是讀相關的歷史，因為國際現勢雖然每天在變化，其實都是過去歷史的延伸，所以多讀歷史或能幫助人們看清楚今日發生的一些事情其背後原因，從而避免被誤導。

上世紀九〇年代起約有二十多年，由於工作的關係，我曾長期居住在香港及中國大陸（全世界最重要的一個共產國家），或頻繁地往來於兩岸三地。我自己一向喜愛研究歷史，自然而然也讀了不少有關共產主義及共產黨的書，其中包括一些人物（如馬克思、列寧、史達林、毛澤東、卡斯楚）的傳記，或敘述某一特定事件（如韓戰、越戰、文化大革命、東歐劇變及蘇聯解體），或討論某一特定的國家、地區。不過我很少看見一本書，能採取宏觀的視角，把那些人物、事件及國家綜合寫在一起，又能說明其間的關連、互動及相互影響。但我認為，這樣的一本「大歷史」（macrohistory），有其必要。以我所知，有些人雖然也想多多瞭解共產主義及共產黨，卻難以花時間去讀那麼多書；對於這些人來說，如果能有一本這樣的書，那是再好不過。

如我的觀察，可惜這樣的書並不多。因而，我雖然知道自己的知識及能力都有限，在猶豫再三之後，還是大膽地決定動手寫一本《共產世界大歷史》，希望能寫得客觀、嚴謹、全面又簡明。我也知道可能有一些學者專家會對我所寫的若干內容持不同的意見，但我告訴自己，不應擔心而不寫，如能藉此拋磚引玉，不也是一件好事？

我花了大約四年時間寫完這本書，在初版上市時恰巧遇到美中對抗開始升溫，新冷戰方興未艾，我的書也很幸運地引起許多讀者注意，並獲得不少朋友的鼓勵與支持。但我認為，在國際現勢如此劇烈變化之下，更有必要讓更多人瞭解共產黨的歷史。於是我又決定與新竹的一家ＩＣ之音廣播電臺合作，根據本書內容，邀請一位廣播界的朋友徐凡與我一起在空中進行說書，在二〇二一至二〇二二年間，前後講了七十六週，七十六講。很高興電臺告訴我，這個說書節目獲得許多聽眾喜愛，廣播連同podcast隨選即聽的覆蓋率是書本銷售的十倍、二十倍，是這期間電臺第二受歡迎的節目。我尤其高興的是有許多聽眾留言，其中有一部分是海外的聽眾寫來的，也有中國大陸的聽眾翻牆收聽；其中有一位竟來信說不慎被公安發現而遭到短暫羈留，但自認還是值得。廣播的經驗給了我很大的鼓勵，也激發我想到一個新目標——希望把這本書翻譯成英文給外國讀者看。當然，在美國及歐洲其他國家也有不少介紹共產主義及共產黨的好書（事實上，臺灣出版這方面的書有很多是從外文書翻譯的），特別是有一些非常好的傳記、回憶錄，不過寫大歷史的書籍還是少數。因而，在電臺說書完畢之後不久，我就請幾位從美國、英國來到臺灣而且有翻譯專業的朋友幫忙將本書翻譯成英文。

在廣播節目進行中，我另有一項收穫：從聽眾的來信和許多朋友的回饋，可以明顯感覺到大家比較關注的是比較近的歷史。特別是，當我講到鄧小平與戈巴契夫（Mikhail S. Gorbachev）分別進行改革開放時的不同作法，及其結果，也就是六四天安門事件、東歐劇變及蘇聯解體，很多人都說希望我講得更詳細一些。當我說到一九八九年及一九九一年之後，已經結束共產黨一黨專政的東歐八國及前蘇聯的十五個加盟共和國，究竟又是如何演變，許多聽眾同樣希望我多講；講到關於中國改革開放後又是如何大國崛起，聽眾就更有興趣了。

因而我知道，如果我要想把這本書翻譯成英文，絕對不能照初版翻譯，而是要大幅改寫。我於是一面致力於將初版改寫，一面與我的朋友們一起進行翻譯。此一增訂新修版與英文版因而是幾乎同步完成的，內容大致也一樣，只有這篇增訂新修版序是在英文版序之外，專門為中文讀者寫的。

那麼，這本書的增訂新修內容與原來的初版，究竟有什麼不同呢？

大致來說，初版有四卷，分別敘述共產世界的形成、擴張、分裂及崩解四個階段。其中第四卷（共五章）敘述共產世界崩解的過程，以及崩解後各國的後續發展。基於上述原因，我決定擴充初版第四卷，並將之分拆為增訂新修版的第四及第五部；其中第四部（共三章）詳述並比較戈巴契夫及鄧小平的改革開放，以及兩者如何導致六四事件、東歐劇變及蘇聯解體的不同結果；第五部（共四章）則是講述其後各國的後續發展，並將此後二十幾年至今種種變化，包括中國的大國崛起，俄烏戰爭、美中衝突以及新冷戰，也都寫入。

我也檢視初版的前面三卷（共十九章），認為其中有一部分是敘述相關的歐洲歷史，有助於瞭解共產黨如何起源，如何擴張，如何分裂，但並非必要，對於熟悉歐洲歷史的英文版讀者來說，可能更沒有必要；因而，我決定酌予刪節，改寫成十二章，使其結構更堅實，更重要的是使其前後左右更具關連性。

過去幾年來，國外和臺灣都有一些關於共產黨歷史的新書出版，其中有不少是因為舊蘇聯的檔案解密，或其他私人檔案、史料的開放及發表，或部分歷史學者的新發現、新見解。我很高興，藉這些新書、新史料的出現，我也能在增訂新修版中補充解釋初版裡無法解釋的一些歷史事件。

總之，我希望這本書的增訂新修更能讓讀者瞭解共產黨的歷史及其本質。我也相信，初版的讀者在讀這本增訂新修版時，會得到很多新收穫。

呂正理

二〇二五年三月

英文版自序

這本書原本是以中文在臺灣出版的，如今又能以英文出版，在美國、歐洲及其他地區發行，我真是高興極了。我之所以希望出版這本書，必須從我個人的一段特殊經歷開始說起。

一九九五年，我離開臺灣，轉任為一家我已服務多年的跨國化學公司的中國地區負責人。我的任務是幫助公司加速擴充在中國的業務及投資活動。我有一些客戶早已到中國投資，並且規模都遠遠大於他們在臺灣的工廠。一些還沒有去的，到這時也紛紛決定跟著我去。當時，中國正要進入改革開放的高峰期，港商、臺商及外國企業正在蜂擁而入。世界各國的政府及人民大多以為中國如果經濟改革成功，將來極有可能也會進行政治體制改革，遲早要放棄馬列主義。我當時也是同樣的看法，所以欣然赴任。

我雖然在大學時學的是化學，後來從商，業餘的最愛其實是研究歷史，當然很高興有機會親身參與中國正在發生中的歷史轉變。不過我自認對共產黨的歷史所知有限，所以有一天在北京辦公室和一位同事說話時，就請她在下班回家時順道幫我去書店買一套書。她問我買什麼？我說買一套四卷本的《毛澤東選集》。不料她大吃一驚，說：「我們這裡現在已經沒人讀這些書了。」旁邊的幾位同事聽到了，也一樣非常驚訝，說同樣的話。

這件事我至今記憶猶新。當時我的公司所聘的員工都是中國一流大學的畢業生，所以在我的認知裡，這一問一答清楚地說明了一件事：其實不只是外國人，連中國本地的菁英分子對於國家未來的走向也有一種「想當然耳」的假設，或說是一種期望。

我在幾年後雖然換了工作，轉而成為一名專業的企業顧問，大多時間也還是在中國大陸各地，而以我的觀察，人們對於中國未來的看法基本上並沒有什麼大的改變。中共雖然始終自稱其所奉行的是「有中國特色的社會主義」，一般人都說那就是「資本主義」。一九八九年發生的六四鎮壓學生事件其實不遠，但人們幾乎不再提起。不過我必須說，每當我坐車經過天安門，再多看見一次毛主席的巨幅畫像高掛在上面，對於中共政權將來放棄馬列主義的可能性就多一分懷疑。我常常有機會和中共的中央政府及地方官員接觸，但坦白地說，這些接觸多半也只是增加我的懷疑。

我的懷疑促使我決定多花一些時間研究共產主義及共產黨，尤其是與史達林、列寧、馬克思，以及與蘇共、東歐共產國家有關的歷史。我知道，如果我研究的範圍始終局限於與毛澤東及中共有關的歷史，我將永遠看不清楚中共。我既是置身於中國的改革開放之中，最好也能比較一下中國與蘇聯所進行的改革開放究竟有何不同。

我很幸運能同時從中國、臺灣及世界各國得到不同來源的書和刊物，幫助我清楚地知道，原來中國和蘇聯的改革開放是走在不同的方向，並分別導致後來發生的三件大事——中國的六四事件、東歐的民主化革命及蘇聯解體。從這三件大事，我又漸漸得到一種看法：中共自以為改革開放成功，但由於鄧小平從一開始就決定改革只做一半，事實上只是把問題延後。中共不可能永遠一面繼續經濟改革，一面又堅持共產黨一黨專政的政治體制不變。事實上，以劉曉波為首的一群知識分子早已大膽地提出「零八憲章」的主張，只是劉曉波不幸被捕，終身受到監禁至死。

當中共總書記習近平於二〇一七年底第二任期開始後，明確地表示決定走回頭路，回歸到馬列主義及毛澤東路線時，確實是出乎國內外大多數人的意外，但對於我來說，已經不是意外。中共既是難以割捨既得利益，不願放棄一黨專政，就只能回歸到馬列主義。有一些比較敏感的人也早在習近平的第一任期還沒結束前就已經預料到有此可能。

不過我還是必須承認自己曾經誤判很多年，所以即便比很多人早認錯也不過是五十步笑百步，並沒有什麼值得慶幸或驕傲的。但我認為，人們之所以如此容易誤判，是因為對中共沒有足夠的認知。中共改變路線雖然使得很多人失望，以我的觀察，在民主國家中大部分的人對中共的認知並沒有增加多少，對於共產黨的本質尤其缺乏應有的認識，這就使得很多人容易繼續誤判。因而我認為，如何能使得人們更加瞭解中共是一件極為重要的事，而我或許可以把過去研究共產黨的心得拿出來做一些貢獻。二〇一六年初，我遂決定寫一本有關共產世界的歷史，寫我所知道的，所有與共產主義、共產黨有關的思想、歷史人物及歷史事件。

我當然希望這本書不只能給學者專家參考，也能給一般大眾讀。為了達到這雙重的目的，首先，我為自己訂立一條規則：我將力求客觀，無論是在敘述史實時，或是在引述其他學者專家的敘述及觀點，我將盡可能避免表示我自己的意見；因為我知道，如果我把自己的主觀看法與客觀敘述同時擺在一起，很有可能混淆讀者，使得他們不知道何者是我的敘述，何者是我的個人意見，這將影響到他們自己下自己的結論。當然，我也知道人類無不受到自己的潛意識影響，無論如何都不可能做到絕對客觀，但我總要盡力，至少求得相對客觀。

其次，我要求自己必須書寫得淺顯、活潑、有趣，最好能讓讀者覺得像在讀小說一樣，但務必根據史實。事實上，我讀書常有一種感覺：真實的歷史故事往往比小說杜撰的情節還要曲折感人。

幾年前，我也曾採取類似的寫法出版過一本書《另眼看歷史》，主要敘述中國、日本、韓國及臺灣等四個東亞國家的歷史互動，並獲得許多讀者喜愛及鼓勵，後來又改以《東亞大歷史》為書名在北京出簡體版，同樣受到廣大讀者歡迎，這使我有信心寫這本新書。

＊＊＊

事實上，美中關係在我開始寫書後不久就已經急遽惡化。川普（Donald Trump）在二〇一六年競選美國總統期間強烈批評中共，在當選後不久就對中國發起貿易戰。二〇二〇年七月，也就是他執政的後期，美國國務卿龐培歐（Mike Pompeo）在加州以《共產中國與自由世界的未來》（*Communist China and the Free World's Future*）為題發表公開演講，被英國廣播公司（British Broadcasting Corporation，簡稱ＢＢＣ）及其他媒體稱為「新鐵幕演說」，或「新冷戰演說」。我的新書恰巧在龐培歐發表演講之前的三個星期出版，正逢其時，所以也獲得許多讀者喜愛及鼓勵。

但我還是希望這本書能有更多人閱讀，而不是只有臺灣的讀者，我尤其希望中國和英文的讀者也能讀到。不過我也很清楚，這本書在中國出版根本不可能，所以出版英文版就成為最重要的目標。如今英文版終於出版了，我尤其高興。

本書分為五部分，分別是共產世界的形成、擴張、分裂、崩解，以及崩解之後。這五個階段的分界點是一九一七年，一九五三年，一九七八年及一九八九至一九九一年。以我個人的看法，這四個分界點決定了整個共產世界發展的歷史脈絡。

一九一七年，列寧領導布爾什維克發動俄國十月革命，建立世界上第一個共產國家。馬克思與恩格斯雖然在此之前七十年就已經共同發表《共產黨宣言》，吹響了共產革命的號角，如果沒有列寧，共產革命恐怕永遠沒有成功的機會。

一九五三年，史達林去世。在他生前，共產世界已經急遽地擴張。列寧雖然早在建國之後決定要輸出共產革命到全世界，其實只是播種而已。史達林卻在二次大戰後不久就將東歐國家都關入「鐵幕」，又支持毛澤東打贏中國內戰，建立中華人民共和國。但由於赫魯雪夫於史達林死後，在蘇共二十大做祕密報告時嚴厲批判史達林，並主張「和平過渡」，導致蘇共與中共的對立及分裂，不過兩者仍然各自積極輸出革命。因而，對共產世界而言，此後是分裂與持續擴張的階段。

一九七八年，即是中國的文化大革命結束兩年後，鄧小平宣布改革開放。從一九八五年起，蘇共新任的總書記戈巴契夫也決定開始改革開放。兩個共產世界的領導人之所以都決定改革開放，原因一樣：共產主義的體制問題如果不修正，就已經無路可走，更何況無止境地輸出革命以及與美國為首的民主國家之間的對抗，也都是無法繼續承擔的重擔。

中蘇分別進行改革開放的結果，就是如前所述，一九八九年至一九九一年之間發生三件大事，分別是中國的六四事件，東歐八國的民主化革命，以及蘇聯解體。這三件大事究竟應當解讀為中共及蘇共的成功，或是失敗，我將不在這裡多談，而留到後記中再討論。不過必須指出，經過如此重大的變故之後，無論是中國、東歐八國或前蘇聯的十五個加盟共和國，無可避免都將面臨種種的危機與困難，必須各自尋求解決之道。這些國家的後續發展又對整個世界產生巨大的衝擊，並且影響到今天。也因此，本書在敘述完共產世界的崩解之後，必須再敘述這些國家的後續發展。

附帶說明，本書的英文版與中文初版的內容有些不同。原本的初版只有四部分，關於共產世界崩解後的歷史也只寫到大約二〇〇〇年。在英文版中，我決定將原先的初版第四卷擴增為第四及第五部，以便分別更詳細說明共產世界崩解的過程，及崩解之後的後續發展，包括近幾年來國際局勢的許多重大變化（如中國的大國崛起、俄烏爆發戰爭、新冷戰等）——這些無疑正是許多讀者所關注的。同時，由於我相信英文讀者相對比較熟悉歐洲的歷史，初版中有關這一方面的敘述有一部分可能不是必要，所以酌予刪減。我相信讀者們會喜歡新書這樣的改變。

＊＊＊

回顧共產主義之所以興起，主要是因為資本主義在工業革命後迅速發展，帶來極端的貧富不均，使得全世界有良知的知識分子無不起而撻伐。許多懷抱著追求公平、正義的有志青年更是紛紛投入各種社會主義及共產主義的大旗之下，為扶弱濟貧的理想而奮鬥。然而，為什麼蘇聯從列寧一九一七年建國到一九九一年解體，只有短短七十四年呢？又為什麼東歐各國的共產黨比蘇共更早就紛紛垮臺呢？

事實上，從馬克思在世時一直到今天，曾經批評、反對共產主義，或預言共產政權必定不能長久的政治家、學者、歷史家極多。其中有從資本主義觀點出發，也有從自由派或社會主義的觀點出發；但我以為，最值得注意的是一些原本在馬克思主義陣營中，後來卻堅決反對共產政權的人，例如：曾被列寧尊為老師的「俄國馬克思主義之父」普列漢諾夫（Georgi Plekhanov），列寧昔日的革命同志，孟什維克派的領袖馬爾托夫（Julius Martov）等人所說的話。不過我更想引述的是南斯拉夫著名的異議分子吉拉斯（Milovan Djilas）的批評，因為從歷史看，他的批評影響最大。

吉拉斯原本是南斯拉夫共產黨領導人狄托（Josip Broz Tito）的忠實革命伙伴，與狄托一起為實現馬克思主義的理想而奮鬥，後來又支持狄托一同對抗史達林，與其決裂，曾經一度被認為是狄托的接班人。然而，後來吉拉斯卻對共產主義逐漸產生根本性的懷疑，竟在自己所主持的報紙上連續發表被認為有「修正主義」傾向的文章，其中不僅建議從計畫經濟改為部分經濟自由化，又主張停止共產黨一黨專政，改採多黨制。狄托無法忍耐，將他下獄。不料吉拉斯在入獄前已經交付給紐約的一家出版商一份手稿，在一九五七年出版，書名為《新階級：共產主義的分析》（*The New Class: An Analysis of the Communist System*），其中批評共產黨是自欺欺人，最終不過是打造出一批貪圖物質享受、貪污腐敗的一個新的特權階級官僚，吉拉斯將其稱之為「新階級」。

吉拉斯被關了十五年後出獄，又出版他在獄中歷盡千辛萬苦而寫成的《不完美的社會》（*The Unperfect Society - Beyond the New Class*），其中說：「共產主義下的所有權是一頭怪物，在形式上是社會的和國家的，實際上是由黨的官僚來管理和操縱，這是共產主義失敗的根由。」

許多歷史家認為，正因為吉拉斯是世界上第一個公開主張共產黨必須「結束一黨專政」的人，所以對後世的影響最大。事實上，如果我們只以一句話總結東歐在一九八九年爆發民主化革命及蘇聯在一九九一年解體的經過，那就是：在這些國家裡總共有超過三十個共產黨被迫結束一黨專政。吉拉斯所提出的主張，不到三十幾年後就已經成真。

如果我們將共產國家定義為「憲法中規定共產黨一黨專政」的國家，那麼今天全世界只剩下四個共產國家：中國、越南、寮國及古巴。不過世界上還有一些國家雖然不是由共產黨一黨專政，卻是由某一政黨、或由某一獨裁者統治的極權國家，如俄羅斯、白俄羅斯、北韓及若干位於中亞地區的前蘇聯加盟共和國。直接地說，這些共產國家或極權國家大多是在舊冷戰結束之後因某些因素而未能轉變為民主國家，而新冷戰也正是形成於這些國家與民主國家之間。

那麼未來究竟會如何發展呢？事實上，我一向敬畏歷史，因為歷史總是充滿了驚奇，有種種的意外可能發生。一場戰爭、一次選舉、一樁婚姻、或是一個人突然死亡，其結果都可能改變歷史。因而，我自認不能，也不願對未來做任何揣測。

話說回來，未來會如何雖然無法預料，但我相信一件事：人們可以在種種的可能當中做選擇。我也相信，人們越能明白過去的歷史，就越能洞悉現在為何如此，也越清楚自己未來應該選擇走上什麼樣的路，不選什麼樣的路。英國前首相邱吉爾（Winston Churchill）曾經說：「你往後能看多遠，就能往前看多遠。」，就是這個意思。我衷心地希望這本書也能幫助讀者們往後、往前看得更遠。

呂正理

二〇二五年春，於臺北

目次

第五部　共產世界崩解之後（一九八九年後）

第一部

共產世界的形成

（一九一七年之前）

第1章 從《烏托邦》到《國富論》

一九一七年，俄國發生二月革命，接著又爆發十月革命，世界上第一個共產國家就此誕生。此後二十世紀的世界史，可以說就是資本主義和共產主義對抗的歷史，一直到一九八九年東歐發生劇變及一九九一年蘇聯解體；但到了二十一世紀二〇年代的今天看來，此一對抗也還沒有完全結束。

一般認為，「二月革命」是由資產階級領導的革命，「十月革命」卻是無產階級革命。在此之前，歐洲發生過的革命大多是貴族革命或資產階級革命。其中雖然也曾發生過幾次無產階級革命，但全都以失敗收場。十月革命卻是歐洲歷史上第一次成功的無產階級革命，因此意義重大。

不過嚴格地說，二月革命並不完全是資產階級革命，因為其中也有許多無產階級（工人及叛變的水兵）參與其中。列寧在八個月後，才又率領布爾什維克（多數派）一同鼓動工人、水兵發起十月革命，推翻由資產階級組建的臨時政府。事實上，在此之前發生過的資產階級革命大多也有無產階級參與其中；只是在革命成功後，無產階級大多默默接受由資產階級獨享革命的果實。其中也有幾次無產階級與資產階級在革命之後發生衝突，結果卻遭到鎮壓而慘敗。總之，資產階級革命與無產階級革命之間的界線並不是太清楚。資產階級革命必須要有無產階級共同出力，才能推翻貴族階級（國王、貴族和教會）的統治。但從另一方面說，無產階級不太可能跳過資產階級革命的階段而獨力直接推翻貴族統治。

但究竟資產階級與無產階級是如何共同推翻貴族階級的統治，又如何在過程中產生對立呢？本章在一開始，必須先從兩者的名稱及其起源說起。

資產階級與無產階級

「無產階級」（proletariat）這個詞來自法國，而又源自更早的古羅馬時代，意指那些除了「子嗣」（proles）之外，無其他土地或財產者，在經濟意義上屬於社會最低階層。在所有的歐洲國家裡，一直以來無產階級指的大多是依附在貴族大地主底下的農民或農奴；十八世紀工業革命開始後，才包括越來越多工廠裡的工人。

同樣來自法國的詞「資產階級」（bourgeoisie），出現得比較晚，於十一世紀起才在歐洲流行。當時有一些木匠、鐵匠、其他工匠及手工業、自由業和小商人聚集在一些四周有圍牆的小城（bourg）裡形成市集，這些人因而被稱為bourgeoisie，不過這只能說是「小資產階級」，完全無法與掌控經濟的貴族相抗衡。但有一部分的小資產階級，在經過幾代累積財產漸漸形成「中產階級」，對貴族產生威脅。到了十三、四世紀，在義大利北部有一些城邦，如威尼斯（Venice）、佛羅倫斯（Florence）、熱那亞（Genova）；西歐、北歐也有一些城市，如荷蘭的安特衛普（Antwerpen）、法國的巴黎和英國的倫敦，逐漸發展出蓬勃的商品經濟。許多大貿易商、大銀行家開始出現，形成「大資產階級」，對貴族的威脅就更大了。

以威尼斯為例。當時商人聯合募集資金向政府租船，甚至自行造船，以載運貨物往來進行貿易，獲利驚人。威尼斯人也發展出一種新的商業組織，稱為「公司」（Compagnia），並對外招募股東，目的是分擔風險。各種不同的行業又分別組織「行會」（Guild）來保護共同的利益。威尼斯商人甚至擁有強大的武力，所以無往不利，執地中海商業的牛耳。

從政治上來看，威尼斯也另有獨特之處——由於威尼斯是一個共和國，總督雖掌有大權，卻是經由選舉產生，並受到由金主及各行會組織的多層議會監督。這在當時歐洲其他地方幾乎是聞所未聞的。

圈地運動與「烏托邦」的理念

與義大利城邦發展幾乎同步，英國及部分其他歐洲國家也由於土地兼併而出現另一種型態的資產階級。在這些國家裡，國王把土地分封給領主，領主又分給小領主。各領主在其莊園裡蓋巨宅和教堂，並保留一部分樹林、草地及公用牧場後，再將其餘的土地分成數百個或上千個長條撥給佃農耕作，佃農在收成後必須向領主繳納田賦。依法佃農並無分得其份地的所有權，但有耕作權，並可代代相傳；佃農也為領主及教會保留的土地無償耕作。如此數百年，大致上各自相安無事。到了一二三五年，英國國王卻突然發布一個《墨頓法令》（*Statute of Merton*），允許領主圈占部分公有地。「圈地運動」於是開始。到後來，有許多佃農竟也被剝奪其份地的耕作權，這些耕地大部分轉為養羊。

為什麼養羊呢？因為隨著貿易蓬勃發展，羊毛及毛紡織品成為英國獲利最豐厚的出口商品。兩英畝的土地用於耕作，不如一英畝用於養羊。其結果是越來越多農民失去土地，轉而為領主養羊、剪羊毛、剝羊皮，或淪為紡織工廠的低薪工人。更嚴重的是，有很多人失業，一家人無以維生。當時的社會於是逐漸動盪不安起來。

對於社會上的不公不義，英國有一位政治家湯瑪斯・摩爾（Thomas More）十分不以為然，並在一五一六年出版的虛構小說《烏托邦》（*Utopia*）裡，強烈指責圈地運動的結果是「羊吃人」。摩爾也在小說中提出自己的理想社會：一個人口不多的小國家，人人愛好和平，男女平等，宗教自由；最重要的是，所有財產都是共有的，人人都參加勞動而共享成果，並按需要公平分配，所以也沒有失業問題。《烏托邦》對後世的影響非常巨大，近代的社會主義、共產主義的思想都受其啟發。

與《烏托邦》出版幾乎同期，歐洲也發生宗教改革運動，由神學家馬丁．路德（Martin Luther）發起，主要是反抗腐敗的教會。之後又由喀爾文（John Calvin）發起的另一個新教「喀爾文派」，也在瑞士、荷蘭、英格蘭及蘇格蘭迅速發展。另有英國國王亨利八世（Henry VIII）也決定創立英國新教，表面上是因為不滿羅馬教會不准他和皇后離婚而另娶，實際上利益衝突也是原因之一。

英國在圈地運動開始後不久，發生了大規模的農民叛亂。國王迫於形勢，不得不改採反圈地政策。只是過了一段時間，貴族們忍耐不住，又對國王施壓，要求解禁，結果就是英國在圈地及反圈地之間搖擺一百年。在此期間，有一部分非貴族出身的平民紛紛加入圈地運動，因而成為地主，這股勢力逐漸大了起來，成為新起的中、小資產階級。

資產階級加速興起：大航海時代的來臨，荷蘭證券交易所的設立

十五世紀初起，葡萄牙有一位恩里克王子（Infante D. Henrique）開始主導在非洲西岸海上探索的冒險行動。中國在明成祖時期派鄭和下西洋，大約也是同一時候。鄭和的寶船最遠曾經到達非洲東岸的摩加迪休（Mogadishu），在一四三〇年最後一次出航後，中國就不再派船隊出遠洋了；恩里克王子的探索卻沒有停止，而是一路往南，並在西非建立了一些初期的殖民地。到了十五世紀末，出現了迪亞士（Bartolomeu

Dias）、哥倫布（Christopher Columbus）及達伽馬（Vasco da Gama）等著名航海家，先後率領船隊完成繞過非洲最南端的好望角（Cape Hope）、發現美洲新大陸及抵達印度西南海岸的壯舉。歐洲其他各國唯恐落後，紛紛跟進，大航海時代於是來臨。

經過一百年，歐洲各國在非洲、美洲及亞洲競爭越趨激烈。一六〇〇年，英國女王伊莉莎白一世（Elizabeth I）發給一家新成立的英國東印度公司（East India Company，簡稱ＥＩＣ）特許權狀，給予貿易獨占特權，又准其發行股票以募集資金。荷蘭人也在一六〇二年成立荷蘭東印度公司（Vereenigde Oostindische Compagnie，簡稱ＶＯＣ），將原有十四家分散的公司全部併入，並在首都阿姆斯特丹設立全世界第一個正規的證券交易所。資產階級的時代於是宣告來臨。

歐洲各國的人民經由投資買賣股票，累積財富，造就越來越多的資產階級。這些人有錢之後，想要提升自己的政治地位，以確保其生命、財產及其他權益，於是開始挑戰王室、貴族及教會所代表的封建勢力。平民百姓在受到資產階級慫恿後，大多也站在資產階級一方。

發生在歐洲及美國的四次資產階級革命

歐洲最早發生的資產階級革命是荷蘭人從一五六八年起，為脫離西班牙統治而進行的獨立戰爭。西班牙人以天主教為國教，迫害大多信奉基督教喀爾文（Calvinism）教派的荷蘭人，又強徵重稅。荷蘭人忍無可忍，遂起而抗暴，要求獨立，經過約四十年的苦戰，最終迫使西班牙人在一六〇九年簽署停戰協定而建立了「荷蘭共和國」（Dutch Republic）。值得注意的是，這時離前述阿姆斯特丹證券交易所成立只隔七年。

繼荷蘭獨立戰爭後，英國發生兩次內戰，原因都是國會與國王發生衝突。不過其中也有宗教因素。英國有許多屬於喀爾文新教改革派的清教徒（Puritan），由於遭到王室主持的英國新教迫害，一部分人民決定逃往歐洲，也有逃往北美洲的，但也有一部分決定留下來反抗。

英國的國會原本只有由貴族和教會領袖組成的單一國會，後來改為兩院制，其中上議院仍由貴族和教士組成，下議院卻是由各地方推選的代表組成。後來有越來越多的新起資產階級進入下議院擔任議員，就開始對國王不恭敬了。一六四二年，英國國王查理一世（Charles I）強行要求人民加稅，下議院拒絕接受，第一次內戰於是爆發，史稱「清教徒革命」。戰爭開打後，叛軍由克倫威爾（Oliver Cromwell）率領，勢如破竹。查理一世兩度兵敗被俘，竟被下議院設立的法庭判處死刑，遭到砍頭。克倫威爾從此攝政為王，卻是一個更獨裁的暴君。人民敢怒不敢言，在他死後又立查理一世的兒子為王。

一六八八年，英國再度發生內戰，史稱「光榮革命」（Glorious Revolution），其過程和第一次內戰幾乎一樣。國會推翻國王詹姆斯二世（James II）之後，迎立他的女婿威廉三世和女兒瑪麗二世（William and Mary）繼位；但兩人被要求簽署《權利法案》（*The Bill of Rights*），同意接受對國王權力的約制。君主立憲制由此確立，國王只是象徵性的國家領導人，議會才是最高的權力機構。

一七七五年在美洲新大陸爆發的美國獨立戰爭，同樣是一場資產階級革命。在此之前到達北美的移民中，以英國人占多數，另外有法國、荷蘭和西班牙人。來自不同國家的移民在此互爭地盤，靠的都是母國派兵支援。經過一百多年，英國最終擊敗法國，獨占十三州殖民地。但十三州的人民與企圖對殖民地徵收重稅的英國政府之間不可避免接著發生衝突。「波士頓茶葉事件」之所以爆發也是為了抗稅，而這正是獨立戰爭的導火線之一。

北美十三州民兵在華盛頓（George Washington）的領導下，獲得法國、荷蘭及西班牙出兵協助，最終取得勝利。後來又制訂憲法，明確規定聯邦政府是依據立法、行政、司法三權分立的原則建立的。

社會契約理論及民主、自由的思想

在前述的四次戰爭中，同時也發生思想方面的轉變及劇烈論戰，主要是討論人民與國家之間的關係，其影響不亞於戰爭本身。

荷蘭人在獨立戰爭初期曾經發表一份《棄絕宣言》（*Act of Abjuration*），其中說：

> 對於所有的人都是顯而易見的，上帝讓一個君主做為人民統治者是為了來保護人民不受壓迫和暴力，如同牧羊人對他的羊群。君主是為了人民而生，要公平地治理，要愛護人民，支持人民，如同父親對孩子，牧羊人對羊群一般。君主如果不是這樣，而是反過來壓迫人民，藉機侵犯人民既有的習俗和權利，逼迫人民像奴隸一樣地服從，那麼他就再也不是君主，而是一個暴君，人民將不再視他為君主。

任何人如果仔細閱讀美國國會在大約兩百年後，也就是在一七七六年七月四日發表《獨立宣言》（*United States Declaration of Independence*）中的字句，將會發現和荷蘭的《棄絕宣言》十分相似。

另外必須指出，在清教徒革命後，一位英國思想家霍布斯（Thomas Hobbes）出版了《利維坦》（*Leviathan*）。在《舊約聖經》裡，利維坦是一頭孔武有力的巨大海怪，霍布斯藉以比喻強而有力的政府。他認為，人民如果想要保護自己生命及財產的安全，免於對戰爭的恐懼，就必須仰賴一個專制而有力的政府，並與政府達成某種社會契約，願意放棄部分自由以換取保護。《利維坦》顯然是為克倫威爾的獨裁統治而辯護的。

但在光榮革命期間，另有一位英國思想家洛克（John Locke）也出版了一本《政府論》（*Two Treatises of Governments*），理論與霍布斯正好相反。洛克主張，只有在取得人民的同意，並能充分保障人民擁有生命、自由及財產的自然權利時，政府才具有統治的正當性，否則人民便可起而推翻政府。

洛克出版的著作對後來法國「啟蒙運動」（Enlightenmcnt）的三位巨人，盧梭（Jean-Jacques Rousseau）、孟德斯鳩（Baron de Montesquieu）及伏爾泰（Voltaire）產生直接而巨大的影響。

盧梭根據洛克的理論寫成的《社會契約論》（*The Social Contract or Principles of Political Right*），主張政府的權力來自於人民，使「主權在民」的思想由此奠定。孟德斯鳩也曾根據源自洛克的另一項理論修改，寫成一本《論法的精神》（*The Spirit of Law*），主張國家必須讓立法、行政、司法三權分開獨立，互相制衡。伏爾泰是一位名滿歐洲的天才哲學家、詩人、歷史家、小說家、劇作家，堅決主張言論自由，又激烈地批評法國的專政體制及天主教會。

啟蒙運動是一場思想革命，首當其衝的卻是遠在大西洋對岸的北美。美國獨立戰爭之所以爆發，受洛克及盧梭的影響更大於《棄絕宣言》。美國憲法裡的三權分立原則，也是來自洛克及孟德斯鳩。但啟蒙思想在北美新大陸開花結果之後，無疑也將回過頭來衝擊舊大陸，因而有法國大革命。

法國大革命（一）：從巴士底日到雅各賓黨的政變奪權

一七八八年，法國由於春季乾旱、夏季冰雹及冬季酷寒導致嚴重的飢荒，社會陷入動盪不安。在此之前，法國又因為長期捲入在海外殖民地的爭奪戰導致財政枯竭。國王路易十六（Louis XVI）為了要向人民加稅，並要求一向享有免稅特權的貴族及教會也得繳稅，慎重其事下令召集教士、貴族及平民代表到凡爾賽宮（Palace of Versailles）開會，卻遭到激烈的反對。平民與一部分教士及貴族共同成立「國民議會」，自認有權制訂法律，並提出種種改革的要求。

路易十六大驚，下令關閉開會的場所，結果國民議會五百多名代表大怒，找到會場附近的一個室內網球場繼續開會，並聲稱不完成制訂憲法絕不解散。國王下令軍隊進駐，卻導致數千名市民暴動，於一七八九年七月十四日衝入巴士底監獄（Prise de la Bastille）搶奪武器及彈藥，並宣布成立「巴黎公社」（Paris Commune），自行任命市長，組織國民自衛隊，法國國內各大城市也起而響應。國王和王后因害怕而企圖逃走，但在半路被攔截而遭到軟禁。

在動亂中，出現許多不同派別的政治團體，其中最重要的是「雅各賓派」（Jacobin）及「吉倫特派」（Girondins）。雅各賓派成員大多是無產階級，思想激進，開會時通常坐在會場的左邊；吉倫特派大多卻是新起的資產階級，開會時通常坐在會場的右邊。後世有所謂的「左派」、「右派」之稱，便是由此而來。國民會議很快地宣布廢除封建制度，沒收教會的財產，取消教士及貴族的特權；後來又通過一部新憲法，內容和美國一樣是三權分立，不過採行與英國一樣的君主立憲制，保留王室。法國大革命引起奧地利與普魯士[1]驚懼，決定聯合出兵干涉。議會於是廢黜路易十六，又號召人民加入義勇軍，同時搜捕有通敵嫌疑的教士、貴族、保王黨，前後共殺了一千三百多人。

義勇軍組成後，在前線擊敗普奧聯軍，解除危機。法國接著進行普選，選出一個新的「國民公會」（National Convention），是法國歷史上第一個共和國，由吉倫特派居主導地位。為清除舊勢力，吉倫特派又一次下令展開大屠殺，將嫌疑犯都送上斷頭臺處決，連路易十六也在一七九三年初以「叛國罪」被送上斷頭臺。英國、西班牙、荷蘭王室因而大受刺激，紛紛出兵加入反法同盟。在危機中，雅各賓派卻發起政變，利用大批赤貧的「無褲套漢」（sans-culotte）以暴力推翻吉倫特派，奪得政權。

法國大革命（二）：從羅伯斯比爾到拿破崙

雅各賓黨的羅伯斯比爾（Maximilien Robespierre）最終掌握大權，不但控制了立法機關國民公會，又兼管公共安全委員會——即最高行政及司法機關。羅伯斯比爾幼年時家貧，父母雙亡，長大後靠獎學金苦學獲得法律學位，受啟蒙運動三巨人影響，矢志追求自由、平等，反對宗教。然而在他前後執政的十個月裡，卻是法國大革命最黑暗的時期、被殺的人最多，史稱「恐怖統治」（Reign of Terror）。羅伯斯比爾簡化公安委員會處置嫌疑犯的流程，任意將反對他的人，包括黨內的同志，以毀謗共和國、散布謠言、囤積獲利、貪污等罪名送上斷頭臺，並且不一定要有充分的證據，也未必能獲得允許辯護。最後連比他資深、聲望更高的丹敦（Georges Jacques Danton）也被以「貪污舞弊」的罪名送上斷頭臺。

當時除了巴黎之外，其他各省市也一樣恐怖，全國成為一個巨大的屠宰場。這時國民公會的議員們無不心生恐懼，

1　羅馬化：Prussia，已不存在的歐洲國家，位於波羅的海周邊的德意志地區。

丹敦（左）與羅伯斯比爾（右）

人人自危，最終也聯合起來，於一七九四年發動政變，把羅伯斯比爾送上斷頭臺。

值得注意的是，後世有許多歷史家及思想家，如黑格爾（Georg W. F. Hegel）、波柏（Karl Raimund Popper）、羅素（Bertrand Russell），都曾研究過羅伯斯比爾的行為及其思想，認為他是受到盧梭的影響。如前所述，盧梭雖然接受洛克的思想，在個人權力方面的看法，卻和洛克有所不同。盧梭提出「公共意志」（general will）的新理論，主張為了公共意志及整個社會，可以犧牲個人的自由及人權，而法律就是公共意志的表達。但是當盧梭所稱的公共意志在缺乏客觀、理性基礎的情況下被隨意使用，無可避免地其結果就是雅各賓黨的恐怖專政，而最終又將衍生為極權主義，包括極左的共產主義和極右的納粹主義。

羅伯斯比爾死後，吉倫特派復起。資產階級又重新執政，卻無法阻止政權最終落入軍人手中。拿破崙（Napoléon Bonaparte）如橫空出世，帶領法軍擊退反法同盟的各國聯軍，接著發動政變、廢除國民公會，成立一個三人執政團，自任為第一執政。法國大革命

法國大革命時的斷頭臺前

於是落幕。一八〇四年底，拿破崙又經由人民公投接受加冕，成為「法蘭西人的皇帝」。

但拿破崙野心勃勃，又一心要統一歐洲，因而在其後的十年間又與反法同盟繼續作戰。在拿破崙執政的全盛期裡，奧地利國王被迫放棄已有千年歷史的神聖羅馬帝國皇帝之稱號，並同意將其轄下「萊茵邦聯」的一部分交由法國管控，就連普魯士也不得不對法國臣服。拿破崙實際上已經直接或間接統治了大部分的歐洲，然而他在一八一二年六月率領六十萬大軍遠征俄羅斯，因寒冬很快到來，士卒凍餓不堪，只得撤退，結果遭到俄軍追擊，損失慘重，反法同盟於是也趁機出兵。連接兩次兵敗後，拿破崙被流放到聖海倫納島（Saint Helena），最終死於島上。

法國大革命及《民法典》分別對後世的影響

法國大革命是一場史無前例的革命。這是歷史上第一次無產階級在與資產階級共同革命後，推翻資產階級的統治而執政。雖然無產階級最後還是失敗了，意義仍然極為重大。日後俄國發生二月革命而成立由資產階級組建的臨時政府，列寧、托洛斯基又領導布爾什維克派及水兵、工人，發動十月革命推翻臨時政府，正是法國大革命的翻版。只是列寧及其同志無疑已從研究法國大革命，以及下一章將要敘述的巴黎公社事件中學到教訓，知道要如何避免重蹈其覆轍，不讓資產階級有機會復辟。

另外我也必須指出，歷史家一致認為拿破崙對後世的影響不僅是他在歐洲戰場縱橫馳騁，更在於他所推動的種種制度改革。

拿破崙在開始執政之後，便已進行對內改革，其中包括保障人民的土地所有權，維護自由貿易，穩定貨幣，推廣教育以及容許宗教信仰自由。這些都是人民所希望的，所以依拿破崙的說法，他並沒有改變法國大革命的初衷。拿破崙又下令編定《民法典》（*Civil Code of the French*，或稱《拿破崙法典》〔*Napoleonic Code*〕），於一八〇四年三月頒布後實施，時間在他稱帝之前九個月。

《民法典》共有兩千多條，其中對於民事及財產所有權相關，如婚姻、親子、繼承、契約、買賣、租賃、合夥等權利都有明確的規定。這部法典不僅對法國產生關鍵的影響，也隨著拿破崙大軍所至，到處傳播。歐洲各國後來不得不以之為範本，也各自仿效編撰，古老的封建制度於是逐漸走入歷史。以此來看，拿破崙雖然未能以武力統一歐洲，卻可說是以這部法典統一了歐洲。

工業革命

前述的五次革命戰爭，基本上已經為歐洲封建王權讓位給資產階級鋪好了一半的道路。但資本主義後來之所以能繼續發展，又遍及全世界，主要還是靠兩件事：首先，是由工業革命提供的強大引擎；其次，是由《國富論》（*The Wealth of Nations*）提供的理論基礎。以下從工業革命說起。

工業革命的歷史，是一部人類在短短幾十年內快速發明許多革命性機器的歷史。本書不擬一一列舉什麼人發明了什麼機器，而只指出其中兩個最重要的里程碑：一七六五年哈格里夫斯（James Hargreaves）發明珍妮紡紗機，以及一七六九年瓦特（James Watt）發明改良式的蒸氣機。

珍妮紡紗機的發明大大提高了棉紡的生產效率，從原本一個人操作一臺、兩臺發展到二十臺、一百臺，同時帶動後來織布機、軋棉機的發明。資本家紛紛投入資金，購買原料及機器設備，大幅增加生產，雇用大批工人。英國人進口棉花因而驚人地大幅成長，美國人也決定大量種植棉花，大量出口，以取代原有的亞、非殖民地供應棉花的地位；又由於生產棉花需要大量的人工，販賣黑奴也發展成為蓬勃的國際貿易事業。美國前後進口約五十萬名黑奴，一直到一八〇八年才決定立法禁止；中、南美洲國家卻還是繼續進口，最後達到一千萬名以上。一般估計，黑奴在抵達進口國之前，至少有十分之二在途中因生病、受傷而死，或遭凌虐致死。販賣黑奴因而是最為殘酷不仁的事業之一。

接著說蒸氣機。瓦特發明新式蒸氣機後，工廠的動力問題獲得極大的改善，資本家於是蓋了更多工廠。英國的史蒂文生（George Stephenson）在一八一四年發明蒸汽火車頭之後，資本家又開始追逐「運河熱」（Canal Mania）及「鐵路熱」（Railway Mania），大量開採煤礦、鐵礦，從事煉鐵、煉鋼。英國的工業革命由此蓬勃發展，同時也迅速發展了軍事工業。一八四二年，英國對中國發動鴉片戰爭，正是靠著這時期累積的船堅砲利。德國、法國及美國於是也紛紛向英國學習，引進技術，唯恐落後。

亞當．斯密與《國富論》

就在工業革命發端後不久，英國的亞當．斯密（Adam Smith）於一七七六年，也就是美國宣告獨立這一年發表《國富論》，奠定自由經濟的理論基礎。斯密分析英國之所以領先世界，主要在於分工及交易。他以製針工廠為例，說明如果將其製造細分為多段不同的步驟，分由各種不同的專業工人負責，可以提高效率至百倍、千倍。斯密又指出，工業發展不但需要專業化，也須經由交易而各自得到各自所需的物品。

斯密又說，人類無論從事什麼經濟活動，基本上都只為了一個目的——賺錢。市場經濟看似混亂，卻是由一雙「看不見的手」在指引。只要是市場需要的，就有人會投入生產；但是產品一旦過剩，價格便會降低。價格如果降到無利可圖，投資自然停止。每個人的出發點雖然都是自利，卻在不知不覺中增進了人類社會的福祉。因此，斯密批評當時各國流行的重商主義（Mercantilism）對進出口貿易的管制及高關稅，認為政府若想要國家富裕，就不要干涉經濟，而要自由放任（laissez-faire）。斯密另有一個重要的理論，認為國家財富的增長最後乃是決定於資本的不斷累積。

斯密出生於蘇格蘭，曾擔任大學教授，也曾到歐洲各國遊歷，並與各國的產、官、學人士交往。他在倫敦時，也曾經應前述的美國開國元勳富蘭克林之邀，為其誦讀《國富論》初稿，並參考富蘭克林和其他人的意見改寫。《國富論》出版後，在英國、歐洲大陸及北美洲都獲得高度讚譽。

除了亞當．斯密，歐洲後來也出現許多重要的古典政治經濟學者，例如法國的薩伊（Jean-Baptiste Say）和英國的李嘉圖（David Ricardo），分別提出理論支持斯密的主張，資本主義的基礎由此獲得進一步鞏固。

從盧德運動到烏托邦社會主義

亞當．斯密發表《國富論》時，自認其經濟理論必能增進人類的福祉，不料資本主義後來卻造成社會上嚴重的貧富不均，資本家竟被普遍認為是為富不仁。事實上，工業革命帶來的負面衝擊在斯密生前就已經出現。以珍妮紡紗機的發明為例，許多原本熟練的手工業者發現，無論自己如何努力都無法與之競爭，不得不離家到工廠裡當工人。但資本家為了獲利，無不盡力降低成本，因而工人只能在惡劣的環境下工作，支領微薄的工資，大多無法維持一家的溫飽，不得不將妻子和未成年的孩子也送到工廠裡當女工、童工，領一半或更少的薪水。有些童工甚至不滿十歲，發育不良，面黃肌瘦。工人的憤恨逐漸累積，於是開始尋找宣洩口。

一七七九年，也就是《國富論》發表後僅僅三年，英國發生一個「盧德事件」。有一位名叫盧德

（Ned Ludd）的工人由於痛恨機器，竟拿起鐵鎚將兩座紡紗機砸毀。自此以後，在英國諾丁漢（Nottingham）、藍開夏（Lancashire）一帶普遍發生類似的事件。這群被稱為「盧德分子」的工人們，通常在黃昏或夜晚集結，攜帶鐵鎚、棍棒襲擊工廠，毀壞機器，又威脅企業主的安全。不過由於資產階級所控制的英國國會下令鎮壓，盧德分子紛紛遭到逮捕、判刑，或流放到海外，盧德運動不久後就迅速消退。

當時也有一部分工人企圖成立工會，集體向企業主要求加薪、減少工時，並改善工作環境。英國政府卻宣告工會組織為非法，甚至派軍隊進駐工業地帶以保護工廠及企業主。總之，由於勞工組織的力量始終微弱，貧富懸殊的現象遂持續擴大。當歐洲各國的工業發展漸漸追上英國之後，這些國家的工人也是一樣無力反抗企業主的剝削。歐洲一部分有良心的知識分子因而心生憐憫，起而批判，提出各種改革的主張，包括各種形式的「社會主義」（socialism）及「共產主義」（communism）。其中最早出現的，是所謂的「烏托邦社會主義」（Utopian Socialism）。

烏托邦社會主義有三位代表性的人物，分別是英國的歐文（Robert Owen），法國的聖西門（St. Simon）和傅立葉（Charles Fourier）。他們的主張和前述十六世紀初摩爾的烏托邦理念相近，都是所有的人共有財產，共同勞動，共享成果。

以歐文為例。他從小家境貧窮，十歲離家做學徒，成年後卻能在岳父及朋友支持下於蘇格蘭開設一個

盧德運動

紡紗廠，有二千個工人。歐文決心在自己的工廠裡進行試驗，在改善工人的工作環境同時也提高工廠管理的效率，在增加工人的工資同時也逐步減少工人的工時。歐文又為員工的小孩開辦一所托兒所和一間學校，並且在工廠裡開設合作商店，大量採購質優而便宜的食物及消費品，再以平價賣給員工來減輕他們的經濟負擔。

歐文的改革獲得極大的成功，在國內外漸有名氣，於是也應邀到美國印第安納州進行新的實驗，不幸卻以失敗收場。根據一位歐文的信徒後來的回憶，失敗大致可歸納為兩個原因：一是人性，因為一般人大多好逸惡勞，不想比別人工作辛苦，卻不甘享受比別人少；二是制度，由於沒有任何人名下擁有任何東西，也就沒有人必須負起責任。實驗因而從頭就注定失敗。

社會主義的先驅歐文

綜合以上，在十九世紀前段無產階級是完全處於弱勢，而資產階級的力量卻不斷地上升。因而，當初拿破崙挑戰歐洲各國的封建勢力雖然失敗，到了一八三〇年代卻有新一輪的資產階級革命浪潮發生。

一八三〇年代的歐洲革命浪潮

回溯歷史，昔日拿破崙大軍所至，在其所占領之處廢除原有的封建制度、實施《民法典》，對歐洲人民產生極大的影響。各國人民眼見法國士兵為紅、白、藍三色國旗奮不顧身，也開始有了「民族國家」的觀念。奧地利首相梅特涅（Klemens von Metternich）為此不安，決定要恢復被拿破崙破壞的舊秩序。

梅特涅特別擔心日耳曼及義大利將來都有脫離奧地利的危險，因而在收復全部「萊茵邦聯」後，下令嚴禁各邦互相結盟，又把義大利分拆為十幾個小王國，並且派重兵嚴密把守。至於法國，梅特涅的辦法是立路易十六的弟弟路易十八（Louis XVIII）為王，讓波旁王朝（Maison de Bourbon）復辟。

梅特涅的作法激怒了各國人民及志士。因而，在義大利有一個祕密組織燒炭黨（Carbonari）出現，又有馬志尼（Giuseppe Mazzini）、加里波底（Giuseppe Garibaldi）等革命志士繼起，組織「青年義大利黨」，誓言要建立一個統一的義大利。在德意志，也有一位哲學家費希特（Johann G Fichte）發表《告德意志國民書》（*Addresses to the German Nation*），提倡國家主義，逐漸獲得越來越多人民認同。

在法國，路易十八尚能獲得部分民心；但其弟查理十世（Charles X）繼位之後，竟發布命令限制宗教信仰及言論出版自由，又剝奪大部分資產階級的選舉資格。人民憤怒，於是在一九三〇年七月起而抗暴。查理十世在三天內就被迫下臺，逃往國外。另一貴族出身的路易—菲利普一世（Louis-Philippe I）獲得人民接納繼任為王，同意恢復三色國旗，恢復人民應有的自由，又大幅降低選舉門檻，法國七月革命於是迅速落幕。

雖然如此，法國的革命已經在義大利各處點燃革命的火花，連羅馬教皇領地都告急，奧地利卻出兵一一將其撲滅。在德意志邦聯，學生、知識分子及資產階級也紛紛提出立憲改革及統一德國各邦的要求。但由於梅特涅對各邦嚴厲警告，普王威廉三世也不表支持，改革的願望無法推動。

總之，義大利及德國資產階級革命都因為遭到梅特涅阻擋，以失敗告終，但可以預見日後必將再起。

布朗基領導法國無產階級暴力革命

法國的七月革命也還有餘波，因為資產階級對新國王同意讓步尚稱滿意，無產階級卻大大不滿。工人們自認在革命後一無所得，而當時法國大部分的工廠環境惡劣，工時過長，工資微薄，已嚴重到無法養家活口的地步，於是起而罷工，又轉為大暴動。其中以一八三一年及一八三四年兩次里昂（Leon）絲織工人武裝暴動最具規模，各有數千人與軍警戰鬥，但都被鎮壓了。

到了一八三九年，又有極左派社會主義者布朗基（Louis Auguste Blanqui）在巴黎領導五百多人革命暴動，同樣遭到鎮壓。一般認為，布朗基的思想源自法國大革命後期一位激進分子巴貝夫（Gracchus Babeuf）主張的「絕對平等主義」。當時的巴貝夫認為，必須建立一個有紀律的祕密組織以進行暴力革命，而由少數菁英領導。布朗基依此原則在後來多次領導革命暴動，但結果都失敗，因而不斷地進出監獄、不斷地再起，已成為法國政府最頭痛的革命分子，在本書下一章他也將會再度出場。

第2章
馬克思與歐洲的社會主義工人運動

如上一章所述，一八三〇年代歐洲的革命風潮雖然遭到挫敗，在日後無可避免將再度爆發。不過由於共產主義的代表人物馬克斯（Karl Marx）也將參與此一革命運動，本章在一開始有必要先介紹馬克思。

馬克思的家世及其思想的形成

馬克思一八一八年出生於普魯士下萊茵省的古城特里爾（Trier, Lower Rhein）。他的祖父和外祖父都是地位尊崇的世襲猶太拉比（Rabbi）。猶太人原本在普魯士受到歧視，被嚴格禁止從事某些較好的職業，拿破崙卻在占領萊茵省後頒布實施《民法典》，廢除種族、宗教歧視，為猶太人敞開大門。但在拿破崙戰敗後，許多猶太人發現那道門即將被關上了，不得不放棄原有的猶太姓名及信仰，馬克思的父親就是其中的一個例子，他為了要當執業律師，不但改用德語新名字，又受洗改信路德新教，因而與父兄幾乎斷絕關係。

馬克思的父親及他在中學時的校長威斯特法倫（Ludwig von Westphalen），都有明顯支持法國理性主義及自由主義思想的傾向，對馬克思無疑產生極大的影響。威斯特法倫的女兒燕妮（Jenny von Westphalen）從年輕時就與馬克思相熟，兩人後來結婚，從此不離不棄，共同度過貧困的一生。

馬克思就讀柏林大學時，與當時青年黑格爾派的代表人物鮑威爾（Bruno Bauer）及費爾巴哈（Ludwig Andreas von Feuerbach）等人交往，受到影響更大。青年黑格爾派成員大多是唯心派哲學大師黑格爾的學生，在黑格爾去世後卻批評老師是在為腐敗的教會護航。鮑威爾否認耶穌在歷史上真正存在過。費爾巴哈主張無神論，說宗教不過是人類虛構的世界，用來矇騙自己，以逃避現實；又說，宗教把神越是說得全知全能，人類就越是無知無能。

鮑威爾由於得罪教會及教育當局，在一八四二年遭到解任教職。馬克思這時正好取得博士學位，原本是希望繼續從事學術研究工作，卻因鮑威爾事件受到牽累，只得轉而接受一家在科隆（Cologne）的《萊茵報》（*The Rheinische Zeitung*）邀請，為其撰稿，不久後又接手成為主編。他那一枝辛辣無比而似乎不計後果的筆，立刻引起普魯士政府的注意，下令對《萊茵報》加強檢查；馬克思卻又寫了幾篇文章批評沙俄政府，沙皇獲知後大怒，普魯士政府只得應其要求關閉《萊茵報》，並將馬克思驅逐出境。馬克思只得轉往巴黎。在那裡，馬克思經常參加一個「正義者同盟」（League of the Just）的祕密聚會。這個組織是由許多德國流亡工人和小手工業者成立，曾經在一八三九年參加布朗基領導的巴黎暴動。馬克思與正義者同盟來往後，思想又逐漸傾向共產主義。

馬克思在巴黎也曾經獲得資助，出版一份新刊物《德法年鑑》（*German-French Annals*），並發表兩篇自己寫的文章。其中一篇是主張無神論，說「宗教是人民的鴉片」。不幸《德法年鑑》只出刊一期就無以為繼，使得他不得不轉而為其他刊物寫稿。

當時在巴黎與馬克思經常往來的人物中，有兩名是重要的無政府主義者：普魯東（Pierre-Joseph

Proudhon）及巴枯寧（Michael Bakunin）。這兩人都主張建立一個沒有政府、絕對自由的社會，反對一切權威，廢除一切財產繼承權。普魯東是法國人，曾經寫過一本《什麼是所有權？》（*What is Property?*），其中的名句是「財產就是犯罪」。巴枯寧出身俄國貴族，也曾在柏林加入青年黑格爾學派；沙俄政府對他警告無效後，直接沒收其財產。巴枯寧從此成為流亡分子。

不過馬克思在巴黎遇見的所有的人裡面，最重要的是恩格斯。

馬克思、恩格斯與「歷史唯物論」

恩格斯（Friedrich Engels）生於一八二〇年，比馬克思小兩歲，同樣出生於萊茵省，他的父親是一個從事紡織業的富商。當時的恩格斯只有高中肄業，不過在服兵役期間曾於柏林大學旁聽，也受到青年黑格爾學派的影響。後來他到父親在曼徹斯特與人合夥的工廠擔任經理，因而對英國工人的痛苦情況有相對的瞭解，並深表同情。

恩格斯曾經投稿到馬克思擔任主編的《萊茵報》，但沒有引起馬克思的注意。一八四四年初，馬克思在巴黎時又收到恩格斯寫的一篇批判英國資產階級壓榨工人的文章，決定刊登在他出刊唯一一期的《德法年鑑》上。到了八月，恩格斯決定到巴黎與馬克思見面。兩人從此建立起四十年不變的

馬克思（左）與恩格斯（右）

情誼及合作關係。不過恩格斯始終認為馬克思是一名天才，自己只是從旁協助。

一八四五年初，馬克思又遭到法國政府驅逐出境，不得不轉到布魯塞爾。不久後，他就與恩格斯合作共同完成一部著作《德意志意識形態》（*The German Ideology*），書中從黑格爾一路批判到鮑威爾、費爾巴哈。兩人認為費爾巴哈的唯物論只是空談，並沒有注意到現實的政治、社會及經濟層面，於是提出了自己的「歷史唯物論」（Historical Materialism）。依馬克思的解釋，所謂的「歷史唯物論」就是「應由經濟關係及其發展來解釋政治及歷史，而不是相反。」或是說「並非意識決定生活，而是生活決定意識」。

《德意志意識形態》雖然當時並沒有出版（直到一九三二年才出版），後來卻成為兩人手中揮舞的一把利劍，企圖用來改變世界。馬克思在這時也寫下一句名言：「哲學家們只是用不同的方式解釋世界，而問題在於改變世界。」後來這句話也刻在他的墓碑上。

《共產黨宣言》

馬克思在布魯塞爾居住期間也曾到英國訪問，又經恩格斯介紹，認識了倫敦正義者同盟的領導人沙佩爾（Karl Friedrich Schapper），並同意協助沙佩爾為其會員安排教育課程，以提升會員們的知識及能力。沙佩爾也接受兩人的建議，在英國、法國、比利時及德國之間建立聯絡管道，這就是後來的「共產主義通訊委員會」。

一八四七年六月，正義者同盟在倫敦舉行第一次會員代表大會時，接受馬克思的建議改名為「共產主義者同盟」。十一月底，馬克思和恩格斯在該組織舉行第二次代表大會時，又獲得委任負責共同撰寫一份《共產黨宣言》（*Manifesto of the Communist Party*）。

《共產黨宣言》在一八四八年二月付印出版，共約一萬五千字。全文的重點是述說無產階級如何被資產階級剝削，而共產黨人必能幫助無產階級，消滅資產階級所憑仗的私有制。以下是其中的片段：

至今一切社會的歷史都是階級鬥爭的歷史。

自由民和奴隸、貴族和平民、領主和農奴、行會師傅和幫工，一句話，壓迫者和被壓迫者，始終處於相互對立的地位，……。從封建社會的滅亡中產生出來的現代資產階級社會並沒有消滅階級對立。它只是用新的階級、新的壓迫條件、新的鬥爭形式代替了舊的。整個社會日益分化為兩大敵對的陣營，分裂為兩大互相直接對立的階級：資產階級和無產階級……。

資產階級，由於開拓了世界市場，使一切國家的生產和消費都成為世界性的了。……這種專制制度越是公開地把營利宣布為自己的最終目的，它就越是可鄙、可恨和可惡。……在當前同資產階級對立的一切階級中，只有無產階級是真正革命的階級。無產者必須摧毀至今保護和保障私有財產的一切。……共產黨人強調和堅持整個無產階級共同的不分民族的利益……。

共產黨人可以把自己的理論概括為一句話：消滅私有制……工人沒有祖國。……人對人的剝削一消滅，民族對民族的剝削就會隨之消滅。

馬、恩兩人在《共產黨宣言》裡稱自己所提出的共產主義是「科學的」，同時批判當時歐洲流行的其他社會主義，稱那些是所謂的「反動的」、「保守的」或「空想的」；又說，共產黨將依各國的國情彈性地採取不同的革命作法。例如，在法國要與社會黨聯合起來反對資產階級；在德國要聯合資產階級去反對專制君主制。但共產黨最終只有一個目的，就是要「用暴力推翻全部現存的社會制度」。

馬克思與一八四八年的歐洲革命風潮

馬克思和恩格斯正要開始撰寫《共產黨宣言》時，繼一八三〇年革命之後的歐洲已經出現新一波革命風潮。瑞士首先在一八四七年十一月爆發革命。義大利革命黨接著在一八四八年一月起義，強迫西西里國王恢復憲法，然後米蘭、那不勒斯等十幾個城市也紛紛起來革命。緊接著，法國也在二月爆發革命，國王路易—菲利普一世被迫逃亡。國會中的保守黨和社會黨於是聯合組織臨時政府，廢除王室，成立制憲會議。此後歐洲大陸其他國家，包括奧地利、普魯士、德意志各邦及義大利也掀起一連串的武裝革命。

就連馬克思所居住的布魯塞爾也發生暴動，比利時政府驚懼萬分，在獲知《共產黨宣言》的內容後更是恐慌，立刻要求馬克思在二十四小時內離境。不過法國剛成立的臨時政府中，社會黨對馬克思卻十分景仰，適時發出一封邀請函給他，其中說：「自由的法蘭西對您，以及那些為這個神聖事業，為所有兄弟般的事業奮鬥的人們敞開了大門。」馬克思於是欣然回到巴黎。

不料到了巴黎，馬克思眼睜睜地看見一齣慘劇發生而無法阻止。當時巴黎有數百名德國流亡工人組織一個軍團，每天在廣場上進行操練，預備回德國參加革命。馬克思認為那是不必要的冒險，建議等待更好的時機。但這個軍團在三月還是決定開拔回國，果然在跨過邊界後不幸地被政府軍殲滅。

馬克思大失所望，此時卻意外地收到他的母親匯來的一筆大錢，說是預付給他繼承的遺產，於是馬克思決定回德國，在舊地科隆重新辦一份報紙，並命名為《新萊茵報》（*Neue Rheinische Zeitung*）。他一方面鼓吹無產階級革命，另一方面主張無產階級在此階段必須與資產階級合作，以便共同推翻封建王權。

歐洲各國革命的結局

奧地利爆發革命後，其所統治的波希米亞（Bohemia，即是捷克）及匈牙利也都出現要求獨立的革命軍，卻在不久後分別遭到奧地利政府軍及俄國出兵徹底擊潰。

普魯士爆發革命後，市民、工人、學生聯合與軍隊發生激戰。德意志各邦革命軍也紛紛推翻封建政權，建立各自的新政府，並共同發起召開「法蘭克福國民議會」，共有八百名代表，目的是討論共同的命運。當時各邦都表示希望擺脫奧地利的控制，卻為了是否奉普魯士國王威廉四世為王而爭論不下。威廉四世獲知後也不悅，竟說不願接受「從溝渠裡撿起來的皇冠」。奧地利又不斷地出言恫嚇阻撓。各邦共同建立德意志帝國的提議於是胎死腹中。

最後傳來義大利革命失敗的消息。一八四九年三月，以薩丁尼亞為首的義大利各邦革命軍四萬人在諾瓦拉（Novara）與奧軍七萬人決戰，結果大敗。薩丁尼亞國王自認愧對國人，宣布退位。他的兒子伊曼紐二世（Vittorio Emanuele II）繼位，與奧地利議和，但寧願割地賠款也不肯廢掉經過議會通過的憲法，奧地利不得已同意。伊曼紐二世從此成為義大利人民寄託未來國家統一的對象。

歐洲各國革命失敗當然使得馬克思失望，但另有一事令他更痛心。

回溯法國二月革命後，臨時政府中有一位閣員路易．布朗（Louis Blanc）是知名的烏托邦社會主義者，主張人人都應當有工作，並認為工人有能力自行管理工廠。臨時政府因而應他的要求設立一個國民工廠，以收容失業的工人。不久後工廠內聚集了數萬人，其中有很多人每日領錢卻無事可做，有事做的人領的錢不比沒事做的人領得多多少，因而也失去工作的熱誠。同時，工人與臨時政府的對立日漸嚴重。路易．布朗無法在其中排解，只得辭職。

到了六月，臨時政府宣稱無法繼續填補國民工廠的錢坑，決定予以關閉。巴黎於是發生大暴動，國民軍奉命鎮壓。經過四天巷戰，有一千五百國民軍及三千名工人戰死，另有數千名工人在被捕後遭到流放。馬克思在巴黎時其實已經觀察到國民工廠的情形，並且預言將會爆發一場無產階級和資產階級的公開鬥爭，不幸他的預言果然又成真，而以無產階級慘敗收場。

當年年底，法國舉行普選，拿破崙的姪兒路易（Louis-Napoléon Bonaparte）被選為總統。後來他又經由公投被推舉為皇帝，自稱拿破崙三世。

馬克思在倫敦

馬克思所辦的《新萊茵報》在歐洲革命運動爆發期間，是支援革命聲音最響亮而尖銳的報紙，卻因為批評「法蘭克福國民議會」過於軟弱而遭到抵制，又因為堅持無產階級革命不應冒不必要的危險，引起激進的德國工人組織不滿，與其劃清界線。報紙因而無以為繼，普魯士當局這時又下令將馬克思驅逐出境，他只得關閉報紙，又轉往巴黎，但法國政府也不准他停留在巴黎。馬克思在歐洲大陸至此無處可去，只得在一八四九年八月乘船轉往倫敦。他的太太燕妮在一個月後帶著三個小孩及肚子裡尚未出生的寶寶到倫敦會合。馬克思這時其實已經破產，身無分文，如果不是燕妮賣掉結婚時帶來的銀器，一家人還不知道怎樣能到達倫敦。

馬克思在倫敦也只能靠不定期為報紙雜誌寫稿，收入微薄且不固定，被房東催討租金，或房東召來警察把他們趕出去乃是常有的事，因而屢次搬家，越搬房子越小。據報導，馬克思在倫敦租屋處所有的東西都是破破爛爛的，一切都是亂七八糟。恩格斯原本在參加德國革命起義之後早已和父親決裂，在得知馬克思的情形下只得低頭和父親和解，重新在曼徹斯特的紡織廠任職。通常他只留一小部分收入給自己，其餘大部分拿來接濟馬克思和一些仍然願意跟隨馬克思的難友們。恩格斯付出如此之多，但從兩人留存至今的信件看來，卻從來沒有抱怨過。

馬克思雖然窮困，仍和沙沛爾等人定期舉行會議，同時積極在歐洲大陸重新設立據點。馬克思又親自對德國工人上課、演講，灌輸工人們無產階級革命的思想。他的態度嚴謹，與在家中忍受髒亂，完全不可同日而語。日後德國社會民主黨的創始人之一李卜克內西（Wilhelm Liebknecht）便是在此時與馬克思相識，從此成為忠實信徒。

馬克思曾多次提出「不斷革命論」，這時仍是主張「要不斷地進行革命，直到把一切大大小小有產階級的統治都消滅掉，直到無產階級奪得國家政權，直到無產階級的聯合不只在一個國家內，並且在世界上所有國家內占統治地位。」但共產革命並非一次到位，而是要分階段進行。在初期或許支持資產階級的革命，但要保持自己的獨立性，適度保存實力，不做不必要的冒險。

然而如前所述，許多激進的工人團體並不同意這樣的看法，因而出現反馬克思派；其領導人除了沙沛爾之外，還有一名曾於一八四九年於德國巴登起義領導革命軍的指揮官維利希（August Willich）。恩格斯也曾在巴登參戰，並擔任維利希的副官，不過他卻在這時堅定地和馬克思站在一起，只是兩人在激烈的內部鬥爭後，不幸被迫從一八五〇年九月起停止參加活動。馬克思既失望又無事可做，便決定以藏書豐富的大英博物館圖書室作為研究室。他每日廢寢忘食地讀書，做筆記，範圍包括經濟、歷史、哲學、政治制度、農業、人口、貨幣，等等。由於英國是歐洲最早發展資本主義及議會政治的國家，又有齊全的相關統計資料，正可以提供馬克思以「科學的」方法建立一套自己的理論體系，即是《資本論》（*Das Kapital*）。恩格斯對此不遺餘力地表示支持，並不斷地催促他早日完成巨著。然而由於馬克思與燕妮長期貧病，《資本論》的寫作一拖再拖，直到一八六七年才出版。

《資本論》

《資本論》一共有三卷，一八六七年出版的只是第一卷，也是在馬克思生前唯一出版的一卷，內容講述資本的生產過程。馬克思死於一八八三年，享年六十四歲，在他身後，恩格斯才根據馬克思的手稿整理出於一八八五年的第二卷及一八九四年的第三卷，分別探討資本的流通及分配過程；十年後，也就是一八九五，恩格斯過世，享年七十六歲。遲至一九〇五年，一位德國社會民主黨的重要成員考茨基（Karl Johann Kautsky）根據馬克思的手稿編輯而出版《剩餘價值理論》（*Theories of Surplus Value*），被稱為《資本論》的第四卷。

馬克思中論，各種社會經濟結構都包含兩個部分，其一是「生產力」（包括人類用於生產的勞力、工具、機器、技術及其他資源）；其二是「生產關係」（即是經濟的社會結構）。生產力與生產關係將遵循「正反合」的辯證法則，不斷地由矛盾到統一。當新的技術發展出來後，舊有的經濟制度與之產生矛盾，最終只能隨著改變，發展出新的經濟結構。更進一步地說，人類的經濟生活結構是下層的建築物，變動在先，是主動的；人類的社會生活結構是上層的建築物，變動在後，是被動的。

所謂的「剩餘價值」（surplus value），就是一般人所稱的利潤（profit）。古典經濟學家說，資本家為了製造商品而出資開工廠，支付工資給工人，支付地租給地主，又支付原料及其他成本、費用後，剩下來的就是利潤，應該歸於資本家。但馬克思主張「勞動價值說」，認為勞動者貢獻並不只在提供勞動價值，而是創造了商品的價值，所以資本家不應將「剩餘價值」全部據為己有，並在其後擴大生產的過程中不斷地將剩餘價值累積資本化，否則無法分享的勞動者就將永遠被剝削，沒有翻身的一天。

《資本論》在後世的共產世界裡無疑是一本聖經，其影響巨大無比，在列寧革命成功後卻也不斷地引起各方批評。本書在此當然無法引述所有的批評，卻必須指出其中一個要點：馬克思自稱其理論是「科學」的，有許多學者卻不同意。例如，著名的英國政治社會學家卡爾·波柏在一九四五年出版《開放社會及其敵人》（*Open Society and its enemies*），主張所有的科學假設、理論或定律，都必須具有「可證偽性」（falsifiability），也就是說要有可能提供證明或反證。但馬克思的理論卻無法提供反證，不能說是科學的。

英國另有一位俄裔政治思想史家以賽亞·柏林（Isaiah Berlin），被稱為最好的馬克思傳記作者之一，也在自己的名著《自由四論》（*Liberty: Incorporating Four Essays on Liberty*）中的一篇〈歷史必然性〉裡說，自然科學的顯赫名聲從一開始就被不少人濫用，科學方法卻不可能在其合適的領域以外被使用而不產生完全的荒謬；歷史論述與自然科學是明顯不同的領域，馬克思主義努力想要將歷史轉變為科學的企圖因而並未能成功。

義大利及德國追求統一的共同障礙

話說回來，馬克思在倫敦大英博物館圖書室裡埋首寫作時並沒什麼人注意。當時歐洲人注目的是另外兩件大事，一件是義大利及德國各邦繼續在為國家統一而奮鬥不懈，另一件是社會主義工人運動在各國的發展也發生明顯變化。以下分別敘述，而先說前者。

薩丁尼亞國王伊曼紐二世自從與奧地利簽訂屈辱條約後，每日痛恨切齒，勵精圖治。他所任命的一位大臣加富爾（Camillo Benso Conte di Cavour）在發展農業、商業及工業取得驚人的成績之後又升任為首相，於是開始擴充軍備，並拓展外交，極力拉攏英國及法國。一八五三年，克里米亞戰爭（Crimean War）爆發，薩丁尼亞人期盼復仇雪恥的機會於是來到。

俄、土之間為了宗教、種族問題及爭奪巴爾幹半島的控制權，在過去三百年來已經發生八次大戰，這次是第九次。英、法兩國為了避免俄國勢力南向擴張，決定支持土耳其，因而對俄宣戰。薩丁尼亞也決定參戰。俄國遭到英、法、土、薩四國大軍圍攻而大敗，只得同意撤出克里米亞。薩丁尼亞由此與英、法兩國進一步交好，更與法國簽訂密約，協議將來共同對付奧地利。

一八五九年，薩丁尼亞與奧地利再度兵戎相見，法國拿破崙三世如約親率大軍助陣，大破奧軍。義大利南、北各地義勇軍這時也紛紛起而推翻效忠於奧地利的各小國國王，奉薩丁尼亞為主。伊曼紐二世於是在一八六一年三月改國名為義大利王國，不過版圖仍缺威尼斯及教皇領地兩塊。

一八六一年對普魯士而言也是一個關鍵年。威廉一世（Wilhelm I）即位，與其兄腓特烈．威廉四世（Friedrich Wilhelm IV）完全不同，一心要統一德意志，於是聘請軍事家毛奇（Helmuth von Moltke）主持軍務，又聘俾斯麥（Otto von Bismarck）為首相。俾斯麥在國會發表就職演講時說：「重大的問題不是演說和多數派決議所能解決的……，而是要用鐵和血！」

「鐵血宰相」於是開始對外發動戰爭，首先邀奧地利一同出兵丹麥，迫使丹麥割讓兩省。俾斯麥接著先和法、義分別簽訂密約，然後在一八六六年對奧地利發動戰爭。法國依約袖手旁觀，義大利則又對奧地利宣戰。戰爭因而以奧國戰敗求和收場。普奧戰爭爆發時，德意志北部各小邦在紛紛出兵支持普軍，在戰後也都同意併入普魯士。南部巴伐利亞、巴登各邦在戰爭時卻是站在奧地利一方，在戰後也由於法國作梗而拒絕被併入普魯士。另一方面，義大利依照與俾斯麥的協議而從奧地利取得威尼斯，只有教皇領地因為拿破崙三世堅持在其中駐軍保護而仍然維持獨立。普、義兩國各自認為是神聖的統一目標的共同障礙，因而從奧地利轉為法國，將來又不免一戰。不過在繼續述說後來的戰爭之前，有必要先敘述歐洲社會主義工人運動在此期間所發生的變化。

英國及德國的社會主義工人運動

歐洲社會主義工人運動發生的變化，最明顯是在英國及德國；其中德國又受到英國影響，所以我們先說英國。

英國的資產階級早在清教徒革命之後就已經掌控了國會，因而並不需要再發動什麼革命。不過由於中產階級越來越多，紛紛要求參政，國會只得在一八三二年通過一項改革法案，同意增加議會席次，並降低擁有土地或房產者獲得選舉權的下限門檻。選民總數因而從五十萬增加至八十一萬。中產階級至此大多滿意，工人卻大為不滿，繼續發起抗爭，不過英國並不像歐洲大陸工人運動那樣進行暴力革命，基本上只是採取和平請願的方式。

一八三九年，英國工人團體遞交一份由一百二十五萬人簽名的《人民憲章》（*People's Charter*），其中建議凡是年滿二十一歲的男子（不含女子）都有選舉權，同時廢除財產限制，卻被英國國會否決。一八四二年，英國工人再次請願，又再度失敗。一八四八年歐洲大陸爆發革命風潮時，英國工人趁機又發起第三次請願，號稱有五百七十萬人在請願書上簽字，但又被國會否決。英國工人群情激憤，發動數十萬人示威遊行，最後仍是以失敗收場。憲章運動從此迅速消退。

但進入一九五〇年代之後，英國工人越來越多，國會受到的壓力也越來越大。英國工人這時又已組織各種不同行業的工會，並以罷工為手段，成功地爭取到改善工作條件。一八六〇年，英國各行業的工會更成立了一個「倫敦工人聯合會」（London Trade Council），並選舉一位出身貧寒但熱心助人的鞋匠奧哲爾（George Odger）為領導人。這是英國工人團體踏出的極為重要的一步。

在說到德國工人運動發展的歷史，就必須提一位名叫拉薩爾（Ferdinand Lassalle）的關鍵人物。拉薩爾和馬克思的家世及生平十分相似，同是猶太裔的德國人，出身富裕家庭，曾在柏林大學就讀時研讀黑格爾哲學，也曾流亡巴黎，又參加了共產主義者同盟。拉薩爾與馬克思也經常書信往返，並曾互訪，自稱以馬克思為師，卻不贊同馬克思所提倡的共產主義，而是提倡國家社會主義。拉薩爾曾經寫一封信給恩格斯，其中說：「我的結論是沒有比君主制度更具有未來性，更加有利，不過前提是它必須下定決心轉變為社會主義的君主制。若能如此，我願為其馬前卒。」

拉薩爾無疑也受到英國工人和平抗爭運動的影響。後來他獲准回到柏林，而於一八六三年五月創立一個「全德意志工人聯合會」（General German Workers' Association，或稱「拉薩爾派」），主張以和平、合法的方式推動普選制度，讓所有的成年男子，不論貧富都有權參與選舉。拉薩爾的主張引起俾斯麥的高度注意，親自寫信邀他祕密會面，而且不只一次。俾斯麥當時正千方百計想要統一德國，認為拉薩爾能幫助他達到目的。

拉薩爾不幸在三十九歲時英年早逝。但在他死前，全德意志工人聯合會已有了四千多人。馬克思的忠實信徒李卜克內西回到德國後也曾加入此聯合會，後來因理念不同而帶領一批人離去，其中包括倍倍爾（August Ferdinand Bebel）。

倍倍爾出身貧寒，以木工為業，卻自知未受過良好教育，因而以博學多聞的李卜克內西為師。兩人遂於一八六九年共同在艾森納赫（Eisenach）創立「德意志社會民主工黨」（Social Democratic Worker's Party，或稱「艾森納赫派」），並決定加入一個新近才成立的「國際工人協會」

拉薩爾

（The International Workingmen's Association），也就是後來通稱的「第一國際」（First International）。

第一國際的成立

「第一國際」的成立與一八六三年波蘭爆發的革命有關。

波蘭的近代史，是一頁坎坷的歷史。讀者只要翻開地圖，就可看見波蘭北濱波羅的海，西、南、東分別與普魯士、奧地利、俄國三個強國為鄰。其戰略地位十分重要，本身卻是相對弱小，因而難免引起覬覦。波蘭雖然在十六世紀時和其鄰近的立陶宛共同組成聯合王國，也曾經強大過，卻在一七七二至一七九五年間被普魯士、奧地利、俄國聯手三次瓜分，之後波蘭就亡國了。在一八三〇年及一八四八年歐洲兩次革命浪潮中，波蘭愛國志士也趁機發動革命，但都失敗。

歐洲國家大多早已廢除農奴制，俄國是最後的一個，在一八六一年初終於也不得不下令廢除，卻仍保留在其統治下波蘭地區的農奴制。波蘭因而又爆發革命。俄國出動大軍鎮壓，波蘭起義軍不敵，只能改採游擊戰。

波蘭革命引起全歐洲各國工人團體同情，前述的英國工聯領袖奧哲爾因而發起英、法、德、義等國的工人代表共兩千人，於一八六四年九月在倫敦聖馬丁大會堂（St.Martin's Hall）召開大會。會中決議成立一個國際工人協會，選奧哲爾為主席。馬克思和恩格斯也受邀參加，並受命草擬組織章程。馬克思又被選入中央委員會，兼任德國通訊書記。第一國際成立後開始支援各國各行業工人組織的罷工運動，以共同對抗財雄勢大的資本家，在初期獲得相當的成功，因而加入者眾。據《泰晤士報》（*The Times*）估計，到一八六九年會員已有五十萬人。

除了波蘭之外，第一國際也關注愛爾蘭。回溯當初清教徒革命後，克倫威爾強行把愛爾蘭併入英國，愛爾蘭許多信仰天主教的農民被迫把土地轉給新教徒，而淪為佃農或農奴。此後兩百多年中，發生二十幾次飢荒。英國國會卻在一八一五年通過一項新的《穀物法案》（*Corn Laws*），對進口的所有穀物徵收極高的進口稅，又限制進口數量，被許多人認為是惡政，愛爾蘭人尤其痛恨。一八四五年起，愛爾蘭更因馬鈴薯病害導致前所未有的大飢荒，人民大量死亡，或逃往國外（主要是美國）。第二年，英國國會發生激辯，最終投票決定廢除此一惡法。然而，飢荒仍無法停止，竟使得愛爾蘭的人口在其後三十年間從八百萬降到五百萬。

愛爾蘭人對此忍無可忍，在一九五八年成立一個「愛爾蘭共和兄弟會」（Irish Republican Brotherhood）的祕密組織，企圖採取暴力手段以達到追求獨立，脫離英國統治的目的。英國政府派軍警大肆鎮壓，緝捕嫌疑分子。一八六七年十月，三名愛爾蘭共和兄弟會成員被捕，隨後在曼徹斯特被當眾絞死，愛爾蘭民情激憤，稱之為「曼徹斯特三聖徒」。馬克思也帶著小女兒參加第一國際發起的示威遊行。

普法戰爭及巴黎公社事件

回來述說德、法之間的問題。俾斯麥既是認為法國阻擋德意志的統一，便等待機會要與法國一戰，而機會在一八六八年終於出現。當時西班牙人廢黜了一位造成國家二十幾年長期混亂，屬於法國波旁王朝系統的女王，卻決定迎立一位普魯士霍亨索倫家族（Hohenzollerns）的親王為國王，因而引起法國人極端不快。俾斯麥藉機在此爭端中極盡挑撥，結果使得法國人與德國人之間敵意更深，法國國會竟因而通過決議向普魯士宣戰。

俾斯麥蓄意挑起戰爭，等的就是這一刻，立即請威廉一世御駕親征，出動八十萬大軍。這時德意志南部各邦也決定參戰。九月初，毛奇率普軍大敗法軍於色當（Sedan），俘虜十萬人，連拿破崙三世和法軍統帥麥克馬洪（Patrice MacMahon）也被俘虜。巴黎市民大驚，決定成立「國民議會」以恢復共和體制，選出一位老政治家梯也爾（Adolphe Thiers）為「國防政府」執政。這時前述的極左派社會主義革命分子布朗基也回到巴黎，並呼籲國人起而保衛國家，又協助政府招募工人和平民，成立了一支三十萬人的國民自衛軍，最終守住了被圍困的巴黎。兩國在第二年初達成停戰協定，法國同意賠償五十億法郎，並忍痛割讓亞爾薩斯（Alsace）和洛林（Lorraine）兩省。

德意志南部各邦這時也終於同意尊奉威廉一世為王，威廉一世於是在凡爾賽宮內舉行就任皇帝大典，同時宣告成立德意志帝國。德國就此完成統一。然而法國受此大辱，與德國之間的仇恨已無法化解。

普法戰爭爆發後，由於法國將在羅馬的駐軍撤回，義大利王國於是下令進軍羅馬，將這最後一塊土地收進版圖之中。

回溯巴黎被德軍包圍時，有一事十分詭異。當時梯也爾所領導的保守派不但控制國民議會，也控制了政府，而國民自衛軍的指揮權卻落在布朗基領導的激進社會黨員手中。布朗基在過去四十年中無時無刻不想以暴力手段推翻政府，梯也爾不會不知道。布朗基當然也不會忘記一八四八年國民工廠工人在「六月起義」事件慘遭屠殺的往事。雙方因而都在暗中戒備提防，氣氛更加緊張。社會黨人堅決反對梯也爾與俾斯麥談和，說談和即是投降，主張對普魯士繼續作戰，但國會最後仍通過和議。同時，有國會議員提議政府在簽定和議後停發國民自衛軍每日的薪餉。士兵們又驚又怒，布朗基於是發出一份《有關武裝起義的指示》（*Instructions for an Armed Uprising*）的手冊，詳述如何發動革命，如何建立無產階級專政。不料梯也爾先下手為強，竟趁布朗基不備時，將他逮捕囚禁，接著下令強制收繳國民自衛軍手中的武器和大砲。

政府在收繳槍砲時遭到強烈的抵抗，內戰立刻爆發。這時政府軍大部分還在德軍的俘虜營中，梯也爾所屬的軍力薄弱，無法與國民自衛軍對敵，只得逃離巴黎，把政府遷到西郊的凡爾賽宮。巴黎市民這時如一七八九年大革命時一樣成立公社，又舉行投票選舉缺席的布朗基為議會主席，此後一方面與梯也爾談判釋放布朗基的條件，另一方面逐日發布新法令，進行社會改革，例如接管私營企業，給予婦女參政權，撫卹傷亡將士的遺族，等等。公社又仿效當年法國大革命成立公安委員會，將原政府官員、資產階級以及許多無辜的市民逮捕入獄或處死，並沒收其財產。

德國原本宣稱在法國內戰中將保持中立，暗中卻應梯也爾所請，迅速釋放法國戰俘。麥克馬洪立刻率領十萬政府軍攻打巴黎，情勢於是逆轉。政府軍擊潰國民自衛軍，又攻破城門，之後開始進行大屠殺，為期一週。據估計約有三萬人死亡。巴黎城內許多建築物毀於砲火，部分自衛軍及其妻女在臨死前又四處縱火焚燒，到最後只有少數古蹟，例如巴黎聖母院，倖免於難。

路易斯・布朗基

馬克思、恩格斯對巴黎公社事件的評論

巴黎公社從一八七一年三月成立，五月被消滅，只存在短短七十二天，但在馬克思、恩格斯和日後其他共產世界的領導人眼中，意義卻極為重大。事實上，馬克思在普法戰爭開始之後，曾經兩次以國際工人

協會的名義發表文章，提出警告，說法國工人階級正處於極大的危機中，因為既不能在大敵當前時推翻政府，又要小心避免受政府的欺騙。事件結束後，馬克思又寫了一篇《法蘭西內戰》（*Civil War in France*），以國際工人協會總委員會的名義發表，其中讚揚「工人的巴黎及其公社將永遠作為新社會的光輝先驅受人敬仰」；反之，「那些殺害它的劊子手們已經被歷史永遠釘在恥辱柱上」。

不過馬克思也指出，巴黎公社的主事者在整個事件中犯了許多致命錯誤。其中最大的錯誤是他們本應趁梯也爾及所謂的「地主議會」毫無防禦力量時立即進軍凡爾賽，一舉予以徹底消滅，卻浪費許多時間在選舉、開會，以及和敵人談判，結果中了梯也爾的緩兵之計，後悔莫及。恩格斯也指出，公社明明已經控制了法蘭西銀行，其中有數十億法郎，卻完全不知道要派兵保護，以致於被敵方趁機搬走。

總之，馬克思和恩格斯認為巴黎公社同時犯了許多錯誤，而最大的錯誤是對階級敵人過於寬大。日後領導俄國十月革命的列寧、托洛斯基等人也都自稱從研究巴黎公社的失敗吸取到重大的教訓，那就是絕不讓對手有機會接管政權。

另有一事必須指出。馬克思雖然早就看出問題，又對法國工人提出種種的警告，最終卻只能眼睜睜地看著悲劇上演，心中憤恨可以想見。因而，《法蘭西內戰》裡出現許多謾罵、污衊的文字，被認為是他發表過的文章中最情緒化、最不客觀的一篇。在當時，有一部分國際工人協會成員立即表示不能同意其內容，奧哲爾甚至不惜辭去第一國際主席的職務，與國際工人協會切割，以致於《法蘭西內戰》刊印第二版時，必須把他的名字從總委員會名單中抽掉。

第一國際解散

奧哲爾之所以決定與國際工人協會切割，原因其實不難明白：英國的政治風向使得他沒有選擇。早在一八六七年，英國工人經過多年的奮鬥，終於取得重大的突破。國會通過一項改革法案，再度放寬選舉權的個人財務門檻，使得全國有資格投票的選民從一百萬人一下子增加到兩百萬人。這是由於工人團體取得國會中保守黨（Tory Party）支持的結果。英國人民選擇以緩和的方式改善貧富不均的態度越來越明顯，共產主義越來越不受歡迎。

共產主義在英國不受歡迎另有一個明確的證據。《資本論》第一卷於一八六七年先以德文版出版，法文版和俄文版都在一八七二年出版，但英國出版商始終拒絕發行英文版，最後出版時是一八八六年，馬克思那時已經死去三年。

國際工人協會不僅在英國不受歡迎，也被歐洲大陸各國政府視為心腹之患，強力鎮壓，因而在一八七二年九月海牙召開大會時，不得不決定將總委員會從倫敦遷往美國紐約。當時巴枯寧因故沒有參加大會，馬克思趁機提議將巴枯寧逐出協會，並且獲得通過。

馬克思之所以必欲將巴枯寧逐出第一國際而後快，是因為巴枯寧不斷地公開表示反對馬克思主張獨裁方式的共產革命。巴枯寧說：「這種革命獨裁統治與現代政權之間的區別，只不過是外部騙局而已，二者本質上都是少數人借人民之名對多數人實施的一種專制統治——以多數人的愚蠢和少數人的超群智慧為名——因此是同樣反動……。他們的目標是摧毀現有的秩序，不過只是為了在廢墟上建立起自己的嚴苛統治。」馬克思認為這對共產革命無疑已經形成一股破壞力量。

話說回來，國際工人協會總委員會遷到美國後也無以為繼，最終不得不在一八七六年五月宣告解散。

各國工人組織從此各自為政，一直到一八八九年七月才又有第二國際成立。

英國選舉制度的進一步發展，兼述費邊社及工黨

巴黎公社事件後，英國人民及政府都體認到必須更進一步推動民主選舉。這時的執政黨——自由黨（Liberal Party）——因而在一八七二年先推動一個法案，將選舉改為無記名投票，又在一八八四年支持並通過另一個新法案，使得人民中又新增兩百萬人獲得選舉權，其中大多是農民。此後三十幾年間，英國的選舉辦法又一再修改，越改越寬，門檻越低。今日世界上有許多國家實施選舉制度，其中舉凡普選、選舉區劃定、婦女投票權等辦法，大多是從英國開始的。但有一事必須一提，英國著名的思想家約翰・彌爾（John Stuart Mill）[1]認為民主選舉未必沒有缺點，例如：人民的知識水平是選舉制度能否成功的關鍵因素，因而主張給予受過較高教育的人額外的選票。但至今並沒有任何一個民主國家採用此一建議。

同樣在一八八四年，倫敦有一個「費邊社」（Fabian Society）成立，對英國的民主政治產生極大的影響。費邊（Quintus Fabius Maximus Verrucosus）是古羅馬的一位名將，以迂迴及遲滯戰術成功對抗北非迦太基的威脅而聞名，從不冒險做孤注一擲之舉。費邊社因而是希望以緩和漸進的方法從事改革，尋求最終實現完美的社會主義。

費邊社一開始是由十幾個政府官員和高級知識分子發起的。成員中最著名的有社會學家韋伯夫婦

1　中文世界常譯為穆勒，或稱小彌爾；因為小彌爾的父親詹姆士・彌爾（James Mill）是李嘉圖（David Ricardo）的摯友，亦是著名的經濟學家；為了區分兩個彌爾，有時史家以大小彌爾稱之。

（Beatrice and Sidney Webb）、小說家兼劇作家蕭伯納（George Bernard Shaw），及小說家兼歷史學家威爾斯（H.G. Wells）等。其成員思想其實都不同，不過大多主張致力於和平立法以增進工人的福利，改善其生活，同時兼顧經濟體系的效率。

韋伯夫婦後來與蕭伯納及其他人共同創辦倫敦政經學院；費邊社後來直接促成英國工黨在一九〇〇年成立，並逐漸取代自由黨，而與保守黨並列為國會中兩大政黨。

倍倍爾與德國社會民主黨

對德國的社會主義工人來說，英國工人以和平方式取得更多參政權的過程始終是一個指引，因而也繼續採取和平方式奮鬥，道路雖然崎嶇，最終也同樣達到目的。

如前所述，倍倍爾與李卜克內西共同成立社會主義艾森納赫派，並決定加入第一國際。不過普法戰爭在第二年爆發，兩人公然主張反戰，結果以「陰謀叛亂」罪名遭處兩年徒刑。巴黎公社事件後，俾斯麥擔心德國將發生類似的事，對社會主義者採取更加高壓的政策，結果反而促使艾森納赫派與拉薩爾派於一八七五年合併成為「德國社會主義工人黨」以共同對抗政府，並且轉而反對君主制。這與拉薩爾當初創黨的理念已經背道而馳。

一八七八年，俾斯麥趁年老體衰的德皇威廉一世遭到暴徒槍擊，差點喪命的時候，促使國會通過《反社會主義法》（*Anti-Socialist Law*），禁止未經核准的集會、演講及出版，禁止工會未經核准罷工，又關閉國內四十幾家報紙。但倍倍爾下令黨員改採祕密活動、設立國外據點及其他迂迴的方式因應，躲開政府壓迫，並且在選舉中獲得越來越多選票。俾斯麥顯然已經無法阻止其蓬勃發展。

到了一八九〇年，國會終於決定不再延長《反社會主義法》，社會主義工人黨於是進行大改組，改稱「社會民主黨」（Social Democratic Party，縮寫SDP，簡稱「社民黨」），並一躍而為國會中第二大黨。俾斯麥對社會主義的高壓政策徹底失敗。同時，威廉一世的孫子威廉二世繼任後也不願讓俾斯麥繼續擔任宰相。俾斯麥至此只能辭職下臺。

社民黨此後一直是德國的兩大主要政黨之一，如果從拉薩爾創黨時起算，至今已超過一百五十年。

第3章 列寧與俄國的二月革命、十月革命

馬克思一生中不斷地宣揚無產階級革命，卻幾乎不提俄國，因為在他的觀念裡，俄國是個封建落後的農業社會，既沒有什麼資本家開工廠，也沒有什麼被剝削的工人，哪來的無產階級革命？然而世界上第一個成功的無產階級革命，即是一九一七年發生的十月革命，偏偏是在馬克思認為最不可能的俄國發生了。這是為什麼呢？

事實上，俄國早期雖然沒有什麼被剝削的工人，沙皇卻是歐洲最專制獨裁的君主，在農村裡又有數以百萬計境況悲慘、令人同情的農奴。這正是俄國最早發生革命運動的兩個主要根源，並為其後的無產階級革命領路。因而，本章必須先從一個企圖推翻沙皇的「十二月黨人案」開始說起。

「十二月黨人案」及其影響

如第一章所述，拿破崙遠征俄國，結果潰敗，接著沙皇派俄軍跟著歐洲各國軍隊一起打到巴黎。但敗北的法國卻將「自由、平等、博愛」及「君主立憲」的觀念傳播給戰勝國的軍隊和人民。俄國軍隊中的青

年軍官有一部分出身貴族，對歐洲革命思想早有接觸；到了法國親歷其境，受到更大的衝擊，回國後就成立了革命黨，決心推翻帝制。一八二五年十二月，革命黨趁沙皇駕崩時發動三千人武裝起義，結果失敗，五名主事的軍官遭公開絞死，其餘大多被殺或被流放。

「十二月黨人案」震驚整個俄國。新任沙皇尼古拉一世（Nicholas I）決定以高壓統治。具體地說，包括設立祕密警察、在西伯利亞廣設集中營、加強出版品檢查制度、禁止學生到西歐留學、禁止大學裡開哲學相關課程，又企圖利用東正教加強控制人民的思想。當時俄國知識分子無法反抗政府，只能用寫作以表達抗議。他們唾棄陳腐的貴族文學，轉而描繪現實的世界，致力於揭露政府官員的腐敗、貪婪、無知，以及農奴的悲慘狀況。

俄國其實和英國及歐洲大陸一樣，從中古世紀時起土地便集中在貴族領主的手中，農民只能在其份地（從地主手上領到的耕地）上耕作，很少有自己的土地。十七世紀初羅曼諾夫王朝（Romanov Dynasty）建立後，土地集中的情況更是嚴重，越來越多的農民淪為農奴。到後來，地主不但強迫農奴勞役並拿走大部分的收成，還可以任意鞭打或販賣農奴；地主可以將反抗的農奴絞死，或活活燒死。農奴逃亡如果被捕獲，連帶家眷和財產都一起歸還原地主。如此不公不義之事，社會上一部分有良心的知識分子實在看不下去，批評地主是「貪婪的野獸，不知足的吸血蟲」。

在前述的知識分子裡，有一位名叫赫爾岑（Alexander I. Herzen），曾是俄國文壇的一位耀眼明星，卻被迫流亡國外。一八五六年起，赫爾岑在倫敦出版《鐘聲》（*Kolokol*）俄文雜誌，並祕密偷運回俄國販售。這本雜誌很快受到廣大讀者的歡迎，連王公貴族的子弟也時常聚在一起誦讀。舉一個例，俄國鼎鼎大名的無政府主義者克魯泡特金（Peter Kropotkin）在自傳裡也曾寫道，他原本出身王室，但十幾歲在軍校中就讀時，便是每期《鐘聲》的忠實讀者，所以成年後決定投身於革命，不惜放棄親王的身分。

赫爾岑清楚地知道，俄國的問題並不是工人，而是要如何解放農奴。他也知道，俄國的農村裡有一種稱為「村社」（mir）的自治組織，是由農民自己選舉領導及幹部，負責協調公共事務，並與地主溝通。因而他認為或許可以引入自由、平等的觀念，設法排除地主的宰制，而以村社為基礎，不必經由資本主義階段，直接促成社會主義社會。

民粹主義及虛無主義

當時也有一本《現代人》（*The Contemporary*）雜誌，提倡文學、藝術理論及進步的思想，引領時代風潮，由別林斯基（Vissarion Belinsky）主編，後來由車爾尼雪夫斯基（Nikolay G. Chernyshevsky）接任，這兩人都被奉為青年導師。車爾尼雪夫斯基也曾和同志們討論，獲得和赫爾岑幾乎一樣的看法。這種思想被稱為「民粹主義」（Narodnism，或Populism），民粹指的是人民，特別是農民。民粹主義者認為，知識分子都欠人民的債，有義務指導並協助人民建立公平和正義的社會。

正當民粹主義的革命思想大起之際，尼古拉一世在一八五五年駕崩。他的兒子亞歷山大二世（Alexander II）繼位後，突然決定變法進行改革，下令成立地方議會，逐步推動地方自治；又允許司法獨立，讓法官獨立公正判案；另外又推動軍隊、教育、工業等等的改革。但新政中最重要的是在一八六一年二月宣布廢止農奴制。亞歷山大二世曾經引用赫爾岑的話：「與其等待它從下面出現，還不如馬上從上面發起。」然而由於貴族對此項改革拚命反對，亞歷山大二世的個性又猶豫不決，使得沙俄政府最後公布的辦法問題叢生，其中最嚴重的是土地移轉的價格訂得太高，以致於農民在法律上雖然取得自由，卻沒有能力取得土地，只能繼續為地主做苦力而不得溫飽。農民大失所望，於是暴動頻繁。

一八六一年，聖彼得堡有一個祕密組織成立，稱為「土地與自由協會」，要求政府立刻把土地和真正的自由還給農民。據說這是由車爾尼雪夫斯基創立的。但在第二年聖彼得堡發生一件縱火大案，沙俄政府藉機誣指車爾尼雪夫斯基涉案，將其逮捕後判處流放西伯利亞。在此之後，俄國革命越來越有暴力的傾向，一個被稱為「虛無主義」（Nihilism）的思想逐漸興起。

「虛無主義」的特點是否認上帝，否認沙皇，否認舊社會、舊思想，對於緩慢的改革不存幻想，主張以暴力革命打倒一切權威，並且自認不受任何道德拘束。俄國有一些流傳後世的文學巨著，如屠格涅夫（Ivan S. Turgenev）的長篇小說《父與子》（*Fathers and Sons*）、杜斯妥也夫斯基（Fyodor M. Dostoevsky）的《罪與罰》（*Crime and Punishment*），都是以虛無主義者為原型而寫的，描繪極為生動。不過如果要在俄國當時的現實社會中舉出一名代表人物，那就非涅恰耶夫（Sergey Nechayev）莫屬。

涅恰耶夫出身貧寒，父母原本都是農奴，成年後參加革命組織，後來到瑞士求見無政府主義革命運動的領導者巴枯寧，獲得撥給鉅款後返回俄國發展革命運動。但巴枯寧後來漸漸疏遠涅恰耶夫，因為發現他是一個為達目的不擇手段的危險人物，這從涅恰耶夫寫的一本小冊子《革命家問答書》（*Catechism of a Revolutionary*）可以清楚看見。書中部分摘要如下：

— 革命者是自我獻身受難的人。他沒有自己的利益、自己的事務、自己的感情、自己的愛好、自己的財產，甚至沒有自己的名字。他的存在只是為了一個目的，一個思想，一個激情，就是革命。

— 他和社會秩序、整個文明世界及其一切法律、禮節、習慣和道德都完全斷絕聯繫。他是這個文明世界的無情敵人，活著只是為了要破壞它。

— 他鄙視輿論，憎惡社會道德。對他來說，凡是能促進革命成功的，就是道德；凡是阻礙革命的，就是罪惡。

──為了達到無情破壞的目的，革命者可以，並且應該假裝成與他的本來面目完全不同的人生活在社會上，潛入一切上等階級和中等階級的地方……。

一八六九年，涅恰耶夫因殺害一名拒絕聽從指揮的部屬遭到警方追捕，不得不逃亡國外；但在兩年後落網，被引渡回國，最終死於獄中。然而，他所留下的《革命家問答書》對於後世的影響卻是巨大無比。有人稱涅恰耶夫是「布爾什維克之前的布爾什維克」，因為日後的列寧及許多布爾什維克黨人，也是為達目的不擇手段。列寧曾經讚美涅恰耶夫，說他有「超人的組織天才，到處建立謀叛工作的特殊能力，以及使其思想永久深入人的記憶中的才能」。

話說回來，當虛無主義盛行時，民粹主義也同樣蓬勃發展。一八七四年夏天，俄國出現一個澎湃洶湧的「到民間去！」運動（going to the people）。數以千計的男女知識青年蜂擁到農村中，宣傳赫爾岑及車爾尼雪夫斯基的革命思想，其中不乏貴族、將軍和仕紳家庭的子女。當時俄國上流社會崇尚法國風，常聘請法國人當家庭教師，因而，法國自由、平等的價值觀早已進入貴族家庭。

這些青年男女刻意換上農民的衣服，其中有人教農民讀書識字，有人提供醫療服務，有人捲起袖子幫農民各種農

巴枯寧（左）與涅恰耶夫（右）

忙，不過同時也分發革命的小冊子。不料有少數農民心生猜疑而向警方舉報，結果有八百多人遭到逮捕，其中一百九十三人送交法庭公開審訊；但法庭同情這些學生，判決大多數人無罪釋放。不料沙皇竟命令警察逮捕這些人，又把他們全部流放到西伯利亞。

俄國馬克思主義組織「勞動解放社」的成立

前述的「一九三人案」使得民粹主義者倍感挫折，其中一部分人憤而轉向虛無主義的暴力革命。當時有一位革命理論家特卡切夫（Pyotr Nikitich Tkachev）引用前述巴貝夫、布朗基的觀點，主張革命必須是有組織、有紀律的行動，由少數人指揮，領導人必須要有權威。虛無主義者卻大多只是盲目地各自進行暗殺及恐怖行動，認為只要除去沙皇和少數高官，便可達到推翻專制政府的目的。其中有人策劃行刺亞歷山大二世，不只一次。亞歷山大二世震怒，下令大舉逮捕民粹黨人，立即判處坐牢、流放或死刑。

民粹主義者也有一部分人不同意激進派的作法，認為恐怖行動不但虛耗革命力量，又招來政府報復，其中的代表人物是出身韃靼貴族家庭，卻拒絕貴族身分的普列漢諾夫。兩派為此不斷爭論而各持己見，最後的結果是分裂。激進派決定另組一個「民意黨」（People's Will），繼續恐怖行動，沙俄政府下令徹底鎮壓，一時之間風聲鶴唳。連普列漢諾夫也被追緝，只得避居瑞士，與阿克雪里羅得（Pavel Axelrod）及查蘇利奇（Vera Zasulich）等同志聚在一起。阿克雪里羅得曾經參加過巴枯寧的無政府革命組織，也曾加入土地與自由協會的革命運動。普列漢諾夫受其影響，決定放棄在大學的學業而投身於革命。查蘇利奇曾因持槍近距離射傷一位惡名昭彰的聖彼得堡警察總監，卻獲得法院判決無罪而名噪全國。

普列漢諾夫等人初期在瑞士其實仍不確定要如何繼續革命。原先他們以為俄國可以利用村社幫助農村邁向社會主義的社會，但村社似乎正在瓦解中。由於俄國的資本主義水平還遠遠落後於西歐，工人階級的力量也很薄弱。查蘇利奇為此代表眾人寫一封信給馬克思，請問他究竟俄國村社的命運將會如何？俄國是否要等幾十年，等到資本主義達到一定的水平之後，再來發動無產階級革命？馬克思在收到信後，慎重地回了信說道：村社雖然有可能是俄國社會重生的支點，但如果不能發揮其功能，俄國還是只有等資本主義發展起來之後，才會經由無產階級革命達到社會主義社會。

原本《共產黨宣言》出版後不久，便由巴枯寧翻譯成俄文；但普列漢諾夫決定重新翻譯，並請馬克思為一八八二年新出的俄文版寫序。普列漢諾夫又在次年公開宣告與民粹主義分道揚鑣，並與查蘇利奇及阿克雪里羅得在日內瓦共同創立一個「勞動解放社」（Emancipation of Labour），這個組織從此成為俄國馬克思主義革命的領導中心。

列寧的家世

回來說俄國發生的一件大事。一八八一年三月，民意黨人經過多次努力，終於如願刺殺了沙皇，但也付出巨大的代價。新沙皇亞歷山大三世（Alexander III）繼任後，命令全面緝捕暴力分子。民意黨人被拘捕殆盡，許多人被處死；但仍決定不顧生死，繼續招收熱血青年參加暗殺行動。

六年後同一天，聖彼得堡又發生一起企圖以炸彈炸死新沙皇未遂的案子。犯案的七個人都是聖彼得堡帝國大學的學生，遭到逮捕不久後都被絞死。六年來發生企圖刺殺新沙皇的案子其實很多，所以這件案子不能說有什麼特別。但以結果論，此案件卻是改變俄國，甚至改變整個世界歷史的一件大事，因為在七個犯案的學生中，有一位名叫亞歷山大・烏里揚諾夫（Aleksandr Ilyich Ulyanov），正是列寧的哥哥。

列寧當時只有十七歲，還在中學裡讀書。他從小崇拜大哥，亞歷山大突然犯案被絞死對列寧衝擊之大自然不可言喻。有人說，列寧心中決意要推翻沙俄，想要報復的烈火從此燃起，不曾停熄。

由於列寧實在太重要，在此必須先稍微介紹他的家世。

列寧（Vladimir Lenin）一八七〇年生於伏爾加河（Volga River）中游的西姆比爾斯克省（Simbirsk，現改稱烏里揚諾夫斯克〔Ulyanovsk〕）。他的父親曾任該省教育總監，有韃靼人血統，所以列寧遺傳了部分蒙古人的外貌，高顴骨、扁鼻子、小眼睛。他的母親有德國血統，出身地主家庭，聰明、好學、正直而意志堅強，注重兒女的教育。列寧和兄弟姊妹共六人從小過著相親相愛的快樂童年。不過在亞歷山大死後，一家人都成為革命黨。

列寧從小智力就已經遠遠超出同齡的人，並顯示出無論做什麼事都有先做準備的習慣，周密而有系統。列寧的中學校長是他父母的好友，在亞歷山大因犯案被絞死後，竟甘冒危險而為列寧寫推薦信，使得他獲准進入喀山大學。不過列寧因為參加抗議政府的學生集會而被開除，只得在後來以自學的學歷參加國家考試取得等同大學畢業的學位，然後到薩馬拉（Samara）擔任一家律師事務所的助理。

列寧參加共產主義革命運動

這時俄國國內正面臨一個關鍵的轉變期，因為資本主義來得非常快。十幾年前，農民即使離開農村、到都市也找不到工作；但這時全國光是大工廠和鐵路的工人就超過一百五十萬，只是工作條件，包括工時、工資、工作場所及家人的生活狀況，和先前英、法、德國情形一樣惡劣；於是同樣有人開始搗毀機器、怠工、罷工，或發起工人運動。普列漢諾夫領導的勞動解放社因而不斷地壯大，馬克思主義已逐漸成為俄國主流的革命思想之一。

列寧雖然痛恨大哥之死，並不認同大哥參加刺殺沙皇的作法。他參加薩馬拉的祕密馬克思主義小組，又遍讀馬克思、恩格斯及普列漢諾夫等人的著作之後，認為共產革命才是推翻沙皇的正確途徑。一八九三年八月，列寧轉到聖彼得堡，立刻引人注意。一位知名革命分子在聽了他的辯論及演講後說：「這是一位看得很遠的人物，我們之中沒有一個趕得上。」

一八九五年，列寧到瑞士會見普列漢諾夫及阿克雪里羅得之後，被委任與一位同志馬爾托夫共同辦一份新報紙。不料創刊號還在印刷中，兩人就被逮捕並都被判處充軍。但列寧的充軍之地是在西伯利亞之南，氣候舒適宜人；馬爾托夫的充軍地卻在西伯利亞之北，靠近北極圈，寒冷至極。兩人其實犯下一樣的罪，處境卻天差地別，原因是馬爾托夫是猶太籍，一向被歧視。

列寧在充軍期間也沒有被強迫做苦工，還能領到生活費，並攜同妻子克魯普斯卡婭（Nadezhda Krupskaya）及岳母同往。克魯普斯卡婭還替他安排遠程借書，又幫他以化名在報紙和雜誌上發表評論、出版著作。因而曾有學者指出，比起列寧後來建立的蘇維埃政權牢獄，沙俄政權的牢獄可算是天堂。

「第二國際」的成立及共產主義陣營的分裂

一九〇〇年初，列寧與馬爾托夫都充軍三年期滿而獲得釋放，回到聖彼得堡。不過本書在敘述兩人如何繼續參加革命運動之前，有必要先補述歐洲各國的社會主義工人運動在過去十幾年間的發展。

首先要指出各國的工人組織正在迅速復起。自從德國社會主義工人黨於一八七五年成立後，歐洲和美國也紛紛出現採用類似名稱的社會主義工人政黨，例如：馬克思的女婿拉法格（Paul Lafargue）參加的法國「工人黨」；由恩格斯的好友魏德邁（Joseph Weydemeyer）和左爾格（Friedrich Sorge）創立的美國「社會主義勞工黨」（Socialist Labor Party）；以及上述的俄國「勞動解放社」。

一八八九年七月十四日，也就是法國大革命一百週年紀念日，來自二十二國約四百名代表齊集巴黎，召開國際社會主義代表大會。「第二國際」由此成立，距離第一國際解散只有十三年。事實上，這個會議是恩格斯催生的。當時法國工人黨裡有一個「可能派」主張走議會和平路線就有可能取得政權，不一定要進行武裝革命，並預備聯合其他各國的社會主義政黨在巴黎開大會。恩格斯獲悉後大驚，深恐馬克思主義派失去主導權，因而火急地促請召開另一會議，並選在可能派舉行會議同一天，可能派發起的組織因而受制無法發展。

一八九〇年，德國社會主義工人黨又經由改組而成立一個新的社會民主黨。該黨的創黨領袖倍倍爾和李卜克內西是第二國際實質上的主導者，黨內又有考茨基和伯恩斯坦（Eduard Bernstein）備受各國馬克思主義者尊敬的理論家，不料在一八九五年內部發生分裂，而分裂的原因來自伯恩斯坦。

伯恩斯坦出身自由主義的猶太家庭，也曾因參加社會主義工人黨被迫流亡倫敦，因而與部分英國費邊社成員密切來往，受到影響，對馬克思主義逐漸產生懷疑，只是在恩格斯在世時並未公開提出。不過恩格斯在一八九五年八月過世後，伯恩斯坦宣稱資本主義未必會像馬克思預料那樣自動失敗，經由議會立法改革也極有可能以和平漸進的方法達到社會主義社會的目標。倍倍爾、考茨基等人因而憤怒，痛斥伯恩斯坦是「修正主義者」（revisionist）。但伯恩斯坦堅持己見，又在一八九九年集結其言論，出版了《社會主義的前提和社會民主黨的任務》（*The Prerequisites for Socialism and the Tasks of Social Democracy*），更引發論戰及思想混亂。

歐洲其他各國的馬克思主義者一向唯德國社民黨馬首是瞻，自然也跟著發生混亂。其中俄國也出現兩個「修正主義者」，一個是「經濟主義派」，另一個是「工人事業派」。經濟主義派宣稱工人鬥爭的目的是改善自己的物質條件，所以不需政治鬥爭，主張放棄以武裝革命手段推翻資本主義。工人事業派主張馬克思主義者不應站在工人前面，而應跟在自發的工人運動後面，如此一來勞動解放社的領導角色就被否定了。勞動解放社的領導人大驚，痛斥兩派的言論，並與其中一部分人切割。

列寧主辦《火星報》，托洛斯基受邀加入

俄國馬克思主義的革命黨人雖然理念分歧，卻有共識要組織一個統一的政黨。一八九八年八月，來自全國各地的代表共九人，集會於白俄羅斯首府明斯克（Minsk），宣布成立「俄國社會民主工黨」。不料由於有密探參加，與會九人之中八人會後遭到逮捕。俄國社會民主工黨才剛誕生就夭折，革命黨人無不氣餒。

列寧正是在這樣的情況下回到聖彼得堡，與馬爾托夫重逢，並決定在國外再辦一份報紙，在國內外發行。日內瓦的勞動解放社領導人也被邀請，而都欣然同意加入。這份新刊物於一九〇〇年十二月創刊，取名為《火星報》（*Iskra*），意指「星星之火，可以燎原」。儘管俄國社會民主工黨實質上不存在，由列寧主編的《火星報》卻被認為是其機關報。這時列寧卻決定把編輯部搬到慕尼黑，在兩年後搬到更遠的倫敦。一般認為，主要是列寧與普列漢諾夫不睦，又有意大權獨攬。又再過了一年，由於眾意難違，列寧才同意將編輯部搬回日內瓦。只是列寧的知名度在此期間已經逐漸超越了普列漢諾夫。

一九〇二年三月，列寧出版一本小冊子《該做什麼？我們運動中的迫切問題》（*What Is to Be Done? Burning Questions of Our Movement*），被認為是宣告「列寧主義」誕生。什麼是列寧主義？簡單地說，就是馬克思主義再加上一個理念：無產階級革命要由少數的職業革命家來領導。

一九〇二年另有一件大事，就是列寧邀請托洛斯基到倫敦來協助辦報。

托洛斯基（Leon Trotsky）生於俄國赫爾松省（Kherson）的猶太富農之家，在就讀大學時便積極投入革命運動，結果被捕，獲判流放西伯利亞。但他很快又因從事革命運動而遭到通緝，於是又輾轉逃到薩馬拉，參加革命黨及《火星報》的工作，獲得薩馬拉工作站主持人激賞，列寧得知後邀請他到倫敦來一起工作。托洛斯基既能寫文章又善於辯論，也能完成列寧交付的募款使命，因而很快地嶄露頭角。

關於「黨紀高於民主、人權原則」的決議

一九〇三年七月，由《火星報》成員所組成的「火星派」邀集各方代表在布魯塞爾召開俄國社會民主工黨第二次代表大會，距離上回在明斯克召開，結局悲慘的第一次大會，已隔了五年。然而大會只開了兩週，代表們就被驅逐出境，只得轉到倫敦繼續開會。

大會由普列漢諾夫擔任主席，列寧是副主席之一。出席者四十四人，其中有三十三人屬於火星派。俄國共產革命由

普列漢諾夫（左），列寧（中）及馬爾托夫（右）

少數職業革命家控制絕大多數的工人階級的情況，這時已十分明顯。不過開會時，馬爾托夫和列寧卻為了招收黨員究竟應該採取什麼樣的標準而發生嚴重爭執。馬爾托夫主張應當寬鬆，列寧卻批評這種主張必將導致革命失敗。兩人互不相讓，最後只得表決，結果馬爾托夫的意見獲得多數贊同。令人驚奇的是，一向與列寧不和的普列漢諾夫卻支持列寧，而被認為是列寧親信的托洛斯基竟反對列寧的主張。

當時也討論另一重要議題。列寧主張必須有嚴格的紀律，又認為革命的領導者必須能行使絕對的權威，遭到許多黨員表示反對。有一位化名為波薩多夫斯基（Posadovsky）的黨員起而為列寧辯解，說：「要麼，我們黨的政策必須服從於這樣或那樣的基本民主原則，承認其絕對的價值；要麼，所有的民主原則必須毫無例外地服從我們黨的目標。我確定我自己是傾向於後一種意見。絕對沒有什麼民主原則能使我們不須服從黨的目標。」有人大聲問：「那麼人格的尊嚴呢？」波薩多夫斯基回答，為求完成社會革命，一個革命政黨必須只考慮如何才能達成目標。

在這場激烈的討論中，普列漢諾夫竟也表示支持列寧的主張，說：「革命的成功是最高的法律。」大會最後就以此做成決議。多年後，俄裔的英國思想史巨擘以賽亞．柏林指出，此決議標誌了一個改變世界歷史的關鍵點。俄國社會民主工黨將列寧的主張，以白紙黑字寫在的會議紀錄裡；這意味從此以後為了革命的需要，民主、自由、人權及任何東西都是可以犧牲的。

布爾什維克派與孟什維克派的分裂

在這場大會中，列寧接著又提出一項縮編《火星報》編輯部的建議，也引起馬爾托夫等人不滿，認為列寧有意排擠查蘇利奇、阿克雪里羅得等老一輩革命家；但普列漢諾夫竟又一次支持列寧，使得提案通過。從此以後，列寧就自稱其所領導的是黨內多數派，也就是「布爾什維克」（Bolshevik，以下簡稱「布派」）；反之，馬爾托夫領導的是少數派，也就是「孟什維克」（Menshevik，以下簡稱「孟派」）。

不過在大會結束之後，有一個驚人的事發生：普列漢諾夫竟公開承認自己在大會期間是被列寧拉攏並利用了。眾人於是紛紛痛斥列寧，托洛斯基也斥責列寧是法國大革命時的羅伯斯比爾，有一種「代替」的邏輯，具體地說就是「以黨的組織代替整個黨，再以中央委員會代替黨組織，最後是由一個獨裁者代替中央委員會。」在此情形下，列寧只得辭去《火星報》的職務，不過私下又召集自己的班底，並招收許多新人。俄國社會民主工黨於是正式分裂。

但社會民主工黨即使不分裂，也只能算是俄國第三大的革命黨。當時另有「立憲民主派」和「社會革命黨」，對沙俄政府威脅更大。「立憲民主派」主張建立立憲政府，成員大多是資產階級，包括新起的地主、工業家、律師、醫師等等，其領導人是著名的歷史學家帕維爾・米留科夫（Pavel Milyukov）。社會革命黨就是原本已經沉寂的民粹主義派，這時成立一個由熱血青年組成的「戰鬥團」，專門暗殺保守頑固的政府官員，前後殺了教育、內政、警察首長，甚至總理。

亞歷山大三世在此期間積極鼓勵西歐的資本家到俄國投資，俄國的工業生產隨之飛躍成長。然而如馬克思預言，資本主義越是快速發展，工人運動越加激烈，村社越快瓦解，社會越是動盪不安。

一八九四年，亞歷山大三世駕崩，尼古拉二世（Nicholas II）繼位，同時也接收了上述種種問題。但他生性優柔寡斷，提不出任何能因應的辦法，因而不但人民失望，許多盼望改革的新興資本家也失望。其中有人決定加入立憲民主派，也有人決定資助社會革命黨及社會民主工黨。羅曼諾夫王朝的前景因而看來已經十分黯淡了。

從日俄戰爭到一九〇五年的俄國革命

羅曼諾夫王朝的喪鐘第一次敲響，是一九〇四年爆發的日俄戰爭。俄國與日本之所以會發生戰爭，是由於中國在清朝末年國家積弱，俄國與日本都企圖掌控中國東北及其附庸國朝鮮的結果。

日本自從明治維新後，國力漸強，在一八九四年甲午戰爭戰勝，迫使清朝簽訂《馬關條約》，同意賠款，撤出朝鮮，並割讓臺灣。俄國卻聯合德、法兩國橫加干涉，迫使日本同意放棄遼東半島。俄國自己卻在一九〇〇年突然出兵強占中國東北，日本於是也出兵，雙方於一九〇四年爆發大戰，結果日軍大勝。俄國只得同意退出朝鮮及遼東半島。

俄國人民受到日俄戰爭中戰敗的刺激，更要求加速改革，工潮也迅速擴大，結果導致一九〇五年一月聖彼得堡發生一件驚人事件。一位東正教的加彭神父（Father Georgy Gapon）在一個星期日率領大批工人前往冬宮，要求向沙皇請願，結果守衛軍竟向工人開槍，造成一千人死亡，兩千人受傷。

俄國著名的文學家高爾基（Maxim Gorky）正好在聖彼得堡，目睹慘案的經過，又驚又怒，立即發表演講譴責政府，又說「流血星期日」將是俄國革命的開始因而被捕，後來因為外國的抗議而被釋放。仍處於分裂中的布爾什維克和孟什維克派也相信，俄國的革命就要開始了，不過他們大多被通緝，所以只能留在國外。但由於全國各大城市都掀起罷工潮，各省都發生農民暴動，軍隊也發生叛亂，政府不得不宣布部分的改革措施，其中包括將要成立「國家杜馬」（Duma，即是「議會」）。到了十月，又頒布「詔書」，允諾給予人民信仰、言論、集會結社的自由，擴大選舉權，並通令大赦。布派與孟派也因而決定捐棄成見，一同回國共謀大局。

聖彼得堡在工人大罷工時出現一個自發的「蘇維埃」組織（Soviet，意即「會議」），後來在莫斯科及其他城市也出現。托洛斯基在大赦前就冒險回國，參加了聖彼得堡蘇維埃第一次大會。當大會代表們對沙皇的詔書齊聲歡呼時，托洛斯基拿起一張詔書撕成碎片，說：「看吧！只是一張紙。今天他給我們詔書，明天就收回它，並把它撕毀，就像我現在撕它一樣。」托洛斯基被大會選為蘇維埃主席，但在十二月初與一部分蘇維埃委員一同被捕。

托洛斯基在法院開庭後公開攬下所有檢察官起訴他企圖「武裝暴動」的指控，不過他又說：「大多數人民都要推翻舊政府，欲達此目的，只有暴動。暴動的性質是革命的。」托洛斯基在法庭上的演講轟動整個聖彼得堡，但法庭最後還是判處他充軍到北極。

斯托雷平的改革

一九〇六年及一九〇七年，布、孟兩派在瑞典首都斯德哥爾摩及倫敦，聯合召開兩次社會民主工黨代表大會。許多後來俄國歷史上的重要人物都在這兩次大會後開始嶄露頭角，其中包括加米涅夫（Lev Kamenev）、季諾維也夫（Grigory Zinoviev）、史達林（Joseph Jughashvili Stalin）、捷爾任斯基（Felix E. Dzerzhinsky）、拉狄克（Karl Radek）等。托洛斯基也從北極逃脫回來。社會民主工黨由此團結又再次壯大，但俄國的革命情勢卻開始走入低潮，最主要的原因是沙皇任命了一位新總理斯托雷平（Pyotr Stolypin）。

在過去三百年裡，斯托雷平的歷代祖先都是沙皇的重臣，他自己也在四十歲就擔任省長；當一九〇五年俄國全國暴動時，斯托雷平是少數能以鐵腕鎮壓遏制暴亂的省長，因而得到沙皇寵信。

斯托雷平就任總理後便設立軍事法庭以對付叛亂分子，立審立決，不到一年就將一千多名嫌犯送進刑場絞死，人民稱那絞索是「斯托雷平的領帶」。之後他又在一九〇六年十一月開始推動「土地私有化」政策，允許土地自由買賣，目標是將土地儘速從貴族及大地主的手中轉給農民，同時鼓勵農民到西伯利亞墾荒。全國各地獨立農戶於是暴增，反之，暴動驟減。

一九〇七年二月，俄國舉行第二杜馬選舉，社會革命黨及社會民主工黨在選舉中都獲得極大比例的議會席次。但斯托雷平認為第二杜馬是一個紅色杜馬，悍然宣布將其解散，並表示將另訂時間改選第三杜馬，同時公布有利於資產階級的新選舉法規。斯托雷平用什麼理由解散第二杜馬？那是因為他握有一些政黨的不法行動證據，尤其是關於列寧領導的布爾什維克派的惡行。這就不能不提到一件發生在喬治亞首都提比里斯（Tbilisi, Georgia）的銀行運鈔車搶劫案。

提比里斯銀行運鈔車搶案；兼述史達林的早期革命生涯

俄國社會民主工黨裡設有一個專門負責製造炸彈的「軍事技術局」，由列寧指揮，準備用來武裝革命。只是炸彈尚未用在革命，就先被列寧先用於搶劫，且稱此為「徵收」，這意味在他的認知裡那些是為了革命的正當行為。但孟什維克派堅決反對，並在斯德哥爾摩大會時提出禁令，經表決無異議通過。不過列寧仍然肆無忌憚地在各大城市進行「徵收」，使得孟派大怒，在倫敦大會中又再重提禁令。在許多同志的認知裡，搶劫無異土匪的行徑，不是革命黨所當為，深以為恥。

然而僅僅兩個月後，也就是在一九〇七年六月，發生了提比里斯銀行運鈔車搶案。該案在白晝進行，搶匪由一名喬治亞人加莫（Kamo）率領，背後由也是喬治亞人史達林指揮，最終的幕後指使者是列寧；由於搶匪火力強大，造成九十人死亡及受傷，共搶去三十四萬盧布。這起搶案轟動整個歐洲，孟派更是憤怒，堅持設立黨法庭及專案調查組，並主張開除史達林的黨籍。但史達林轉到亞塞拜然的首府巴庫

（Baku），仍繼續聚眾搶劫、勒贖。

事實上，斯托雷平早已從沙俄祕密警察「奧哈蘭那」（Okhrana）的報告裡得知布派將有行動，搶案發生後又得到更詳細報告；但他選擇按兵不動，直到年底布派到國外各大都市的銀行，兌現持搶來的大疊五百元大鈔之際，於歐洲各國警方的協助下，下令將浮出檯面的涉案者全部拘捕。隔年的春天，史達林也在亞塞拜然被捕。

由於史達林無疑是歷史上共產世界裡極為重要的一號人物，本書先簡單敘述他的家世及其早期的革命生涯。

約瑟夫・史達林出生於一八七八年在喬治亞的哥里（Gori, Georgia），本姓朱加施維里（Dzhugashvili），父母都出身農奴家庭。史達林是家中第四個小孩，不過前面三個都早夭。史達林的父親在沙皇取消農奴制後學做鞋匠，收入不多又酗酒，喝醉後會無端地毒打他；幸有母親以針線活及幫傭貼補家庭收入，盡力保護兒子，也堅持讓他入學讀書。

史達林十六歲時獲得提比里斯神學院的入學許可，他的母親為此非常高興，因為她虔誠信仰東正教，盼望有一天兒子會成為一名教士。只是當時許多的神學院是「造反的溫床」，因而史達林還沒有畢業就離開學校，祕密參加社會民主工黨，負責組織工人罷工及示威遊行活動，同時擔任報社編輯。一九○二年四月，史達林第一次被捕入獄，遭流放到西伯利亞，不久後就逃回喬治亞。此後十幾年間，他總是在被捕、坐監、流放、逃亡又被捕的循環中，前後共計七次。

從事革命運動的史達林

當社會民主工黨於一九〇三年分裂為布、孟兩派時，史達林選擇加入布派，這在當時的喬治亞屬於少數派。一九〇五年俄國發生革命暴亂。史達林趁機搶奪軍火庫的槍械，組織戰鬥隊，橫行於地方，並開始接受列寧的指示以搶劫、勒索的方法來籌措資金，其中最為人所知的就是前述的提比里斯運鈔車搶案。

斯托雷平之死：俄國從革命低潮到風暴再起

列寧不僅指使搶劫、勒索，還被德國警察破獲印製假鈔。當一位每月固定捐款給布派的工業大亨死後，列寧甚至指使兩名年輕同志誘娶他的兩個女兒，目的是為了要分得遺產。他的所作所為也解釋了為什麼布派有能力養活許多職業革命家。孟派完全無法接受列寧這般為達目的不擇手段的作法，稱他搶來或騙來的錢是「臭錢」，並要求將不法取得的錢拿出來委由公正的委員會保管，或是乾脆燒掉。馬爾托夫甚至為此寫了一本小冊子《救世主或毀滅者？》，痛斥列寧。

不過在斯托雷平的軟硬兩手策略下，俄國的革命風潮已急速冷卻。根據統計，一九〇五年約有三百萬人罷工，但其後的四年，分別掉到只剩一百萬、四十萬人、十七萬及六萬人。根據史達林所寫的一份報告裡，聖彼得堡的社會民主工黨人數在一九〇七年還有八千人，到一九〇九年剩四百人。其間，孟派組織也同步瓦解中。

後世有很多俄國人民及學者都認為，斯托雷平是俄國歷史上最卓越的政治家之一。他就任總理不到兩年，原本亂到不能再亂的局勢就轉為風平浪靜，工人不再罷工，農民不再暴動；同時穀物大幅增產，且大量出口。西伯利亞鐵路及政府補貼，也帶動數以百萬計的農民移民前往墾荒。連列寧都說過，如果斯托雷平一直繼續執政下去，社會民主工黨只能停止革命。

然而，沙皇尼古拉二世由於聽了許多讒言，漸漸相信斯托雷平不利於己，於一九一一年三月迫使他辭職。

斯托雷平之所以下臺，與沙皇沙后寵信一位「妖僧」拉斯普丁（Grigori Rasputin）也有關。沙皇沙后生有一名男孩，是皇位唯一繼承人，卻患血友病。拉斯普丁經人推薦為皇太子看病，雖未能治癒，卻能減輕其痛苦，因而獲得沙皇沙后寵信；但他裝神弄鬼，又在外淫亂良家婦女，許多大臣具狀密告沙皇反而遭到罷官。斯托雷平見狀無法坐視不管，也向沙皇呈遞報告書，結果也遭到罷黜。又過了半年，斯托雷平遭到一名刺客槍殺，此後拉斯普丁更加肆無忌憚。

一九一二年四月，聖彼得堡東北數千公里外的勒拿河，發生一件屠殺金礦工人的慘案（勒拿河大屠殺，Lena Massacre）。礦場工人由於工作環境惡劣，工時長、工資低而發起大罷工，英、俄合資的企業主竟召來軍隊鎮壓，並向群眾開槍，結果造成數百人死亡。消息傳到聖彼得堡立刻引發二十萬人大罷工，又蔓延到其他各城市。被斯托雷平壓制已久的表面平靜至此被打破，此後工潮沒有停過。

當時有一位名叫克倫斯基（Alexander Kerensky）的律師，受杜馬議會委託，遠赴勒拿礦場調查此案件，並寫了翔實的報告，轟動一時；從此全國知名，後來又成為杜馬議會的領袖之一。必須指出，克倫斯基和列寧一樣，都是來自西姆比爾斯克省。克倫斯基的父親也就是當年列寧就讀中學時的校長，又在列寧的大哥被絞死後冒風險幫列寧寫推薦信，使他得以進入大學讀書。可惜克倫斯基年紀小列寧十一歲，兩人並不熟，後來竟成為敵人，彼此互鬥生死。

布派、孟派持續分裂

列寧的行徑雖被孟派嚴厲指責，又被社會人士鄙視，但知識淵博，能力超群又有錢，所以總是有一群死忠的跟隨者。孟派的普列漢諾夫後來與馬爾托夫發生摩擦，因而宣布退出《火星報》編輯部。列寧便趁機寫信拉攏普列漢諾夫，普列漢諾夫卻拒絕與其合作，並說：「列寧對團結的瞭解，恰如一個人對與一塊麵包團結的瞭解，那就是吞了它。」此時托洛斯基卻還想調和各派，而於一九〇八年維也納創辦《真理報》（*Pravda*），邀請各派一起合作辦報，但始終沒有結果。總之，在斯托雷平當政期間，不但俄國國內的革命運動急速降溫，在國外的革命黨也處於分裂的狀態。

只不過斯托雷平終於還是死了，布派與孟派都認為有機會再起革命，決定重新召開大會。但列寧對孟派仍有不滿，所以決定於一九一二年初於布拉格召開布派的單獨會議，除了原有班底之外，也邀了奧爾忠尼啟則（Sergo Ordzhonikidze）、布哈林（Nikolai Bukharin）及斯維爾德洛夫（Yakov Sverdlov）等新人參加。奧爾忠尼啟則和史達林一樣來自喬治亞，兩人關係密切；布哈林是理論家，斯維爾德洛夫有組織長才，兩人都是布派新起的明星，極受列寧器重。

於此同時，列寧決定在聖彼得堡辦一份新報紙，指派剛好從流放地逃回的史達林負責。新報紙取名為《真理報》，與前述托洛斯基辦的報紙名字完全一樣。托洛斯基強烈抗議，但列寧置之不理。托洛斯基大怒，與馬爾托夫決定，在維也納共同召開一次沒有布派參加的俄國社會民主工黨會議。

由於俄國社會民主工黨明顯地嚴重分裂，第二國際決定派代表來調解，希望大家捐棄成見，團結一致，列寧卻不接受。眾人正在討論當中，第一次世界大戰卻突然爆發了。

第一次世界大戰爆發

第一次世界大戰之所以發生，原因複雜，不過簡單地說，遠因是巴爾幹半島無比複雜的情勢，近因是歐洲列強各自懷抱的爭霸野心，而導火線是塞拉耶佛事件。

巴爾幹半島之所以複雜，是因為地小而種族繁多，又處於東正教、伊斯蘭教和天主教勢力交錯之地。整個半島在先前數百年中，是由信奉伊斯蘭教的鄂圖曼土耳其人統治，天主教及東正教徒都遭到迫害，所以不斷有衝突發生。東臨黑海，南臨地中海的巴爾幹半島又是戰略要地，因而，當鄂圖曼土耳其的國力日衰後，俄國為尋找出海口就以保護東正教徒為由出兵南下。

如前所述，克里米亞戰爭正是俄、土之間在過去三百年爆發的第九次大戰，而以俄國被圍攻慘敗收場。但俄國又在一八七七年出兵，挑起第十次大戰，結果土耳其戰敗。這時德國已是歐洲陸上霸主，不願俄國太過擴張，決定逼使俄國同意將波士尼亞（Bosnia）交由奧匈帝國託管。俄國因而與德國交惡，決定與在普法戰爭慘敗而與德國結深仇大恨的法國結盟。

當時德國年輕的新皇帝威廉二世，在把俾斯麥免職後已經目空一切，又決定建造一支龐大的海軍以與稱雄海上的英國爭逐。歐洲各國別無選擇，只得跟著擴軍，戰爭來臨因而只是遲早的問題。

在巴爾幹半島上的塞爾維亞（Serbia）一向有併吞波士尼亞的野心，對於奧匈帝國自然痛恨不已。奧匈帝國的皇儲斐迪南（Franz Ferdinand）夫妻因而於一九一四年六月訪問波士尼亞首都塞拉耶佛（Sarajevo）時，遭到塞爾維亞人襲擊而死。歐洲各國於是紛紛相互宣戰，形成同盟國（德國、奧匈帝國、土耳其等）對抗協約國（英、法、俄、日、義及塞爾維亞等）的大戰。

美國原本保持中立，卻因德國在公海上採用無限制潛艇戰，導致許多美國商船被擊沉，最終無法忍耐而於一九一七年四月對德國宣戰，又在一九一八年初派兵大舉進入歐洲戰場。德國這時已是強弩之末，遂無法避免戰敗投降的命運。

由於本書主要是敘述與共產世界有關的歷史，請恕我就不詳述此一戰爭的過程及其他細節，而只專注於歐洲各國的共產黨如何因應此一戰爭。

第二國際的左右分歧，支持或反對戰爭？

第一次大戰爆發後不久，第二國際緊急邀請各國的代表在布魯塞爾會商。列寧派代表在大會中主張，各國的馬克思主義黨必須團結反戰，因為這次大戰從性質上來說，是資本主義國家之間的侵略戰爭，無產階級不能以愛國為理由而支持自己的國家去侵略別的國家。不料各國代表大多表示將支持本國對外國的戰爭，連普列漢諾夫和德國社會民主黨的領袖，也都發表以民族主義為基底的「護國」言論。列寧至為失望，因為在他看來，這等於背叛馬克思主義。

列寧的言論雖然屬於少數，卻不孤單，因為馬爾托夫、托洛斯基也都反戰。在德國社會民主黨裡，後起的新秀盧森堡（Rosa Luxemburg）和卡爾・李卜克內西（Karl Liebknecht）[1]也支持反戰，不惜與黨中央決裂。

列寧從此時起開始以「帝國主義」形容資本主義，聲稱那是資本主義發展的最後階段，一切矛盾將更尖銳化，但社會主義終將起而代之。這時的列寧雖然無法回國，卻提出一個「變帝國主義戰爭為國內戰爭！」的口號；但他的言論在俄國國內引起一片混亂及叫罵。布派國內負責人加米涅夫在接到列寧的命令後，就指示布派議員在杜馬宣讀反戰宣言。沙俄政府大怒，下令封閉《真理報》，大肆搜捕加米涅夫及布派成員，並判處加米涅夫充軍西伯利亞。

一九一五年九月，列寧、托洛斯基及第二國際裡堅持反戰的十餘國代表，共三十八人集會於瑞士的齊美爾瓦爾德（Zimmerwald）。列寧在會中主張立即發動內戰，認為祖國戰敗反而有利於革命，又建議脫離第二國際而成立第三國際，只是都遭到否決。與會代表雖然都反戰，大多只同意號召各國工人抵制戰爭。

一九一七年初，列寧又發表演講，說他相信俄國如果戰敗，極有可能重演日俄戰爭後的一九〇五年革命風潮，只是他並不確定什麼時候這件事才會發生。不料一個月後，彼得格勒[2]就發生革命，推翻了沙俄政府。

二月革命爆發，列寧搭乘「密封火車」返國

第一次大戰爆發後，俄國前線戰敗的消息不斷傳來，後方又物資嚴重匱乏，造成人心浮動，社會不安，一部分王公大臣藉機除去亂政的「妖僧」拉斯普丁，卻已無助於大局。一九一五年參加罷工的人數竟超過五十萬，第二年加倍。農民暴動同時在全國各地蔓延。

一九一七年二月，克倫斯基突然在杜馬議會中，公然要求沙皇下臺；沙后大怒，下令處死克倫斯基。但彼得格勒的工人、學生和百姓群起響應克倫斯基，迅速發起數十萬人的示威遊行；負責衛戍首都的軍隊及喀琅斯塔得（Kronstadt）海軍基地的波羅的海艦隊官兵竟也表示支持革命。工人、學生接著搶奪軍械，

1　威廉．李卜克內西之子，以下稱小李卜克內西。
2　即是聖彼得堡，於一九一四年大戰爆發後改名。

攻占政府機關。沙皇至此只能宣布退位，已有三百零四年歷史的羅曼諾夫王朝就此滅亡。

到了三月初，杜馬議會成立一個臨時政府，而完全由資產階級掌控。例如，內閣總理李沃夫（Georgy Lvov）親王、外交部長米留科夫，司法部長克倫斯基都是立憲民主黨人。在推翻沙皇的過程中，工人和士兵雖是主要力量，在臨時政府中卻沒有任何職位。不過臨時政府對工人和士兵的蘇維埃組織也不敢忽視，彼得格勒蘇維埃執委會因而與臨時政府同樣有極大的影響力，形成後來列寧和托洛斯基所稱的「雙重政權」（Dual power）。

這時克倫斯基既是臨時政府的閣員，又受許多工人組織信賴，因而是負責協調雙方的主要人物。沙皇退位後，全家遭到軟禁；克倫斯基建議送他們到海外，英國和法國政府卻都拒絕。沙皇一家因而不幸無法逃過一年後的悲慘命運。

在國外，列寧、馬爾托夫等人獲知二月革命爆發後就想立刻回國，但想了很久也想不出如何在戰爭中安全地回到國內。後來有人提議，以「換俘」為名借道德國，然後轉經丹麥、瑞典、芬蘭回國，列寧與馬爾托夫欣然同意，於是派人與各國政府祕密聯絡，要求容許所有的俄國革命黨人攜眷搭乘「密封火車」離開瑞士，所過的任何國家都不需檢查護照及行李。德皇威廉二世、首相及參謀總長竟都欣然同意，因為他們認為這是削弱俄國，或讓俄國退出戰爭最有可能的方法。傳聞德國甚至祕密贈送列寧一筆金額極大的「路費」。

列寧所搭的「密封火車」回到彼得格勒時，已是四月初。普列漢諾夫比列寧早一天抵達，各界代表紛紛前去彼得格勒的芬蘭火車站迎接，並由當地的蘇維埃代表致歡迎詞；然而普列漢諾夫卻一語不發，沒有任何回應，迎接的人群極為失望。布派一名幹部施略普尼柯夫（Alexander Schlubnikov）目睹這一切，第二天在芬蘭站的前一站上火車，向列寧報告情況。列寧抵達芬蘭站時，蘇維埃代表同樣致上歡迎詞，列寧立刻致答詞，然後走出火車站外，站在一輛鐵甲車上發表演說，號召群眾為社會主義革命繼續奮鬥，獲得聚集在廣場的群眾如雷的掌聲。

《四月提綱》、七月事變及八月叛亂

列寧在回國之前曾寫過一篇〈雙重政權〉刊登在《真理報》上。文中提到，二月革命造成「雙重政權」的情形在歷史上並非首例。法國在普法戰爭戰敗後，便是由資產階級控制的國民議會及無產階級組織的巴黎公社同時存在，其結果卻是導致無產階級被清洗的慘劇。俄國的工農兵因而必須發動無產階級革命，立即推翻臨時政府，以建立自己的政權。

但列寧發現支持者並不多。就連布派中也有許多人主張與臨時政府合作，認為俄國仍然處於資產階級革命階段，發動無產階級革命的時間尚未到來。列寧得知後，又再發表一篇〈四月提綱〉（*April Theses*），主張拒絕臨時政府，拒絕議會共和體制，要求把國家權力移轉到工人代表蘇維埃，要求俄國退出戰爭。不料加米涅夫竟在《真理報》上代表所有反對列寧的同志們發表聲明，說列寧的主張只代表他個人的意見。

列寧無法說服高級幹部，決定訴諸黨員和群眾，對工人和士兵發表一連串的演講，但不成功。不過托洛斯基正好這時回到國內，並表態支持列寧，兩人最終合力扭轉局勢，贏得勝利。

回溯二月革命爆發時，正在美國的托洛斯基決定立刻搭船回國，不料在途中遭英國海軍扣留，被當作德國間諜關入戰俘營中，彼得格勒蘇維埃立即要求英國政府放人。列寧也在《真理報》上撰文寫道，不明白前彼得格勒蘇維埃主席怎麼會被認定是德國的間諜？到了五月初，托洛斯基終於獲釋並回到了俄國，受到彼得格勒蘇維埃工人盛大的歡迎。托洛斯基當眾斥責臨時政府是資產階級的俘虜，所以拯救俄國的唯一辦法，就是把政權全部歸於蘇維埃。托洛斯基與列寧的觀點既然一致，兩人之間就有寬廣的合作空間。

當時臨時政府主張繼續戰爭，結果對德國作戰數度遭到大敗。據統計，這場戰爭至一九一六年底已有四百多萬人傷亡，占參戰人數的四分之一；士兵因而厭戰、畏戰，其不滿情緒又從前線傳到後方，民心因而迅速趨向反戰。一九一七年六月，彼得格勒出現約四十萬人的大遊行，群眾手中拿的標語，正是布派的口號「結束戰爭！」、「麵包、和平和自由！」及「一切政權歸蘇維埃！」

雖然反戰情緒極為強烈，臨時政府卻在七月鎮壓一次大規模的示威遊行，殺數百人。克倫斯基原本擔任戰爭部部長，藉機逼迫李沃夫下臺，並由自己接任內閣總理，又派軍警封閉布派中央委員會及《真理報》，逮捕了包括托洛斯基在內許多人。列寧幸而逃脫。

這時，臨時政府卻開始發生分裂，陸軍總司令科爾尼洛夫（Lavr Kornilov）協助克倫斯基鎮壓叛亂後，又進一步要求克倫斯基取締彼得格勒蘇維埃，但遭到拒絕。結果科爾尼洛夫竟在八月叛變，直接派軍隊驅散彼得格勒蘇維埃，又發兵向臨時政府所在地進軍。克倫斯基無計可施，只得接受孟派的建議向布派求援，並同意把監獄裡的布派全數釋放。布派立即號召工人和士兵組織「赤衛隊」，又命令叛軍中的革命分子遊說長官及同袍抗命，棄械投降。結果叛軍在頃刻間土崩瓦解，科爾尼洛夫被逮捕入獄。

到了九月，托洛斯基再度被選為彼得格勒蘇維埃主席。當他走上臺時，全場歡聲雷動，布派隨後在其他各大城市的蘇維埃也獲得控制權。克倫斯基這時威信已失，卻仍發出通知表示，將召開共和國的預備會議，請各黨派代表參加。列寧卻在布派的內部會議裡時表示不同意，認為無產階級革命的條件已經成熟，必須立即武裝起義；但又因季諾維也夫、加米涅夫帶頭表示反對，連史達林和其他人也附和而遭到否決。

十月革命

到了十月初，突然有傳聞德軍已經在芬蘭灣出現，彼得格勒人民開始驚惶。克倫斯基這時提議放棄彼得格勒，遷都到莫斯科。布派認為這是克倫斯基的詭計，要藉機打擊彼得格勒的革命勢力。托洛斯基發表演講，慷慨激昂，誓言不與背叛人民的政府共存。列寧於是召集布派會議，經過十小時辯論，這次終於以十比二表決通過發動武裝起義，而反對的兩個人仍是季諾維也夫和加米涅夫。

決議既定，托洛斯基便受命成立「革命軍事委員會」。彼得格勒駐軍立刻宣布不接受克倫斯基的開拔令，喀琅斯塔得水兵也表示支持。托洛斯基於是下令喀琅斯塔得水兵派軍艦駛入彼得格勒港，又命令效忠布派的軍隊和工人赤衛隊進攻臨時政府所在的「冬宮」。十月二十五日凌晨，起義的部隊占領郵局、電話局、火車站及其他重要地點，幾乎沒有遭遇任何抵抗。上午十時，革命軍事委員會發布列寧起草的《告俄國公民書》，宣告推翻臨時政府。到了下午，列寧與托洛斯基一同出席彼得格勒蘇維埃召開的會議。列寧發表演講，說：

> 同志們！布爾什維克常說必然到來的工農革命已經實現了。這個工農革命的意義是什麼呢？這個革命的意義首先在於我們將有蘇維埃政府，我們將有自己的，完全不要資產階級參加的政權機構。被壓迫的群眾自己會創造政權，會連根拔除舊的國家機器而建立以蘇維埃組織為代表的新的管理機關。

列寧同時發布《和平法令》及《土地法令》。前者斥責帝國主義的戰爭，要求各國停戰；後者規定土地國有，無償沒收皇室、貴族、教會和大地主的土地，交由各地蘇維埃公平分配。

在此必須說明一事。這時的俄國尚未採用現今世界通行的「格里曆」（Gregorian Calendar），而是沿用古羅馬的儒略曆（Julian Calendar），兩者在一九一七年相差約十三天。因而，俄國所謂的「十月革命」是依舊制，換算格里曆是在十一月。上述的「二月革命」換算格里曆是在三月。十月革命後，布派從次年元旦起改用格里曆。

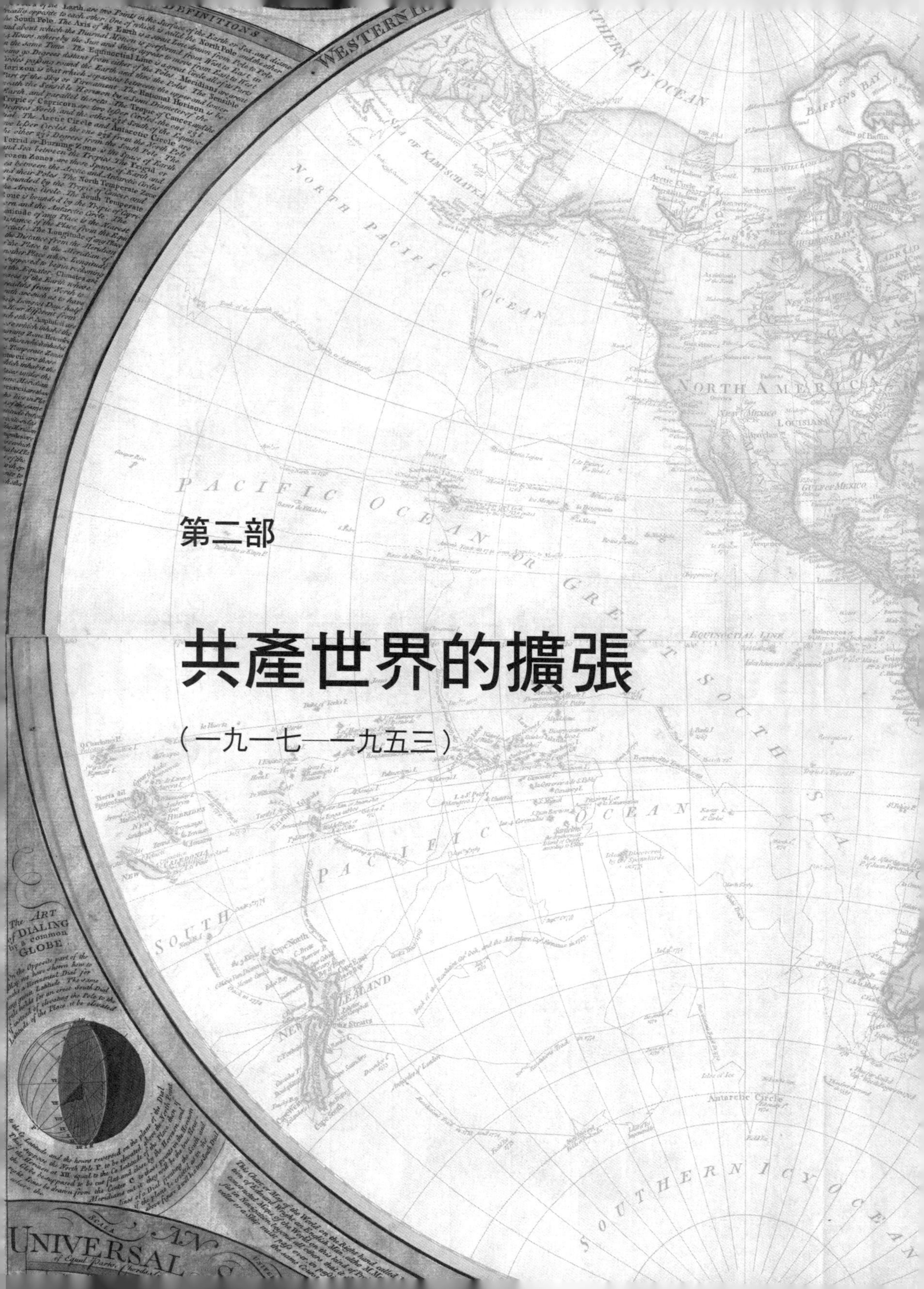

第二部

共產世界的擴張

（一九一七—一九五三）

第4章
從列寧的一黨專政到史達林的大清洗

列寧及其領導的布爾什維克黨人發動十月革命，建立了世界上第一個共產主義國家，自然無不欣喜。然而，許多與列寧已經分道揚鑣的昔日革命同志，如普列漢諾夫、馬爾托夫及高爾基，對俄國的未來卻都公開表示悲觀。

以普列漢諾夫為例。當時他已病重將死，勉強發表的最後一篇文章，標題是〈給彼得格勒工人的公開信〉說道：「俄國還不具備無產階級專政必要的經濟條件，勞動階級也還沒有準備好；此時布爾什維克強取政權將只會把俄國推入一個歷史的大災難，最終將帶來極大的悲劇。」他又預言俄國無產階級無法完成社會革命，只會帶來內戰，而讓二月革命取得的成果倒退。

列寧也知道必須準備應付可能爆發的內戰，但另有兩個難題也要處理：首先，究竟要建立什麼樣的新政府？其次，要如何結束與德國的戰爭？

列寧拒絕聯合政府，簽《布列斯特條約》

關於新政府，列寧在革命之前既是主張一切權力都歸蘇維埃，在工人赤衛隊攻打冬宮當晚就立刻召開全俄蘇維埃大會；但由於布派在大會中占六成以上席位，孟派和其他各黨所提的議案大多遭到反對，憤而退出。布派於是快速通過各項組織法，又通過各人民委員會（即是內閣部會）首長的名單：列寧自任人民委員會主席，李可夫（Alexei Rykov）、托洛斯基、史達林分別為內政、外交及民族人民委員，等等。但已退席的反對派拒絕承認這些任命的合法性。

列寧又表示支持召開「立憲會議」，並同意在十一月中先舉辦選舉，又說將完全服從人民的選擇。不料選舉結果布派竟然遭到大敗，只取得不到四分之一的席位，社會革命黨、立憲民主黨及孟派於是要求組織聯合政府，並將列寧及托洛斯基排除於政府之外。

這時加米涅夫、季諾維也夫及一部分布派中央委員竟表示同意。列寧和托洛斯基大怒，堅決主張把贊同成立聯合政府者全部開除黨籍，最終獲得多數人支持，迫使主要的反對者辭職，加米涅夫擔任的全俄蘇維埃執委會主席職位也由斯維爾德洛夫取代。

一九一八年一月，立憲會議開議，布派代表卻在會議半途逕自離席，留下其他各黨的代表繼續開會。第二天，各黨代表又到開會地點，卻發現會場大門已經上鎖，等於解散立憲會議。各黨嚴重抗議，列寧卻不再理會。

關於蘇維埃俄國（簡稱「蘇俄」）與德國之間的戰爭要如何結束，德國要求蘇俄割地賠款。列寧這時為了對付內戰，正準備組建軍隊；因此自認無法同時與德軍作戰，主張接受德國要求照單全給。黨員卻大多不同意，主張繼續作戰或以拖待變。但德國不許蘇俄拖延，大舉出兵。列寧又說：「沒有軍隊而拒絕簽訂屈辱的和約，就是冒險。」眾人只得同意列寧派代表與德國於一九一八年三月，在布列斯特—立托夫斯克（Brest-Litovsk）簽訂和約。

當初布派主張退出戰爭，前提是「不割地，不賠款」，但到頭來還是被迫割去三分之一人口居住的土地及其上的農業、工業、煤礦、鐵礦生產，再加六十億馬克給德國。面對外界的指責，列寧辯稱此時退讓是為了保存實力，丟掉的將來還有機會拿回來。這番話在八個月後果然應驗，德國戰敗投降，蘇俄立刻宣布廢除《布列斯特條約》（*Treaty of Brest-Litovsk*）。

內戰及紅色恐怖

內戰爆發後，反新政府的「白軍」背後有包括保皇黨、立憲派、企業家等資產階級支持。白軍最早是以舊沙俄和臨時政府的部隊為核心，後來又強徵農民，因而規模迅速擴大，形成東、西、南三個大集團，分別由高爾察克（Aleksandr Kolchak）、尤登尼奇（Nikolay N. Yudenich）、鄧尼金（Anton Denikin）率領，但三人各自為戰，並沒有統一的指揮系統。

列寧立刻決定遷都莫斯科，並組建「紅軍」，任命托洛斯基為「最高戰爭會議」主席。紅軍原先是以工人赤衛隊為核心，後來又招募工人和農民入伍，並強徵資產階級擔任後援及賤役；此後一路膨脹，從最初的數萬人增加到兩年後的三百萬。

至於中高級軍官，除了少數是共產黨員出身，其他大多是從沙俄時代的軍官中徵調，例如日後的名將圖哈切夫斯基（Mikhail N. Tukhachevsky）及布瓊尼（Semyon M. Budyonny）。為了確保這些前沙俄將校不會叛逃，新政府將他們的家屬集中起來，當作人質嚴密監管，同時在軍中各級指揮官的左右裡都安插一名

「政委」。這些政委握有生殺大權，在必要時可以直接掏出手槍處決指揮官。

列寧又決定成立一個祕密警察組織「契卡」（Cheka），指定捷爾任斯基負責組建。捷爾任斯基出身波蘭貴族，十八歲起就參加革命，在前半生也和許多同志一樣不斷地在被捕、流放、逃脫、被捕的循環中，並因屢遭奧哈蘭那刑求，以致於臉頰受損，腿部傷殘。但他可能沒有料想到，自己的後半生竟都是在主持和奧哈蘭那一樣的祕密機關。

契卡成立後就隨著內戰擴大而迅速膨脹。當時社會革命黨被宣布為非法，於是決定重啟在沙俄時代的暗殺行動，派殺手殺害政府官員、外國大使，甚至刺殺了彼得格勒的契卡首領。後來列寧在莫斯科參觀一家工廠時，竟也遭到一名女殺手卡普蘭（Fanny Kaplan）槍擊，險些喪命。同一時間，斯維爾德洛夫也遇刺，倖免於難，於是立刻宣稱將對敵人採取無情的反制。

從此時起，契卡便鋪天蓋地地進行「紅色恐怖」運動，捕捉並殺害「反革命分子」，主要的對象就是社會革命黨和無政府主義者。新成立的革命法庭也和契卡充分配合，草草審判，甚至未經審判就將一些嫌犯集體處決。後來竟連孟派也被宣告為非法，使得列寧不得不私下勸馬爾托夫為了安全而遠赴國外。據估計，契卡在內戰期間處死十幾萬人，但也有人估計達到一百萬人。

內戰中的托洛斯基

捷克軍團的傳奇及沙皇全家遇害的悲劇

回溯第一次大戰爆發後，在俄國烏克蘭地區有一部分捷克人及斯洛伐克人發起成立志願軍，由捷克流亡領袖馬薩里克（Tomáš G. Masaryk）協助向沙皇請求，獲得允許協同俄軍對抗同盟國。由於他們作戰勇猛，奮不顧身，屢戰屢勝，後來又獲准吸收戰俘中的捷克及斯洛伐克人加入志願軍，規模從原先只有七百人，一路膨脹到一九一七年底的四萬人，被稱為「捷克軍團」（Czechoslovak Legion）。

這時馬薩里克又為捷克軍團與蘇俄當局協商，獲得同意讓所有的人搭乘西伯利亞鐵路火車到海參崴，再搭船到法國，預備繼續對德作戰，不料一個意外事件發生。一列載滿捷克軍人的東向火車在車里雅賓斯克（Chelyabinsk）停靠時，與一列載著奧匈帝國戰俘的西向火車相會，雙方於車站內發生鬥毆。一名捷克士兵打死一名匈牙利人遭到逮捕後，被當地的法庭判處死刑。捷克軍團立刻暴動，占領車里雅賓斯克。托洛斯基大怒，命令捷克軍團解除武裝。不料捷克軍團拒絕，竟轉而協助白軍，大敗紅軍。

一九一八年七月，捷克軍團與白俄軍聯合進逼葉卡捷琳堡（Yekaterinburg），正是遜位的沙皇尼古拉二世全家被軟禁之處。結果負責監管的契卡人員竟奉命，將沙皇、沙后及子女共七人全數槍殺，又刻意毀屍滅跡。

關於此一慘劇，列寧的政府徹底否認涉案，但尼古拉二世及其子女的遺體後來在一九九一年被發現，並經ＤＮＡ檢驗判定身分無誤，證實全部遭到殺害。如此慘劇，一般認為是因為列寧怕萬一沙皇被救出，白軍極可能從分裂轉為統一，對剛剛建立的蘇維埃政權不利。

協約國出兵干涉及撤退；兼述共產國際的成立

捷克軍團在攻占葉卡捷琳堡不久，就完全控制了西伯利亞鐵路沿線。協約國大喜，而這時歐戰也已接近尾聲，於是紛紛決定出兵，意圖將新生的紅色政權扼殺在襁褓之中。英軍繞道北極海登陸，日軍從海參崴登陸，法軍也在烏克蘭支援白軍的鄧尼金部隊。

一九一九年八至十月間，是俄共政權最危險的時候，基輔、察里津[1]、烏拉爾及高加索地區都已失守，莫斯科和彼得格勒岌岌可危。不過這時托洛斯基負責的紅軍已經完成訓練及整編，戰局開始逆轉。捷克軍團與紅軍大戰，屢戰屢敗，損失慘重。紅軍中最傑出的一位將領是獲得托洛斯基拔擢，年僅二十六歲的圖哈切夫斯基，不但擊潰高爾查克所部，接著又大敗鄧尼金部隊，解莫斯科之危。托洛斯基自己在內戰中將一輛專列火車改造為總指揮部，日夜坐鎮其上，隨時奔赴最關鍵的戰場，這時又親赴彼得格勒指揮紅軍擊退尤登尼奇。

到了一九二〇年初，捷克軍團無心繼續作戰，於是和紅軍達成協議，自行安排分批從海參崴搭船回國。據統計，捷克軍團最後竟有將近七萬人撤離俄國而回到祖國，其中包括超過一萬名婦女及兒童。協約國在捷克軍團撤離後也紛紛決定撤軍，白軍三支軍隊最終也都潰散。

協約國之所以決定撤軍，另有一個原因。如前所述，列寧早已有意成立「第三國際」，於是成立一個小組，專門組訓各國干涉軍的戰俘，灌輸其共產主義思想，然後讓這些人回到原有的軍隊裡，或直接回國內鼓吹反戰及革命思想。英、法等國大驚，決定加速將軍隊撤出俄國。

1　羅馬化：Tsaritsyn，一九六一年改名為伏爾加格勒（Volgograd）。

列寧又決定在歐洲各國鼓動極左派社會主義者另組共產黨。一九一八年一整年當中，芬蘭、奧地利、匈牙利、希臘、波蘭、荷蘭、德國先後有共產黨成立，並於一九一九年三月派代表五十人齊集於莫斯科參加「共產國際」（Communist International，簡稱Comintern，即是「第三國際」）成立大會。列寧指定兩位同為猶太裔的烏克蘭人季諾維也夫及波蘭人拉迪克，分別擔任共產國際主席及書記。大會之後，在一九一九年又有南斯拉夫、保加利亞、丹麥、美國、墨西哥等國家成立共產黨。亞洲最早的共產黨是一九二〇年成立的印尼、印度、伊朗及土耳其共產黨。中國共產黨及日本共產黨分別成立於一九二一年及一九二二年。至於朝鮮、越南、馬來西亞和菲律賓共產黨，那就更晚了。

凡爾賽和約及其影響

正當俄國內戰時，第一次世界大戰也於一九一八年十一月結束。協約國在巴黎召開和會，經過冗長的討論，最後於一九一九年六月與德國簽訂《凡爾賽和約》（*Treaty of Versailles*），又與奧地利、土耳其分別簽訂和約。

對於如何處置戰敗國，美、英、法三國的態度完全不同。法國主張以最嚴厲的手段懲罰德國，並確保德國從此無法再度強大；英國卻主張適可而止。美國總統威爾遜（Thomas Woodrow Wilson）親自率團參加巴黎和會，其著眼點則是放在如何建立戰後的秩序。早在戰爭尚未結束前，威爾遜就發表一項〈十四點和平原則〉（Fourteen Points），其中重點在於「民族自決」，讓各國人民依其意願決定自己的前途。威爾遜又建議成立「國際聯盟」（League of Nations），以維護未來的國際秩序及和平。

然而，《凡爾賽和約》的最後版本卻是採納法國大部分的主張，要求德國賠款二千億馬克；這個數字即便是分幾十年付款，又在後來不斷地下修，仍是遠遠超過德國所能負擔的程度。德國也被迫歸還在普法戰爭後所占領的亞爾薩斯和洛林，其海外殖民地又被瓜分殆盡。

對於許多德國人來說，《凡爾賽和約》是奇恥大辱，因而從簽約之日起就沒有想要遵守，只想儘速重建強大的德國。許多歷史家認為《凡爾賽和約》無疑已為日後的第二次世界大戰埋下種子，更糟的是，美國國會竟否決威爾遜的提議，拒絕簽署《凡爾賽和約》，也拒絕參加國際聯盟。英國既無美國做後盾，當然無意幫法國強逼德國，法國也就不可能單獨強逼德國遵守和約。

德國社民黨的分裂及德共革命的失敗

事實上，德國在戰敗後就已經開始大亂，而其亂源必須先從社會民主黨的分裂說起。如前所述，自從伯恩斯坦提出「修正主義」後，德國社民黨中主張放棄武裝革命，改走議會路線的右派就逐漸成主流，並成功地使得社民黨在戰前成為國會最大黨。大戰開始後，社民黨右派的黨魁艾伯特（Friedrich Ebert）不但支持對外發動戰爭，又強迫黨員在國會投票時支持政府發行戰爭公債。但黨內以小李卜克內西、盧森堡為首的左派認為，此舉無疑背叛了馬克思主義，於是宣布脫黨，同時成立一個「斯巴達克同盟」（Spartacus League）的組織以宣傳反帝戰爭，又號召罷工以抵制政府，兩人因而數度被捕入獄。

最早的修正主義者伯恩斯坦

到了戰爭末期，德國總理馮・巴登親王（Max von Baden）已知德國必敗，決定讓位給艾伯特，以便與協約國談判停戰，並接受艾伯特的提議，建請德皇退位；但德國右翼軍人大多是保皇派，對此至為不滿。另一方面，在一九一七年俄國十月革命爆發後，極左的斯巴達克同盟決定仿效布爾什維克的作法，在德國各大城市成立工人及士兵蘇維埃組織。德國國內左右對立的態勢於是更尖銳化。

一九一八年十一月初，也就是德國仍在與協約國討論停戰條款之時，北部基爾（Kiel）海軍基地突然發生兵變。全國各地革命隨之而起，如野火燎原。德皇只得宣布退位，逃到荷蘭，其他各邦君主也紛紛宣布退位。眼看共產革命來勢洶洶，德國的舊勢力和資產階級擔心將會像俄國革命一樣發展，於是與艾伯特共同支持右翼軍人組織義勇軍，招募前線歸來的官兵以鎮壓共產革命；義勇軍中最強大的一支是極右派的「自由軍團」（Freikorps）。

十二月底，斯巴達克同盟與另一從社民黨中分裂出的獨立社會民主黨共同成立「德國共產黨」，並發起武裝起義，結果遭到自由軍團痛擊。才剛出獄不久的小李卜克內西和盧森堡也參加起義，卻雙雙被捕，入獄後又遭到酷刑，最後被

德國社會民主黨的分裂；左起，艾伯特、盧森堡及小李卜克內西

處死。此後德共餘黨仍在各地不斷起義，但都遭到鎮壓；其中最著名的是在一九一九年四月建立的巴伐利亞蘇維埃共和國，但不到兩個月就被消滅了。

在無比混亂的局勢中，艾伯特於威瑪（Weimar）召開制憲會議，通過憲法，德國威瑪共和國由此誕生，艾伯特獲選為首任總統。

從波蘭革命到波蘇戰爭

第一次大戰期間及大戰後，除了俄、德之外，另有匈牙利也發生共產革命。一位名叫貝拉孔（Bela Kun）的共產黨員獲得列寧承諾支持，率領同志回到首都布達佩斯，在一九一九年三月建立了一個蘇維埃共和國，但只撐了四個多月就失敗了。列寧為什麼沒有依照承諾支援貝拉孔呢？那是因為當時蘇俄不只內戰升高，與波蘭也正要打一場大戰，不可能再出兵到匈牙利。

如前所述，波蘭由於被俄、德、奧三國瓜分，至此時亡國已有一百二十幾年，全國人民無不熱切盼望重建國家。對波蘭而言，德、奧是戰敗國，收回失土已經不成問題；但被俄國強占的領土都在烏克蘭和白俄羅斯境內，而這兩個國家在不久之後極可能又會被蘇俄併吞，要如何討回呢？波蘭這時的主要領導人是畢蘇斯基，十分有趣的是，他的出身背景與列寧竟也有關係。

如我在第三章所述，列寧的大哥亞歷山大在一八八七年，因為犯下刺殺沙皇而被判絞死，除了連累全家人，也連帶亞歷山大在聖彼得堡賃屋的波蘭人房東，被判處流放西伯利亞十五年。這名房東有一位年僅二十歲的弟弟，名叫約瑟夫．畢蘇斯基（Jozef Pilsudski），與該案本應沒有關係，卻也被判處五年流放。後來當列寧在俄國從事革命時，約瑟．畢蘇斯基也參加波蘭革命黨，漸漸成為領導人，誓言建立自己的武力以重建國家。一九〇八年九月，畢蘇斯基仿效一年前發生的提比里斯銀行運鈔車搶案，率領同志在立陶宛境內搶劫一列俄國火車，搶得二十萬盧布鉅款，又聲稱將把這筆錢用於招訓軍隊，為革命做準備。

第一次大戰爆發後，畢蘇斯基率領軍隊一萬人加入同盟國陣營，但不與英、法敵對，只攻擊俄軍。不過他在大戰結束前四個月預見同盟國即將戰敗，為了避免在戰後成為戰敗國，斷然下令所屬軍隊不再為同盟國效命。德國軍方大怒，卻無法強迫畢蘇斯基改變心意，只得將他逮捕入獄。

德國戰敗投降前，畢蘇斯基獲釋出獄，於是反過來接收德軍的武器、輜重，使其軍隊實力更強。當時波蘭國內外的革命組織都請畢蘇斯基擔任總統或總理，但他卻只接受擔任軍事部長，不過終其一生卻是波蘭實際的國家領導人。

一九一九年春天，波蘭和烏克蘭為大戰後邊界如何劃定而爆發戰爭，結果波蘭大勝，不過畢蘇斯基立刻與烏克蘭獨立運動組織和解。事實上，畢蘇斯基一直有一個「海間聯邦」的想法，希望波蘭能與烏克蘭、白俄羅斯和波羅的海三小國，在各自獨立後能一起建立從黑海到波羅的海之間的聯盟，如此可以避免將來又遭到俄國或德國侵略，重蹈痛苦的歷史。

但這時的烏克蘭已經成為俄國紅軍和白軍的戰場，而協約國要求波蘭幫白軍打紅軍，畢蘇斯基考慮再三之後卻決定保持中立。不料最終，當紅軍擊潰白軍，列寧竟決定出兵前往德國，以支援遭到鎮壓卻仍在奮戰中的德國共產黨人，有一部分紅軍將領甚至主張打到巴黎。但不管是到德國或法國，俄軍都必須經過波蘭，波蘇戰爭因而無法避免，雙方各自集結超過五十萬人的軍隊。

大戰開始後，波蘭與烏克蘭獨立運動聯軍率先攻入基輔，接著卻戰敗。圖哈切夫斯基命令紅軍追擊，一路追至華沙，又跨過流經華沙的維斯杜拉河（Vistula River）繞到後方，對華沙形成包圍之勢。紅軍另一名大將布瓊尼也奉命率兵立即趕到華沙合力夾擊。當時國際觀察家都認為華沙岌岌可危，毫無希望。不料布瓊尼的軍隊竟在半路上延擱而來不及趕到華沙，圖哈切夫斯基的軍隊卻已太過深入，因而遭到圍攻大敗，有十幾萬人或死或傷，或被俘，最後只剩兩萬多人逃回俄國。布瓊尼的軍隊隨後也遭擊潰，同樣損失慘重。

波蘭這次意外的勝利被歷史家稱為「維斯杜拉河上的奇蹟」，對歐洲近代歷史產生重大的影響。紅軍之敗，使得列寧不得不同意與波蘭停戰，此後也無法再出兵西歐。畢蘇斯基為波蘭建立不世的功勳，但由於烏克蘭和白俄羅斯仍在蘇俄掌控之中，他企圖要建立海間聯邦的理想也無法實現。也因此，波蘭在二十年後仍是無法逃脫被德國和蘇聯瓜分的歷史宿命。

史達林與托洛斯基之間的矛盾

許多歷史家一致認為，紅軍華沙之敗主因是布瓊尼與圖哈切夫斯基一向不和，而在兩人背後的史達林與托洛斯基也不和。列寧在後來召開會議檢討時，史達林與托洛斯基更是互相指責。托洛斯基痛斥布瓊尼應能卻未能及時支援圖哈切夫斯基，史達林卻說是圖哈切夫斯基自己貪功冒進。到最後列寧只得打圓場，說自己也有誤判，敗戰的檢討因而不了了之。

史達林與托洛斯基為什麼不和呢？原因很多，但主要是在兩個方面。

首先是歷史問題。自從布、孟兩派於一九〇三年分裂後，托洛斯基有十幾年時間與列寧分道揚鑣，一直到一九一七年的十月革命前三個月才加入布派，所以被許多布派人士認為是外人而不是同志。反之，史達林早在一九〇三年就已加入布派。

其次牽涉到爭奪大位的問題。列寧在一九一八年八月遇刺之後，健康開始惡化，曾經數度發病，一般人猜測他可能活不長。在許多可能接班人選中，托洛斯基由於在十月革命及內戰中都居功厥偉，最被看好。但也因為如此，許多有野心想要承繼大位的人就以托洛斯基為假想敵，要將他拉下馬，並且出現拉幫結派的現象。史達林自然也是其中的一個。

這兩個主要原因當然就導致其他種種的衝突。例如，托洛斯基決定徵調大批沙俄時代的軍官擔任紅軍指揮官或參謀，許多布派黨員卻群起反對，認為舊俄軍官投誠之後將來還是極可能反叛，設置政委以監視指揮官的辦法未必有用。這些人在軍中於是漸漸形成一個「軍事反對派」，史達林雖然沒有直接參與其中，對托洛斯基擔任「最高戰爭會議」主席卻是明顯不服，也不聽號令。

一九一八年六月，史達林下令在察里津逮捕許多「有嫌疑的」舊俄軍官，以極其殘忍的手法嚴刑逼供，最後處決了一百多人。但紅軍在所有的戰場都成果輝煌，唯獨在史達林負責的西南面日益惡化。托洛斯基因而忍無可忍，直接請列寧將史達林召回莫斯科。史達林與托洛斯基的芥蒂，從此就更深了。

俄共獨裁體制的形成及史達林權力的膨脹

由於內戰開打，列寧的權力自然達到高峰，布爾什維克也越來越朝獨裁體制的方向發展，史達林的權力也隨之不斷地膨脹。這可以從俄共（布）召開的第七次代表大會（簡稱「七大」）到十大的組織及人事變化清楚地看見。

「俄共（布）」的全名是俄國共產黨（布爾什維克）。一九一八年三月，列寧在召開布爾什維克派第七次代表大會時決定改稱「共產黨」，但仍保留布爾什維克的名稱，不過本書以下簡稱為「俄共」。

一九一九年三月，俄共八大召開前夕，斯維爾德洛夫突患急病而死。斯維爾德洛夫既非理論家，也無華麗的口才和文筆，卻有組織長才，並且身兼許多要職而應付裕如，已成為列寧的左右手，卻不幸以三十四歲英年早逝。史達林卻在這時候被調回莫斯科，因而有很多的機會。許多史家認為，如果斯維爾德洛夫不是如此早逝，後來的歷史可能就不一樣了。

八大決定在組織上做重大的改變，除了原有的中央委員會，一口氣增設了三個局處，分別是政治局、組織局及中央書記處。中委會每兩週開一次會，其間如有緊急事務則由政治局討論決定，政治局因而成為權力核心。組織局有權決定省級以下的組織及任免官員，但須政治局批准。中央書記處負責黨的日常行政工作。另外，在政府部門中增加一個「工農檢察委員會」，負責監督各政府機關的濫權及貪污的行為。

列寧既是中央委員會主席，又是政治局主席，權力因而更加擴大。托洛斯基和史達林都是政治局委員，都在權力核心內。但托

蘇共部分重要黨員於參加八大會後合影（共二十人，其中除了列寧、史達林之外，有十一人後來都遭到處決或自殺）

洛斯基忙於戰事，除了兼任交通人民委員會之外無法分身擔任其他職務，史達林卻同時兼任組織局委員，又兼工農檢察委員會人民委員，既能影響人事任命，又可藉機排除異己，因而得以開始廣植黨羽。

不過當時有一個由老布爾什維克組成的「民主集中派」認為黨和政府權力太過集中，在一九二〇年三月召開九大時，要求回歸集體領導，卻遭到列寧否決。

紅軍鎮壓喀琅斯塔得水兵及坦波夫農民叛亂

俄國內戰使得全國糧食生產嚴重下滑，九大之後更是短缺。這時紅軍卻派出「徵糧隊」，到處向農民強徵穀物，以致於不只人和畜生吃不飽，到隔年春天要播種時也沒有足夠的種子。部分地區農民開始抗拒徵糧，潛伏地下的社會革命黨及孟什維克黨人趁機鼓動，全國各地農民暴動風潮於是大起。其中在莫斯科東南方約五百公里的坦波夫省（Tampov）出現規模最大的起義。

一九二一年，糧食短缺惡化為大飢荒，導致全年有五百萬人餓死。早在二月底，彼得格勒工人就因為飢餓而發起大罷工，政府不得不緊急運送糧食到彼得格勒，才勉強阻止罷工擴大。不料喀琅斯塔得的水兵也發生譁變，竟組織臨時革命委員會。列寧大驚，命令托洛斯基派圖哈切夫斯基率，領六萬紅軍前去鎮壓，前後九天，時間剛好和三月起召開的十大重疊。據估計，當時喀琅斯塔得水兵有二千人被殺、二千人受傷、四千人投降，另有七千人逃往芬蘭。

三個月後，托洛斯基又命令圖哈切夫斯基率領紅軍以大砲、機關槍對付坦波夫的農民，一共射殺一萬五千人，另有五萬多人被送往集中營。

回溯往事，十月革命之所以能成功，關鍵是彼得格勒工人及喀琅斯塔得水兵的支持；托洛斯基又是獲得兩者支持的關鍵人物。然而，布爾什維克建立政權後不到四年，竟發生彼得格勒工人罷工，接著血洗喀琅斯塔得的水兵及坦波夫農民。普列漢諾夫及高爾基在十月革命後預言，布爾什維克將會把俄國推入一個大災難、大悲劇，列寧和他的助手可能犯一切的罪惡，不幸果然成真。

新經濟政策及工人反對派的抗爭

回溯內戰初起時，列寧決定採行「戰時共產主義」，除了徵糧，也下令把工業全部國有化，禁止私人貿易，甚至將鐵路、水運也都軍事化。

內戰結束後，托洛斯基及一部分黨員建議停止徵糧而改採其他辦法，卻遭到列寧否決。但在喀琅斯塔得及坦波夫事件後，列寧已經明白無法繼續戰時共產主義，因而在十大指示通過「新經濟政策」，廢止徵糧而代之以徵收穀物稅，允許農民在繳納一定比率的糧食之後可以自行處理餘糧，並在市場上自由交換。

新經濟政策也包括工業方面的改革，具體地說，就是容許資本家經營各種企業來和國營企業或各種生產合作社競爭。不過列寧又說這些只是從權之計，最後目標仍是要引導到國家資本主義，消滅個體經濟。

然而，許多共產黨員完全無法接受新經濟政策的大轉彎。他們擔心如此一來貧農將遭到富農壓迫，國營企業將無法與資本主義企業競爭；許多工人將被剝削，甚至失業。當時的五金職工會主席施略普尼柯夫，以及全俄職工會主席托姆斯基（Mikhail Tomsky）共同領導的「工人反對派」認為，如此一來布爾什維克革命的初衷將喪失殆盡。剛開始列寧還勉強勸說反對者，但在勸說無效後竟直接「清黨」；據估計在一九二一年，一年裡共清除了十五萬名黨員。列寧同時將施略普尼柯夫及托姆斯基免職，分別將其派往德國及中亞的突厥斯坦共和國任職，等於被流放。

托姆斯基被整肅後，態度開始軟化。施略普尼柯夫卻堅決不屈，與其他同志聯名寫了一份「二十二人宣言書」，向第三國際控告俄共及列寧，在其中特別指出，當時在各級黨部書記中，真正工人出身的寥寥無幾。回顧十月革命後，德國社民黨的考茨基曾經寫一本小冊子裡說，列寧所謂的「無產階級專政」最終只會變成少數共產黨員「對無產階級專政」，到這時已成為事實。

列寧收到宣言書後大怒，卻不得不同意由多國共產黨員代表組成一個調查委員會。然而第三國際背後實際上就是由俄共主導，所以調查當然不會有任何結果。但列寧餘怒未消，在一九二二年三月召開十一大時，直接將在宣言書上簽名的十九人開除黨籍，只刻意保留施略普尼柯夫及其他二人。

史達林時代的來臨及「蘇聯」的成立

列寧在晚年的健康越來越惡化，也越來越暴躁，越加獨裁，已經聽不進逆耳忠言。一部分能察言觀色，小心伺候的人因而獲得重用，史達林也逐漸獲得寵信，權力隨之水漲船高。十一大時，史達林獲得列寧提名擔任中央書記處的總書記，仍兼所有其他原來的職務，地位在這時到達頂點。兩個月後，列寧突然中風，經過搶救後雖然神智仍然清醒，卻只能靜養，史達林的時代於是隱隱來臨。

列寧開始養病後，季諾維也夫、加米涅夫和史達林三人結為同黨，史稱「三巨頭」，共同目標是對付托洛斯基。但也正是在這段期間，列寧開始對史達林感到不安，其中最主要的導火線是喬治亞事件。不過如果要清楚說明此事，就必須從列寧的「民族自決」政策說起。

一九一七年的十月革命後，列寧便已針對沙俄原先的少數民族及附庸國提出一項「民族自決」的政策。但列寧所定義的民族自決並非放任不管，而是其有條件——必須成立共產主義蘇維埃形式的政府。當紅軍在內戰中獲勝後，白俄羅斯、烏克蘭及外高加索三國（阿美尼亞、亞塞拜然及喬治亞），都分別成立了蘇維埃政府。其中的喬治亞蘇維埃政府卻是由孟什維克派建立的，這使得出生於喬治亞，卻一向與喬治亞孟什維克派敵對的史達林極為憎惡。

一九二一年二月，史達林命令奧爾忠尼啟則率領紅軍進入喬治亞，攻陷提比里斯，改立一個布爾什維克蘇維埃政府。孟什維克黨人紛紛逃亡。四個月後，史達林以勝利者之姿衣錦還鄉，召集布派大會，大談將成立一個由外高加索三國組成的聯邦蘇維埃共和國，不料與會眾人既驚又怒。原來在外高加索三個民族中，亞塞拜然人信奉伊斯蘭教，阿美尼亞人信奉東正教，兩者時有衝突；喬治亞人卻是大多信奉基督教，與前兩者也是水火不容；史達林卻聲稱要把三者合而為一，會議於是不歡而散。

喬治亞人畏懼卻又不服史達林，決定請求列寧介入。列寧請捷爾任斯基進行調查，獲得報告，表示支持史達林因而也同意其意見。但喬治亞人仍然不服，暗中派代表去見正在休養中的列寧，提出種種受到迫害的報告及佐證資料，列寧大驚。當時史達林也奉列寧之命，正在草擬有關各自治共和國、自治區共同成立「蘇維埃社會主義共和國聯盟」（Union of Soviet Socialist Republics，簡稱USSR，俄語CCCP，即是「蘇聯」）的方案，其中已經建議把外高加索合併為一個加盟國。列寧知道後，直接寫信給政治局，不但斥責奧爾忠尼啟則在喬治亞的暴行，又表示不能接受史達林擬議的草案。不料史達林竟直接反駁列寧，語氣強硬。這是先前從未發生的事。

列寧於是決定結束養病，回到莫斯科，又參加開會、辦公，卻在不久後第二次中風而無法行動。兩週後，即是一九二二年十二月三十日，史達林逕自宣布成立蘇聯，由俄羅斯、白俄羅斯、烏克蘭、外高加索四個加盟國代表簽字。至於烏茲別克、哈薩克、土庫曼、吉爾吉斯和塔吉克等中亞五國，因為有部分內戰仍在進行，情況複雜，在後來的數年中才陸續加入蘇聯。

地圖1：蘇聯的15個加盟共和國（1922-1991年）

註：俄羅斯僅顯示核心部分，波羅的海三小國於第二次大戰後併入。

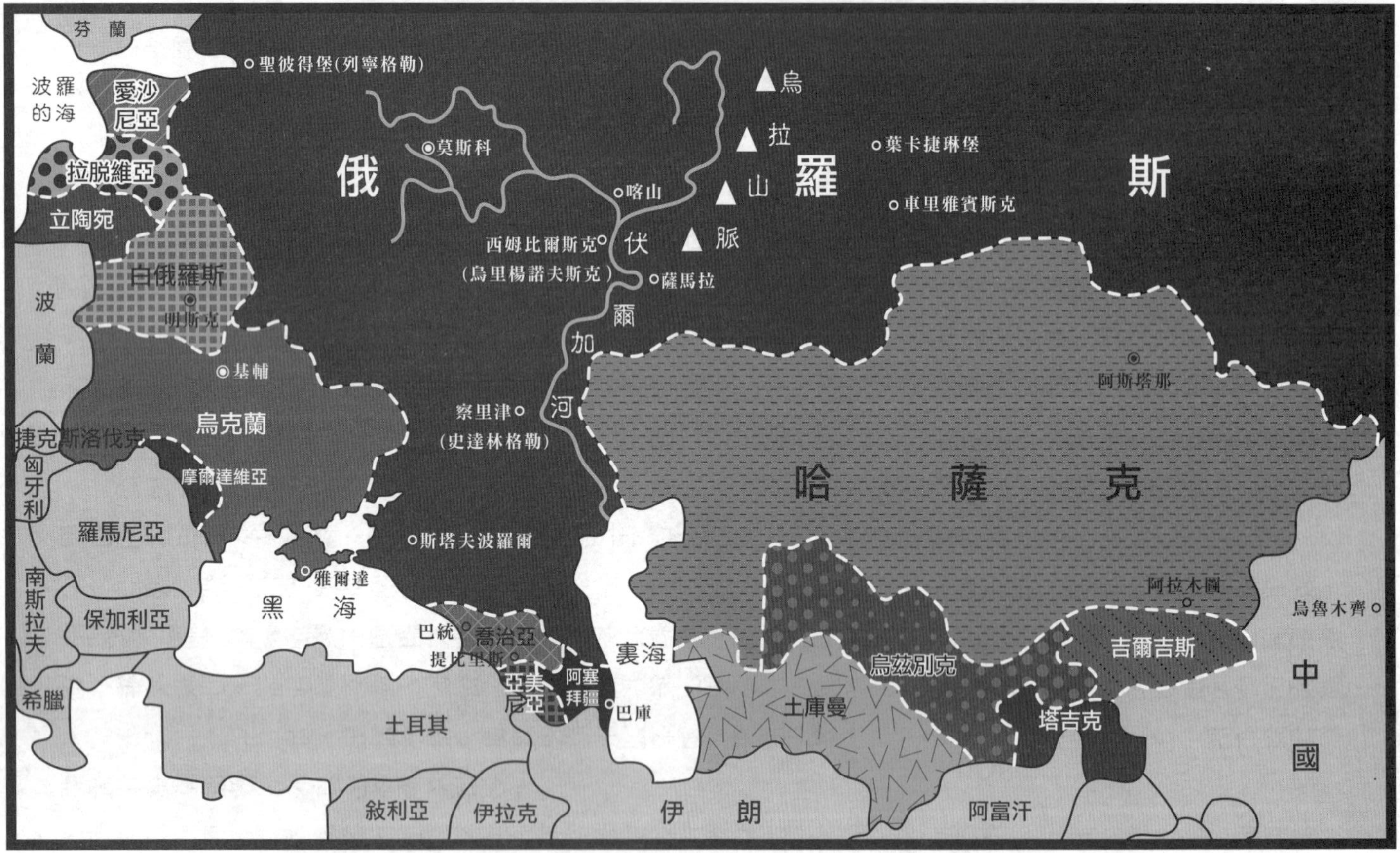

列寧的遺囑

列寧在第二次中風後決定以口述請祕書打字，寫一封《給代表大會的信》（*A Letter to a Congress*），這也就是一般所稱的《列寧遺囑》（*Lenin's Testament*）。其內容明顯表示他對史達林的失望，但也表達他擔心史達林和托洛斯基之間的矛盾可能導致的後果。以下是其中片段：

> 史達林同志擔任總書記後，手中緊握無限的權力，但我不確定他是否能時時審慎地使用那權力。另一方面，托洛斯基同志……就個人而言無疑是現今中委會裡最能幹的人，但也表現出太過自信，並且顯現出過度被純粹行政事務所吸引的傾向。
>
> 這兩位中委會裡最能幹的領導人的兩種性格，很可能在不經意中導致分裂。如果我們的黨沒有採取防範的步驟，分裂是可能出人意外地發生。
>
> 我不再批評其他中委會成員的個人性格，我只想提醒大家，季諾維也夫和加米涅夫在十月革命的事件當然不是偶然的，但要少用這事來攻擊他們個人，正如不可以攻擊托洛斯基過去不是布爾什維克主義者。
>
> ……布哈林不只是黨裡最有價值，最重要的理論家，也是全黨裡最受喜愛的人，但如果把他的理論觀點歸為完全的馬克思主義者就得要做極大的保留，因為他帶有某種學究氣（他從來就沒學會辯證法，我想也從來沒有完全懂得）。

過了一天，列寧又在遺囑後面追加一段文字：「史達林太粗暴，這缺點在我們共產主義者之間雖然可以忍受，但在擔任總書記的人身上是不能容忍的。因此我建議同志們想一個辦法撤掉史達林總書記的職位，另外找一位來代替。」

到了三月初，列寧獲知史達林曾在電話中粗魯地痛罵並恐嚇他的妻子克魯普斯卡婭，大怒，寫信要求史達林道歉。史達林卻回信表示不承認有什麼錯誤，也不知道問題出在哪裡。列寧更怒，請托洛斯基在即將召開的十二大會議中為喬治亞人仗義執言，並和自己一起「準備一顆真正的炸彈」以打擊史達林。

從十二大到列寧病逝，以及托洛斯基節節敗退

然而，命運似乎眷顧著史達林。列寧在不久後三度中風，這次竟連話都說不出口，也無法參加俄共於一九二三年四月召開的第十二次代表大會。托洛斯基這時發現自己勢孤力單，在大會中既不敢替喬治亞人說什麼話，也不敢引爆列寧所說的炸彈。喬治亞人因而在開會時被嚴厲地斥責，又在會後遭到整肅。

十二大開會時也討論到新經濟政策。由於列寧缺席，許多老黨員就放膽批判新經濟政策是恢復資本主義，是對無產階級的新剝削，但也遭到斥責。實際上，自從實施新經濟政策以來，國營企業無法和資本家的企業競爭，其結果是庫存堆滿倉庫，工人工資低，失業嚴重。在農業方面雖然穀物豐收，卻因價格極低而使得小農、貧農無不叫苦。托洛斯基對這些情形其實也很清楚，卻沒有發言支持這些老黨員。

托洛斯基在十二大時顯然是選擇避免與三巨頭發生衝突，但在會後三巨頭卻決定要削減他的軍權，派史達林的親信伏羅希洛夫（Kliment Voroshilov）參加托洛斯基一向把持的軍事委員會。托洛斯基這時才暴怒，公開批評黨內不民主及經濟失策。老布爾什維克們見狀大喜，也共同寫了一份「四十六人聲明書」以響應托洛斯基。

不料命運似乎又一次眷顧著史達林。十月底某日，托洛斯基在一次獵野鴨時，因雙腿浸泡在冰冷的沼澤中過久，結果竟引起嚴重的寒熱病而無法再參加黨內的會議。三巨頭於是藉機處分在「四十六人聲明書」上簽名的老同志，又撤換托洛斯基在紅軍中的許多部屬。

托洛斯基無可奈何，只得接受醫師的建議，決定前往高加索地區養病。但就在他動身後沒幾天，列寧突因病情惡化，於一九二四年一月二十一日去世，享年五十三歲。托洛斯基在半路上得知後，致電黨中央詢問何時舉行列寧的葬禮；史達林回電說將於星期六舉行，又說他必定無法趕到，建議托洛斯基不必趕回莫斯科。實際上，葬禮是在星期日（一月二十六日）舉行。托洛斯基卻聽信史達林的話而直奔高加索。歷史家一致認為，托洛斯基犯了極大的錯誤。當時在許多知識分子、工人和士兵的心目中，托洛斯基是「列寧第二」，史達林無法與之相比。但在列寧的葬禮上，托洛斯基竟缺席了，這對他的傷害之大實是無法估計。

然而史達林萬萬沒有想到，列寧在死前竟留有遺囑。列寧的葬禮之後，遺霜克魯普斯卡婭決定將列寧的遺囑交給中央委員會；史達林拿到遺囑，展開一讀，立刻臉色蒼白，表示要辭總書記。但季諾維也夫和加米涅夫都建議史達林不必立刻辭職，應當暫時保密，等以後再來討論。克魯普斯卡婭反對，但沒有用。四個月後，俄共黨中央舉行祕密會議討論列寧遺囑，但結論還是一樣。托洛斯基這時已經返回莫斯科，卻也一樣沉默不語。到了五月下旬，俄共召開十三大，會中決定選舉史達林續任總書記，卻支字不提列寧遺囑之事。

有一部分史家評論整個事件，說列寧在遺囑裡不只攻擊史達林，對托洛斯基、季諾維也夫、加米涅夫及布哈林也都有負面的批評，所以眾人都不願多談遺囑。在此情形下，克魯普斯卡婭無論如何反對當然也是無效。

「不斷革命論」和「一國社會主義」的爭論

列寧死後約半年，史達林突然提出一個「一國社會主義」（socialism in one country）理論，說蘇聯可以單獨建立一個社會主義國家，並不一定要在其他國家裡鼓動革命。托洛斯基原本在列寧死後一直保持沉默，卻在這時無法忍耐，隨即發表一篇《十月革命的教訓》（*Lessons of October*），其中重申自己一向主張的「不斷革命論」。三巨頭接著也都發表論文駁斥托洛斯基企圖站在列寧主義的旗幟下反列寧，但「列寧主義」和「托洛斯基主義」勢不兩立。一場大論戰於是轟轟烈烈地展開。

什麼是「不斷革命論」？事實上，馬克思、恩格斯當年發表的《共產黨宣言》已經指出，無產階級工人必須不斷革命，將所有的大、小資產階級都逐出統治地位之外，並且要在全世界所有主要國家中不斷地革命。托洛斯基也主張，俄國無產階級革命雖然成功，卻無法獨自建立社會主義社會，除非能讓革命之火燎原，使得世界各國革命都成功，才能確保俄國革命的成果。

但史達林認為國內外的環境已經不同，世界革命已經沒有機會。蘇聯由於在內戰中遭到嚴重破壞，只能集中力量先在國內加速經濟建設，以增強國力。史達林的主張後來也獲得布哈林的支持，托洛斯基因而遭到圍攻，迅速敗下陣來，在一九二五年一月被解除軍委主席的職位，由伏龍芝（Mikhail Frunze）取代。不過俄共內部的鬥爭並未因此停止，而是繼續分裂。

蘇聯的經濟政策路線之爭與內部的持續惡鬥

三巨頭在合力扳倒了共同的敵人托洛斯基之後，便開始分裂，其爭論的主題是在新經濟政策，而布哈林也還是其中要角。布哈林認為，若要經濟發展成功，必須使市場規律發生作用。在農業方面，他建議一方面繼續讓富農盡量發財，另一方面以組織合作社的方式扶植中農、貧農。在工業方面，他主張國家只要控制重工業，可允許輕工業自由生產，在市場自由交換。

但季諾維也夫和加米涅夫兩人堅決反對，批評布哈林過於右傾。史達林在迅速形成的「右派」與「新反對派」之間明顯地支持右派。一九二五年十二月俄共召開十四大時，兩派劇烈辯論，又都撕破臉，各自引述列寧的負面批評彼此互相攻訐。不過由於史達林已經掌控大多數與會的代表，最後投票自然是大勝；大會同時通過決議，將「一國社會主義」理論列為黨綱，「新反對派」以慘敗收場。

附帶說明，十四大開會時俄共決定改名為「全聯盟共產黨」（布爾什維克），簡稱「聯共（布）」。一直到一九五二年，也就是史達林死前的一年，聯共（布）才又改名為「蘇聯共產黨」，簡稱「蘇共」。總之，聯共（布）的時代可說是貫穿史達林統治的時代。

回來說季諾維也夫，原本他兼任列寧格勒[2]的黨部主委及蘇維埃主席，在大敗後兩個職位都被拔除，改由史達林的大將基洛夫（Sergei Kirov）取代。加米涅夫同樣丟掉在莫斯科的所有職位。兩人不得不去敲托洛斯基的門，建議三人一起聯合反對史達林。無奈三人仍然無法與史達林匹敵，不久後就一起被逐出政治局，連季諾維也夫擔任多年的第三國際主席職位也被布哈林取代。到了一九二六年七月，捷爾任斯基突然暴斃，史達林隨即安排自己的人馬接管所有的特務機關，勢力更大。

到了一九二七年，國外連續發生兩個大事件，使得托洛斯基又得以藉機攻擊史達林；其中第一件是四月發生於中國的「國民黨清黨事件」，第二件是英國在五月以蘇聯涉嫌介入英國大罷工事件為由，宣布與

2　現聖彼得堡，原名「彼得格勒」，因列寧逝世更名。

蘇聯斷交。前者的重要性不亞於後者，但由於內容複雜，又牽涉到中國，我將在下一章再詳細敘述。以下只說明第二件。

英國大罷工事件及托洛斯基的流亡

英國大罷工的原因起於勞資衝突。一九二五年起，由於英國出口的煤炭價格大跌，礦主要求工人接受降低工資，同時延長工時。礦工斷然拒絕。礦主無法支撐，宣稱要關閉礦場。英國政府為緩和爭端，不得已同意提供補助金給礦主，同時委任一個公正獨立的委員會進行調查。但補助金在九個月後用完，勞資爭端依舊無解。這時委員會提出報告，稱英國礦場有七成以上嚴重虧損，如照現狀經營將無法繼續，許多礦主也準備歇業。煤礦工人卻發起全國大罷工，聲稱「工資一分錢都不能少！」，英國總工會卻突然插手進來，以支持煤炭工人為由，號召電氣、鐵路、建築、印刷等其他工會加入，發起總罷工。

總罷工於一九二六年五月開始，有超過一百五十萬人參加。在全國一片混亂中，社會輿論明顯地傾向反對過激的罷工行為，連在野的工黨也不支持。英國總工會最後只得停止總罷工，留下礦工單獨繼續和礦主對峙，但礦工最後還是不得不同意回去工作，或被解雇。

但總罷工另有餘波。一九二七年五月，英國宣布與蘇聯斷交，理由是查獲蘇聯職工會與英國總工會來往的郵電，證明蘇聯非法介入英國總罷工。蘇聯這時正想藉和資本主義國家合作以加速工業發展，卻因此事而遭到極大的打擊。

托洛斯基這時以同時發生在中國和英國的兩件事為由，攻擊史達林和布哈林，指責兩人必須為錯誤的政策及失敗負責；又說，如果蘇聯與外國發生戰爭，他將要求改組無能的政府，言下之意是要重掌紅軍。

史達林大怒，斥責托洛斯基與外國勾結。雙方的鬥爭由此白熱化，在十月革命十週年紀念日紅場舉行慶祝大會時達到最高峰。托派分子手持標語，高喊口號，與史達林的支持者大打出手。但史達林下令軍警進場鎮壓「暴動」，又在事後命令祕密警察追捕托派分子，同時召開臨時會議，將托洛斯基、季諾維也夫都開除黨籍。

許多西方國家為此額手稱慶，因為他們在史達林和托洛斯基之間無疑比較害怕後者。《紐約時報》（*New York Times*）在隔年元旦刊出的一篇文章裡說「今年過新年最快樂的事，莫過於托洛斯基被共產黨開除」，明顯地代表了這樣的觀點。

一九二八年，史達林又下令將托洛斯基流放到哈薩克。托洛斯基卻仍做困獸之鬥，在流放地糾集其支持者繼續反抗史達林，每日對外寫信、發電報，發表文章。史達林一再警告托洛斯基仍舊無效，卻又不敢公然殺害他，最後決定將他強制驅逐出境。但托洛斯基到了國外，更是在各國建立托派組織，一面繼續誓言要埋葬資本主義，一面積極進行反史達林的活動。史達林這時才後悔不該把托洛斯基送到國外，但已經來不及了。

史達林停止新經濟政策，改採「計畫經濟」

史達林鬥倒托洛斯基之後，卻突然轉向，決定要結束新經濟政策而改採計畫經濟。這項決定與兩個事件有關。

首先，史達林無法忘記當年俄國內戰期間西方國家出兵干涉。他認為西方國家始終對蘇聯懷有敵意，而英國決定斷交更是一項新的刺激。再加上，在此之前的數年中，義大利墨索里尼（Benito Mussolini）所領導的「國家法西斯黨」（National Fascist Party）及德國希特勒（Adolf Hitler）所領導的「納粹黨」（Nazi Party）開始興起，兩者都以共產黨為敵，使得史達林更有危機感。他認為蘇聯太落後，有必要集中資源加速建立國家的經濟及軍事力量，以確保國家安全。

其次，在一九二八年初蘇聯全國各大城市突然發生嚴重的糧食短缺，史達林因而命令各級官員到農村去強制徵糧，卻遭到農民強烈抵抗。史達林因而決定親自到西伯利亞徵糧，結果竟搜出驚人數量的穀物。史達林勃然大怒，認定富農都是投機分子，必須將土地集中，改採農業集體化。

但史達林的決定遭到布哈林強烈地反對。布哈林說，強制推動農業集體化將引起所有的農民反抗，必將傷害農村經濟；農業如果失敗，也將無法籌出資金來加速進行工業化。在工業政策上，布哈林也反對史達林優先發展重工業的想法，認為必須同時兼顧與民生有關的輕工業。

布哈林與史達林激烈爭論的結果是，史達林將布哈林及其支持者李可夫和托姆斯基都打成「布哈林集團」，全都逐出政治局，又強逼三人寫悔過信，並發動一場全國性的「反右傾分子運動」，無數人因而遭到迫害。同時，史達林在一九二九年四月宣布實施第一個「五年計畫」（回溯一九二八至一九三二年），其重點就是發展農業集體化及推動重化工業。成果如何呢？以下我用一些具體的數字向讀者說明。

蘇聯原有富農約一百五十萬戶，中農一千五百萬戶，貧農五百萬戶。史達林下令沒收富農所有的土地、財產，將其流放，其中也有遭到殺害或自殺的。必須指出，這些富農大多不是世襲的貴族，而是在新經濟政策實施之後靠自己勤勞節儉而發家致富的，不料在國家政策一旦改變後竟招致禍端。至於中農大多也在遭到清算之後，和貧農一起被納入國營的集體農場。

但史達林忽略了農民的天性是希望擁有自己的土地，當集體農場一切歸公，便怠工反抗，所以糧食生產不增反減。這種情況從牲畜的數目可以看得更清楚：一九二八年農家飼養牛、豬、馬的數目分別為七千萬、二千六百萬、三千四百萬頭；到一九三三年，牲畜數目全都減半。農民寧願將牲畜宰來自己吃，也不願意和他人分享。在此情況之下，蘇聯卻又強徵糧食出口，以便取得資金向美國、德國進口工業化所需的機器設備。飢荒於是無法避免。據估計，五年內有將近一千萬人餓死，其中將近半數在號稱為穀倉的烏克蘭地區。

那麼工業發展又如何呢？從重工業看，蘇聯總共進行了一千五百個建設項目。原先極端落後的各城市在一九三三年出現了許多鋼鐵廠、機械廠、汽車廠、拖拉機廠、水電站、肥料廠及化學廠；重化工業的基礎由此奠定，國防工業也由此逐步建立。然而，同一時期蘇聯在輕工業的投資只有重化工業的六分之一；又由於工人只能領取微薄的工資，生活困苦，消費不足，大多也是消極怠工。

雖然人民生活困苦，史達林在第一次五年計畫後，又繼續推動第二次五年計畫（一九三三—一九三七），爾後還有第三次、第四次，不容任何人以任何理由反對。

從柳廷事件、史達林妻子自殺事件，到基洛夫事件

史達林無疑自認其政策有利於國家社會，但在一部分老布爾什維克看來卻是倒行逆施，忍不住批評，其中包括許多軍中將領及部會首長。曾經擔任過軍隊指揮官及紅軍官報《紅星》（*Red Star*）的一名副總編輯柳廷（Martemyan Ryutin），是反對最激烈的代表人物。柳廷在報紙上發表文章，嚴厲批評史達林的集體化政策之後，被開除黨籍；於是又寫了一份兩百頁的論文，在黨內大量傳發，甚至連季諾維也夫、加米涅夫及李可夫等高層都收到這份文件。論文中列舉史達林的錯誤，稱史達林是「革命和黨的掘墓人」，要求放慢工業化的速度，結束國營農場，回到個體農業，恢復黨內民主，又主張將史達林免職。

史達林獲報之後大怒，下令逮捕柳廷及其同黨，又在政治局會議中提議將柳廷處死，不料遭到否決。史達林更怒，而當他發現有許多他極度信賴，以為是忠心不二的幹部，如政治局委員兼列寧格勒黨委第一書記基洛夫，竟也投下反對票時，更是憤怒。

不久後，史達林家中發生一件悲劇。他的妻子，年僅三十二歲的娜傑日達（Nadezhda Alliluyeva）舉槍自殺身亡。娜傑日達是史達林在革命年代一位老友的女兒，在婚後甚少外出，卻和常來他們家中的蘇共高層官員都熟，她和小孩們特別喜歡風趣的布哈林。但在史達林將政敵一一鬥倒後，來家裡的老朋友越來越少，使她悵然若失。史達林對待布哈林的方法尤其使得她困惑。

一九二九年，娜傑日達獲得史達林同意，到莫斯科工業學院去上學，開始交了一些新朋友。不過當時的同學們大多不知道娜傑日達的身分，所以她不但親耳聽聞人們談論工人的悲哀和日益嚴重的大飢荒，也親眼目睹同學接到家書後一邊讀一邊流眼淚。娜傑日達大為不安，於是將自己所見所聞告訴史達林；不料史達林竟派人去監視那些同學，有人還被抓去審問。娜傑日達大怒，開始與丈夫爭吵，有時甚至不顧場合。兩人在一九三二年的十月革命十五週年的宴會上當眾大吵一架；過兩天，又於午夜時分在家中爭吵後，娜傑日達竟舉槍自盡了。

史達林在妻子死後向政治局請辭總書記，但獲得挽

史達林（右），基洛夫（中）與米高揚（左）

留。許多歷史家認為，柳廷事件及娜傑日達之死對史達林造成極大的影響，揭開其心理的黑暗面。

兩年後，列寧格勒發生一件驚人的大案——基洛夫遭到謀殺。後世有很多史家認為「基洛夫案」是大清洗的前奏，而基洛夫之死很可能是出於史達林的陰謀。這些史家的結論大多是根據二十幾年後蘇共總書記赫魯雪夫（Nikita Khrushchev）下令成立的一個特別委員會所做的調查報告。這份報告的結論是：顯然有人在背後幫助尼古拉耶夫（Leonid Nikolaev）——一名矮小、瘦弱、身體有缺陷，同時又失業，因而內心憤怒的兇手——於光天化日之下進入列寧格勒黨委辦公大樓，在走廊上從背後直接槍殺基洛夫，所有相關的保安人員在不久後都離奇死亡，兇手也在草草審訊後於的一個月內就被處決。總之，此一案件可說是疑點重重，並且不排除「內務人民委員部」[3]的雅戈達（Genrikh Yagoda）涉入其中。內務人民委員部是在基洛夫案發生前四個月，才由史達林下令整併原先的契卡、祕密警察及其他情治單位而成立的。

一般認為，基洛夫之所以死於非命，是因為他雖然是史達林手下的大將，卻有自己的原則，並非對史達林一味盲從。前述基洛夫反對處死柳廷，即是一例；再加上基洛夫甚受許多老布爾什維克擁戴，使得史達林產生疑忌。

莫斯科三次大審判

史達林在基洛夫案發生後立刻指示修改法令，規定政治謀殺案件必須加速偵察、送審；不必為犯人聘請辯護律師，也不一定要公開審訊。一經審判有罪，可立即處決。新法頒布後，一年內全國有將近二十萬

3　英譯：People's Commissariat for Internal Affairs；羅馬化：Narodny Komissariat Vnutrennikh Del，簡稱NKVD。

人被捕。新任列寧格勒黨委書記日丹諾夫（Andrei Zhdanov）同時奉令，整肅基洛夫的舊部，也就是所謂的列寧格勒反對派。史達林又指示清黨，兩年內開除一百五十萬名黨員的黨籍。

一九三六年八月，史達林下令把季諾維也夫、加米涅夫及其他老布爾什維克共十六人送交軍事法庭。這是第一次莫斯科大審判。法庭指控被告與流亡國外的叛徒托洛斯基勾結，或是充當外國的間諜。十六名被告全部服罪，並在開庭後一週內全部被處決。

四個月後，史達林公布新憲法，確立蘇聯是一個工農社會主義國家，由共產黨一黨專政，並自詡這是世界上「最民主的憲法」。事實上，幾乎所有的選舉都只有一個候選人，人民並沒有什麼選擇。

一九三七年一月，第二次大審判開庭，拉狄克等十七名老布爾什維克被指控領導「反蘇維埃托洛斯基中心」，勾結德國和日本，陰謀推翻政府。所有被告都爭相認罪，自我誹謗，並在宣判後迅速被槍決，只有四人獲判有期徒刑，逃過死劫。兩次大審判後，剩下的老布爾什維克都陷入極度恐慌。史達林的同鄉兼老友，也是重工業人民委員奧爾忠尼啟則，在與史達林大吵一架後，自殺而死。

一九三八年三月，第三次莫斯科大審判開始。這次共有二十一名被告，其主角是布哈林、李可夫及雅戈達三人。所有的被告也都爭相認罪，前人民委員會主席李可夫承認自己是波蘭間，布哈林也承認自己是托洛斯基集團的一分子，要求對自己從重量刑；至於前內務人民委員部委員雅戈達則是因為奉命對布哈林、李可夫案進行調查，竟稱無何實據，宣布結束調查；結果史達林大怒，將雅戈達免職下獄，由葉若夫（Nikolai Yezhov）取而代之。

為什麼三次大審判的被告明知將要被處極刑，卻都服罪呢？那是因為這些人的家屬大多已被扣留當作人質，只能以認罪換取其家屬的安全。然而他們的家屬後來究竟如何，其實也沒有人能保證。

那又為什麼被告們都承認與托洛斯基勾結，或做外國的間諜呢？原因是史達林心目中最大的敵人始終是在海外的托洛斯基，害怕國內有人配合他反叛自己。除了托洛斯基，史達林在國外也有很多假想敵，包括英、法、美、日、波蘭等，不過他更擔心的是德國，因為德國政權這時已經落入納粹黨的手中。

從納粹執政到德、義、日結盟

前述墨索里尼之所以能迅速崛起，並掌控國會，主要是受到深具恐共心理的義大利皇室、貴族及資產階級的支持。不料墨索里尼在一九二五年宣布法西斯黨之外的所有政黨都是非法，迫使人民接受其獨裁統治。

至於希特勒及其所領導的納粹黨之所以興起，主要是利用德國人對一次大戰敗戰的不甘和恥辱，以及戰後狂貶的貨幣馬克致使中產階級的財富蕩然無存，無不痛恨。不過由於美國後來對德國提供鉅額貸款，使得德國的經濟快速復興，納粹黨因而並沒有繼續擴大。

然而，好景不長，美國華爾街股市突然在一九二九年十月一夕崩盤，導致世界性的經濟大恐慌。依賴出口到美國至深的德國經濟因而重挫，許多人因而失業，或瞬間破產，納粹黨於是又再度活躍起來。不過納粹黨之所以能完全掌控德國政權，有幾個重要原因，以下分階段概述。

首先，納粹黨一向宣傳德國人種的優越性，而猶太人是德國社會的寄生蟲。納粹黨說，馬克思主義是猶太人創立的，猶太人又控制了德國報紙，並且在大戰期間鼓動頻繁的罷工，重創國家經濟，嚴重打擊民心士氣；國家因而在最緊要關頭上被從背後插上一刀。這種「刀刺在背」說法是由一戰時的德軍參謀本部重要的領導人魯登道夫將軍（Erich Ludendorff）率先提出，其目的是為自己敗戰的恥辱尋找藉口，而昧於事實；不過戰後許多德國軍人對此卻深信不疑，因而對共產黨、社民黨及猶太人深具仇恨。

其次，德國的國防軍及當時的總統，即是一戰時的德軍最高統帥興登堡（Paul von Hindenburg），不滿當初德皇被強逼退位，計畫以多次解散國會，並重新選舉的方式弱化國會，然後趁機發動政變以達成復辟的目的。但結果竟使得納粹黨從一個小黨，經過歷次選舉一路扶搖直上，成為全國第二大黨；而德國共產黨也大有斬獲，是全國第三大黨。

第三，史達林竟在這時指示，德共必須聯合納粹黨以抵制第一大黨社民黨，又在街頭運動中聯合納粹黨以對抗社民黨。納粹黨有了德共支持，因而聲勢大漲，最後壓過社民黨，在一九三二年成為第一大黨；希特勒也在一九三三年初獲得興登堡任命為總理。

不料在希特勒上臺後不久，突然發生一個國會大樓大火的意外事件。希特勒立即宣稱這是共產黨的陰謀，宣布進入緊急狀況，下令在一夜之間逮捕了四千名共產黨員及左派政治人物。日後有許多歷史家認為國會縱火案是納粹黨自導自演。史達林當初之所以指示德共支持納粹黨，一般認為是由於德共與社民黨在一九一八年德國革命時結下的歷史仇恨。國會縱火案發生後，史達林才知道自己錯了，但為時已晚。

國會縱火案後，希特勒又提出一項《授權法》（*Enabling Act of 1933*），要求總理有權不經國會同意逕行頒布法律，竟獲得一部分小黨同意而獲得通過，社民黨和其他

刀刺在背圖

黨派至此已經難逃被關閉的命運。到了一九三三年七月，納粹黨已是德國唯一合法的政黨，德國國防軍也向希特勒宣誓效忠。

興登堡在一九三四年八月病逝，希特勒這時決定不再有新總統，而任命自己為國家「元首」，從此集黨、政、軍大權於一身，接著又大幅擴軍，並命令國防軍開入萊茵非軍事區。凡此種種，都是《凡爾賽和約》禁止的，但當時英、法兩國政府態度軟弱，竟都默許了。

一九三六年十月，希特勒與墨索里尼建立外交同盟條約；一個月後，又和日本簽訂《反共產國際協定》（*Anti-Comintern Pact*）。三個法西斯國家隨時可能進一步建立軍事同盟，不由得英、法兩國心驚膽戰。史達林也意識到東、西兩面受敵的危險越來越近。一部分歷史家認為，史達林正是因此決定要整肅異己，以確定在戰爭來臨時不會有人反叛。因而，蘇聯不只有三次大審判，還有大清洗。

史達林的大清洗；兼述圖哈切夫斯基之死

大清洗與莫斯科三次大審判的時間重疊，都在一九三六年到一九三八年之間，後者可說是前者的一部分。但須指出，三次大審判時由於被告身分特殊，史達林刻意安排公開審判，受害者總共也只有區區五十四人。大清洗的案件卻大多是祕密審判，草草結案又牽連極廣，所以受害者多到無法統計。不過勉強估計，有五百萬人被捕，其中約五十萬人遭到處決，其餘不是坐牢，就是被流放、勞改。為此史達林下令在全國各地建造數以百計的勞改營，由一個名為古拉格（Gulag）的機構統轄。這時勞改營的數目已經十倍於列寧時。

史達林首創「人民敵人」這個名詞，戴在大清洗中被他迫害的黨、政、軍同志頭上。關於黨和政，根據日後赫魯雪夫指派的特別委員會調查，當初出席蘇共十七大的一千七百六十六名代表中，有一千一百〇八人被捕；在一百三十九名中央委員及候補委員中，有九十八人被捕。至於軍中，最具代表性的案例莫過於在一九三七年六月紅軍名將圖哈切夫斯基被指控為德國間諜，以「叛國罪」交付一個特別法庭進行祕密審判，並在不久之後遭到槍決。

圖哈切夫斯基之所以遭難，是因為史達林獲得情報，說有一批以圖哈切夫斯基為首的蘇聯將領及老布爾什維克正在密謀發動政變，並勾結德國軍方。史達林猶豫了大約一年，最終還是決定下手。但有資料顯示，許多有關圖哈切夫斯基謀反的文件和謠傳，大多是德國人假造的。史達林生性多疑，正好中計。希特勒及德軍將領向來忌憚圖哈切夫斯基，在獲知他死後，無不大喜。

然而，圖哈切夫斯基之死只是史達林清洗軍隊的開始，此後兩年內又有三萬多名軍官被處決，其層級包括旅長、師長、軍長，一直到集團軍司令以及各級政委。回溯圖哈切夫斯基被處死的前兩年，史達林才把他和伏羅希洛夫、布瓊尼、布柳赫爾（Vasily Blyukher）及葉戈羅夫（Alexander Yegorov）等人一起捧為蘇聯紅軍的五大元帥，不

蘇聯紅軍五大元帥：圖哈切夫斯基（前左）、伏羅希洛夫（前中）、葉戈羅夫（前右）、布瓊尼（後左）及布柳赫爾（後右）。其中的圖哈切夫斯基、葉戈羅夫與布柳赫爾後來在大清洗中都遭到處決

料五人之中除了與史達林淵源較深的伏羅希洛夫、布瓊尼之外，其餘三人最後都在大清洗中死於非命。

但史達林在軍中大規模地清洗，並不是不須付出代價，而其代價之沉重，在第六章將要敘述的第二次世界大戰中可以明顯地看出。不過在討論第二次世界大戰之前，本書在第五章先敘述另一件大事——中國共產黨的萌芽及其成長——因為無論是對第二次大戰，或是對整個世界的歷史發展，對中共的出現，都將發生極為根本性的影響。

第5章 中國共產黨在蘇聯扶植之下的萌芽及成長

如上一章所述，史達林在列寧去世後提出「一國社會主義」的主張，說蘇聯可以單獨建立一個社會主義國家，並不一定要在其他的國家裡鼓動共產革命。西方國家對此當然是歡迎之至。但實際上，蘇聯只是「暫緩」在歐洲輸出革命，並不曾停止在亞洲發展；而在亞洲國家中，史達林最關注的莫過於土地最廣，人口最多的中國。因而，本章在此必須先簡略地回顧一下中國的近代歷史。

中國是一個文明古國，在很長的期間裡也曾是一個文化、經濟及技術強權，但在西方國家主導文藝復興運動及工業革命之後，就相對顯得守舊而落後，因而在清朝末年屢次與列強發生戰爭而戰敗。其中最為人所知的是兩次鴉片戰爭（第一次一八三九—一八四二，第二次一八五六—一八六〇）、中日甲午戰爭（一八九四—一八九五）及八國聯軍之役（一九〇〇—一九〇一）。接連的敗戰使清朝屢次被迫簽訂屈辱的條約，割地賠款，並給予列強特權，包括在許多城市中劃出「租界」給外國自行管轄，國人深以為恥。

一九一一年，中國各省同時爆發「辛亥革命」，迫使清朝最後一位皇帝溥儀退位，並且公推最早倡議革命的「國民黨」總裁孫逸仙擔任新政府的臨時總統。孫逸仙卻為了避免內戰，不得不在議和過程中，同意把臨時總統的位置讓給仍然掌控清朝北洋軍隊的袁世凱。

不料四年後，袁世凱竟強行復辟要當皇帝，結果遭到反對而引發內戰，最終演變成各地軍閥割據。其中最強的仍是北洋軍閥，在北京建立「北洋政府」。孫中山雖然繼續擔任國民黨總裁，實際上既沒有地位，沒有錢，也沒有武力。中國從經濟方面看，在列強的壓迫之下仍是次殖民地；而從農業方面看，大致是由各地方少數的鄉紳兼大地主剝削貧農及佃農，貧富不均極為嚴重。

從五四運動到中國共產黨的成立

一九一七年一月，有一位曾經留學日本的陳獨秀獲聘為北京大學文科學長，並且將他原本在上海所辦的一份《新青年》雜誌遷到北京，又獲得著名的留美博士胡適及許多知識界菁英加入，共同提倡「新文化運動」，高舉民主[1]、科學、自由、平等的大旗，獲得全國青年熱烈響應。

同年，俄國爆發十月革命後，北京大學有一位圖書館館長李大釗開始熱心倡導馬克思主義。陳獨秀受李大釗影響，又和他合辦另一本《每週評論》雜誌，內容轉為與思想、政治有關，主要是宣傳馬克思主義，批判資本主義對工人的剝削，又主張青年學生應該學習俄國的民粹主義思想，為農民流血、流汗。

第一次大戰結束後，北洋政府派代表參加一九一九年一月在巴黎舉行的和會，要求取消列強在中國的所有特權。協約國卻說中國雖然對德宣戰，並沒有真正出過力，只是忙於內戰，因而拒絕中國的主張。中國代表據理力爭，說在戰爭期間有十幾萬名華工遠渡重洋，應英、法兩國招募以填補其後方的勞動力，也上前線修築工事、搬運彈藥，等等，不能說沒有貢獻。但巴黎和會最終仍是決定，將德國原先在山東的特

1　民主（democracy）即「德先生」，科學（science）即「賽先生」。

殊權益轉讓給日本。此一消息傳回中國後，引爆「五四運動」。北京各大學學生三千多人發起遊行示威，高呼「外抗強權，內除國賊！」的口號。全國各地罷工、罷課、罷市。北洋政府被迫命令出席巴黎和會的代表拒簽《凡爾賽和約》。

三個月後，蘇俄代理外交部長加拉罕（Lev M. Karakhan）突然發布一項聲明，宣稱願意取消先前中國與沙俄簽訂的不平等條約，放棄所有的特權，又說願意協助中國抵抗列強的侵略。一般認為，當時蘇俄正在內戰中，又被列強圍剿，所以此舉是刻意要對中國示好，以避免中國支持白軍對抗紅軍。中國人民這時大多仍為國家在巴黎和會中所受的屈辱而憤恨不已，自然被蘇俄的友善聲明打動。共產主義在中國擴展的契機於是來到。

一九二〇年三月，共產國際遠東情報局[2]派吳廷康（G. N. Voitinsky）到中國，目的是尋找革命的伙伴。在拜訪了一些軍閥、政客、學者之後，吳廷康建議與陳獨秀及李大釗合作，共產國際接受他的建議，並同意提供所有的經費。

一九二一年七月，中國共產黨第一次全國代表大會在上海法租界舉行。當時黨員人數很少，只有五十幾人，由來自各地的十二名代表開會，其中後來比較知名的有李達、張國燾、毛澤東等。共產國際派馬林（Maring，原名Henk Sneevliet）為代表列席。陳獨秀並沒有親自與會，只派了代表參加，但還是被選為中央局書記。

馬林的經歷十分特別。他原本是荷蘭的社會民主黨黨員，對荷屬東印度公司在殖民地的貪婪剝削極為不滿，於一九一三年直接到印尼參加當地的獨立運動，與殖民政府公然對抗。社民黨反對其作法，馬林就轉而加入荷蘭共產黨，繼續與印尼的獨立運動合作，只是五年後被殖民政府強迫遣返荷蘭。一九二〇年，馬林到莫斯科參加第二次共產國際大會，列寧與其見面談話，大喜，委請他到中國協助成立共產黨。

「勤工儉學」與周恩來、鄧小平、毛澤東

共產國際也在巴黎、東京招收中國留學生，成立共產主義小組。巴黎的共產主義小組是在一九二〇年七月成立，蔡和森、李維漢、趙世炎、周恩來、鄧小平等陸續加入。這些人都是以參加「勤工儉學」的方式到法國的。

「勤工儉學」是在辛亥革命後，由國民黨要員李石曾、吳稚暉和蔡元培[3]等人發起的一項運動，目標是招收並協助有志留學的學生到法國；一面進入中學、大學讀書，一面到工廠工作。勤工儉學的立意良善，卻不幸選在最不好的時機；當大批中國留學生到達時，正是戰後法國經濟最蕭條的時候。許多工廠被迫關閉，安排中國留學生找工作自然極為困難。中國留學生原本就是打算半工半讀，帶來的存款有限，沒過多久就陷入恐慌。共產國際這時正想吸收中國的青年加入，在巴黎的這批留學生於是成為理想的對象。周恩來、鄧小平就是因此加入共產黨。

周恩來生於江蘇淮安的書香世家，原籍卻是以出產酒和「師爺」聞名的浙江紹興。後來有學者評論，認為周恩來有紹興師爺的性格，精明幹練，但不是領袖。他在中學畢業後到日本準備考大學，卻考不上；後來五四運動爆發，周恩來回到國內領導學生罷課遊行及請願，結果被逮捕，坐了幾個月牢。出獄後，他很幸運地獲得資助坐船到法國參加勤工儉學，但由於前述的景氣問題，只做了沒多久的粗活就失業了，於是成為最早被共產國際吸收的學生之一，並負責中國共產黨巴黎支部，後來又升任為中國共產黨歐洲支部

2　最初設在海參崴，後設在上海，是共產國際與中國共產黨、日本共產黨、朝鮮共產黨、東南亞國家共產黨之間聯繫的樞紐。
3　後來擔任北京大學校長。

領導人。許多他領導過的勤工儉學生，後來都成為中共建國的元老，其中包括李富春、李維漢、蔡暢、陳毅、聶榮臻、鄧小平、朱德等。

鄧小平一九〇四年出生於四川的古城廣安的殷實農家，到法國勤工儉學時只有十六歲。由於帶的盤纏有限，他只讀了五個月中學便輟學，到鋼鐵廠、橡膠廠做苦工；但不久後失業，被迫和其他數百名勤工儉學的學生擠在臨時搭蓋的帳棚裡，飽嘗髒臭、飢餓與窮困，因而也被吸收加入中共。後來他擔任中共旅歐支部出版刊物《赤光》的刻寫、油印及編輯工作，從此與周恩來建立「兄弟般的情誼」，長達五十幾年。

值得注意的是，在法國的勤工儉學生中，以湖南人為最多，其中大多又與日後中共領導人毛澤東關係密切。毛澤東一八九三年出生於現今湖南省湘潭市所轄的韶山市，他的父親是一個刻薄而暴躁的富農，不只虐待長工，也逼他和弟弟做苦工，又時常打罵他們。但毛澤東從小叛逆，時時起而反抗。毛澤東曾在私塾讀書，熟讀儒家的經典《四書》、《五經》，但喜歡的是《水滸傳》、《三國演義》、《西遊記》等中國古典章回小說，尤其喜歡其中的造反及權謀奇計。

由於被逼在家務農，毛澤東在二十歲時才考進免費的湖南長沙第一師範學校。在校期間他和蔡和森、李維漢等人共同成立「新民學會」組織，彼此激勵進取；當他們得知勤工儉學計畫後，就積極討論如何藉此機會留學。蔡和森和妹妹、女友以及李維漢因而成為最早留法的一批勤工儉學生。他們又成立法國的「新民學會」組織，並與毛澤東書信來往，一同協助其他人前往法國，使得勤工儉學的學生中的湖南人最後達到四百餘人。

毛澤東自己卻選擇不出國留學，而是到北京大學圖書館擔任管理員，當時的館長就是李大釗。五四運動爆發後，毛澤東回到湖南發起運動響應，不過終究無用。但他後來又與一部分同志一起創立「湖南共產主義小組」，也因此應邀參加中國共產黨第一次代表大會，是最早的黨員之一。

里昂中法大學事件及其影響

一九二一年初，巴黎有五百名勤工儉學生由於境況惡劣，所獲援助有限，憤而包圍中國領事館，並毆打公使及部分館員；巴黎警察隨即強制驅離學生，逮捕其中若干人。中國領事館不堪留學生日日抗議，只得同意發給每人每日五法郎，並勸告學生們自己想辦法回國。後來雖然有一部分學生因獲得捐款救濟而順利回中國，卻還是有很多人回不了家，於是繼續抗爭，結果導致九月爆發的「里昂中法大學事件」。

中法大學是中、法兩國之間的一項新計畫，由吳稚暉在國內募資，里昂市長承諾撥出校舍，提供中國留學生就讀及居住。不過法國人堅持中法大學的學生，必須經由嚴格的考試及調查後才能錄取，拒絕從勤工儉學生中招募，理由是其中已有許多人加入共產黨，志不在讀書。勤工儉學的學生們大怒，由周恩來策動發起鬥爭，直接到里昂進占中法大學的宿舍及餐廳。不料法國警察在半夜展開圍捕，抓到一百零四名學生後，直接押解上船，送回中國。周恩來由於留在巴黎負責與共產國際聯繫，所以沒有被捕。

這一百多人回到中國時是一九二一年底，立刻使得成立不到一年的中國共產黨黨員暴增到將近兩百人。次年七月，中國共產黨又在上海舉行第二次全國代表大會；陳獨秀這次親自參加了會議，並被選為中央委員會的委員長。

留法學生回國後，與一部分留學蘇俄的學生（如劉少奇）及國內的黨員合流，中國國內的勞工運動由此迅速展開，其中重要的有香港碼頭工人罷工、江西安源煤礦及鐵路罷工、河北開灤煤礦罷工，以及京漢鐵路工人罷工。但所有的工人運動最後都遭到鎮壓而失敗。

從國民黨第一次「聯俄容共」，到黃埔軍校的成立

一九二〇年十一月，孫中山獲得廣東軍閥陳炯明的支持，共同在廣州成立軍政府。陳炯明早先曾加入孫中山的革命組織「同盟會」，也參加了辛亥革命；雖然割據一方，卻是少數仍然願意支持孫中山的軍閥。代表共產國際的馬林認為，孫中山的名望可以利用來加速中共的成長，這時也與孫中山接觸，提議雙方合作，卻遭到孫中山拒絕。

然而，陳炯明與孫中山的政治理念並不相同；陳炯明主張「聯省自治」，類似美國的聯邦體制，孫中山卻一心一意要以武力統一國家，並一再要求陳炯明出兵北伐，但陳炯明不同意。兩人衝突的結果是孫中山於一九二二年六月被迫離開廣東，因而憤顢，徬徨無計。正在此時，蘇俄又派一名全權代表越飛（Adolph A. Joffe）到上海，再度提議與孫中山合作。孫中山雖仍有所保留，態度卻已經軟化。

馬林於是在中共中央開會時提出討論與國民黨合作的可能性，不料遭到陳獨秀、蔡和森等一致反對；但到最後，中共所有黨員還是不得不服從共產國際的命令。一九二三年一月，孫中山與越飛在上海共同發布公報。孫中山同意接受蘇俄的協助，以完成中國統一；越飛重申願意拋棄帝俄時代對華的不平等條約，但保留軍隊留駐外蒙古；國民黨「聯俄容共」的政策由此確立。值得注意的是，孫中山特別聲明，共產主義及蘇維埃制度並不適用於中國，越飛對此也表示同意。根據雙方協議，中國共產黨員隨後都以個人身分加入國民黨。

必須指出，當時托洛斯基也反對國共合作，卻被史達林和布哈林否決了。

國共決定合作後，孫中山也獲得一部分南方勢力加盟，協助他驅逐陳炯明，重新回到廣州，於是開始建立自己的軍政府。共產國際這時也派鮑羅廷（Mikhail M. Borodin）於七月到廣州擔任政治顧問，以協助

孫中山徹底改造國民黨，並且同意其派任軍政府參謀長蔣介石，率團到俄國考察三個月。

根據俄裔的美國歷史學者潘佐夫（Alexander V. Pantzov）近年來研究俄羅斯國家檔案館收藏的史料所寫的一本蔣介石傳記[4]，當年蔣介石抵達莫斯科後，原本是受到熱烈的歡迎；但當他提出以外蒙古為基地南下的作戰計畫後，東道主卻立刻轉而冷落。蔣介石憤怒至極，回國後在寫給孫中山的報告中說蘇俄對中國的唯一方針是建立以中共為正統的政權，不相信國民黨可以與之始終合作。國民黨當時也有一部分人和蔣介石一樣，對蘇俄持有負面看法；孫中山卻認為，國民黨不能不倚賴莫斯科的援助進行革命大業，但可以與其合作而不受其掌控，因而仍是堅持聯俄容共。

蔣介石的家鄉在浙江省奉化縣。他曾留學日本，在就讀士官學校時認識孫中山的親信陳其美，經其介紹加入「同盟會」。陳其美是中國祕密幫會「青幫」的重要頭領之一。一九一一年辛亥革命爆發後，蔣介石立刻回國協助陳其美領導的上

4　*Victorious In Defeat: The Life and Times of Chiang Kai-Shek, China, 1887-1975*。二〇二三繁中譯本《蔣介石：失敗的勝利者》，聯經出版。

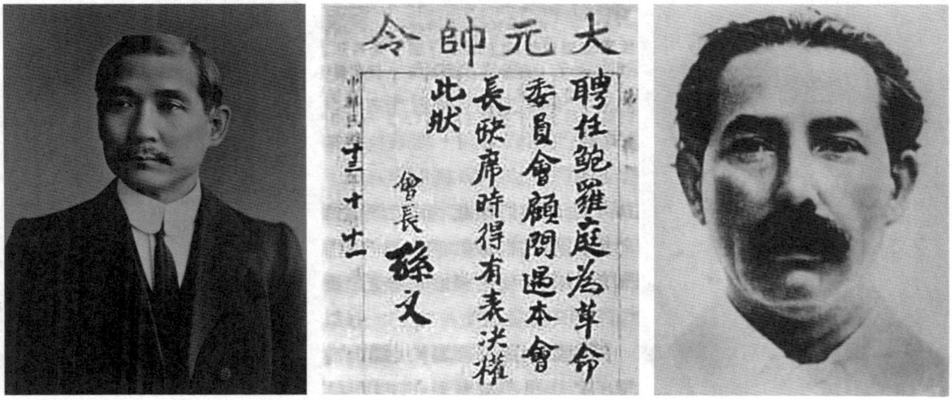

孫中山（左）與鮑羅廷（右）。中圖為1924年孫中山任命鮑羅廷為軍政府革命委員會顧問的大元帥令

海及浙江起義，自此漸漸為孫中山所倚重。蔣介石雖然反對聯俄容共，甚至不惜請辭回鄉，孫中山卻拒絕他辭職，反而堅持任命他為黃埔陸軍軍官學校校長。

黃埔軍校設於珠江口的一個島上，於一九二四年六月開辦，是國共合作的重中之重。國共兩黨後來的重要軍事將領中有很多是該校訓練出來的學生，兩黨有許多要員也在該校任職。國民黨除了派蔣介石擔任校長之外，又派廖仲愷為黨代表，戴季陶為政治部主任，另派其他人擔任各部門主任；但副手大多由共產黨員擔任，例如：政治部副主任周恩來，以及教授部副主任葉劍英。不過由於戴季陶在任時間很短，所以周恩來回國不久後就是政治部主任。毛澤東也加入國民黨，後來被任命為代理宣傳部部長，同時負責訓練、組織農民運動。

蘇俄同意支付黃埔軍校所有的經費，又運來槍砲彈藥及輕型飛機，並派加倫（Galen）將軍，也就是俄國內戰期間的紅軍名將，並與圖哈切夫斯基、布瓊尼齊名的布柳赫爾，擔任軍政府的軍事顧問，率領約一百多人的顧問團。

蔣介石（左）、周恩來（中）及布柳赫爾（右），分別擔任黃埔軍校校長、政治部主任及國民黨的軍政府軍事顧問團團長

孫中山之死與國民黨內部的分裂

國共合作之後，廣州軍政府開始壯大，並與英國商人所支持的廣州商團發生武力衝突，孫中山再請與其結盟的南方勢力出兵，又命令蔣介石率領黃埔軍校學生軍與其會合，竟一舉擊敗商團的一萬多人部隊。

孫中山這時應北洋政府的邀請到北京商談國是，臨行發表宣言，主張召開國會，反對軍閥，聲稱要打倒帝國主義；北洋政府、各地方勢力及外國人都嗤之以鼻。但忽然傳來消息，蔣介石在蘇聯顧問的協助之下，又率領南方數省武力與學生軍，共同擊潰陳炯明的七萬人部隊。各方都大吃一驚，不敢再輕視南方政府。不過孫中山此時卻開始染病，於一九二五年三月病逝。北京城萬人空巷，夾道送別。

回溯國共合作後，由於中共加速擴大工人運動，又在各大城市的外資工廠鼓動罷工，引爆全國各地的反日、反英風潮；國民黨內部左、右兩派為此已發生劇烈的爭執，孫中山之死不幸更是國民黨內部分裂的開始。

一九二五年五月底，上海發生一起「五卅慘案」。一名共產黨員顧正紅在上海租界一家日本人開設的棉紗棉布廠內，率領工人罷工，與日本管理者起衝突時遭到槍殺。上海數千學生及工人為此舉行示威遊行，要求收回租界，英國巡捕竟又直接開槍，造成數十人死傷。五卅慘案引起中國全民激憤，據估計總共有超過一千萬人在各大城市起而響應；其中最為人所知的是六月下旬在廣州和香港爆發的「省港大罷工」，有二十幾萬工人參加，並延續十六個月之久，導致香港經濟瞬間暴落，當年進出口貿易減少一半。

省港大罷工爆發後數天，周恩來也策劃並領導十幾萬人在廣州沙基租界遊行示威，結果又遭英、法守軍開槍射擊，造成約六十人死亡，數百人輕重傷。針對此一「沙基慘案」，廣州軍政府和英、法政府代表互相指責；國民黨內的右派人士也嚴厲批判中共作法過激，左派卻不以為然。當時左派的代表是廖仲愷；

右派的代表是胡漢民；汪精衛介於其中。廣州軍政府於七月改組為國民政府，由汪精衛擔任主席，內部鬥爭卻更激烈。廖仲愷遭數名暴徒亂槍打死，胡漢民又被汪精衛、蔣介石、鮑羅廷聯合指控涉嫌而遭軟禁。其他右派分子紛紛逃走避難。

一九二六年三月，又有「中山艦事件」爆發。蔣介石指稱一名與汪精衛親密的蘇聯顧問，陰謀策動在一艘軍艦上暗殺自己，要求鮑羅廷解任該顧問，又未經汪精衛同意就直接宣布戒嚴。汪精衛憤而以出國就醫為名退出政府，陳獨秀原本就不贊成國共合作，這時更無法忍受，建議中共退出國民黨。鮑羅廷卻選擇向蔣介石讓步，堅持利用國民黨繼續發展。

國民革命軍北伐及國民黨清共、分共

國共雖有矛盾，但兩黨的目標仍是一致指向北方。一九二六年六月，蔣介石率領國民革命軍開始北伐，當時廣西實力派（桂系）人物李宗仁與白崇禧也率部參加北伐。國民革命軍一共有八個軍，約十幾萬人，每一個軍都有俄國顧問，由加倫將軍負責總策劃。革命軍勢如破竹，於半年之內席捲華南各省；國民政府隨之搬到武漢，但左、右派之間的鬥爭卻越來越激烈。

國民革命軍每克復一座城市，共產黨便發動群眾排外運動。各城市外僑紛紛撤退到上海，達數萬人。一九二七年三月，革命軍占領南京。共產黨又發起排外運動，造成外國使館、教堂、醫院及學校被毀損，許多洋人及傳教士被殺害。英、法艦艇被迫發砲護僑，聲稱不惜以武力干涉。蔣介石這時也公開指責左派分子的行動過激，明顯地表示要與左派決裂。

三月底，國民革命軍攻克上海。中共立即派周恩來到上海組織工人糾察隊，傳聞將直接攻占租界。蔣介石卻公開保證，不以任何武力方式改變租界的地位。國民黨右派見到蔣介石公然與左派決裂，立即邀請他一同召開緊急會議，決定進行「清黨」，也就是清除國民黨內的共產黨。

四月六日，不久前才進占北京的東北軍閥張作霖，在取得各國領事館同意之後，派兵直接進入蘇聯的使館，搜獲大批涉及祕密顛覆活動的文件，又捕獲躲藏在使館中的李大釗及其他二十餘名中共分子。所有被捕者在三週後都被處以絞刑，罪名是「裡通外國」。

蔣介石獲知發生在北京的事件之後更是警覺，於是在四月十二日下令上海衛戍司令白崇禧派軍警鎮壓工人糾察隊，又請洪門、青幫[5]等幫會及各國駐上海的軍隊，共同加入「剿赤」行動。中共發動更多工人、學生舉行集會、請願、抗議，達到十萬人；但蔣介石下令士兵持槍直接掃射，殺數千人，國民黨內的右派同時在全國各大都市展開全面清黨。

蔣介石與國民黨右派接著共同成立南京政府，同時下令通緝鮑羅廷及近兩百名中共首要分子。武漢政府大怒，宣布開除蔣介石黨籍，稱他是「總理之叛徒、本黨之敗類」。國民黨於是正式分裂，南京方面以胡漢民為黨主席；武漢則以剛從莫斯科回國不久的汪精衛為黨主席，聽命於蘇聯顧問。但武漢政府這時又開始分裂。

回溯一九二七年三月，毛澤東曾寫一篇《湖南農民運動考察報告》，其中說，農村人口中分貧農、中農、富農及地主，而貧農占七成，又最聽共產黨的話，所以要讓貧農做革命的先鋒，以打倒土豪劣紳。毛澤東又說：「農村革命是農民階級推翻封建地主階級的權力的革命。農民若不用極大的力量，絕不能推翻

5 洪門，原稱天地會，全名為洪門會，為清朝時重要的祕密會社。青幫據稱由洪門會及哥老會分出。洪門、哥老會及青幫為清朝三大祕密結社組織。

幾千年根深蒂固的地主權力……。質言之，每個農村都必須造成一個短期間的恐怖現象，若非如此絕不能打倒紳權。」共產國際的新代表，印度籍的羅易（Manabendra Nath Roy）支持這項主張，於四月底中共召開第五次全國代表大會時，要求加速進行土地革命；陳獨秀和鮑羅廷都反對，卻不得不聽命於羅易。

但許多武漢政權的軍官發現，共產黨竟派黨員到他們的家鄉去，帶領貧農，以極其殘酷的手段鬥爭、殺害他們的父兄親友，沒收他們的田產，因而群情激憤，導致發生多次兵變。汪精衛為此擔心，質問羅易，但當他看到羅易出示的共產國際指示文件時，更是驚懼；不久後就宣布「分共」，驅逐蘇聯顧問。中共也立刻宣稱武漢政府是「反革命」。

國民黨右派先「清共」，左派後「分共」，雙方歧見既已消失，於是復合而建立統一的國民政府，定都南京。

一九二七年中共的武裝暴動及毛澤東建立的井岡山根據地

自從孫中山決定「聯俄容共」，史達林便開始每年撥鉅款支持國民政府，結果不幸導致前述「四一二事件」及後續的種種失敗。但史達林仍不願放棄，派他的喬治亞同鄉羅明納茲（V. Lominadze）接替羅易，又命令中共發起武裝革命，設法攻取根據地。

一九二七年八月一日，周恩來、朱德、葉挺等人奉令，率領兩萬人發起「八一南昌起義」，但三天後就失敗了。不過羅明納茲在幾天後召開一次會議，批評已經辭職而沒有出席的總書記陳獨秀是「右傾機會主義者」，改以曾經留學蘇聯的瞿秋白實際主持。陳獨秀卻拒絕認錯，轉而在一九二九年與一部分同志成立托派組織，而被自己所創辦的中共開除黨籍。

在前述的會議中，羅明納茲又轉達史達林的指令，在中國各地進行土地革命，並發動武裝奪權。毛澤東建議在湖南也發動「秋收起義」，但在遭到國民黨軍隊擊敗後，就放棄原先要攻打湖南省會長沙的計畫，轉而帶領部隊逃入在湖南江西邊界的井岡山。羅明納茲得知，至為不滿，撤除毛澤東的政治局候補委員職位；但毛澤東在上了井岡山之後便在附近的各城鄉沒收地主、富農的土地，分配給貧農、佃農；又召開「萬人大會」，以血腥恐怖的手法處死所謂的「土豪」，並強迫民眾到場觀看，目的正是要造成他在《湖南農民運動考察報告》中所說的恐怖現象。

1921年中共成立時，陳獨秀是第一任總書記，但在1928年被解職，即開除出黨。

中共在一九二七年發動的暴動中，另有十二月由葉挺、張太雷、葉劍英領導的「廣州起義」，堪稱是大暴動，並成立了廣州蘇維埃政府；但英、美、法、日都派軍艦及軍隊幫助國民黨收復廣州，最終張太雷及部眾數千人被殺。至此，中共發動的數十次暴動幾乎都失敗，只有井岡山屹立不搖。朱德、陳毅及彭德懷在此後的一年裡先後率領殘部前來會合，井岡山因而在日後被稱為中共的第一個革命根據地。史達林也因此漸漸注意到，毛澤東雖然不太聽話，又常自作主張，卻可能是一個「能成事」的人。

一九二八年六月，中共奉命在莫斯科召開第六次代表大會，重要黨員除了少數留在國內，共有一百四十二名代表參加。毛澤東雖未與會，仍被升任為二十三名中央委員會委員之一。當時布哈林已經取代季諾維也夫擔任共產國際主席，所以應邀發表演講，講題是《中國革命與中國共產黨的任務》。史達林也接見與會代表，指示儘速重建紅軍，並向外擴張。

國民革命軍繼續北伐及日本對中國統一的阻撓

回來說國民黨的內鬥。國民黨左、右兩派雖然成立聯合政府，卻與蔣介石都有宿仇，於是聯合逼迫蔣辭去北伐軍總司令的職位。但蔣介石下臺後仍然牢牢掌握自己在黃埔的嫡系部隊，又於一九二七年十二月與宋美齡結婚。宋美齡的家族在中國堪稱第一顯赫，無人能比。她的父親宋嘉澍是孫中山革命最主要的經濟支持者之一；大姊宋靄齡嫁給中國巨富之一孔祥熙；二姊宋慶齡嫁給孫中山，被稱為「國母」。蔣宋聯姻的意義因而不比尋常。南京政府又缺錢，不得不請蔣復職，繼續北伐。

不過這時北伐前景已被一片烏雲籠罩。日本剛上任的新首相田中義一（Tanaka Giichi）原本是陸軍大將，認為中國的排外風潮熾烈，而之前的日本政府過於軟弱；因此在上任後便派軍隊到山東，聲稱要保護當地日本僑民的權益。對於中國東北（即是滿州），田中也主張採取強硬的政策。

蔣介石的北伐軍到了山東濟南後，與日軍發生衝突，據估計中國軍民死亡三千多人。中國政府特派要員與日軍交涉，竟也被射殺，中國稱此一事件為「五三慘案」。但蔣介石不願擴大與日本的爭端，下令北伐軍繞道往北。然而，這時日本關東軍竟在中國東北瀋陽附近的皇姑屯車站預埋炸彈，炸死東北軍閥張作霖，「皇姑屯事件」震驚國際。

張作霖原本是馬賊出身，因接受日本協助而稱霸東北，後來卻不願進一步接受扶植以脫離中國而自行獨立，關東軍因而決定要置他於死地，然後趁亂奪取東北。張作霖的部屬卻擁護他的兒子張學良控制了東北，又不顧日本的威脅而與南京政府議和，於一九二八年底改插國民政府的青天白日國旗。中國統一後，歐、美各國都宣布承認國民政府，唯有日本不肯。

實際上，日本在明治維新成功後，軍部大多由出身長洲藩（今山口縣）的軍人掌控，逐漸不受政府節制而強行把國家帶上對外侵略的不歸路。一九二九年美國華爾街股市崩盤後，極度倚賴出口的日本也受到衝擊，導致軍國主義更是狂飆，比義大利、德國興起的法西斯主義有過之而無不及。

一九三一年九月，日本軍部決定以武力占領中國東北，因而有「九一八事變」爆發。關東軍在奉天（今遼寧省瀋陽市）附近的柳條湖爆破南滿鐵路，卻指稱是中國東北軍蓄意破壞，以此為藉口出兵攻打瀋陽、長春等地。張學良卻命令軍隊「不抵抗」，關東軍於是輕易地在三個月內占領整個東北。

中國的兩種內戰：蔣介石分兵對付各路軍閥及共產黨

張學良為何命令東北軍「不抵抗」？因為他接到蔣介石的指示，就是不抵抗。蔣介石又為什麼指示張學良不抵抗？因為這時蔣介石正分別與各路軍閥及共產黨作戰，也就是同時陷入兩種內戰中。

蔣介石之所以和各路軍閥進行內戰，是因為當初他的北伐軍除了黃埔嫡系之外，也包括西南、西北等幾個地方軍閥部隊；在張學良的東北軍歸附後，各路軍閥只是握手言和，割據的局面仍然不變。蔣介石於是以國家財力有限為由，要求各路軍閥接受裁軍；各路軍閥卻以裁軍方案不公為由，拒絕接受，組成反蔣聯盟。中國的大內戰「中原大戰」因而在一九三〇年五月爆發，雙方軍隊各有至少六十萬人，鏖戰劇烈。張學良的東北軍原本保持中立，後來卻突然出兵幫助政府軍。反蔣聯盟因而敗北求和，但只是表面歸順，實際上仍然各自割據。不久後，由於國民黨右派與蔣介石又起爭執，其成員紛紛南下與地方軍閥李宗仁另組廣州政府。反蔣勢力於是又一次集結，預備與蔣介石再戰一場。

但如前所述，中共這時正以井岡山為根據地企圖向外發展，由於蔣介石忙於內戰，遂得以迅速擴張。到了一九三〇年初，中共已經據有江西周邊四省的邊界地方一百二十個縣。毛澤東的湖南同鄉，也曾在巴黎參加勤工儉學的李立三，在中共開始壯大起來後當權，決定改採「都市路線」攻取城市。毛澤東反對無效，結果紅軍在各城市起義都遭致慘敗。共產國際不滿，又將李立三拔除，改由周恩來、瞿秋白先後主持。但蔣介石這時已經清楚地看見共產黨勢力再起，於是在一九三〇年十月下令，出動十幾萬大軍圍剿江西蘇維埃卻大敗。

蔣介石五次剿共，兼述中共內部的鬥爭及日本對中國的侵略

蔣介石在第一次圍剿中共失敗後，又發動兩次圍剿，規模一次比一次大，但都以失敗收場。蔣介石大驚，決心再調大軍圍剿，不料前述的九一八事變突然爆發。蔣介石只得與廣州政府會商，要求一致對外，然而廣州政府卻堅持要他辭職下臺，蔣只得如其所願辭職。但李宗仁接手之後派出大軍，與日軍在上海激戰，結果大敗，又只得請蔣介石復出。蔣介石於是調派嫡系中央軍馳援，卻同樣戰敗，只得接受外國調停，與日軍簽署停戰協定。

事實上，蔣介石早已決定採取「先安內，後攘外」策略，認定共產黨是心腹之患，必定要先徹底消滅後，才能全力抵禦日本的侵略；因而在與日軍談和之後，立即出動五十萬大軍對中共進行第四次圍剿，而不幸又以慘敗收場。

必須說明，在蔣介石發動第四次圍剿之前，中共內部已經發生了劇烈的權力鬥爭。如前所述，中共於一九二八年在莫斯科召開第六次全國代表大會時，應邀講話的布哈林和史達林還站在同一陣線。史達林後來卻政策大轉彎，不但整肅布哈林，又發動「反右傾運動」，並且派親信米夫（Pavel Mif）到上海改組中共中央，罷黜瞿秋白，改而支持在莫斯科留學的王明及博古上臺；「蘇聯國際派」於是開始掌權，改走左

傾路線。

但王明與毛澤東明顯不合，對於如何對抗國軍圍剿，兩人意見也不同；毛澤東一貫主張誘敵深入的游擊戰，王明卻堅持正面進行陣地戰。結果毛澤東被迫交出軍隊指揮權，又被送到福建汀州的一個醫院裡去「療養」。周恩來與朱德於是接手指揮紅軍，並擊退國軍第四次圍剿，毛澤東因而更是遭到冷落。許多研究中共的史家說，毛為此次被奪權痛恨不已，那些在這時反對他的人，在日後大多遭到嚴厲報復。周恩來終其一生也被迫為此不知對毛認錯幾十回。

不過這時日本對中國的野心也在膨漲中。一九三二年三月，日本在中國東北成立「滿洲國」，請清朝末代皇帝溥儀擔任傀儡皇帝，又鼓勵日本百姓大批移民到此，據估計在其後十年間約有一百五十萬人移民。中國政府向國際聯盟控訴日本侵略，國際聯盟派調查團調查的結果指出，日本並非如其所宣稱只是為了自衛，而是明顯的侵略者。日本大怒，宣布退出國際聯盟，德國和義大利不久後也跟著退出國際聯盟。第二次世界大戰從這時起，其實已經無可避免了。

一九三三年一月起，關東軍又出兵南向，到達熱河，進犯長城。中、日激戰數月後，又簽停戰協定，並劃定以長城為界。

蔣介石在四次剿共失敗後，決定聘請德國素負盛名的軍事家塞克特（Hans von Seeckt）上將為顧問，以協助制訂對中共的第五次圍剿戰略。一九三三年十月起，國軍動員將近一百萬人，加上兩百架飛機，重砲一千五百餘門，決心要將共產黨消滅乾淨。中共領導人博古及蘇聯軍事顧問李德（Otto Braun）這時與王明一樣，決定與政府軍正面決戰，結果大敗，死傷慘重。隔年十月，紅軍被迫撤出中央蘇區；其他各蘇維埃區的紅軍也遭到圍剿，紛紛逃竄。

紅軍「長征」

紅軍主力從江西、湖南先往西逃；到達貴州、雲南之後，轉而向北；經過四川、甘肅，最後到達陝西北部。中共的歷史稱此次的全面潰逃為「長征」，沿路經過十一省，全程一萬二千五百公里，為逃避政府軍和地方軍的截堵追擊，一路上攀山越水，備極艱難。

紅軍之所以潰敗，大部分黨員都認為，是博古和李德的領導路線錯誤所致；毛澤東在逃亡時更是一路串連同志，批評國際派只會背誦馬列主義教條，完全不切實際。一九三五年一月，紅軍到達貴州遵義，當權派被迫召開中共中央會議，並作自我檢討；結果李德被奪去軍權，毛澤東獲任為政治局常委，協助周恩來負責軍務，張聞天取代博古擔任的中共中央總書記。「遵義會議」是中共建黨以來，第一次脫離共產國際的指揮而自行決定大事，也是毛澤東進入權力核心的起點，對中共而言意義極為重大。

同年十月，毛澤東、周恩來歷盡千辛萬苦，終於抵達陝北紅區，而跟隨的中央紅軍竟只剩八千人。當時陝北紅區的領導人劉志丹、高崗、習仲勳等，因為遭到上級「肅反」，身陷獄中且遭刑求，有生命之虞。他們在中央紅軍抵達後被釋放，於是公開表示擁護黨中央。中共中央至此總算在陝北延安取得一個新的根據地，其後又有各路紅軍陸續加入，中共也重新與蘇聯取得聯絡。毛澤東在這時實質上已經成為中共最高的領導人，位在周恩來之上，史達林也指示《真理報》在報導中稱其為「中國人民的領袖」。

關於「肅反」，也必須說明。國民黨為了要剿共，曾經成立一個組織以滲透中共，名為「ＡＢ團」，其意涵有不同的解讀，不過簡單地說就是「反布爾什維克」（Anti-Bolshevic）。為此中共決定於一九三〇年五月在所有的蘇維埃區進行「肅ＡＢ團運動」，簡稱「肅反」，但肅反往往成為黨內各派系清除異己的工具。以毛澤東為例，在不久後便以肅反為名，在自己統轄的四萬紅軍中處決四千多人。一九三〇年底至一九三一年初，江西蘇區有一支紅二十軍的幹部甚至因反抗毛而遭到極為殘酷的刑求，導致全軍叛變，史稱「富田事變」。但紅二十軍最後下場悽慘，七百多名各級領導人都遭到處決，全軍超過一萬人死於非命。

從西安事變、國民黨第二次聯俄容共，到中日爆發全面戰爭

毛澤東在陝北立定腳跟後，蔣介石仍不肯放過，命令張學良派東北軍前去圍剿。張學良在九一八事變時因不抵抗日軍而被輿論譏嘲，這時卻帶兵剿共，再度引起全國輿論不滿。中共藉機宣傳「停止內戰，一致抗日」的口號，向蔣介石提出第二次國共合作，說國難當前，不應互相殘殺。中共又暗中遊說東北軍將領，說蔣介石派東北軍對付共軍，是使得二者兩敗俱傷的陰謀，東北軍因而軍心動搖。張學良與周恩來祕密會面後，竟也被說動，回頭勸蔣介石停止剿共。蔣介石大怒，斥責張學良意志不堅，威脅將其撤職。張學良又驚又怒，在一九三六年十二月蔣介石到西安開會時竟發動兵變，劫持蔣介石。

「西安事變」的消息傳出，震驚中國及全世界。毛澤東及其他中共領導人無不大喜，要求張學良立刻處死蔣介石。不料共產國際主席季米特洛夫（Georgi Dimitrov）奉史達林之命，派電報給毛澤東，措辭嚴厲，指示中共必須阻止張學良殺害蔣介石，並與國民政府一致抗日。同時，史達林命令《真理報》發布新聞及評論，明白表示支持蔣介石，痛斥張學良敵我不分，發動政變等於是幫助日本侵略中國。

史達林為什麼要保護蔣介石？一般認為，那是因為他已看見納粹德國即將成為蘇聯的大敵，如果日本輕易地征服中國，蘇聯將有立即被東西夾攻的危險，所以必須幫助中國抵抗日本；史達林又認定蔣介石是唯一能領導中國各方共同抗日的領袖，而不是中共。根據美國史學家史蒂芬・科特金（Stephen Kotkin）在其一本著作中的敘述，季米特洛夫於日記中提到，史達林半夜打電話給他，問是不是他授權發動西安事

變，又說那是任何人對日本所能做出的最大的貢獻；第二天，史達林又召見季米特洛夫，當著所有蘇共政治局成員面前，交給他一封已經擬好的電報，命令直接發給中共。毛澤東收到電報後大怒，卻又不得不遵從，請周恩來立刻前往西安調解。蔣介石迫於無奈，也只得簽字同意張學良和周恩來所提的條件——停止剿共，改組政府，共同抗日。

西安事變後，中共與各路軍閥都同意建立抗日統一戰線，蔣介石被公推為統帥，對日本自然就不再讓步。一九三七年七月，中國與日本軍隊在河北省宛平縣的蘆溝橋發生衝突，隨即擴大為全面性的中日戰爭。「七七事變」（或稱為「蘆溝橋事件」）爆發之後數月間，日軍陸續攻陷了北平、天津、上海及南京，並在南京城裡姦淫婦女，屠殺百姓，連嬰兒也不免。「南京大屠殺」事件在當時及後來都喧騰中外，但關於死亡人數的估計向來有極大的爭議，從三萬人到三十萬人以上都有人提出；不過一般認為，二次大戰後為審判戰犯而在東京成立的遠東國際軍事法庭所認定的至少二十萬人，應該是比較可信的。

歐洲各國這時正面臨軸心國的威脅，已經自顧不暇；而美國的民意傾向孤立主義，政府只得保持中立。只有蘇聯在七七事變後一個多月，就和中國簽訂《中蘇互不侵犯條約》（*Sino-Soviet Non-Aggression Pact*），又同意提供中國五千萬美金貸款，用以購買飛機、大砲；史達林還派出空軍志願隊「正義之劍」以協助中國脆弱的空防。當時德國並不贊成日本侵略中國，說中國又一次聯俄容共，是被日本逼出來的；又說中國與蘇俄關係越近，越有被赤化的危險，屆時德、義、日三國在一年前簽訂防共協定的目的就完全喪失了。但日本軍部自信滿滿，說是三個月內就能迫使中國投降，並不理會德國的警告。

日軍雖然不能如其所願「三月亡華」，但在戰爭開始一年後已占據整個華北。蔣介石被迫遷都重慶。一九三八年五月起的半年裡，日軍又在華中徐州、武漢、長沙三次大會戰中擊潰中國軍隊。在這些戰役裡，中國軍隊每次都有數十萬人死傷，損失慘重，岌岌可危。

日、蘇之戰：張鼓峰事件及諾門罕戰役

史達林雖然支持中國抗日，並沒有直接出兵，怕過分刺激日本，然而日本卻主動挑起兩次衝突。第一次發生於一九三八年七月，地點在圖們江出海口，滿州國的張鼓峰與蘇聯的哈桑湖（Lake Khasan）接壤之處，雙方各自死傷約一、兩千人，規模不算大。但一九三九年五月，於外蒙古與滿州國交界的諾門罕草原（Khalkhin Gol）爆發的第二次衝突卻是大戰役，雙方各自出動了大約六萬人。

回溯「張鼓峰事件」（或稱哈桑湖戰役）發生前約一個半月，蘇聯有一位遠東軍區最高階祕密警察，名叫留申可夫（Genrikh Lyushkov），由於害怕自己也將遭到清洗，突然越過邊界到滿州國向日本投誠。日本人從他的口中得悉蘇聯在遠東的軍事布置，又獲知當時外界還不清楚的恐怖大清洗的詳情，又驚又喜。當時日本正與中國進行大戰，軍部不確定是否能分兵向北進攻蘇聯；在獲得留申可夫的情報之後，認定蘇聯軍事將領大多被處決，在遠東的軍力也不強，於是決定試探。因而，一般認為張鼓峰事件是日本進行試探的第一步，諾門罕戰役是第二步。

留申可夫叛逃時，蘇聯遠東軍區的最高指揮官是布柳赫爾，也就是蔣介石當年北伐時的參謀長加倫將軍。史達林對布柳赫爾早已不信任，留申可夫叛逃後更怒，在張鼓峰之戰尚未結束便解除布柳赫爾的指揮權，將他召回莫斯科，稱他是「日本間諜」。布柳赫爾遭到新上任不久的祕密警察頭子貝利亞（Lavrentiy Beria）以酷刑逼供，拒絕認罪，但最後仍被處死；他屬下的各級軍官也連帶慘遭清洗。蘇聯遠東軍區指揮系統因而大亂，導致蘇軍在諾門罕戰役開戰後大敗。

史達林大驚，命令一向勇猛善戰的朱可夫（Georgy Zhukov）接任為指揮官。朱可夫到達諾門罕後，立刻請求增派大批機械化部隊、新型坦克、大砲及飛機，史達林一一應允。等布置完成後，朱可夫發起大

進擊，關東軍大敗。正在此時，蘇聯和德國也在密商簽訂互不侵犯條約及共同瓜分波蘭的協議，歐戰隨之於九月初爆發。日本獲知德國竟背棄已經簽定的防共協定而與蘇聯結盟，大驚，不得不主動提議與蘇聯簽訂停火協議，從此決定放棄北進，而專注於研究如何南進。史達林於是也放心地將一部分在遠東地區的軍隊調回，而專注於歐洲戰場。

第6章
從第二次世界大戰到東歐及中國共產政權的建立

第二次大戰雖然是在一九三九年爆發，在一九四五年結束，對整個世界的影響至今卻仍是非常巨大；有一部分歷史家認為，其中最明顯的影響之一就是使得共產主義及其勢力範圍在戰後得以迅速地擴張。本章的目的就是針對與此相關的史實做概要的敘述、分析及整理。

但也由於本書是聚焦於與共產世界相關的歷史，關於二戰我就只略述其梗概而不詳述其細節，還請讀者見諒。

「慕尼黑會議」與《德蘇互不侵犯條約》

自從一九三三年希特勒出任德國總理，又逮捕國內所有的共產黨人士後，史達林就不得不與西方國家加強聯繫，設法要與英、法兩國結盟；英國和法國卻認為，如果能盡量滿足希特勒，或可避免戰爭而維持和平。這就是所謂的「綏靖主義」。因而，納粹德國不但揮軍進入萊茵非武裝區，併吞了奧地利，又要求捷克割讓蘇臺德地區（Sudety），理由是該區的居民大多是德裔。英、法兩國卻又在一九三八年九月召開

「慕尼黑會議」時對希特勒讓步，迫使捷克政府接受。依邱吉爾的說法：當時「英國政府的愚蠢和法國政府的軟弱實是不可思議」。

慕尼黑會議時，蘇聯由於和捷克有同盟關係，就建議與英、法一起協助捷克對抗德國；英、法兩國卻充耳不聞，也不同意蘇聯參加慕尼黑會議。希特勒在開會時一再地對英國首相張伯倫（Neville Chamberlain）說，此後沒有其他擴大領土的野心，並在備忘錄上簽了字。

不料只過了半年，希特勒又出兵把整個捷克併吞了。史達林這時建議與英、法共同出兵，保護波蘭及羅馬尼亞，竟又被拒絕。史達林又驚又怒，這時才明白不能對英、法兩國抱持期望，必須轉而改變策略，設法緩和與德國的關係。一九三九年五月，史達林發布以莫洛托夫（Vyacheslav Molotov）代替李維諾夫（Maxim Litvinov）為外交部長。李維諾夫長期主管蘇聯外交事務，不過是猶太人，根本不可能代表蘇聯與德國人談判；改由莫洛托夫負責，便可以進行兩面外交，不論和英國或德國結盟，都是勝局。

希特勒注意到莫洛托夫上臺所代表的意義，立即釋出善意，又在八月派外交部長里賓特洛甫（Joachim von Ribbentrop）到莫斯科，同時提出《德蘇互不侵犯條約》（*Treaty of Non-Aggression between Germany and the Union of Soviet Socialist Republics*）[1]草案。當時英國也派代表到莫斯科，但對蘇聯的態度依舊冷淡，史達林於是毫不猶豫，立刻與德國簽約，並且加簽一份密約，決定共同瓜分波蘭。蘇聯也曾向波蘭表示希望結盟，波蘭卻只願接受英國保護。史達林認為波蘭愚不可及，英國如此遙遠，一旦有緊急狀況根本救不了波蘭。

史達林當然知道德國提議簽約只是權宜之計，終有一天納粹黨還是想要消滅共產黨，但也只能先簽約再說，因為沒有更好的辦法。希特勒也怕蘇聯與英、法簽約，所以顧不得背棄與日本、義大利簽定的防共協定。德、蘇關係後來只維持一年半，不過這也讓史達林獲得一年半的時間來準備與德國打仗。

歐戰爆發：從波蘭、北歐、西歐、巴爾幹至北非之戰

德國與蘇聯簽約後，就在九月一日出動坦克，如閃電般地入侵波蘭。英、法兩國至此不得不對德國宣戰，歐戰於是爆發，蘇聯也在兩週後進擊波蘭。波蘭未料情勢如此變化，無力抵抗，又一次慘遭瓜分而亡國。蘇聯接著由國防部長伏羅希洛夫親率五十萬大軍入侵芬蘭，卻慘遭擊潰。史達林在軍中大規模清洗的後遺症於此一役中顯現無疑。當年托洛斯基曾經譏刺伏羅希洛夫，說他最多只能帶領五萬人打仗，也再一次獲得證實。史達林只好改以鐵木辛哥（Semyon Timoshenko）接手，戰局才逐漸好轉。但芬蘭只是一個蕞爾小國，動員全國三十幾萬人對蘇聯苦戰也只能算是慘勝，不得不同意與蘇聯談和。不過芬蘭堅持只接受割地賠款，拒絕被併吞，蘇聯也接受了。

蘇芬戰爭後，蘇聯又出兵到愛沙尼亞、拉脫維亞及立陶宛，迫使三國簽訂互助友好條約。之後，史達林決定改以鐵木辛哥為國防部長，又命朱可夫為總參謀長。兩人深知紅軍欠缺高素質的軍官，大膽地勸告史達林把大清洗時遭判刑的四千多名軍官召回軍隊，又決定辦理各種軍官養成訓練班。

德國進軍波蘭後，接著占領丹麥、挪威、荷蘭、比利時，又聯合義大利進攻法國。一九四〇年六月，德軍攻陷巴黎，成立「維琪傀儡政府」（Régime de Vichy）。英、法、比、荷聯軍雖然戰敗，緊急動員八百多艘大大小小的軍艦、客輪、漁船、遊艇及空中飛機掩護，成功地將三十三萬軍隊從法國北部的敦克爾克（Dunkirk）撤回英國，為日後反攻保留了實力。同時，戴高樂（Charles de Gaulle）也在倫敦成立法國流亡政府，繼續對德國作戰。

---

1 又稱《莫洛托夫—里賓特洛甫條約》（*Molotov–Ribbentrop Pact*）。

希特勒當然也想跨海一舉消滅英國，無奈德國的陸軍雖強，海軍卻遠遜於英國。德國派飛機到英國本土上空進行轟炸，也無法迫使英國屈服。

一九四〇年九月，德、義、日三國代表在柏林簽訂同盟條約，正式成立「軸心國」軍事同盟。德、義接著共同出兵，指向巴爾幹半島，巴爾幹各國政府紛紛表示臣服。其中南斯拉夫的塞爾維亞籍國王，也決定向希特勒投降，但人民走上街頭示威反對，軍人於是發起政變，推翻國王。希特勒立刻調集德國、義大利、匈牙利及保加利亞聯軍八十萬人大舉入侵，南斯拉夫政府軍三十萬人不戰而降，國家於是被四國支解，分別占領；但仍有一部分軍隊拒絕投降，逃入山區繼續與占領軍進行游擊戰。其中有兩支最強大，一支是由米哈伊洛維奇（Draza Mihailovic）領導的「切特尼克」（Chetniks），屬於右翼保皇派；另一支是由狄托領導的左翼人民解放軍。

義大利當時也出兵進攻希臘，但由於英國派空軍、海軍及地面部隊前往支援希臘，義大利軍隊遭擊潰並且被包圍；希特勒不得不派兵馳援義大利，結果希臘不支而投降。墨索里尼同時出兵到北非及中東地區，但又不敵英軍及法軍，希特勒又不得不派兵馳援，深入北非及中東。

日蘇簽互不侵犯條約，德軍進攻蘇聯及中日之戰

軸心國簽訂軍事同盟後，史達林雖不安，仍認為有機會拉攏日本。日本在德、蘇簽訂互不侵犯條約時自認被德國出賣，也怕蘇聯直接出兵協助中國，又計畫出兵東南亞，更怕蘇聯在背後偷襲。雙方因而一拍即合，於一九四一年三月簽訂了《日蘇互不侵犯條約》（*Soviet–Japanese Neutrality Pact*）。此一條約簽訂的時間點至為重要，因為希特勒在六月底就下令德軍攻打蘇聯。

希特勒原先的計畫其實是在春天開始進攻蘇聯，卻因為被義大利拖進希臘、北非之戰而延誤了至少三個月。許多歷史家認為，希特勒也因此重蹈拿破崙的覆轍，在揮軍深入敵境後嚴冬已經來臨，進退不得。但史達林也以為希特勒必定是在春天發起進擊，所以到了六月就斷定德軍將會等到明年才出動，竟不聽鐵木辛哥和朱可夫的建議，沒有積極備戰。因而，德軍入侵後蘇聯立刻陷入慌亂。九月，基輔失守，列寧格勒被圍；十月起，莫斯科也被圍。

史達林雖然陷入苦戰，卻慶幸在戰爭爆發前已經除去心腹之患托洛斯基。托洛斯基在世界各地輾轉流亡將近十年，到一九三七年才決定在墨西哥落腳，並成立「第四國際」，與第三國際針鋒相對，用以號召蘇聯人民起來推翻史達林。史達林如臨大敵，下令設立專責對付托洛斯基的特務機構，對托洛斯基發起數次暗殺和直接攻擊，都被躲過了。然而，托洛斯基最後還是死於一名假扮為商人而接近他的蘇聯特務之手，時間正是德軍閃電進攻蘇聯的前一個月。

在亞洲戰場，中國對日戰爭早已十分危急，而唯一的外援——蘇聯——既是和日本簽訂互不侵犯條約，又遭到德軍入侵，因而在一九四二年初通知中國停止所有援助，使得中國情況更加危急。當時日軍已經占據中國整個東半部，封鎖所有的出海口，中國只能靠一條鐵路（滇越鐵路）及一條公路（滇緬公路），分別從越南及緬甸運入戰略物資，勉強支撐。但英國受到日本威脅，同意關閉滇緬公路。此舉對中國而言，更是雪上加霜。

美國參戰及第二次大戰的逆轉

美國當時的民意仍是傾向孤立主義。但羅斯福總統（Franklin D. Roosevelt）對中、日之戰十分關注，怕中國頂不住，因而在一九三九年初開始提供第一批貸款兩千五百萬美元，由中國以出口桐油抵償。此舉對中國而言，猶如雪中送炭。

羅斯福對歐戰更是無法坐視，雖然不能直接參戰，卻在一九四一年一月向國會提出《租借法案》（*Lend-Lease Program*），要求「授予足夠的權力及經費，以便製造各種的軍需品與戰爭裝備，供給那些正在與侵略者作戰的國家。」德軍大舉進攻蘇聯後，美國也把蘇聯列入此法案的援助對象。

羅斯福又鼓勵陳納德將軍（Claire L. Chennault）吸收志願退休的美國空軍人員，到中國加入「飛虎隊」，以協助對日抗戰。英國在美國的壓力下，不久後也同意重開滇緬公路，讓中國重新得到補給，又喘過一口氣。

對於日本，羅斯福逐漸實施禁運，剛開始只是禁運武器、彈藥，後來追加禁運油品、廢鐵，到了一九四一年七月對日本實施全面禁運。美國的態度轉變後，日本軍部認為與美國的戰爭已經無法避免，決定不宣而戰，在十二月七日突然發起偷襲美軍太平洋艦隊的基地珍珠港。美國毫無防備，珍珠港內所有的飛機幾乎全部被炸毀，船艦幾乎都沉沒。兩天後，英國的東洋艦隊也遭到日本空襲，全軍覆沒。日本皇軍接著迅速地進占關島、香港、菲律賓、馬來半島、新加坡、爪哇及緬甸。

不料美國受到重創後很快地又站起來。僅僅八個月後，美國海軍由尼米茲（Chester W. Nimitz, Sr）指揮，在中途島（Midway Atoll）大敗日本艦隊，又在太平洋上各島連戰皆捷。原本在菲律賓「巴丹戰役」（Battle of Bataan）遭到日本皇軍徹底擊潰的麥克阿瑟將軍（Douglas MacArthur）也重整旗鼓，率兵從澳大利亞一路北上，打回到菲律賓。

同一時間，蘇聯也與德國殊死戰鬥，在兩年半裡共發生三大圍城戰：莫斯科之戰、列寧格勒之戰及史達林格勒之戰。三次戰役中，每次蘇聯死傷及失蹤人數都遠超過一百萬人，至為慘烈。不過由於天候嚴寒及補給困難，德軍無法支撐，蘇聯從一九四三年下半年起已能反守為攻。

盟軍這時也已進占中東、北非，又攻下義大利的西西里島。義大利王國與盟軍談和，於一九四三年九月與盟軍簽訂停戰協議。但希特勒悍然派黨衛軍救出被軟禁的墨索里尼，以脅迫義大利共和軍繼續對同盟國作戰。

中日戰爭期間中共的持續壯大及國共內鬥

在中日戰爭期間，毛澤東與史達林對於中共應該採取何種策略，有截然不同的看法。史達林希望中國拖住日本，因而指示中共積極配合蔣介石抗日；毛澤東卻認為，中共不應和日軍正面作戰，只能消極地進行游擊戰，並且要在戰爭中設法壯大自己。剛開始時，中共高層如周恩來、朱德、彭德懷等都遵從共產國際的指示，不同意毛澤東的主張。

一九三七年九月，日軍與國軍大戰於山西省的平型關，國軍大敗，死三萬人。同一時間，中共八路軍有一名師長林彪接受國軍之邀，率領所屬六千人參戰，卻取得大勝。毛澤東認為共軍參戰違反他的指示，在內部至表不滿，卻指示對外大肆宣傳，聲稱殲敵數千人，乃至一萬人。但根據後來許多學者的研究，例如，由二十幾名臺灣、日本及中國學者共同撰寫，郭岱君博士主編的一套《重探抗戰史》，共軍所謂的「平型關大捷」，並不是與日軍戰鬥部隊對決，而是伏擊運送傷兵及補給的日軍後勤部隊，擊斃對方最多也只有五百人。但無論真相為何，中共在誇大宣傳之後，已經獲得國內外的廣泛注意。

一九三七年底，中共駐莫斯科代表王明，奉史達林之命回到延安，嚴厲批評毛澤東未遵從史達林「抗日高於一切」的指示，毛澤東知道自己的地位受到嚴重的威脅，只得忍耐。但由於王明的靠山米夫，被指為托派分子而遭到收押，又在一九三九年七月被判死刑，王明及其領導的「蘇聯國際派」地位因而陡然下降。史達林後來也改變心意，指示共產國際主席季米特洛夫派新任中共駐莫斯科代表王稼祥回到延安，明確地表示繼續支持毛澤東，毛的領導地位由此再次獲得確立。

中日戰爭開始時，中共兵力只有五、六萬人，活動地區狹小。依毛澤東的指示，中共一面對日進行游擊戰，一面擴充實力。經過三年，在華北的八路軍已經有三、四十萬人，控制兩百多個縣；另外在華中的新四軍約有十萬人，控制五十個縣。當時由於日軍在華北實施「三光政策」[2]，殃及無數百姓，引起共軍將領彭德懷、劉伯承及鄧小平等不滿，集結一百零四個團、約三十萬人，於一九四〇年八月起與日軍大戰三個多月，史稱「百團大戰」。據彭德懷說，結果造成日軍及偽軍（日本扶植的傀儡政府的軍隊）死傷三萬多人。毛澤東立即發賀電。事實上，彭德懷在開戰前一再向毛澤東請示，卻未獲得任何表示，於是直接發起戰爭。這場戰役共軍損失也極為慘重，至少是日軍損失的兩倍。毛澤東的內心對此反而是憤怒已極，在日後清算彭德懷時，將百團大戰列為重大罪狀之一。

但百團大戰也讓蔣介石清楚地看見共產黨又坐大了，於是下令阻止其繼續擴展。蔣介石原本就已經派大軍包圍陝北延安中共的根據地，從這時起又不斷地增兵，後來竟增加到二十萬人，引起國內輿論撻伐，以及盟國表示強烈不滿。

當時在華北及華中的國軍與共軍，也漸漸從缺乏互信及不斷的衝突，演變到大規模互相偷襲。一九四一年初發生於江蘇、安徽一帶的「新四軍事件」是其中最重大的一個事件。由於有一支國軍遭到新四軍部隊偷襲，死傷超過一萬人，蔣介石大怒，下令國軍包圍新四軍，俘虜九千人，並為「整肅軍紀」而處決其中若干人。中共為此強烈表示抗議，卻不提是誰先啟釁，國內輿論又跟著攻擊蔣介石，盟國對蔣介石也更加不滿。

滇緬之戰及蔣介石與史迪威之間的衝突

珍珠港事變後，美國派史迪威（Joseph W. Stilwell）擔任駐華美軍司令，兼中印緬戰區的參謀長，以協助蔣介石。如前所述，當時中國對外所有的交通都被日軍封鎖，滇緬公路又因日軍南侵而被切斷。為了要重開滇緬公路，蔣介石派遠征軍十萬人進入緬甸，和一部分美軍及英軍共同作戰，由史迪威指揮。一九四二年四月，遠征軍一名師長孫立人所轄的一個團，在英軍的坦克及砲兵支援之下，於仁安羌取得大捷，以八百人擊退數倍人數的日軍，救出被包圍的英軍約七千人，中國軍隊及盟軍的士氣大振。但遠征軍後來戰敗被迫撤退，有五萬多人喪生，其中大部分竟是在蠻荒瘴厲的野人山中病死、餓死。蔣介石與史迪威為此互相指責，以致於關係惡劣。

史迪威後來又獲得羅斯福同意，一面重整從緬甸逃至印度的殘餘中國部隊，成立「新一軍」，一面請蔣介石再派兵入緬，以便夾攻日軍，但被蔣拒絕。史迪威因而對蔣更增惡感；反之，對中共卻越來越有好感。當時美國派來中國的官員、顧問寫給白宮及國務院的報告，大部分對蔣介石也是不利。

一九四三年五月，史達林宣布解散共產國際，停止輸出革命。後來的歷史家大多認為，其目的是在鬆懈美國及英國的防範，更要藉由《租借法案》獲得更多援助。但在當時美國官員大多卻認為，更沒有理由不借重中共的力量參加抗日，史迪威也建議直接讓中共投入滇緬之戰，蔣介石更怒。

事實上，蔣介石曾經兩次要求其外交部長兼特使宋子文代[3]為請求羅斯福撤換史迪威，但未獲同意。

2　即是殺光、燒光、搶光，日軍稱之為「燼滅作戰」。

3　蔣介石之妻宋美齡的哥哥。

到了八月，盟軍決定以英國的海軍上將蒙巴頓（Louis Mountbatten）為「東南亞戰區總司令」（Supreme Allied Commander South East Asia），史迪威兼任其副手。由於東南亞戰區與中印緬戰區有部分重疊，宋子文於是在與蔣介石討論後，第三度請求羅斯福另派他人取代史迪威駐在中國，這次羅斯福同意了。不料當宋子文於十月回到重慶時，蔣介石卻說史迪威已經向他道歉，他決定允許史迪威繼續留任。宋子文大怒，在與蔣介石劇烈爭執之後，奪門而出；蔣介石也大怒，下令從此禁止宋子文參與任何政務，也不准他參加即將於十一月舉行的「開羅會議」（Cairo Conference）。

必須指出，當時宋子文被公認是中國最傑出的外交官，在美國政界有極大影響力；但他的姊妹宋靄齡及宋美齡也都積極介入政治事務，毫無顧忌，並與他有部分衝突。根據一部分歷史家的研究，蔣介石之所以改變決定而留任史迪威，正是由於宋氏姊妹的介入。

開羅會議、德黑蘭會議與盟軍的反攻

由於歐洲及亞洲的戰況對同盟國逐漸有利，羅斯福建議與各盟邦領導人見面，以便商議如何合作以加速結束戰爭，並討論戰後事宜。但因史達林拒絕與蔣介石一起開會，羅斯福只得於一九四三年十一月在開羅（Cairo）先召開一次會議，邀請英國首相邱吉爾及蔣介石參加；幾天後，又與邱吉爾及史達林在德黑蘭（Tehran）召開另一次會議。

美、英、中三國在開羅會議結束後共同發布宣言，其中主要內容為：要求日本無條件投降；日本必須將中國東北及臺灣歸還給中華民國；朝鮮應該恢復自由與獨立；美國接受託管太平洋各個島嶼。對於中國及蔣介石本人而言，開羅會議無疑是極大的榮耀，因為長久以來，中國被認為是一個衰弱、貧窮、落後的國家，如今其領導人竟能在國際會議上與美國、英國的領導人平起平坐。然而，就實質而言，開羅會議卻是中國及蔣介石極大的失敗。

中國之所以能參加開羅會議，宋子文功不可沒，除了極力爭取之外，他也參與討論決定會議的行程。但美國及英國的代表卻驚訝地發現，宋子文竟然在開羅會議時缺席。英、美兩國將領更是失望、憤怒，因為在討論共同軍事戰略時，他們認為中國代表並未充分準備；在討論到「反攻緬甸」的議題時，中國代表又刻意躲避。羅斯福也同樣失望、不滿，因而在後來舉行德黑蘭會議時同意邱吉爾及史達林所提出的「先歐後亞」策略，取消原先討論，可能在緬甸進行兩棲登陸，與中國遠征軍共同夾擊日本皇軍的計畫。羅斯福也更傾向認為蔣介石無心抗日，同意可以利用中共的力量來抗日。

德黑蘭會議的主要決議是將共同成立聯合國，以代替國際聯盟；同意蘇聯在戰後可以獲得部分波蘭東部的土地；又決定將在歐洲選擇某地開闢第二戰場。依此決議，盟軍後來選定於一九四四年六月六日（即是D day）在法國北部的諾曼第（Normandy）搶灘登陸。隨後攻克巴黎，並朝北方推進。德軍也不得不分兵南下禦敵，蘇聯紅軍所受的壓力頓時減輕，於是出兵占領波蘭，收復烏克蘭、白俄羅斯，又逐步南下，直抵巴爾幹半島，占領所有的東歐國家。

從一九四四年初起，盟軍在太平洋戰場也大有進展，不但在海上擊潰日本艦隊，又逐漸收復在太平洋上及菲律賓南方的一些重要戰略島嶼。從三月到七月，在美國空軍支援之下，英軍在印緬邊界進行的「英帕爾戰役」（Battle of Impal）中取得決定性的勝利，殲滅日本皇軍八萬人。然而，盟軍東南亞戰區總司令蒙巴頓卻在戰後指稱其副手史迪威對英軍及其本人言語輕蔑，公開表示無法與其共事。羅斯福大驚，卻仍然讓史迪威留任。

回溯當年四月，蔣介石在羅斯福的壓力之下不得不同意再增派精銳部隊到緬甸，使得遠征軍的人數達到十六萬人，全部配備最新的美式武器及裝備。不料日軍藉機突然集結四十萬大軍在河南、湖南、廣西戰線同時發起大攻勢，即所謂的「一號計畫」。中國雖然有兩百萬國軍奉命抵禦，但由於裝備訓練遠遠落後，大敗，死傷超過五十萬人。羅斯福大驚，又擔憂不已，親擬一信要求蔣介石把軍隊的指揮權交給史迪威，並請史迪威當面把信交給蔣介石。不料蔣介石勃然大怒，回覆說寧願脫離同盟國而獨自抗日。至此，羅斯福只得派好友赫爾利（Patrick Jay Hurley）[4]為特使，到中國進行調解。赫爾利寫回來的報告最終促使羅斯福決定將史迪威調離，而以魏德邁（Albert Coady Wedemeyer）繼任為蔣介石的參謀長。

蔣介石擔心日軍的攻勢將危及戰時的首都重慶，請魏德邁協助空運六萬遠征軍菁英部隊回中國，總算阻止了日軍前進。其餘的遠征軍仍然留在緬甸，與英軍、美軍繼續夾擊日軍，最後終於打通了滇緬公路，但時間已經是一九四五年初。

雅爾達會議及其影響

一九四五年二月，羅斯福又與史達林、邱吉爾一同在克里米亞半島（Crimea）舉行「雅爾達會議」（Yalta Conference）。當時德國敗勢已定，所以會議的重點在如何處置德國，而結論是：德國必須無條件投降，土地將分割為四塊，由美、英、法、蘇分別暫管。至於東歐國家，由於大部分已經被蘇聯所控制，史達林建議先在這些國家裡建立過渡性的政府，日後再「經由自由選舉，盡快成立關心人民願望的政府」。然而，這項承諾從來沒有實現過，東歐國家後來都被關入「鐵幕」之中。

事實上，東歐國家的命運從華沙發生的一個悲劇已能看見。回溯盟軍發起諾曼第登陸後約兩個月，英國與波蘭流亡政府指示華沙地下反抗軍起義，配合蘇聯軍隊從外面進擊，計畫共同殲滅德國占領軍；不料當波蘭地下軍起義時，蘇軍竟在城外停止不進。結果波蘭地下軍四萬人孤軍奮戰，被德軍殲滅。羅斯福與邱吉爾大驚，這才知道，史達林早已成立了一個受其控制的波蘭民族解放組織「盧布林委員會」（Lublin Committee），所以根本不承認波蘭流亡政府。蘇軍奉令止步，目的就是要等到德軍把波蘭地下軍全部消滅，然後才進軍，如此蘇軍便可單獨解放華沙。後來當雅爾達會議討論到波蘭問題時，史達林聲稱波蘭是歷來入侵蘇聯的走廊，所以不容談判，不過願意討論成立聯合政府。

對於日本，羅斯福十分頭痛，因為日本皇軍悍不畏死，即使戰敗到剩下最後一兵一卒也不投降，使得美軍付出極大代價。羅斯福又斷定蔣介石沒有能力擊敗日本，相信只有蘇聯早日參戰才有可能提早結束戰爭，因而在雅爾達會議中近乎哀求蘇聯早日參戰。結果是史達林同意在歐戰結束後三個月內，出兵對日本作戰，但要求恢復一九〇五年日俄戰爭前，俄國在中國遼東半島的特權，又要求同意外蒙古維持獨立及歸還庫頁島南部。其中前兩項無疑將嚴重損害中國的權益，羅斯福卻不跟蔣介石商討便自作主張同意了。

羅斯福到達雅爾達時，其實已經重病在身，病容極為明顯，卻勉強成行。雅爾達會議後兩個月，羅斯

4　曾任艾森豪政府的戰爭部長。

1945年2月雅爾達會議三巨頭：由左至右，分別為邱吉爾，羅斯福及史達林。羅斯福當時已患重病，在兩個月後病逝。

福去世，副總統杜魯門（Harry S. Truman）繼任。此後一個月內，義大利傀儡政府和納粹德國先後投降；墨索里尼逃亡被捕後遭到槍決，希特勒於盟軍攻入柏林後自殺。歐戰結束。

後世的學者對於雅爾達會議及其密約大多是負面評價，認為羅斯福不只犧牲盟邦中國，也葬送了波蘭、東德及所有的東歐國家。

從波茨坦會議、美國投擲原子彈到日本投降

雅爾達會議後不久，日本皇軍節節敗退，卻絲毫沒有投降的跡象；反觀美國，越是戰勝，內心越是害怕。美國軍方估計，如果直接攻打日本本土，美軍至少會有五十萬人死傷。杜魯門不願如此犧牲美國的子弟兵，因而和羅斯福一樣，不斷地催促蘇聯對日宣戰，但史達林只是推託。

一九四五年七月，美、英、蘇三國又在柏林西郊召開「波茨坦會議」（Potsdam Conference），由於史達林堅持，杜魯門也不反對，蔣介石仍是無法派代表參加。美國這時急於把軍隊撤出歐洲，以便轉到太平洋地區。但邱吉爾意識到，美軍一旦撤走就無法阻止蘇聯繼續擴張到東歐以外的國家，因而請求杜魯門在撤軍之前，先和史達林談判此一問題。

不過史達林這時態度已經變得十分強硬，杜魯門和邱吉爾能做的只有兩件事：一，是迫使蘇聯同意讓盟軍進入已經被紅軍占領的奧地利，與德國一樣交由四國共管，這也是奧地利最終免於被關入鐵幕的關鍵；二，是迫使狄托將南斯拉夫軍隊撤出義大利東北角的海港的里亞斯特（Trieste）。

七月十七日，也就是波茨坦會議的第二天，美國陸軍部長史汀生（Henry Lewis Stimson）專程飛到波茨坦面見杜魯門，報告說：「小男孩生下來了」。史汀生口中的「小男孩」，就是原子彈。從一九三九年

起，羅斯福就根據愛因斯坦（Albert Einstein）領銜的一群頂尖科學家的建議，命令進行「曼哈頓計畫」（Manhattan Project）。經過六年，耗費二十億美元，最後在新墨西哥州的沙漠中試爆原子彈成功。

邱吉爾後來在回憶錄裡寫道，史汀生也向他簡報過「小男孩」的事，因此他認為美國人已經不再需要蘇聯參與對日作戰了。但蘇聯這時已經在鄰近滿州國的邊境上集結大軍，並在七月二十四日的三方軍事會議中，宣稱將在八月下半參戰。由於美軍高級將領大多仍主張蘇聯參戰，所以杜魯門也沒有提到不再需要蘇聯出兵，只是在會後才私下告訴史達林有關原子彈的事，但仍未再多談。七月二十六日，美國、英國和中國聯合發表《波茨坦宣言》（*Potsdam Proclamation*），再次呼籲日本無條件投降。由於蘇聯和日本簽訂的互不侵犯條約仍然有效，史達林不便在《波茨坦宣言》上簽名，所以反而是沒有參加會議的蔣介石在上面具名。不過杜魯門並未告知蔣介石有關原子彈之事。

然而，日本對《波茨坦宣言》置之不理，聲稱寧願「一億玉碎」，戰至最後一兵一卒也不願投降。杜魯門卻等不及要結束戰爭，下令於八月六日在廣島投擲一顆原子彈。瞬時間，方圓數公里內所有的建築物化為齏粉，造成十幾萬人傷亡。史達林得知後，立刻對日宣戰，並下令於八月九日凌晨起出動飛機、大砲及地面部隊進入滿州國。杜魯門等了三天，仍不見日本投降，又命令在長崎投下第二顆原子彈。至此，日本不得不宣布無條件投降。八月十五日，裕仁天皇透過廣播訓令皇軍全部放下武器。第二次世界大戰於是全部結束。

蘇聯在二戰後期迅速擴張其勢力

第二次世界大戰中，美國經由《租借法案》援助蘇聯的物資與援助，總金額達到一百一十三億美元，約占美國對外租借總金額的二三％且大多是不必償還，其中包括食物、衣服、鞋子、汽油、飛機、坦克、卡車，以及用於生產後三者的材料。然而，二次大戰後不久，世界就逐漸分為資本主義及共產主義兩個敵對勢力，分別以美國及蘇聯為首。但直接地說，蘇聯之所以在戰後能強大到足以和美國抗衡，主要是邱吉爾及羅斯福對史達林的野心及善變未能及早認清，也未能及早因應。

舉一個例，若無前述的盟軍登陸諾曼第吸住德軍主力，蘇聯紅軍就不可能輕易地占領所有的東歐國家。兩個月後發生在波蘭華沙的悲劇更是一項警訊，足以證明史達林早先提出所謂的「一國社會主義」的主張，又在一年前解散共產國際，宣稱不再輸出革命，都只是假動作，實際上，他不但要在所占領的國家裡扶植共產政權，還要消滅非共產勢力。

邱吉爾卻還沒有醒悟，這從他所寫的回憶錄裡可以清楚得知。邱吉爾在其中提到，他曾於一九四四年十月，也就是華沙事件後四個月，到莫斯科與史達林討論如何決定雙方在巴爾幹及其他各國的「發言權」，並在一張紙上寫下：

羅馬尼亞——蘇聯九〇％，其他國家一〇％
希臘——英國九〇％（與美國一起），蘇聯一〇％
南斯拉夫——五〇％——五〇％
匈牙利——五〇％——五〇％
保加利亞——蘇聯七五％，其他國家二五％

史達林接過字條，立刻在上面畫一個勾，表示同意。當時戰爭尚未結束，史達林自然命令紅軍再多占土地，以增加將來在談判桌上的籌碼，而盟軍也無法阻止。等到雅爾達會議召開時，史達林便對羅斯福予取予求。史達林又說未來要在波蘭及其他東歐國家成立經由自由選舉產生聯合政府，包容所有的政黨，邱吉爾也深信不疑；因而回到倫敦後，在國會中發表演講時竟說：「我的印象是，史達林元帥和蘇聯領導人希望與西方民主國家共同生活在光榮的友誼和平等之中。我也覺得他們言行一致。我不知道有任何政府，即使本身不利，仍比蘇聯政府更信守義務及責任。」

但邱吉爾終究還是知道自己錯了。雅爾達會議後三個月，確切地說是德國投降後的第五天，邱吉爾寫一封信給剛上任不久的杜魯門，說自己對歐洲局勢感到十分憂慮，因為：「他們對雅爾達會議的決定作了曲解……。他們將拉下一道鐵幕。我們不知道鐵幕後面將發生什麼事。」杜魯門接受邱吉爾的請求，同意暫緩從歐洲撤軍，也因此才有波次坦會議，阻止了共產勢力在歐洲繼續擴張，但卻已無法改變既成的事實。美國這時也才發現，千辛萬苦終於擊垮德國，結果卻是出現一個更強大的敵人。

東歐鐵幕降下

東歐國家在第二次大戰後期既是被蘇聯紅軍占領，命運早已決定；剩下來的，只是史達林要如何在其中逐步建立自己所扶植的共產政權。

事實上，史達林的目標是將所有的東歐國家，依照蘇聯本身的模式全部馴化為衛星國家。這些國家的國情雖然不同，後來被馴化為衛星國的過程卻是大同小異。其步驟大致如下：首先，紅軍一旦進入後就不再撤出，以作為後續行動的後盾。其次，在當地組織一個完全服從莫斯科指令的共產黨。第三，成立聯合政府，然後伺機打壓競爭的其他政黨。第四，在共產黨政權穩定後，開始清洗黨內異己。最後，通過新憲法，確立共產黨一黨專政。這種衛星化的過程通常分數年完成，即是所謂的「臘腸戰術」（Salami tactics）——像切臘腸一樣，一段一段切。

過程既是大同小異，本書在此就不一一詳述，只取幾個國家為例說明：

波蘭

如前所述，波蘭義勇軍已被殲滅，流亡政府成員後來應邀到莫斯科討論所謂的聯合政府時又大多被逮捕入獄，史達林屬意的「盧布林委員會」便受命組織新政府。但英國堅持送流亡的波蘭人回國組織農民黨，以與共產黨公平競爭。一九四六年，波蘭通過企業國有化及土地改革政策。一九四七年又舉行大選，但由於共產黨操控選舉，農民黨只獲得極少的國會席次。農民黨黨魁後來害怕而逃亡，整個黨於是被併入共產黨。

波蘭共產黨黨魁戈慕爾卡（Wladyslaw Gomulka）雖然表現得百依百順，史達林卻仍認為他懷有民族主義思想，將他下獄，改以貝魯特（Boleslaw Bierut）為總理。一九五二年，波蘭通過一黨專政新憲法，成立人民共和國。

匈牙利

一九四五年二月，蘇聯紅軍解放布達佩斯（Budapest）。半年後，匈牙利舉行大選，獨立小農黨（Independent Smallholder's Party）獲得五十七%選票，遙遙領先共產黨的十七%，於是組閣。蘇聯占領軍卻將該黨總書記下獄，罪名是「陰謀不利於占領軍」，同時迫使內閣總理納吉（Ferenc Nagy）辭職。政府又被迫通過銀行國有化及計畫經濟體制。一九四七年八月，共產黨在占領軍主導之下躍居第一大黨，卻仍然讓獨立小農黨員擔任總統及總理。一九四八年起，獨立小農黨被併入共產黨內，總統及總理都被撤換。一九四九年五月，共產黨在大選中獲得完勝，但許多黨內成員被認為偏離親蘇路線，開始遭到清洗，甚至被處決。最後，新憲法於八月通過。

捷克

一九四五年五月，蘇聯紅軍解放布拉格（Prague），在隔年經由大選共組聯合政府，由捷克流亡政府的領袖，前總統貝奈斯（Edvard Benes）及流亡莫斯科的共產黨領導人哥特瓦爾德（Klement Gottwald）分別擔任總統及總理。一九四七年初起，許多平民及非共產黨閣員遭到逮捕，一年後內閣中只剩下外交部長馬薩里克（Jan Masaryk）一人不是共產黨員。一九四八年三月，馬薩里克被發現身穿睡袍死在外交部大樓外的廣場上，官方說他是從樓上的浴室窗子跳下自殺，但許多人認定他是遭到謀殺。隨後的大選中，已經沒有非共產黨的候選人。哥特瓦爾德在貝奈斯病逝後繼任為總統。

一九五一年，史達林指示整肅捷克共產黨，逮捕包括總書記史蘭斯基（Rudolf Slansky）在內共十四名高幹。這些人在獄中飽受苦刑，審判前他們被迫一再排練自白口供，在公開審判時完全依照指示演出，但最後都被處決。其中只有三人幸免一死，於日後述說在獄中的悲慘故事。

史達林之所以嚴厲整肅上述幾個國家的共產黨，背後另有兩個重大的原因，其一是「馬歇爾計畫」，其二是「狄托事件」。這兩件事對共產世界及整個世界的局勢發展都有極大的影響，所以必須詳細說明。以下先說前者。

地圖2：歐洲及部分蘇聯地圖（1945–1991）

從肯南的「長電報」、馬歇爾計畫到冷戰開始

二次大戰中，史達林對羅斯福百般要求，越到戰爭後期越是明顯地貪得無厭。杜魯門在波茨坦會議時是新上任，一時還無法掌握狀況，只能追認羅斯福在雅爾達會議答應過的事。但史達林野心勃勃，在囊括東歐之後，又企圖染指伊朗和土耳其。

伊朗是重要的產油國，美、英、蘇在戰爭期間都以保護油源為名派兵進入伊朗。戰爭結束後，美、英兩國依約撤軍，蘇聯卻不肯撤，反而藉機要求與伊朗合辦石油公司。蘇聯同時出兵到土耳其邊界，企圖迫使土耳其同意蘇聯取得博斯普魯斯（Bosphorus）和達達尼爾（Dardanelles）海峽的控制權，以便從黑海自由通行到地中海。伊朗和土耳其都向美國求援。

白宮和國務院正在思考如何因應，卻在一九四六年二月收到美國駐蘇聯大使館官員肯南（George F. Kenman）的五千多字「長電報」（Long Telegram），其中詳述蘇聯在戰後的形勢，分析其背後的思維，預測其未來政策走向，並提出美國的因應之道。肯南說：「它（即蘇聯）對理智的邏輯無動於衷，對於武力的邏輯卻高度敏感。由於這個原因，當它在任何時地遭遇到強大的阻力時，可能輕易地就退卻了。所以，如果敵手有足夠的力量並且明白表示預備出手，很少有必要真正去動手。」

肯南又認為，共產主義世界就像有害的寄生蟲，靠吃有病的組織細胞維生；因此，美國不但要正視自已的內部問題，更要設法解決歐洲各國對國家安全的擔憂，提供其必要的指引，不可冷漠地坐視戰後歐洲社會中的諸多匱乏，以免蘇聯從中得利。長電報引起白宮和國務院超乎尋常的重視。

兩週後，英國前首相邱吉爾在美國密蘇里州富爾敦市（Fulton），以《和平的砥柱》（*The Sinews of Peace*）為題發表演說：

從波羅的海邊的斯德丁（Stettin）到亞得里亞海邊的的里雅斯德（Trieste），一道橫貫歐洲大陸的鐵幕已經降下。這道鐵幕的後面散布著所有中歐、東歐古老國家的首都——華沙、柏林、布拉格、維也納、布達佩斯、貝爾格勒、布加勒斯特和蘇菲亞。這些著名的都市及其周邊的居民無不位於我稱之為蘇聯勢力範圍圈之內⋯⋯。土耳其和波斯（即伊朗）已經接獲來自莫斯科的一些令人震驚、困惑的要求，感受到重重的壓力。我不相信蘇聯想要戰爭。他們要的是戰爭的果實，使其權力和信條得以無限擴張。我從此次大戰中觀察蘇聯，深信他們最尊敬的莫過於實力，而最缺乏敬意的莫過於軟弱。

如前所述，邱吉爾其實早就在寫信給杜魯門時提到「鐵幕」，不過這場演講後「鐵幕」二字才廣為人知。不久後，杜魯門下令照會蘇聯，表明不惜以武力對付侵略。史達林果然召回在伊朗和土耳其的軍隊。

繼土耳其、伊朗之後，希臘也向美國告急。杜魯門於是在一九四七年三月對美國國會發表演講，說明美國必須阻止少數國家想要將自己的意志和生活方式，強加在別的國家和人民身上，並且要求國會撥款美金四億元，提供給希臘、土耳其等國經濟及軍事的援助。美國決定對蘇聯的擴張採取「圍堵政策」，便是由此開始。

三個月後，美國國務卿馬歇爾（George Catlett Marshall）又在哈佛大學發表演講，提出一項復興歐洲的計畫。馬歇爾說：「我們的政策並不是要反對任何國家或主義，而是要對抗飢餓、貧窮、絕望和混亂。我們的目的應當是要恢復世界的經濟運作，從而使自由體制賴以生存的政治和經濟條件得以出現。」西歐各國於是開始從「馬歇爾計畫」（Marshall Plan）：獲得無償的經濟援助或貸款，由此迅速揮別貧窮和飢餓，從廢墟中重新站起來。據統計，此一計畫的總金額達到一百三十億美元。

馬歇爾計畫並未排除東歐國家，史達林在一開始也允許波蘭、捷克、南斯拉夫向美國提出申請；但他漸漸懷疑這項計畫的背後陰謀是引誘東歐國家脫離共產集團，於是斷然禁止所有東歐國家參與。東歐各國大為不滿，蘇聯因而也從一九四七年起開始，提供貸款給各國——這就是所謂的「莫洛托夫計畫」（Molotov Plan）。西方資本主義經濟圈和東歐共產主義經濟圈於是各自形成。

一九四九年，美國又與西歐各國共同成立軍事聯盟，即是「北大西洋公約組織」（North Atlantic Treaty Organization，縮寫NATO，簡稱「北約」）。蘇聯與東歐各國也在六年後成立「華沙公約組織」（Warsaw Pact），以與北約對抗。雙方壁壘分明，不過總是盡量避免大規模的軍事衝突，以免引發第三次世界大戰。因而，此後數十年美蘇集團之間的衝突被稱為「冷戰」。

「狄托事件」：蘇聯與南斯拉夫決裂

「狄托事件」是共產世界裡的大事，更有必要從源頭詳細說明。

事實上，從第二次大戰爆發時起，南斯拉夫在東歐八國之中就明顯與其他七國不同。如前所述，南斯拉夫被軸心國支解後，有一部分軍隊拒絕投降，退入山區組織游擊隊。英國決定支持其中由米哈伊洛維奇領導的「切特尼克」（Chetniks），蘇聯決定支持其中由狄托領導的南斯拉夫人民解放軍（以下稱「南解」）。後來英國與蘇聯結盟，狄托同意與米哈伊洛維奇合作，但拒絕交出南解的指揮權，結果雙方發生武裝衝突。史達林勸狄托配合盟國，狄托卻仍是不從。

必須指出，塞爾維亞人和克羅埃西亞人之間有歷史仇恨。米哈伊洛維奇是塞爾維亞人，身為領袖卻未阻止切特尼克中的極端分子殺害克羅埃西亞人。狄托是由克羅埃西亞及斯洛凡尼亞父母所生，但宣稱各民族在團結一致對抗法西斯之際必須尊重彼此的獨立性，因而獲得南斯拉夫所有民族的反抗軍加盟，聲勢越來越大，漸漸超過原來規模較大的切特尼克。希特勒也注意到南解迅速膨脹，多次下令剿滅，不料都失敗；於是又發動德國、義大利及巴爾幹半島上附從軸心國的軍隊數十萬人聯合圍剿。南解雖然戰敗，仍然繼續頑抗。

在戰爭中，羅斯福主張南斯拉夫將來應該接受流亡倫敦的南斯拉夫國王統治，史達林也附和羅斯福的意見。狄托卻斷然拒絕，並對史達林反生惡感。

一九四四年五月，邱吉爾根據接獲的情報，認定米哈伊洛維奇與敵人暗通，在英國國會中公開宣布改而支持狄托。米哈伊洛維奇被迫逃亡，後來被捕，遭到處決。狄托此後獲得盟軍提供「最大可能範圍的物資供應」，實力更強，在南斯拉夫拖住軸心國軍隊數十萬人，為盟軍立下大功。但日後有證據顯示，邱吉爾是被潛伏的間諜所提供的假情報誤導，以致於米哈伊洛維奇被陷害而喪命。

德國投降後，狄托如願成立由六個加盟共和國組成的南斯拉夫聯邦政府，卻決定與史達林保持距離，敬而遠之。其主要原因有二：首先，狄托一向認為南斯拉夫是靠自己的力量掙脫法西斯的侵略而獨立建國，史達林所提供的幫助不大；其次，他對史達林不但有惡感，並且與日俱增。

如前所述，南斯拉夫軍隊在二戰末期已經攻占了與義大利交界的的里雅斯特港，卻被英、美兩國要求撤出，又因史達林配合英、美兩國施壓而不得不忍痛放棄。狄托一向也支持希臘的共產游擊隊，在建國後更支持其積極發展，史達林卻因為受到杜魯門警告又不表支持。狄托因而大怒，對史達林出言不遜。當南斯拉夫希望加入馬歇爾計畫卻被史達林否決時，狄托就更憤怒了。

還有一事。南斯拉夫一向與鄰國保加利亞、阿爾巴尼亞交好，史達林卻時時防範他們過於親近，不想看見南斯拉夫在共產陣營裡以老二自居。狄托卻還是取得阿爾巴尼亞同意，讓南斯拉夫派兵進駐，並且事前完全不和蘇聯商量。史達林怒不可遏，狄托不得不派副手去向他解釋，但拒絕道歉。史達林更怒，揚言制裁；但狄托也被激怒，下令停止提供情報資料給「共產情報局」[5]。

共產情報局成立於一九四七年九月，總部設在南斯拉夫的貝爾格勒，其目的是恢復部分已經解散的共產國際的功能，藉交換情報以加強控制東歐國家。狄托拒絕合作，等於要把共產情報局趕出去。史達林再也無法忍耐，於一九四八年三月下令，撤回數千名派到南斯拉夫支援的專家和軍事顧問團，並對之採取經濟封鎖。他給狄托按上「背叛馬列主義，採行民族主義的道路」的罪名，卻對狄托無可奈何，因為狄托在南斯拉夫的地位無法撼動；但前述波蘭、匈牙利和捷克共產黨裡，有「狄托傾向」嫌疑的領導人就都慘遭史達林清洗了。

美國一見狄托和史達林決裂，立刻主動向南斯拉夫提供經濟援助。狄托欣然接受，不過仍奉行馬列主義，沒有加入西方陣營。

紅太陽升起：中共的延安整風運動

類似狄托與史達林之間的矛盾，也發生在毛澤東與史達林之間。毛澤東尤其痛恨史達林在二次大戰期間明白表示不支持自己而支持蔣介石；毛澤東也十分清楚，中共歷任的領導人都是在鬥爭中下臺的，所以即便史達林承認自己是中共的領袖，那也只是暫時的。因而，毛澤東決定趁著史達林忙於戰爭時鞏固自己的地位，以免將來被扳倒。這就是「延安整風運動」的背景。

5　全名為「共產黨和工人黨情報局」（Communist Information Bureau），簡稱Cominform。

整風運動是從一九四二年二月開始的。第一個被整的是作家王實味。由於毛澤東鼓勵延安的知識分子批評共產黨，表示願意接受「除破壞團結者的惡意攻擊以外的一切善意批評」，王實味就在報紙上發表一篇〈野百合花〉，在其中鼓吹平等、博愛及人道主義；又說，延安的等級制度有官僚化的趨向；「食分五等、衣著三色」，青年學生一天只得兩餐稀粥，大人物卻極盡享受，在大禮堂舉行舞會，通宵達旦。王實味甚至說，許多懷抱理想的知識分子對共產黨無不失望，如果共產黨不能改正許多黑暗面，「天是必然要塌下來的」。這是明顯譏諷毛經常說的一句話「天是塌不下來的」。

這篇〈野百合花〉轟動延安，許多人紛紛發表文章響應。不料毛澤東大怒，說這並不是善意批評，而是惡意攻擊，命令逮捕王實味，罪名有三條：反黨分子、托派分子及國民黨特務。許多人立刻與王實味劃清界線。但毛澤東決定進一步整風，下令成立特別機關，請黨內第二號人物劉少奇及政治局委員兼中央情報部部長康生共同負責，實際上由康生執行。

在整風運動中，康生要求黨員參加學習馬列主義、研讀毛澤東的著作，又逼所有幹部反覆撰寫反省報告和自傳，誠實交代自己的過去（即是「審幹」）；揪出托派、特務及反革命（即是「反奸」）；又說要拯救那些被認為「失足」的黨員，使其重新做人（即是「治病救人」）。但康生採取嚴刑逼供的手法，使得許多黨員身心嚴重受傷，或痛哭流涕，或精神失常。當時中共也在延安以外其他的根據地推動整風，據估計共有一萬五千人受害。

毛澤東又要求所有同志都要研讀《毛澤東思想》。王明被迫率先表態，向毛澤東同志學習，周恩來、朱德、彭德懷、陳毅等繼之。周恩來說：「我們黨二十二年的歷史，證明只有毛澤東同志的意見是貫穿整個歷史時期，發展成為一條馬列主義中國化，也就是中國共產主義的路線……。」

但毛澤東又指示康生，發起批判王明、博古的大會，迫使兩人不斷地寫自我檢討，周恩來也被迫寫反省筆記。史達林獲知延安的情況後，指示季米特洛夫於一九四三年底發電報給毛澤東，斥責康生的作法。這時蘇聯對德國的戰爭已經明顯逆轉，史達林的聲望正達到頂峰，毛不敢不遵從，於是指示康生鬆手。

但毛澤東仍然指示由劉少奇等七人撰寫《關於若干歷史問題的決議》，批判中共歷史上從陳獨秀、瞿秋白、李立三到王明路線的種種錯誤，而只有「毛澤東思想」是正確的。一九四五年四月，中共在延安舉行第七次代表大會，會中確立「毛澤東思想」是黨的指導思想，毛澤東在中國共產黨裡的領導地位從此不可動搖。

中國一位學者高華所寫的《紅太陽是怎樣升起的？》被公認為是有關延安整風運動裡，最翔實的一本名著。高華說「紅太陽」由延安整風運動而升起，但又說：「由毛澤東植入中共肌體的極左的審幹、肅反政策，經過整風運動，演化為黨的性格的一部分，對一九四九年後的中國帶來長期不良的影響。」

回溯一九三七年，曾有一位美國的記者史諾（Edgar Snow）出版一本《紅星照耀中國》（*Red Star Over China*，舊譯《西行漫記》），其中根據他自己在前一年到延安進行實地採訪的所見所聞記述，並介紹包括毛澤東、周恩來、彭德懷等人的生平。該書在西方世界暢銷一時，引起極大的

毛澤東（右）與周恩來（左）在延安。

轟動，許多好奇的西方讀者書中得到的印象是，中共及其領導人只是志在從事土地改革的一群人，頗有好感。相對地，關於後來在延安整風運動的情況，外界卻始終鮮有人知。

迪克西使團訪延安及赫爾利來華調解

延安整風期間，也正是前述的國共衝突達到高峰之際。美國總統羅斯福為此困擾，決定派副總統華萊士（Henry A. Wallace）於一九四四年六月到中國進行調解，並設法促使中共更積極投入抗日戰爭。蔣介石被迫同意美國委派的「迪克西使團」[6]到延安考察，使團抵達延安後，受到中共熱烈歡迎；其中的政治代表謝偉思（John Stewart Service）從此長期駐在延安，撰寫許多觀察報告，且大多對中共有利。史迪威的部屬中也有很多人同情中共，其中以戴維斯（John Paton Davies Jr.）為首，與謝偉思被合稱為「戴謝集團」，對美國的中國政策產生極大的影響。

羅斯福後來又命赫爾利為特使，在史迪威和蔣介石之間調解，並賦予調停國共衝突的任務。赫爾利受命後，決定先飛到莫斯科探詢蘇聯的態度。史達林接見他，說道蘇聯於一九四三年解散共產國際後，和中共已經沒有聯繫，願意全力支持蔣介石領導中國對日抗戰；不過建議考慮成立聯合政府，容納中共於其中。事實上，華萊士和其他許多美國官員也曾訪問莫斯科，都聽過史達林和莫洛托夫說同樣的話。

赫爾利接著飛到重慶，如前所述，說服了羅斯福撤換史迪威，蔣介石於是也同意他在國共間調解。赫爾利在延安短暫訪問後，請周恩來一起到重慶，當面建議蔣介石停止國民黨一黨專政，改為成立聯合政府；又建議公平分配中國從盟軍得到的戰略物資。但由於蔣介石堅持，共軍必須接受整編為正規國軍，毛澤東拒不接受，和談遂陷入僵局。

回溯雅爾達會議時，羅斯福同意史達林有關犧牲中國權益的密約條款，事後卻沒有告知蔣介石。羅斯福死後，杜魯門才在五月下旬，請赫爾利告知蔣介石密約的內容。蔣介石拒絕接受，卻要求史達林出兵東北協助中國，但史達林說除非中國同意簽約不願出兵。七月初，蔣介石派外交部長宋子文和兒子蔣經國為代表，到莫斯科與史達林談判，但未能達成協議。波茨坦會議結束後，杜魯門又催促蔣介石與史達林簽約，以便蘇聯出兵。

蔣介石並不知道原子彈之事，也希望蘇聯參戰，於是又派宋子文和蔣經國到莫斯科與史達林談判。不料史達林在獲悉美國投擲原子彈後，尚未簽約就直接下令出兵中國東北。蔣介石大驚，不得不同意加速談判，而於八月十四日——日本宣布投降的前一天——簽訂《中蘇友好同盟條約》（*Sino-Soviet Treaty of Friendship and Alliance*）。中國同意蘇聯取得在中國東北的特權，也承認外蒙古獨立；史達林也重申同意尊重中國的主權及領土完整，保證支持蔣介石統一中國，不提供武器給中共。此外，史達林又保證，將在日本投降後三個星期內開始從東北撤軍，並在三個月內完成。條約簽訂後，史達林對毛澤東施壓，要求他和蔣介石舉行和談。毛澤東只得和周恩來一起飛往重慶。

國共內戰爆發及馬歇爾來華調解

國共代表談了四十三天，在十月十日簽訂了《雙十協定》，其中最重要的條款就是要「避免內戰」；但雙方互信早已蕩然無存，所以停戰只是空話。協定簽訂後的第二天，一場大內戰正好打完，共軍劉伯

6 Dixie Mission，正式名稱為「美軍觀察團」（United States Army Observation Group）。

承、鄧小平部隊在山西上黨擊敗國民黨的閻錫山部隊，擊斃三萬五千人。

國共爭執的焦點是對日受降的問題。當時日軍奉天皇飭令向蔣介石的部隊投降，蔣介石命令共軍不許擅動；毛澤東卻拒絕接受蔣介石的命令，指示共軍攻擊日軍，逼其投降，並收繳武器。不過日軍在華派遣軍總司令官岡村寧次（Okamura Yasuji）支持蔣介石，命令日軍抵抗共軍逼降。

然而，共軍這時在華北、華中已擁有近百萬的正規軍，國軍精銳部隊卻大多在西南後方，對受降極為不利。魏德邁將軍這時已經指示美軍，協助中國政府接收沿海的青島、上海、廣州等大城市，並同意以運輸機、輪船協助運送國軍到華北、華中。不料共軍全力阻擋，破壞華北、華中幾條重要的鐵路、公路，使得國軍無法迅速移動到內陸。國共衝突於是急速升高。

此一惡化的情況，使得杜魯門決定再請地位崇隆的馬歇爾將軍擔任特使，到中國調解。二戰期間，馬歇爾一直是美國的陸軍參謀長，備受美國人尊敬；但馬歇爾也一直是史迪威的頂頭上司，並且始終支持史迪威。因而，一般認為馬歇爾不免受到史迪威事件的影響，使得他在抵達中國之前，對蔣介石及中共已有一部分定見。

馬歇爾到達後，國共立刻恢復談判，並於一九四六年一月達成協議，發出停戰令。當時由於國軍戰力遠遠強於共軍，所以停戰令被認為對共軍有利。馬歇爾又請國共與其他各黨派代表，共同舉行「政治協商會議」，並達成共識；同意政治民主化，軍隊國家化，召開國民大會，制訂憲法。然而，國共的軍事衝突在協商中並未停止過，而東北問題特別嚴重。

東北的問題根源在蘇聯。當初史達林承諾，在日本投降後三個月內從東北撤軍，後來卻一直駐軍不退。蘇聯遠東軍總司令馬林諾夫斯基（Rodion Malinovsky）下令，將價值超過二十億美金的各種工廠設備當作戰利品，全部拆卸後運回蘇聯，又一併擄走許多日本工程師。蔣介石委派蔣經國隨代表團前去，要求國軍接替蘇聯紅軍收回東北，馬林諾夫斯基卻一再推託阻撓；毛澤東趁機下令華北的共軍急行軍趕到東北，由林彪組建一支「東北民主聯軍」。依據毛澤東自己發表的一篇文章，結果東北的共軍從十幾萬人增加到五十萬人；蘇聯紅軍又把投降的七十萬日軍現代化武器裝備，都轉到共軍的手裡，共軍由此迅速壯大起來。蘇聯於是撤軍，但每撤離一地，共軍隨即進占，長春和瀋陽遂先後落入共軍手中。等到蘇軍完全撤出東北時，已是四月底，比當初史達林承諾完全撤出的日期早就超出五個月。

這時，國軍在西南的精銳之師終於由美國以軍艦運到秦皇島，經山海關進入東北。五月，國軍杜聿明率孫立人、陳明仁等將領，指揮三十萬大軍在四平街和共軍激戰。共軍大敗，國軍接著繼續追擊。不料馬歇爾這時又強迫蔣介石發布第二次停戰令，否則美國將中斷供應國軍武器。蔣介石不得不接受，但為此痛恨不已。事實上，馬歇爾與蔣介石對國共內戰的觀念完全相反；馬歇爾認為和談是第一要務，而蔣介石認為中共只有徹底消滅一途。但此次被迫停止追擊，共軍因而又獲得第二次喘息的機會。

國共此消彼長，情勢逆轉

話說回來，蔣介石政權的問題不只在戰場，更在內部。首先，在黨內可說是派系林立，其中所謂的「CC系」[7]最跋扈，也最強硬，特別讓馬歇爾反感。其次，在軍中以陳誠為首的黃埔嫡系，極端輕視地方軍閥出身的非嫡系將官，如李宗仁。黃埔嫡系又排斥孫立人等少數外國軍校畢業的將官。孫立人畢業於美國維吉尼亞軍校（Virginia Military Institute），如前所述曾在緬甸對日仁安羌之戰大捷，一戰成名，又在

7　全名「中央俱樂部組織」（Central Club），中國國民黨在一九三〇至一九五〇年之間主要派系。

四平街之戰建功，卻在不久後被調離東北戰場，改為主管訓練。毛澤東為此欣喜慶賀。

陳誠在抗日戰爭結束後也曾奉命主持裁軍，竟解散許多有功的游擊隊及所謂的「偽軍」。數十萬國軍官兵頓時失業，於是憤而投奔共軍。馬歇爾協調國、共裁軍時，陳誠又裁撤了許多非嫡系的所謂「雜牌軍」。這些人大多也投奔了共產黨。國共軍力由此你消我長。

但一般認為，國民黨最大的失敗是失去民心。回溯抗戰勝利後，國民黨派到各地負責接收的官員，大多任意以漢奸罪名逮捕人民，藉機搜刮、勒索。說是接收，實則「劫收」，國軍大多也是違法亂紀。相對地，共軍要求士兵嚴守軍紀，不可擾民，一再申明「三大紀律」和「八項注意」，獲得百姓擁護。

此外，中共也發動輿論批評美國，說蘇聯已經撤軍了，美國卻還有大批部隊留在中國，刻意挑動反美情緒。一九四六年底，北京發生一起大學女生沈崇，疑似被兩名美國大兵強姦的案子。北京學生立即罷課，全國各地的學生同時響應，掀起前所未有的反美風潮。馬歇爾原本早已灰心，在此事件之後便辭職離華。事實上，沈崇案的背後並不簡單，有許多疑點及爭議，至今真相未明。

馬歇爾返美不久，便被任命為國務卿，國共都大吃一驚。但國共內戰這時再也無人阻擋，於是全面升高。毛澤東這時將共軍改稱為「人民解放軍」，蔣介石也宣布「全面動員勘亂」。但總體而言，戰況逐漸對國軍不利。

一九四七年九月，蔣介石派陳誠代替杜聿明到東北主持戰局。這時孫立人已被調離，陳誠又以貪污罪查辦陳明仁，導致軍心不附。陳誠又宣布裁撤東北的雜牌軍，數萬名經過關東軍嚴格訓練的「偽滿軍」於是也紛紛投共。一九四七年冬，國共又戰於瀋陽，國軍大敗。隔年三月起，共軍發起長春圍城戰，長達七個月。由於毛澤東指示，務必「要使長春成為死城」，禁止所有的老百姓出城，據估計城內超過三十萬名無辜的男女老幼餓死。

中共建國，國民黨退守臺灣

除了上述種種問題，國民黨政權在財經方面更加失敗。內戰開始後，由於政府亂印鈔票，造成惡性通貨膨脹，法幣對美金在兩年內貶值達九百倍。公務員及升斗小民無不受害，豪富之家卻藉機操縱套利。其中尤以孔、宋兩家最為不擇手段，只有宋慶齡不齒自己家人的貪腐，選擇與共產黨站在一起。學生和百姓因而發起示威遊行，浪潮洶湧。有識之士都認為國民黨已經無藥可救，共產黨必然取得勝利。一九四八年八月，國民政府眼見法幣已經破產，又推出「金圓券」；為此蔣介石特派蔣經國到上海負責督導，以管制經濟及物價，聲稱「只打老虎，不拍蒼蠅」，結果卻徹底失敗，而主要原因之一竟是蔣介石的妻子宋美齡出面干涉，公然迴護孔、宋家及其他特權分子。蔣經國不得不辭職，而金圓券在十個月內竟貶值將近十萬倍，造成更大的風暴。許多百姓乖乖地依規定將私蓄的金銀首飾都拿出來兌換金圓券，結果都在風暴中沒頂，對政府最後的一點點向心力於是完全喪失。

與金圓券風暴同時，人民解放軍開始在戰場上取得決定性的勝利。一九四八年九月至年底，毛澤東指示陸續發起的「遼瀋戰役」、「淮海戰役」及「平津戰役」皆獲得大勝，總共殲滅國軍超過一百二十萬人。在此三大戰役中，由農民組成的「支前民工」發揮了巨大無比的力量。以淮海戰役為例，解放軍只有六十幾萬正規軍，少於國軍八十萬人，但據估計支前民工有五百四十萬人，是正規解放軍的九倍。民工協助架設電話，運送糧食、彈藥，搶救傷兵；也有挖戰壕，或挖深溝破壞道路，以阻滯國軍機動部隊前進；更有無數人上第一線衝鋒。國軍無論如何奮勇，事實上無法抵擋中共的「人海戰術」。

農民為什麼要幫助解放軍？原因是共產黨在東北、華北各蘇維埃區、解放區進行激烈的土改運動，鼓動佃農與貧農，清算地主和富農並沒收其土地，又將階級敵人掃地出門，打傷或打死，其身家性命就和共產黨綁在一起了。許多農民又相信，共產黨如果失敗，國民黨必將展開報復，因而只有拚死幫共產黨打倒國民黨。

國軍之敗，另一重要原因是間諜戰的失敗。當時有部分黨政要員早已被中共吸收，更有許多人的親戚、子女加入共產黨或其地下組織，或為共產黨蒐集情報；因而，共產黨對於國民黨的一舉一動無不瞭若指掌。國軍將領在前線戰場上所獲得的指示，共軍將領也往往同步獲知，可以提前因應。

一九四九年四月起，共軍又渡過長江，席捲華南。蔣介石至此不得不辭去總統職位，由副總統李宗仁代理。國民黨人大部分認為大勢已去，決定投共；不過蔣介石已經暗中布置臺灣以為退路，安排陳誠為臺灣省主席。蔣介石又命令蔣經國前往上海，將庫藏的黃金、白銀和外幣祕密運到臺灣，據估計總共價值約為當時的美金五億元，對後來的國民黨臺灣政權產生重要的穩定作用。

一九四九年十月一日，毛澤東、劉少奇、周恩來以及其他中共領導人站在北京紫禁城的城樓上，宣布成立「中華人民共和國」。到了十二月，蔣介石也宣布將「中華民國」政府遷到臺北，繼續統治臺灣、澎湖，以及金門、馬祖等外島。海峽兩岸從此處於分裂分治的狀態。

第7章
中共建國後共產勢力在東亞及東南亞地區的擴張

第二次大戰結束之後，美國由於驚覺東歐國家都迅速地被關入鐵幕，決定對蘇聯採取「圍堵政策」，結果雖然成功地阻止共產勢力繼續在西歐擴展，卻無法阻止中共在中國的內戰中獲勝而取得政權。但中共建國之後，無疑將使得其鄰近的東亞及東南亞地區國家也發生巨大的變化。本章的主旨就是為讀者們歸納敘述這一連串的後續變化，而其中發生最早，且最為人所知的，就是韓戰。

由於中共領袖毛澤東是造成這些變化的主要因素，而史達林是背後的指導者，因而本章先從毛澤東統治之下的新中國是什麼樣貌，以及毛澤東與史達林之間是何種關係說起。以下先說前者。

毛澤東統治下的新中國：新民主主義、土改運動，以及三反、五反

中共建國後也和東歐國家一樣，剛開始沒有實施共產黨的一黨專政，而是成立一個聯合政府，同時延續內戰期間馬歇爾來華調解時成立的「政治協商會議」，納入各民主黨派、產業界、文化界人士。中共又通過一個《共同綱領》，實質上就是臨時憲法，其重點是採行「新民主主義」。

毛澤東其實早在一九四〇年就提過「新民主主義」這個名詞，基本上是代表從資本主義到社會主義的一個過渡階段。毛澤東曾說，共產黨在此階段將領導工農階級，聯合小資產階級及民族資產階級，實行「人民民主專政」；在財經方面，原則上是不排斥私營企業及資本主義。「新民主主義」與當年列寧在內戰結束後所提出的「新經濟政策」十分類似。當初列寧為權宜之計，允許「在相當的自由貿易基礎上，復興小資產階級和資本主義」，只是列寧死後不過幾年，史達林開始向左轉。毛澤東更快，建國不到一年內就決定轉到極左路線。

一九五〇年六月，中共公布一項《土地改革法》，發動如狂風暴雨一般的土改運動，並且採取「村村見血」的殘酷暴力手段。派大批的工作隊到全國各地的農村，組織貧、下、中農及流氓、地痞，對「土豪劣紳」進行公審，這項改革在推動兩年半後大致完成。據中共發布的資料，全國約六千萬戶貧農及雇農原本只有兩億畝耕地，在鬥爭約七百萬戶富農、地主之後增加為七億畝；約三千萬戶中農的耕地，也從四．六億畝增加為六．七億畝。但根據不同來源估計，當時約有一百萬至五百萬名富農、地主被鬥爭致死，或被判死刑，或自殺。

實際上，中共的土改運動不是從這時開始，而是從一九二〇年代起就在其所控制的蘇維埃地區開始實施。中共也曾於一九四七年十月在華北地區發布《中國土地法大綱（草案）》，強推土改運動，目的是為了在國共內戰期間快速取得糧食供應。當時有一位名叫韓丁（William H. Hinton）的美國人，在山西省潞城縣張莊居住，目睹殘酷的土改風暴發生的經過，回國後寫了一本《翻身——中國一個村莊的革命紀實》[1]；「翻身」的意思，就是農民徹底打倒鄉紳地主，從此出頭天。但這本書直到一九九六年才獲得出版，許多西方人是在讀了它之後，才對中共土改運動有了比較清楚的認識，不過已經是在中共建國十七年之後。

一九五一年底起，中共又推出三反、五反運動。所謂「三反」，是指反貪污、反浪費、反官僚主義；這是針對黨政機關和國營企業的幹部，也就是要清洗內部的階級敵人。毛澤東說：「全國可能要槍斃一萬到幾萬貪污犯才能解決問題。」最高領導人既然在數字上有明確的指示，各級政府只有努力達成，最好是超標，於是有所謂的「逼、供、信」，即是採取強逼的方法（主要是刑求）以取得供詞，然後將供詞當作證據，據以判罪。數十萬人因而遭到調查，被判刑、處死或自殺。所謂「五反」，是指反行賄、反偷漏稅、反竊盜國家財產、反偷工減料和反盜竊國家經濟情報。這是針對不法的資產階級，也就是要整肅外部的敵人。毛澤東長久以來對資產階級的仇視，這時明顯表露。他說：「資產階級……盛氣凌人，向我們猖狂進攻起來。現在已經到時候了，要抓住資產階級的小辮子，把它的氣焰整下去，如果不把它整得灰溜溜、臭哄哄的，社會上的人都要倒向資產階級方面去。」五反運動同樣是採取「逼、供、信」，也同樣有數十萬人遭到調查，被判刑、處死或自殺。

1　*Fanshen: A Documentary of Revolution in a Chinese Village*，一九八〇年簡中譯本，北京出版社出版。

向群眾宣讀《中華人民共和國土地改革法》

毛澤東與史達林的首次會面；兼述高饒事件

一九四九年十二月，史達林歡度七十大壽，全世界各國共產黨的領袖都獲邀參加慶祝大會，毛澤東也應邀參加。這時中共才剛擊敗國民黨而建國，許多人都覺得難以置信，連史達林都覺得意外，毛澤東一時成為世人矚目的焦點。然而，史達林對前述的「狄托事件」始終耿耿於懷，連帶也懷疑毛澤東和狄托一樣，是一個民族主義者，而不是真正的馬列主義者；毛澤東也很清楚史達林並不信任自己，因而是懷著忐忑不安的心情，乘坐長途專列火車到莫斯科，第一次見到史達林。

不料史達林一開始對毛非常冷淡，並沒有對他特別說什麼，或有什麼特別表示。毛澤東被安置在郊外的一棟別墅裡，無人理睬，至為惱怒；但是當西方媒體發布新聞，猜測毛澤東遭到軟禁時，史達林立刻改變態度，指示《真理報》專訪毛澤東，又說先前蘇聯與蔣介石政權簽定的《中蘇友好同盟條約》對新中國不利，不如取消而另訂一個新約。史達林又同意對新中國提供三億美元的低利貸款，承諾派技術專家到中國支援進行項目建設；毛澤東大喜，於是發電報召請周恩來率團到莫斯科，和蘇聯正式談判，最後簽訂了《中蘇友好同盟互助條約》（*Sino-Soviet Treaty of Friendship, Alliance and Mutual Assistance*）。

關於這趟莫斯科之行，另有一事必須一提。回溯一九四九年九月，香港有一些資本家組團到東北訪問，之後又到北京，毛澤東接見後詢問他們旅行的觀感。他們說，東北秩序井然，但完全沒有中國的味道，反而像是蘇聯的土地，街道上所有高大的房屋上只看到懸掛史達林的巨幅肖像，毛主席的肖像一張也沒有。到了十二月，毛澤東搭乘火車前往莫斯科，沿途經過瀋陽，下車一看，果真只看到史達林的肖像。毛澤東大怒，讓人帶話給東北局書記高崗，說東北現在還是屬於中國的。

高崗當時在東北身兼各種要職，勢力極大又有野心，時常越過毛澤東直接聯絡，或寫報告給史達林，其中包括對一些中共高幹的批評。毛澤東將要離開莫斯科時，史達林竟將高崗寫給他的報告全部交給毛。沒有人知道史達林為什麼這樣做，但高崗的命運因此早已決定，只是史達林在世時，毛澤東還不敢動手。

高崗與中共第二號人物劉少奇也有矛盾。當毛澤東開始推動上述的極左政策時，劉少奇和周恩來的思想仍停留在鞏固新民主主義的階段，還在說應當允許資本家繼續「剝削」失業的工人，繼續鼓勵農民雇工，不怕有人因此而發展成為富農。高崗是極左派，為此與劉少奇發生衝突，又向毛澤東告狀。毛澤東大怒，決定要削奪劉、周的權力，在一九五二年八月將鄧小平、習仲勳、鄧子恢、高崗和饒漱石等地方大員都調入北京中央，被百姓稱為「五馬進京」，一時喧騰。其中高崗分管原先周恩來掌管的政務院中將近一半的部會，尤其炙手可熱。

一九五三年六月，毛澤東直接說從此不准再提新民主主義，聲稱「要在十到十五年使資本主義絕種」，又逼劉少奇再一次認錯。高崗大喜，與饒漱石一起到處串連，有扳倒劉少奇取而代之的企圖。毛澤東獲此密報後震怒，又因史達林已於當年三月五日過世，遂決定反過來整肅高崗。一九五四年二月，在毛澤東授權由劉少奇、周恩來共同主持的一次會議中，高、饒二人遭到嚴厲的批判，當晚高崗在家舉槍自殺未遂，幾個月後仍是服下大量安眠藥而死。

「總命令第一號」：決定東亞及東南亞各國命運的指令

本章在敘述二次大戰後東亞及東南亞各國發生的後續變化之前，必須先提到一個關鍵事件：「總命令第一號」（General Order No. 1）。日本投降後，杜魯門任命麥克阿瑟為「盟軍最高司令官」（Supreme Commander for the Allied Powers，簡稱ＳＣＡＰ），負責接管日本；麥克阿瑟又依杜魯門的指示發布此一命令，同時請日本天皇向日軍發布同樣的命令。「總命令第一號」的內容大致如下：

中國、臺灣和北緯十六度以北的印度支那地區由蔣介石受降。滿州、北緯三十八度以北的朝鮮、庫頁島和千島群島，由蘇聯司令官受降。東南亞、北緯十六度以南的印度支那和從緬甸至所羅門群島，由英國蒙巴頓勳爵或澳大利亞的司令官受降，其分界線由兩人自行劃定。日本、菲律賓以及北緯三十八度以南的朝鮮，由麥克阿瑟將軍受降。

相信讀者們不難看出，這道命令直接決定了其所涵蓋地區各國的命運。

如上一章所述，蘇聯正是因為在滿州單獨受降，才能藉機阻止國軍接收東北，協助中共在國共內戰中取得勝利，最終奪得政權。至於朝鮮半島，由於是分別由美國和蘇聯在南、北受降，也就直接導致後來的韓戰及南北韓分立。

日本既是由美軍單獨受降，麥克阿瑟又是後來日本最高的統治者，所以政治、社會都獲得穩定，經濟也得以迅速復興。臺灣是由國民黨軍隊單獨接收，所以在後來成為蔣介石從大陸戰敗後退守的基地，雖然繼續受到中共的威脅，基本上已經安全了。至於東南亞地區各國的後續發展，同樣受到受降的規定的直接影響，不過情況各自不同。

以下我就按順序從北往南，再由東至西，一一敘述各國的情況，所以就先從朝鮮半島說起。

韓戰始末及其影響

韓戰是緊接在中國內戰之後，影響整個世界的一次戰爭，有必要詳細敘述；而若要詳細敘述，就得從二次大戰前，朝鮮人的海外抗日運動說起。

回溯朝鮮半島被日本殖民時，有許多愛國志士逃到海外，進行各種不同的獨立運動。其中一部分人逃到中國，並在上海成立臨時政府；其領導人金九（Kim Koo）主張採取暴力手段，曾經企圖在東京炸死天皇不遂，卻成功地炸死日本在中國派遣軍的司令官，並且重傷日本駐華公使。蔣介石也曾協助金九組建一支韓裔的「光復軍」，到二戰末期人數已有數萬，預備將來返回韓國對日作戰。不過有一位留美博士李承晚（Yi Seung-man）因為和本土派人士不合，後來被派到美國擔任駐美代表。

另有一部分志士逃往蘇聯，被劃歸共產國際高麗支部管轄；還有一部分人到了中國東北，奉命加入中國共產黨，這是因為共產國際一向有「一國一黨」的規定。後日的北韓領導人金日成（Kim Il-sung），便是於一九三一年在滿州加入中國共產黨。金日成本名金成柱，幼年時跟著務農的父親，從出生地平壤移居到滿州，在成年後參加東北抗日聯軍。一九三七年，金日成率領部屬越過邊境，回到北朝鮮，發起著名的「普天堡戰役」，從此廣為人知。

美、蘇分占朝鮮半島南、北

日本投降後，蘇聯及美國依據「總命令第一號」的規定，以北緯三十八度線為界，分別接收朝鮮半島的北部及南部。蘇聯軍隊進駐平壤後，海外的共產黨人紛紛歸國，其中有蘇聯派、延安派、滿州派，另外還有國內派，十分複雜。當時在朝鮮半島的北方，另有一個備受人民尊敬、被稱為「朝鮮甘地」的曹晚植

（Jo Man-sik），領導從事非暴力民族獨立運動的「朝鮮民主黨」，規模遠遠超過共產黨。

在朝鮮半島的南方，也是黨派林立，有右派、左派及中間派之分。金九所領導的，原本是最大的派系，但由於美國軍政府不承認金九的臨時政府，又拒絕光復軍回國，只准流亡人士以個人名義申請回國，臨時政府及光復軍被迫解散。事實上，美國這時已經決定以李承晚為合作對象，緊急用專機送他回國。

一九四五年十二月，美、英、蘇三國共同決議，將韓國交付國際託管五年。在南方，民族主義意識強烈的金九立即發起罷市、罷工、罷課，聲稱凡是同意託管者都是民族的叛徒。美國軍政府大怒，對李承晚施壓並要求解決，不久後一名支持金九的右派領袖竟遭暗殺而死。在北方，曹晚植也強烈反對託管，結果竟被蘇聯軍部拘捕下獄，後來死於獄中。

美、蘇雖然都支持託管，但對於「如何託管」卻無法達成共識，於是各行其是。一九四六年二月，蘇聯在朝鮮北方成立「北朝鮮臨時人民委員會」，以金日成為委員長，兼掌「北朝鮮勞動黨」（以下稱「北勞黨」）。美國軍政府也在南方成立「南朝鮮民主議院」，以李承晚為議長，金九為副議長。

蘇聯另外也在南方成立一個「南朝鮮勞動黨」（以下稱「南勞黨」），由朴憲永（Pak Hon-yong）領導，利用戰後南韓人民普遍失業，以及由於天候乾冷而導致的飢荒，發起示威遊行、罷工及農民運動，李承晚與美國軍政府派軍警強力鎮壓。據統計，在一九四六年發生至少一百七十起罷工事件，十二萬人被捕，四千多人喪生。南方同時出現許多暴力的右翼組織，以恐怖手段暗殺左翼政治人物，襲擊參加罷工的工人和抗爭的農民。南朝鮮社會的意識形態逐漸產生歧異，朝兩極發展。

當時金九與李承晚的思想歧異也很大。金九主張南北合作，經由過渡政府而建立統一的國家；李承晚卻認為這不過是為共產黨製造機會。美國後來決定在南方單獨進行選舉，金九卻還是反對，甚至率團到平壤，與金日成共同發表反對聲明。但美國軍政府仍依計畫在一九四八年五月舉行大選，選出李承晚為大統領。同年九月，北韓也選出金日成為總理。南、北韓於是正式分裂。

韓戰爆發

李承晚政權成立後所任命的官吏和警察大多貪污腐敗，通貨膨脹也日趨嚴重，使得人民更加不滿。南勞黨趁機擴大工農運動，與政府之間的鬥爭日趨慘烈，因而導致許多悲劇發生，其中以一九四八年四月爆發的「濟州島四三事件」最具代表性。濟州島上的居民多為貧農和佃農，因響應南勞黨的號召而群起暴動，遭到政府軍及右翼團體屠殺，結果有六萬人遇害，占濟州島當時人口的五分之一，島上的農舍也幾乎全部被焚燬。

次年六月，金九突然在自宅中遭到刺客槍殺，後來有證據顯示此案與李承晚有關，是一件政治謀殺案。南韓的政治、社會由此更加動蕩不安，因而使得北朝鮮的金日成有了吞併南方的野心。又過四個月，毛澤東在北京天安門上宣布建國，金日成受到刺激，更是強烈地向史達林表示希望揮兵南下以統一朝鮮半島。但史達林擔心北韓南侵將拖蘇聯下水，不表同意；毛澤東也不贊成，因為這時他是以跨海攻取臺灣、消滅殘餘的蔣介石勢力為優先，認為北韓南侵可能導致美國干涉自己的攻臺計畫。金日成因而無可奈何，只好作罷。

不料到了一九五〇年一月，美國國務卿艾奇遜（Dean G. Acheson）突然在一次演講中宣稱，美國所關切的是一條從阿留申群島、日本、沖繩到菲律賓的戰略防線，「至於太平洋上其他地區，很清楚地就沒有人能夠保證其安全而不遭到軍事攻擊。」從地圖上看，臺灣和朝鮮半島都在這條防線之外，也就是——都不在美國保證的防禦範圍之內。艾奇遜的聲明完全出乎史達林的意外，金日成也受到鼓舞而再次向蘇聯提出南侵的請求。不久後，北朝鮮的金日成和南勞黨的朴憲永就應邀前往莫斯科，向史達林說李承晚政權已經遭到全民唾棄，在南韓潛伏的游擊隊二十萬人正等待起義；還說美國並沒有不計代價捍衛南韓的決心。

史達林表示同意，但要求兩人到北京去，看毛澤東怎麼說。金日成見到毛澤東後，自信滿滿地說只要中國同意他出兵，北韓不需要什麼幫助；又說美國必定不會參戰，所以戰爭很快就會結束。毛澤東並不同意他的說法，不過史達林既然表態了，也無從反對。金日成於是在六月二十五日下令出動十個步兵師和坦克、砲兵部隊跨過北緯三十八度線，大舉南侵——韓戰於是爆發。北韓軍三天內便攻占漢城，南韓軍隊一路敗退，到七月底已經退到半島南端，岌岌可危。

不料美國在北韓南侵後第三天就宣布出兵朝鮮半島，派第八集團軍從半島南端登陸。聯合國安理會也通過決議，要求各國派出部隊，由杜魯門提名的麥克阿瑟擔任聯軍統帥，同時命令美國第七艦隊駛入臺灣海峽，以防備中共渡海攻擊臺灣。

美國參戰

美國的迅速行動可說是完全出乎史達林和金日成的意外。事實上，艾奇遜發表聲明時，杜魯門確實是支持他的。一般認為，美國當時還期望中共有可能和南斯拉夫一樣，會和與美國維持關係，而不是完全倒向蘇聯。但如前所述，艾奇遜發表聲明後不到一個月，中蘇就在莫斯科簽定和平友好條約，杜魯門於是明白原先的期望完全不切實際。美國軍方原本就不同意國務院的意見，這時鷹派主張更是占上風；麥克阿瑟也建議杜魯門，說臺灣是「不沉的航空母艦」，絕對不能落在共產黨的手中。

當時美國國內麥卡錫主義正在興起。回溯一九四九年八月，艾奇遜也曾發表過一紙《中美關係白皮書》（*The China White Paper*），辯稱國共內戰的失敗完全是國民黨和蔣介石的責任，與美國無關。美國參議員麥卡錫（Joseph Raymond McCarthy）卻指出，國務院裡隱藏大量的共產黨員，影響其對華政策，這才是美國「失去中國」的主因。

同時，剛就任國務院外交顧問的杜勒斯（John Foster Dulles）也主張改變美國政策。杜勒斯出身共和黨的政治世家，強烈批判美國的圍堵政策只是防禦性的，應改採攻擊性的「回擊」（rollback）以對付共產黨，其主張迅速成為共和黨一致的政策。杜魯門雖是民主黨籍的總統，也決定敦聘杜勒斯為外交顧問，請其獻策。

總之，美國的東亞政策在韓戰爆發前已完全改變，因而韓戰爆發後，杜魯門不假思索就決定出兵介入。九月中，麥克阿瑟下令聯軍四萬多人在仁川登陸，攻克漢城。被切斷後路的北韓軍南侵部隊於是崩潰，數萬人被俘。麥克阿瑟接著下令聯軍繼續北上，完全不理中國一再發出的警告，越過三十八度線打到北韓境內。金日成驚慌失措，緊急向史達林和毛澤東求救。但史達林回覆：北韓只能向中國求助。金日成只得火速派特使到北京。

中國志願軍抗美援朝，麥克阿瑟遭撤換

毛澤東立刻召開政治局會議討論，但在兩次開會時提議派軍隊到北韓竟都遭到反對，只好委婉地發電報給史達林說不能出兵。史達林回電大表不滿，毛只得召開第三次會議，並派專機把備受同志尊敬的彭德懷從西安接到北京，由他發言表示支持出兵，與會眾人只得同意。毛澤東於是發布彭德懷為「抗美援朝人民志願軍」總司令。

關於毛澤東為什麼會決定出兵朝鮮，一般認為有三個主要原因。首先，他擔心北韓萬一滅亡後，唇亡齒寒，中國將陷入危險。其次，毛澤東知道這時史達林對自己還有很深的疑慮，所以這是他能否取得其信任的一種測試。同時，新中國成立後需要蘇聯依其承諾，援助進行各種項目建設，中國如不出兵，那些項

目都可能喊停。最後，史達林早在中國建國大典舉行之前，就已經對毛澤東派去見他的劉少奇說過，希望中國今後也幫助一些被殖民國家的獨立革命運動。事實上，野心勃勃的毛澤東正是希望在此後成為亞洲輸出革命的領導人，所以不論代價有多高，他也決定要出兵到北韓。

中國決定出兵後，史達林同意提供中國大砲、坦克和全新的武器裝備，也提供鴨綠江以北地區的空中掩護。至於鴨綠江以南所需的空防，在初期兩、三個月中還無法提供，志願軍因而將有暴露在美軍空中攻擊之下的極大風險。彭德懷至為憂慮，但因軍情緊急，也只能接受命令，冒險率領志願軍三十萬人悄悄地跨過鴨綠江。麥克阿瑟卻誤以為中國不會出兵，又自信滿滿地對杜魯門說戰爭很快就會結束，不料聯軍攻打到鴨綠江邊時，正好落入彭德懷所設的陷阱而大敗。中國志願軍與朝鮮聯軍追擊，收復平壤。

杜魯門大怒，於一九五一年四月下令將麥克阿瑟撤職，由李奇威（Matthew B. Ridgway）代替。事實上，杜魯門對麥克阿瑟的不滿已非一朝一夕，其細節在此不擬詳述；不過簡單地說，杜魯門最怕的是韓戰演變為美、蘇之間的直接衝突，所以只想打一場「有限度的戰爭」。麥克阿瑟偏偏主張在中國大城市投擲原子彈，又建議邀請蔣介石派兵到朝鮮半島參戰，與杜魯門的原則正好相反。

韓戰結束及其後續影響

彭德懷獲勝後，原本希望暫時停留於三十八度線以北，但在史達林和金日成透過毛澤東不斷催逼下，只得率領大軍渡過漢江；不料李奇威下令炸毀漢江大橋，截斷其後路。在敵人的飛機、大砲猛烈攻擊下，中朝聯軍傷亡慘重。彭德懷至此忍無可忍，緊急搭專機回到北京，在清晨直接闖入毛澤東的臥室，請求允許將軍隊撤回三十八度線之北。毛澤東不得不同意。

韓戰由此轉折，從攻城掠地的運動戰，轉為持久的陣地戰。不久後，雙方代表開始在南北韓非軍事區

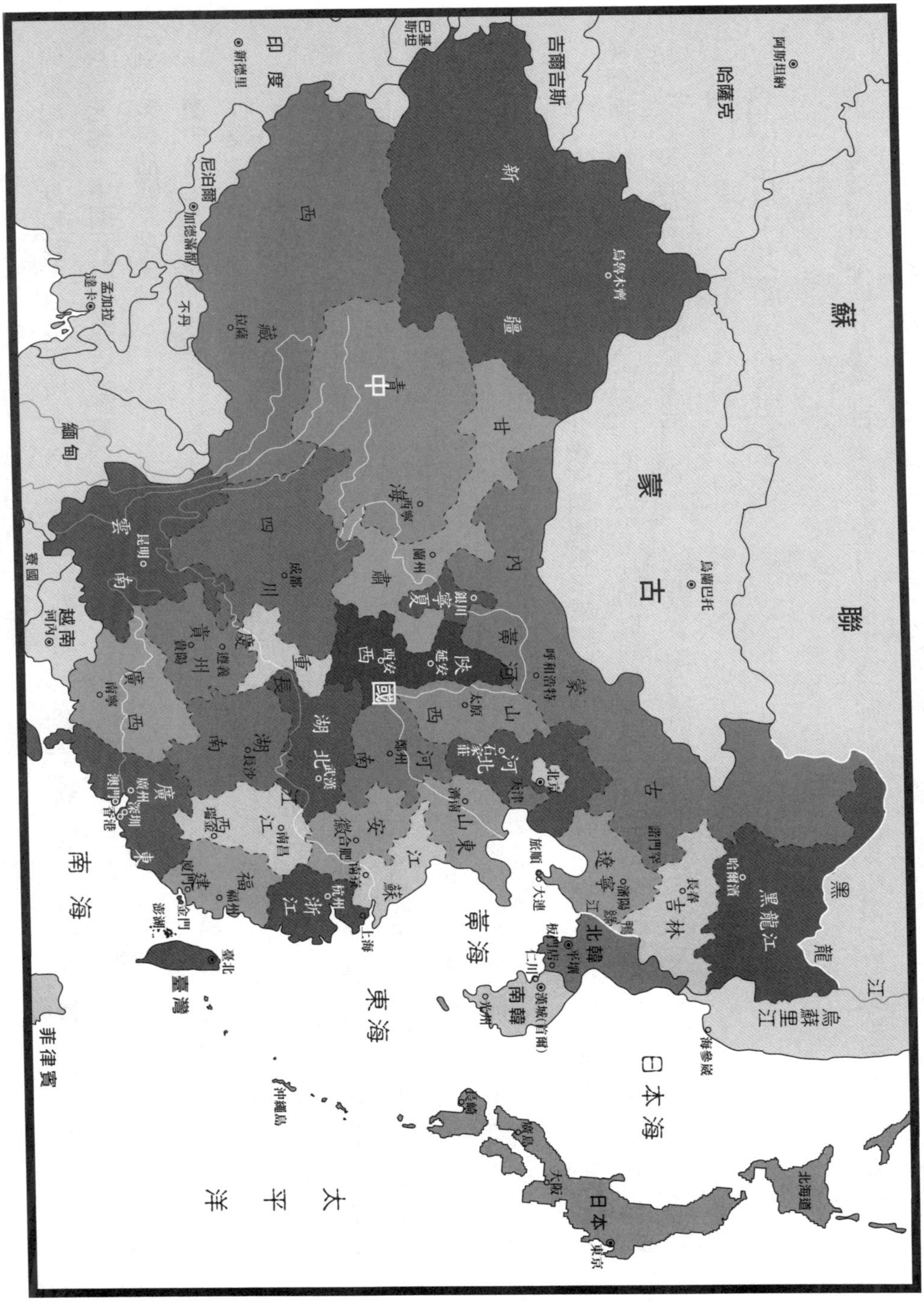

地圖3：中、日、韓、臺灣地圖（1950年後）

的板門店舉行和談，但戰況仍未停歇。直到一九五三年三月，史達林病逝，意味戰爭即將結束。同年七月，北韓、中國及聯合國代表簽署了停戰協定，同意南、北韓以北緯三十八度線為界，分別統治，等於回到了戰爭前的原點。

韓戰是二次大戰以來規模最大的一場戰爭。據估計，南北韓各有一百萬人戰死或失蹤，平民死傷更多。戰後到處滿目瘡痍，經濟的損失無法估計。美軍也有十五萬人死亡或失蹤，花掉的戰費達到兩百五十億美元，幾乎是馬歇爾計畫的兩倍。至於中國志願軍，約有四十萬人死亡或失蹤。原本中國希望無償取得蘇聯的坦克、飛機、武器及裝備，但史達林只同意借貸，據估計金額達到三十二億盧布，還要加計利息，必須在日後分年償還。這對中國無疑是極大的負擔。不過從中國出兵之日起，史達林便下令加速協助中國推動電力、鋼鐵、煤炭、機械、化肥等項目建設，共五十項，後來都併入「第一期五年計劃」（一九五三—一九五七年）中；爾後蘇聯又提供每年約十億盧布的貸款，加速中國的經濟發展。但中國與西方各國貿易的大門在韓戰後也已經關閉，此後只能和共產集團往來。

韓戰的另一重大影響是美國此後明顯地越來越趨反共。艾森豪於一九五三年一月就任總統，直接聘請杜勒斯為國務卿，以落實「回擊」的策略。杜勒斯的弟弟艾倫（Allen W. Dulles）有豐富的諜報工作經驗，艾森豪將他升任為中央情報局（CIA）局長。兩兄弟於是聯手對付所謂「美國的敵人」。

二戰前後日本共產黨的盛衰

以下接著說日本的共產黨。日本很早就有社會主義政黨，主要由片山潛（Katayama Sen）、幸德秋水（Kotoku Shusui）、堺利彥（Sakai Toshihiko）等人領導；後二人將《共產黨宣言》翻譯成日文出版。幸德秋水的思想傾向無政府主義，被誣指企圖刺殺天皇，因而遭到逮捕，與同志十二人一起被處決，史稱「幸德大逆事件」。日本社會主義者從此銷聲匿跡。一九二二年，日本共產黨成立，但被宣布為非法，黨員大多被捕，只得解散。一九二六年，日共再度成立，不料兩年後軍人出身的新首相田中義一下令逮捕一千多名共產黨員，其領導人德田球一（Tokuda Kyuichi）從此在獄中度過十八年。

如前所述，麥克阿瑟在日本投降後獲任為盟軍最高司令官，並成立「盟軍最高司令官總司令部」[2]以接管日本。到任後不久，他就下令逮捕主要戰犯，並籌設一個遠東軍事法庭負責審判。日本天皇原本也被列為戰犯之一，但麥克阿瑟在親身接觸後很快地得到一個結論：如果天皇作為戰犯受審而被絞死，日本民眾必將無法接受，很可能會爆發沒完沒了的戰爭，屆時盟軍即使是有一百萬人的部隊也沒有用。因而，軍事裁判法庭尚未開庭，麥克阿瑟已經寫報告給杜魯門，表示不贊成審判天皇。

不過麥克阿瑟更重要的任務是改造日本。ＧＨＱ因而頒布「五大改革」，其中包括給予婦女參政權、制訂勞動組合法、給予勞工組織工會及罷工的權力，以及開放言論、集會、結社的自由。ＧＨＱ又推動國會選舉、修訂新憲法、公職追放、解散財閥等等。所謂的「公職追放」，就是要將那些被認定曾經協助軍部發動戰爭的人，一概排除在新政府外。原本日本大選後應由勝選的鳩山一郎（Minister Ichiro）組閣，不料麥克阿瑟以一紙命令，直接將鳩山公職追放，改由吉田茂（Yoshida Shigeru）接任首相。至於「財閥」，主要指三井、三菱、住友、安田等由家族掌控的日本大企業；這些財閥在戰爭期間大多從事於製造槍枝、大砲、坦克、飛機及軍艦，被認為是軍國主義的幫兇。ＧＨＱ要求其自行解體，否則將被強制執行。

原本被禁止的日本共產黨，這時又成為合法的政黨，德田球一於是獲釋出獄。當時日本也和朝鮮半島

2 日本人稱之為「總司令部」，源自「General Headquarters」一詞，通稱「ＧＨＱ」。

一樣天候乾冷而鬧飢荒，德田對群眾發表演講，說「糧食比憲法重要！」，一下子獲得許多飢餓的老百姓支持。另有一名居留在延安多年的日共領導人野坂參三（Nosaka Sanzo）也與毛澤東握別，返回日本，受到民眾盛大歡迎。日本共產黨的聲勢於是扶搖直上。

由於謠傳飢荒可能造成一千萬人餓死，黑市米價飆漲，日本共產黨藉機鼓動二十幾萬人於一九四六年五月在東京都示威，宣稱要解放日本。吉田茂請麥克阿瑟向杜魯門總統求救，獲得同意運送一百萬噸糧食到日本，才解除了危機。日共接著又計畫在第二年春天發動總罷工，號召日本所有工會的工人加入，預計將達到六百萬人；但麥克阿瑟斷然下令禁止罷工，一股赤焰狂潮因而暫時受挫。

不過GHQ的官員認為，日本農村以貧農、佃農居多，又被大地主剝削，如不進行改革，共產黨必將坐大。麥克阿瑟因而要求日本政府進行土地改革，強制收購地主的土地，再便宜賣給農民。在推動農地改革五年後，日本全國的佃地只剩下十分之一，農業生產在十年內增加一倍；農地改革的成功也為日本後來社會穩定、經濟起飛打下堅實的基礎。

正當麥克阿瑟雷厲風行地進行改造日本時，美國國務院突然派一位特使於一九四八年三月到東京，要求他立即改變對日本的占領政策。這位特使名叫喬治・肯南，正是第六章提到撰寫「長電報」、影響美國對蘇聯政策的關鍵人物。肯南說，冷戰已經開始，美國決定對共產集團採取「圍堵政策」，因而必須讓日本加入資本主義陣營。肯南又傳達了白宮對麥克阿瑟的指令，其要點為：各項改革與追放免職應適可而止；及早結束戰犯審判；儘速復興日本經濟；盡快還政於日本政府；鼓勵日本重整軍備。總之，宗旨是「復興重於改革」，麥克阿瑟只能遵照新命令執行。財閥於是復起，許多戰前的日本政治人物也紛紛再起。

美國又派了一位銀行家道奇（Joseph M. Dodge）到日本協助，進行財經改革，推動所謂的「道奇路線」。改革最終雖然成功地控制了極為嚴重的通貨膨脹，過程中政府卻被迫裁撤大批的公務員，民間企業也紛紛倒閉，或大幅裁員，因而引發嚴重的勞資糾紛。日共於是又鼓動工會進行激烈的罷工及抗爭，並導致數起驚人的意外事件發生；日本警方在調查後宣稱，這些事件都是共產黨在背後指使，並逮捕了二十幾個嫌犯。媒體報導及社會輿論於是轉向，使得日本百姓對共產黨的印象迅速惡化。麥克阿瑟也大怒，發出指令驅逐所有公、私營企業裡的共產黨員。德田和野坂都被通緝，只得逃亡到中國。到了六月底，韓戰爆發，共產黨在日本就完全消失了。

二次大戰前後的臺灣歷史與共產黨的關係

臺灣在二次大戰前後的歷史與共產黨也有相當的關連。

臺灣在戰前是日本的殖民地，有一部分臺灣人為了提升文化，並向日本政府爭取提高臺灣人民的參政權，由兩位仕紳林獻堂和蔣渭水領導在一九二一年成立了極有影響力的「臺灣文化協會」。不料由中共所扶植的一部分臺籍共產黨員逐漸滲透這個協會，竟在六年後奪取了其領導權；林、蔣兩人憤而退出自己創辦的協會，另創一個「臺灣民眾黨」。

約一年後，臺灣共產黨於一九二八年四月在上海租界正式成立，其成員中最為人所知的是一位名叫謝雪紅的年輕女子；由於家庭貧困，她在十來歲時兩次淪為商人的小妾，後來卻決定參加共產革命，並曾到莫斯科東方大學留學。但臺共成立不久後，其成員們就遭到租界的日本警察大舉搜捕，謝雪紅也被捕，又被強制遣返臺灣。謝雪紅不久後獲得釋放，於是決定與另一個較早成立的「臺灣農民組合」合作，招募其成員加入臺共，並協助該組合召開全島大會。謝雪紅同時也對臺灣民眾黨進行滲透，蔣渭水受其影響也積極投入工農運動，結果導致臺灣民眾黨在一九三〇年發生分裂，林獻堂憤而率眾退黨。到了一九三一年二月，日本總督府勒令臺灣民眾黨解散；不久後，蔣渭水因病去世。

正當臺灣民眾黨發生分裂時，臺共也發生分裂。由於中共的介入，一部分臺共極左派幹部發起圍剿謝雪紅，並在一九三一年五月底通過決議，開除她的黨籍。不料日本特務警察早已偵知臺共企圖進行顛覆活動的詳情，這時突然動手，逮捕謝雪紅及所有鬥爭她的對手，臺共組織瞬間瓦解。謝雪紅繫獄九年，一直到一九四〇年才獲得釋放，出獄後卻仍暗中活動。

日本戰敗後，陳儀奉蔣介石之命到臺灣接收，卻大量任用「外省人」（大陸各省來臺者）及「半山」（曾到大陸為國民黨工作的臺灣人），極端歧視臺灣人，又放縱部屬貪污腐化，結黨營私。臺灣人民怨日深，此時的謝雪紅開始成立人民總工會、農民協會、學生聯合會等群眾組織。中共這時命令臺共分子蔡孝乾從延安回臺灣負責發展臺共組織，但臺共主張臺灣回歸中國，謝雪紅卻主張臺灣自治，兩者水火不容，所以謝雪紅拒絕接受臺共的指導。

一九四七年二月，臺灣突然爆發「二二八事件」，僅僅為了一個警察查緝一名販賣私煙的老婦人事件，便點燃了臺灣全島人民蓄積已久的怒火，一發不可收拾。陳儀表面上同意由臺灣紳商名流組織「處理委員會」，協助維持社會秩序；卻暗中報告蔣介石，指稱事件是因潛伏的共黨分子勾結本地流氓而引起的，請「即派大軍，以平匪氛」。當時蔣介石正忙於國共內戰，收到報告後立刻派兵到臺灣進行血腥鎮壓，然後展開「清鄉」；其清洗對象不只是暴亂分子，也包括社會名流及知識分子，其中多為無辜，或被惡意陷害。被捕者大多遭到祕密審訊及毒打刑求，然後處死。死難人數據估計約在一萬至三萬之間。

當時也有極少數的臺灣人武裝反抗，其中最大的一支武力就是謝雪紅所領導的「二七部隊」，不過也只有數千人，實力薄弱，只支撐十天就潰敗了。之後謝雪紅逃到香港，又進入中國大陸，投靠中共。

二二八事件造成臺灣的「本省人」和「外省人」之間嚴重分裂，其後遺症在後來數十年仍然無法消除。這起事件也是臺灣白色恐怖的濫觴，蔣介石自認在大陸失敗的重大原因之一是共諜無所不在，因而命令臺灣省主席兼警備總司令陳誠嚴防共諜，並阻止反蔣人士入境臺灣，同時開始「掃紅」，不論對象是本省人或外省人。據估計，光是在一九四九年一年之間就逮捕一萬多人，槍決一千多人。其中「澎湖七一三事件」是外省人死亡最多，慘絕人寰的大案，被稱為「外省人的二二八事件」，鎮懾了所有來到臺灣的外省人。

不過蔣介石也請陳誠主持土地改革，借鏡GHQ在日本的經驗，將公有的及地主私有的農地逐步以有償方式轉到農民手中，改革同樣極為成功，也為日後臺灣的經濟快速發展打下基礎。有人評論，國民黨如果在大陸早早進行和平的土地改革，或許不至於被共產黨趕到臺灣來。

蘇共中央委員會國際部及共產情報局的對外顛覆活動

本章以下將分別詳細討論共產黨如何在東南亞各國發展，但為了使讀者更清楚瞭解其共同的背景，必須先說明兩件事：首先，蘇聯究竟是以什麼方式輸出革命？第二，東南亞的獨立運動。

如前所述，蘇聯在一九四三年宣布解散共產國際，是為了要取悅於美國和英國的權宜之計。事實上共產國際並沒有完全解散，而是改由蘇共中央委員會裡成立一個新的「國際部」，以接收共產國際的資料及人員，其規模相對縮小，工作更隱密，負責人就是原先主持共產國際的季米特洛夫。二戰結束後，季米特洛夫回保加利亞擔任共黨總書記，史達林改派理論大師蘇斯洛夫（Mikhail Suslov）接掌國際部，實際上由副手波諾馬廖夫（Boris N. Ponomarev）負責執行。一九五五年起，波諾馬廖夫正式升為國際部負責人，直到一九八六年為止，任期超過三十年，實際上是蘇共對外進行滲透顛覆工作的最主要的人物之一。

蘇共國際部的主要工作是負責將莫斯科所有的指示、命令，包括文宣、情報及金錢，都傳遞給世界各國的共產黨。蘇聯國家安全委員會（Committee of State Security，俄文首字縮寫為КГБ，羅馬化為ＫＧＢ，簡稱「蘇聯國安會」）、軍事情報局、共產情報局，以及其他涉及顛覆滲透工作的單位雖然各自活動，基本上都必須接受國際部發出的指導方針。

上述的共產情報局是在一九四七年十月，由蘇聯與東歐各國共同成立的，以史達林所任命的日丹諾夫主持，任務是協助世界上所有被殖民壓迫的人民驅逐殖民者。自此以後，西歐各國的海外殖民地就開始發生一連串的叛亂，其中當然也包括東南亞。共產情報局的總部原本是設在貝爾格勒，後來因狄托與史達林決裂而遷到莫斯科。

根據倫敦「衝突研究中心」創辦人柯洛齊（Brian Crozier）在其著作《蘇聯帝國興衰史》[3]裡的說法，西方國家有很多小報都接受蘇聯的祕密津貼，知名的大報記者、撰稿人也有部分充當蘇聯的代理人。他們偽造或散布假新聞、假消息，影響社會輿論。蘇聯特務也蒐集西方國家的政府官員、知識分子及有影響力的人士的生活細節，從中尋找可以用來敲詐、威脅特定對象的資料，使其不得不同意擔任間諜。也有故意設局引誘，對象如果不慎入彀，就可能被箝制，從此為其所用。

蘇共也成立了很多外圍組織，大多以「世界」或「國際」為名，如世界工會聯盟、世界和平大會、國際學生同盟等。其中世界工會聯盟滲透到所有國家的總工會，影響極大。蘇共又固定提供鉅款給外國的共產黨、左翼政黨及進步人士，其經費由蘇聯及東歐各國分擔。中共建國之後也提供資金、武器、訓練及其他支援，以協助東南亞各國的共產黨進行革命。

二次大戰前後的東南亞獨立運動及共產主義的影響

東南亞的近代史，直接地說，就是被西方國家殖民統治的歷史。馬來亞、北婆羅洲、砂拉越、新加坡和緬甸是英國的殖民地。越南、柬埔寨和寮國合稱法屬印度支那，是法國的殖民地。印尼當時稱為荷屬東印度，是荷蘭的殖民地。菲律賓原本是西班牙的殖民地，後來轉到美國手中。只有泰國是英、法勢力範圍之間的緩衝區，倖免於被殖民。

西方國家通常都在殖民地選定一部分的土著領袖，給予特權，使其分沾少許利益，願意與殖民政府合作。但被殖民者也有很多人擎起民族主義大旗，從事獨立運動，一心一意要把外國人趕出去。不幸的是，直到十九世紀末，東南亞各國所有的獨立運動都以失敗收場。

社會主義及共產主義出現後，東南亞各國的獨立運動開始有了不同的面貌。有一部分土著蘇丹派其子女或族中的菁英到歐洲接受西式教育，受到革命思潮洗禮，回國後大多成為追求獨立運動的中堅分子。同時也有一部分歐洲的白人社會主義者因為同情被殖民者，而願意直接幫助殖民地的獨立運動。美國總統威爾遜提倡的「民族自決」也激勵了很多人。

日本在二次大戰時揮軍南進，提出「大東亞共榮圈」的口號，聲稱「亞洲是亞洲人的亞洲」，獲得東南亞各國許多人民響應，很快地就一起合作，把白人殖民者都趕出去。但是當美國帶領盟軍回來反擊日軍時，各國人民的反應就出現分歧，有人選擇與皇軍配合，也有人選擇與盟軍合作。史達林雖然還未對日本宣戰，卻在暗中支持各國的共產黨與盟軍配合，對日軍展開游擊戰。

3　*The Rise and Fall of the Soviet Empire*，二〇一九年繁中譯本，足智文化有限公司出版。

地圖4：東南亞地圖（1960年代）

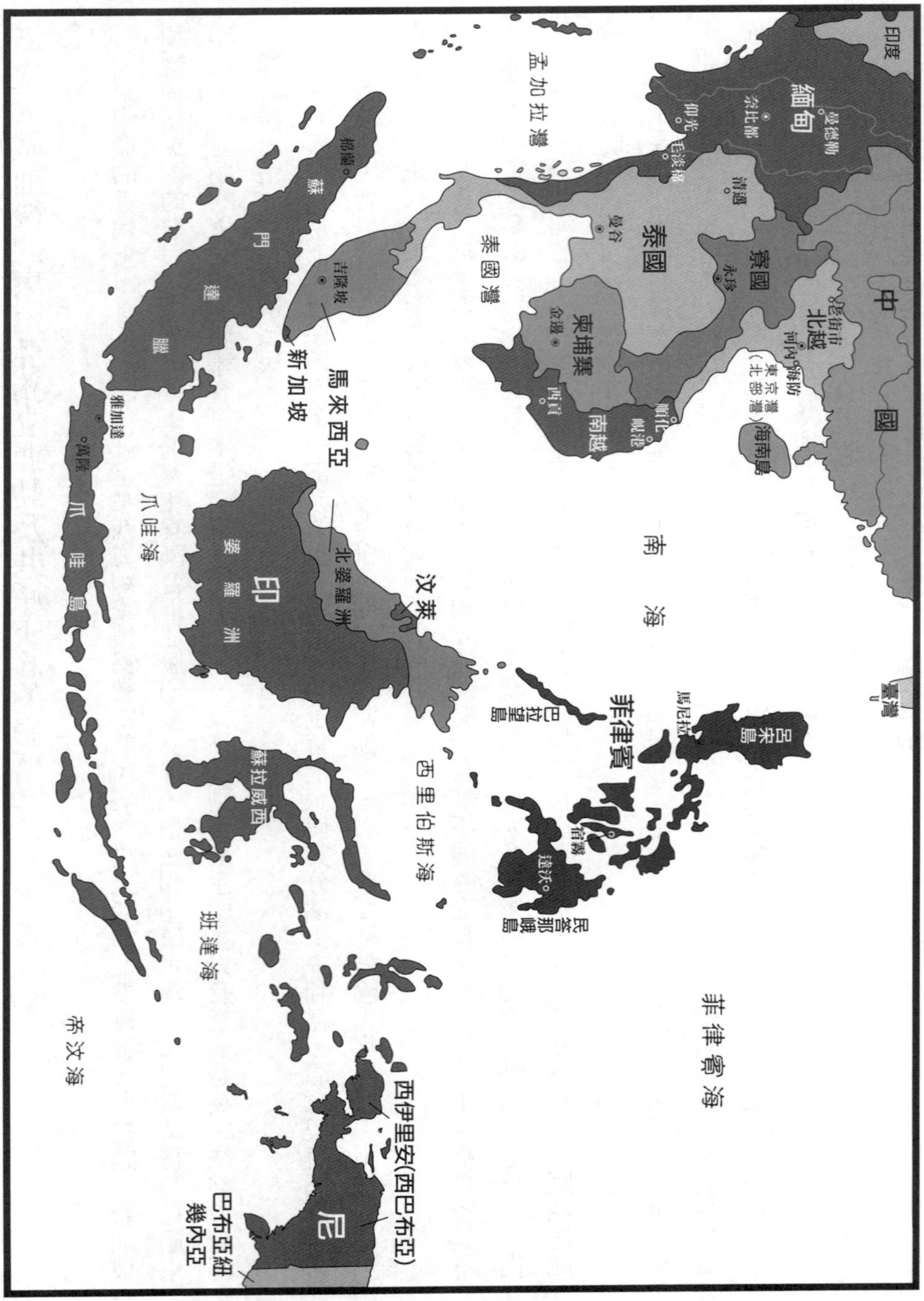

日本投降後，依「總命令第一號」的規定，除了菲律賓之外，其他東南亞地區都由英國的蒙巴頓將軍受降。當時各國參加抗日戰爭者無不想要建立完全屬於自己的獨立國家，法國卻一心想要回到法屬印度支那重新建立殖民地，荷蘭也想回到印尼，而蒙巴頓的決定是協助法軍及荷軍，戰爭於是無法避免。蘇聯及中共趁機介入，協助各國的獨立運動，戰爭於是進一步擴大而複雜化。

美國在太平洋戰爭中除了出錢，也派子弟兵到亞洲參戰，目的當然不是要幫助歐洲人在戰後回到殖民地繼續剝削，因而對法國及荷蘭十分反感，決定置身事外。然而當中國大陸變色後，美國漸漸看出東南亞各國也即將次第陷入共產黨手中，只好改弦易轍，決定出手對抗共產黨。

以上概略說完了共同背景，接著分述東南亞各國的情況，首先說菲律賓。

菲律賓虎克黨的盛衰

在西班牙統治時期，菲律賓的土地和財富逐漸集中在各地世襲的少數幾個大地主家族手中。他們和殖民政府充分配合，取得特權，分沾利益。貧農、佃農被壓榨，憤恨不平，因而暴亂不斷。美國從西班牙手中奪得菲律賓後，基本上仍是籠絡大地主，菲律賓農村因而仍是貧富尖銳對立，正是共產主義擴張的最佳溫床。一九三〇年，菲律賓共產黨由共產國際扶植成立，但被殖民政府取締，只能從事地下活動。此後美國的政策是逐步訓練菲律賓人自治，助其制訂憲法、選舉總統，並於一九三四年承諾十年之後讓菲律賓獨立。

珍珠港事件爆發後，日本皇軍迅速抵達菲律賓。美國派駐菲律賓的麥克阿瑟將軍率領美菲聯軍在巴丹半島（Bataan Peninsula，在馬尼拉之西）與日軍奮戰，最後大敗，死傷約三萬人。麥克阿瑟逃走後，留下七萬五千名士卒被日軍強迫步行一百多公里到馬尼拉附近的戰俘營，結果因為飢渴、凌虐，或遭到處決，竟有一半的人數死亡，史稱「巴丹死亡行軍」。麥克阿瑟誓言：「我必回來。」兩年後，麥克阿瑟率領美軍捲土重來，並得「虎克軍」（Hukbalahap，簡稱Huks）之助，擊潰日軍。日本投降後，菲律賓由麥克阿瑟率領的美軍單獨受降，美國在次年，也就是一九四六年，實踐承諾，讓菲律賓獨立。但菲律賓在獨立後仍有餘波。

「虎克軍」是日軍占領菲律賓期間最重要的一支抗日游擊隊，具有社會黨及共產黨的背景，創始人是塔魯克（Luis Taruc）；由於戰後菲律賓大部分的農民依舊貧窮，塔魯克遂領導農民繼續與菲律賓新政府對抗。菲律賓新政府和虎克黨多次談判，始終沒有結果。一九五〇年起，菲律賓政府任命麥格塞塞（Ramon Magsaysay）為國防部長，又請美國調派經驗豐富的蘭斯岱上校（Edward Lansdale）為其參謀。麥格塞塞獲得美國提供軍事援助，得以強化武裝力量；又與蘭斯岱共同建議美國及菲律賓政府提供農民土地、耕牛、食物、醫療及貸款，從根本上改善農民的生活。虎克軍因而失去群眾基礎，逐漸轉弱。一九五四年，塔魯克率部眾接受政府招安，集體投降。

胡志明與越南的獨立運動

在一九三〇年，東南亞地區除了菲律賓之外，還有三個共產黨成立，分別在越南、泰國及馬來亞。其中的越南共產黨是由胡志明（Ho Chi Minh）創立的，後來改稱印度支那共產黨，將柬埔寨及寮國也納入。到了一九五一年，印度支那共產黨才又奉命，分拆為越南勞動黨、寮國人民黨及高棉人民革命黨。

胡志明出生時，越南是在法國殖民政府扶植的「阮朝」傀儡政權的統治之下。由於阮朝無力阻止法國人剝削越南百姓，胡志明至為痛恨，矢志終有一天要將法國殖民政府趕出去。他在一九一一年搭乘法國商船偷渡出國到歐洲，曾在倫敦、巴黎分別居住多年，從事各種卑微的工作為生，刻苦自勵。一九一八年，胡志明加入法國社會黨，兩年後又成為社會黨分裂出來的法國共產黨創始會員，與當時在巴黎的周恩來、鄧小平也有來往。

一九二三年，胡志明前往莫斯科，接受共產國際的訓練，並在隔年被派到中國廣州，在黃埔軍校裡擔任鮑羅廷的翻譯。由於當時國共合作，胡志明也參加由越南革命家潘佩珠（Phan Boi Chau）所領導的右派組織活動。潘佩珠後來在上海租界被法國特務逮捕入獄，胡志明於是趁機接收其組織。有一部分歷史家懷疑，潘佩珠是被胡志明密告而遭難，但沒有足夠的證據。

一九四一年，胡志明成立「越南獨立同盟會」（Viet Minh，簡稱「越盟」），並回到闊別三十年的越南，率領范文同（Pham Van Dong）、武元甲（Vo Nguyen Giap）和長征（Truong Chinh）等幹部，配合中國軍隊對日抗戰。美國參戰後也撥給越盟武器，使其對法國維琪殖民政府和日軍進行游擊戰。法國維琪政府在盟軍登陸諾曼第後倒臺，日軍怕駐在越南的法軍可能倒戈，突然發動突襲，將所有的法軍都關入俘虜營裡。

日本投降後，胡志明在河內的巴亭廣場舉行群眾大會，宣讀越南《獨立宣言》，聲稱越南從此脫離殖民統治。然而根據「總命令第一號」，越南受降是以北緯十六度線為界，由英軍及中國軍隊分別在南北受降，越南是否能獨立建國並不是胡志明所能掌控。不料英軍登陸西貢之後，便立刻釋放被關在日本俘虜營裡的法軍；法國同時從國內增兵，預備重建殖民地。

蔣介石這時指派一位名叫陳修和的將軍為赴越南受降團的副團長，實際上是負全責，因為團長只是掛名，並未隨團。陳修和是解放軍名將陳毅的大哥，兄弟倆卻各自在不同的陣營裡。這時法國表示願意廢棄在中國的不平等條約，以換取中國軍隊撤出越南；而蔣介石關注的是國共內戰，不願與法國衝突，因而表示同意。陳修和與其部屬卻同情越盟，沒有遵照蔣介石的指示，不但准許胡志明組織臨時政府，又私下轉送從日軍收繳的武器給越盟，然後撤軍。

一九四六年底，越盟與法軍在河內激戰，結果戰敗，被迫撤出。法國為了取得越南人民的支持，請已退位的保大當皇帝，但仍只是傀儡。一九四九年，中共在內戰中獲勝而建國，是影響越南此後戰局的關鍵因素。史達林在同年年底七十大壽時，胡志明與毛澤東都受邀前往莫斯科祝賀，於是趁機取得史達林和毛承諾支援，獲得供應十個師的武器裝備。毛澤東又先後派解放軍名將陳賡和韋國清率領軍事顧問團到越南，越盟於是漸漸在抗法戰爭中取得上風。

一九五四年三月起，武元甲率領越盟軍隊與法軍大戰於奠邊府。法軍大敗，死傷及被俘共兩萬人，法國只得在其後舉行的日內瓦會議中同意，以北緯十七度為界，將越南分為南、北越；北越由越盟統治，南越由法國扶植的保大政權統治。事實上，法國這時已經決定撤出越南，由美國接手。日內瓦會議因而是美國介入越戰的起始點，至關重要。也因此，我將在第十一章敘述越戰時再詳述其經過及後續發展。

胡志明到北京訪問毛澤東

二次大戰前後的寮國、柬埔寨及泰國

二次大戰前，寮國、柬埔寨的國王都是法國殖民政府的傀儡。日本占領了東南亞之後，仍然請這些國王們當傀儡。但在日本投降後，兩國的情況就不同了。以下先說寮國。

法國重回殖民地後，寮國國王表示願意接受繼續保護，王室中有一部分成員卻不同意，於是發起「寮國伊沙拉」（Lao Issara，意為「自由寮國」）運動，領導對法抗戰。不過伊沙拉軍隊屢戰屢敗，無以為繼，只得在一九四九年宣布解散。但王室中的蘇發努．馮（Souphannou Vong）親王卻決定加入寮國人民黨，接受胡志明的協助成立「巴特寮」（Pathet Lao，「巴特」為國家的意思），與由法國支持（後來由美國接手）的寮王國進行長達二十餘年的內戰。事實上，巴特寮真正的領導人是寮國人民黨總書記，兼任巴特寮國防部長的凱山．豐威漢（Kaysone Phomvihane）。

其次說柬埔寨。柬埔寨國王諾羅敦．施亞努（Norodom Sihanouk）是有長達一千多年歷史的高棉王族後裔，在法國重回殖民地時不願繼續當傀儡，決定出國流亡，臨行前發表宣言：「除非完全獨立，將永不回到金邊。」

法國後來面臨前述越盟的強力反抗，無法同時兼顧，不得不在一九五三年同意讓柬埔寨完全獨立。施亞努於是如願以償，返回故土擔任真正的國王；只是兩年後，他把國王的位置讓給父親，自行組織一個執政黨，同時擔任黨魁和首相，企圖透過黨掌控一切。施亞努製造國內左、右的對立使其互相制肘，其中左派是由共產黨所成立的「人民派」，右派的代表人物是陸軍強人龍諾（Lon Nol）。在外交上，施亞努宣稱維持中立，但逐漸與美國關係惡化而向中國傾斜。一九六〇年，在父親去世後，施亞努決定不接任國王，自稱是「國家元首」。

然而，由於寮國及柬埔寨的地理位置都與越南緊密相鄰，受其影響自然極大，所以關於這兩國的後續發展將在敘述越戰時再一併敘述。

說到泰國，雖然泰皇備受人民尊敬，國家的政權自一九三〇年代以來卻是一直掌控在右翼軍人手中。二次大戰時，泰國政府領導人鑾披汶．頌堪（Plaek Phibunsongkhram）決定與日本站在同一陣線，向英美宣戰，結果在戰後被認定是戰犯，被捕入獄。冷戰開始後，美國卻認為鑾披汶反共立場堅定，強迫泰國政府把他釋放出獄。鑾披汶後來又領導右翼軍人發動政變，從此長期執政。泰國共產黨遭到右翼政府強力鎮壓，只能轉入地下，是東南亞所有國家中最弱的共產黨，據估計黨員最多時不曾超過三千人。因而，本書此後將略過泰共不再敘述。

二次大戰前後的馬來亞與馬共的叛亂

馬來亞共產黨的歷史十分複雜，並且與華僑極為相關，所以必須先對華僑作一概述。十八、九世紀時，中國人大量移民海外，大多到東南亞，其中南洋（主要指新加坡、馬來亞、北婆羅洲和砂拉越）人口中的華僑比例最高。孫中山在中國領導革命時，南洋愛國的華僑踴躍捐款，中國國民黨因而成立了「南洋總工會」，是極重要的華僑社團。國民黨聯俄容共後，共產國際和中共也派員到馬來亞成立「南洋共產黨」。但隨著中國的國共分裂，南洋的國共也分裂。一九三〇年，共產國際決定解散南洋共產黨，成立新的馬來亞共產黨，由胡志明為代表，到森美蘭州的一個橡膠園裡主持成立大會。

中日戰爭爆發後，南洋華僑掀起反日運動。不料珍珠港事變後，日軍打到南洋，華僑立刻遭到報復。日軍在新加坡及馬來半島進行「檢證」，依其編列的名冊清查，凡在名冊上者一律處死，共約十五萬人。

因而二次大戰期間，在馬來亞選擇武裝抗日者大多是華人；游擊隊中最大的一支，是由馬來亞共產黨主席萊特（Loi Tak）所領導，接受英國的援助。

日本戰敗後，英軍返回馬來亞，要求馬共解除武裝，但馬共拒不接受。一九四六年，英國計畫成立「馬來亞聯盟」，宣稱聯盟中無論是馬來人、華人或印度人都一律平等，同享公民權。但馬來人群起反對，因自認是原住民，應當享受特別待遇，向英國當局積極交涉，最後成立一個全國性的組織「巫統」[4]。當時華人和印度人大多有雙重國籍，對母國關切的程度遠超過居住國，所以在英國當局徵詢意見時大多不理。英國當局後來決定設立「馬來亞聯合邦」，其中高級官員都由英國人和馬來人擔任，又限制華人和印度人取得公民權的資格。等到新法律公布後，華人和印度人才發現自己成為二等公民，事態嚴重；但再想奮力補正錯誤以爭取應有的權益，卻已經來不及了。

這時馬共內部發生一件大事。總書記萊特被懷疑過去曾經同時擔任英國及日本的間諜，因畏懼而於一九四七年攜帶鉅款潛逃。馬共於是選舉年僅二十四歲、激進派的陳平接任總書記。馬共在陳平的領導下開始進行罷工和恐怖暴力活動，許多橡膠園主、錫礦主和工商企業主遭到綁架、暗殺，使得馬來人和華人都驚懼萬分，英國當局因而宣布馬來亞進入緊急狀態。

一九四九年中共建國後，馬共更是獲得強力支援而擴大，英國及馬來政府大驚，因而在隔年任命哈羅德．布里格斯（Harold Rawdon Briggs）將軍負責圍剿馬共。為了截斷馬共獲得糧食、補給和情報的管道，布里格斯強制馬共活動頻繁地區的農民及工人搬到政府所建的「新村」居住。據報導，三年內共建了五百個新村，收容五十萬人，其中大多是華人。但由於馬共叛亂的時間長達將近三十年，所以我同樣將在第十一章再繼續敘述。

4　馬來民族統一機構（United Malays National Organization），又譯作巫來由人統一組織，故簡稱巫統（PEKEMBAR; UMNO）。

印尼的獨立運動與印尼共產黨的發展

二十世紀初，印尼爪哇出現一個同時具有商業及宗教色彩的「伊斯蘭聯盟」（Sarekat Islam），從一九一三年起由佐格羅．阿米諾多（Oemar Said Tjokroaminoto）領導，沒幾年組織的人數就超過一百萬人，並開始從事反殖民運動。同年，一位荷蘭人「史尼偉勒」到達印尼，也成立了反殖民運動的組織，即是印尼共產黨的前身。史尼偉勒獲得阿米諾多的同意，讓雙方組織的成員可以相互加入對方、同時具有雙重身分。不過荷蘭殖民政府在一九一八年將史尼偉勒強制驅逐出境，又在一九二一年藉故將阿米諾多逮捕入獄。原本伊斯蘭聯盟中就有很多人反對共產黨，更無法接受其激烈的鬥爭路線，因而在阿米諾多入獄後便將共產黨員全部逐出。此後，伊斯蘭聯盟逐漸式微，印尼共產黨獨自發起大規模的農民起義、工人罷工，遭到荷蘭殖民政府鎮壓，也被迫轉入地下活動。

本書第五章曾經介紹過史尼偉勒，提及他獲得列寧賞識，化名為「馬林」被派到上海，協助陳獨秀成立中國共產黨。馬林後來也參與促成國共第一次合作，使得中共黨員得以加入國民黨，同時滲透國民黨。這些其實都是當初他在印尼時期的類似作法。

阿米諾多有一名女婿，名叫蘇卡諾（Kusno Sukarno），在一九二八年創立印尼國民黨（Partai Nasional Indonesia，全名為「印度尼西亞民族黨」），直接說要爭取印尼獨立。荷蘭政府雖然將他下獄一年，卻無法阻止他成為印尼獨立運動的第二代領袖。

日本皇軍南下到印尼後，對蘇卡諾承諾，在太平洋戰爭結束後將讓印尼獨立，來換取他同意協助維持治安，穩定石油、米糧等資源。蘇卡諾與反抗日軍最激烈的印尼共產黨游擊隊領導人謝里夫丁（Amir Sjarifuddin Harahap）也有密切關係，他曾經在謝里夫丁遭日軍捕獲時積極營救，使其倖免於死。日本戰敗後，印尼人立刻宣布獨立，推舉蘇卡諾為總統，穆罕默德．哈達（Mohammad Hatta）為副總統，謝里夫丁任總理。不料英國決定協助荷蘭重返殖民地，命令投降的日軍不得將武器交給印尼人。正當印尼人為搶奪武器而與英軍爆發劇烈衝突時，荷蘭派十二萬大軍到達印尼，擊敗印尼軍。

一九四八年初，謝里夫丁負責與荷蘭談判，同意將一部分土邦劃歸荷蘭統治，又同意各邦可自行決定是否要加入印尼共和國。人民大嘩，拒絕接受此協議，謝里夫丁被迫下臺。一向反共的副總統哈達於是兼任總理，並在九月下令政府軍攻擊共軍。共軍逃往茉莉芬市（Madiun），哈達再派大軍追擊，殺一萬人，俘虜三萬人，連謝里夫丁也被殺。

「茉莉芬事件」對印尼共產黨而言是巨大的打擊，但也削弱了印尼本身的力量。荷蘭人大喜，又一次出兵擊潰印尼軍，俘虜了蘇卡諾和哈達。但美國對荷蘭越來越無法忍耐，威脅要把荷蘭剔出「馬歇爾計畫」援助名單。荷蘭只得釋放蘇卡諾和哈達，並與印尼另簽新約，同意撤出軍隊，承認印尼獨立自主；印尼也同意償付荷蘭的軍費，承諾將來與荷蘭進行各種合作。

翁山與緬甸的獨立運動

緬甸也曾擁有悠久的歷史，但從十九世紀起就飽受英國侵略，最後一位國王錫袍（Thibaw Min）被英國人擊敗後，遭到放逐，死於國外，此後緬甸獨立運動便不曾停止。一九四〇年代，緬甸獨立運動的主角是由翁山（Aung San）領導的「自由聯盟」，其中包括德欽黨、共產黨及其他黨派。德欽黨是民族主義者的組織，翁山是其領導人。「德欽」的意思是「主人」，意味要做自己的主人。緬甸共產黨成立於一九三九年，翁山也曾入黨，並擔任第一屆總書記，但後來決定退出，不過緬共領導人都還是翁山的革命伙伴。

翁山在尋找獨立建國之路時曾與日本軍部搭上線，同意接受協助組織一支軍隊，幫日軍阻斷中國的補給動脈——滇緬公路。日本也承諾將協助緬甸驅逐英國人，並在戰爭結束後讓緬甸獨立。翁山於是率領「三十志士」到日本占領下的海南島接受軍事訓練，在回國後又組建一支五萬人的獨立軍，與日軍並肩作戰，迅速地擊潰英軍。然而，翁山逐漸認為日本宣傳的大東亞共榮圈其實只是幌子，目的只是為了掠奪東南亞的豐富物資，如大米、錫礦、木材及石油；再加上日本人明顯歧視其他亞洲人，所以緬甸脫離英國的統治之後，不免仍要受到日本宰制。翁山於是決定反過來和盟軍合作，與英軍並肩攻克仰光。不久後，日本就戰敗無條件投降了。

一九四七年初，翁山到達倫敦，與英國首相艾德禮（Clement Attlee）晤面簽約，緬甸正式獨立。回國後，翁山又在緬北撣邦的彬龍鎮（Panglong），召集緬甸人數最多的緬族，與其他撣族、欽族、克欽族、克倫族等少數民族所有的土司與會，宣布將以平等、自治及互相尊重為基礎，共同建立一個多民族的聯邦國家。這是緬甸歷史上一件劃時代的大事；一千多年以來，第一次有這麼多民族一同簽訂這樣的和平共處條約。可惜三個月後，翁山在開會時遭到強行闖入的武裝人員槍殺，死時年僅三十二歲。

翁山之死使得彬龍會議簽定的協議成為一張廢紙。由於繼任的總理無力治國，幾個月後，克倫邦和緬共開始叛亂，其他各邦繼之。在混亂中，政權逐漸落入軍事強人尼溫（Ne Win）之手。尼溫最後發動政變，此後成為緬甸長期的獨裁統治者。

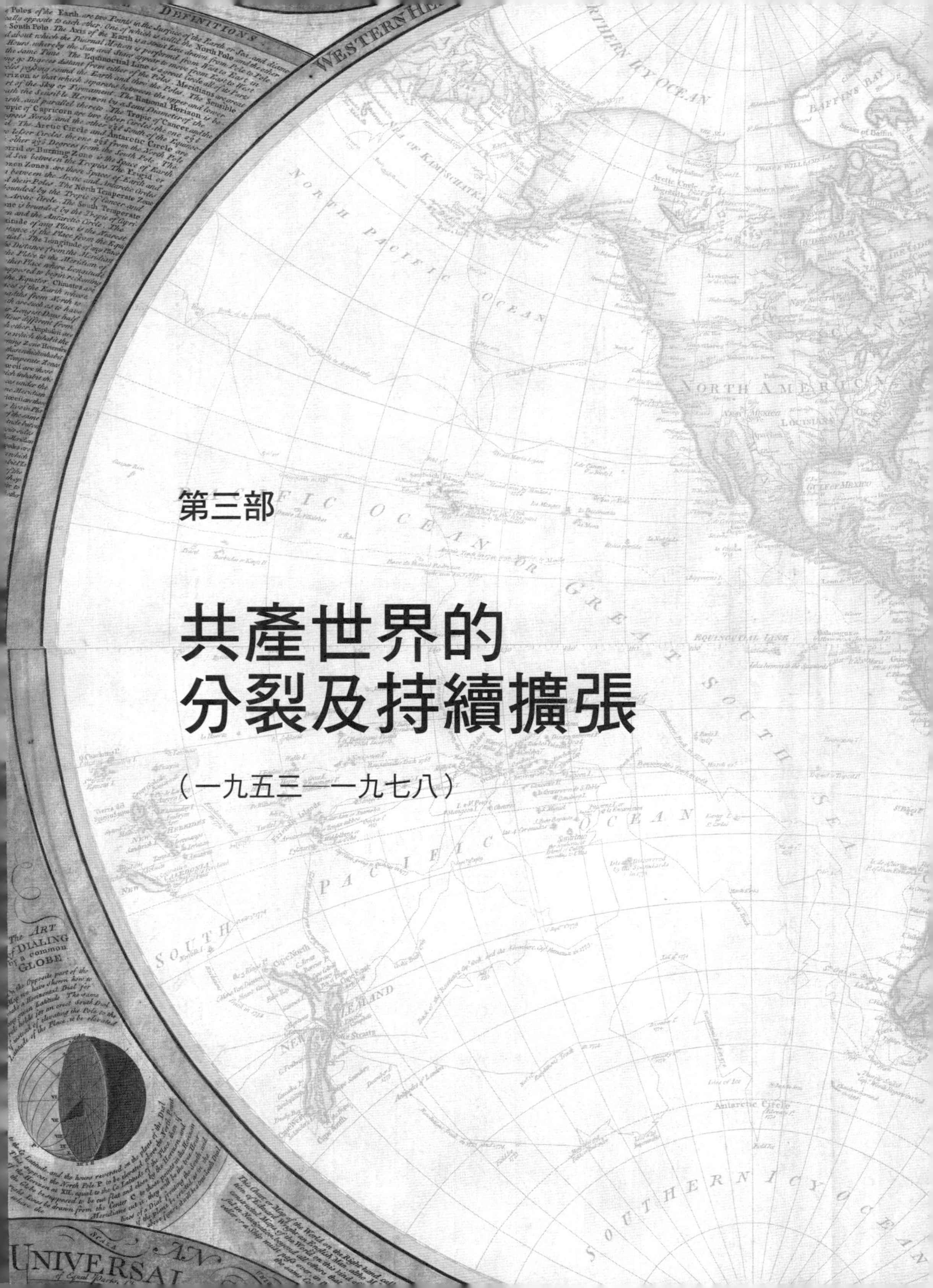

第三部

共產世界的分裂及持續擴張

（一九五三—一九七八）

第8章
從赫魯雪夫的「去史達林化」到毛澤東的大躍進、大飢荒

史達林擔任蘇共總書記前後共三十一年（一九二二—一九五三），在位期間把共產世界擴張到馬克思及列寧都難以想像的地步。在他死後，共產世界卻開始分裂，逐漸形成兩個集團，分別由「蘇共」及「中共」領導。不過兩者在分裂當中也仍不斷地輸出革命，各自擴張共產主義世界的版圖，與美國所領導的資本主義陣營繼續對抗。第三部主要就是敘述這一段歷史，而首先要敘述的當然是史達林之死。

克里姆林宮內的陰謀與史達林之死

一九五三年三月五日，史達林死於莫斯科，享年七十五歲。官方說他是死於腦溢血，實際上背後有很多曲折，不過一般歷史學家相信他的死因大致如下：

史達林死前幾天的某晚，在自己的別墅裡和幾位黨內高層一起吃飯喝酒，包括貝利亞、馬林科夫（Georgy M. Malenkov）及赫魯雪夫，個個都喝得醉醺醺的，直到凌晨四點才散會。第二天早上，史達林遲遲未出房門；警衛人員不敢擅入，到晚上十點多開門進入後，發現他躺在地板上，已陷入昏迷且無法言

語，於是以電話通知貝利亞和馬林科夫。貝利亞立刻命令警衛不許通知其他人，所以醫師、赫魯雪夫和其他人都是在第三天早上才趕到。因而，史達林的急救遭到嚴重的延誤。

有人懷疑史達林是被貝利亞下毒，也有人懷疑當晚與史達林在一起的幾個人全都涉案，其原因與眾人害怕史達林越來越嚴重的疑心病有關。

回顧二次大戰後，史達林對身邊一些老同志漸漸不放心，決定逐一貶放。首當其衝的，是紅軍參謀長朱可夫，被貶為邊遠地區的軍區司令，接著是被認為可能是史達林的接班人之一的日丹諾夫。他原本擔任列寧格勒黨委書記，奉調到莫斯科負責組織及意識形態工作；但如前所述，史達林在一九四八年和狄托發生衝突，不得不把共產情報局遷離布加勒斯特，因而遷怒於日丹諾夫，將其撤職。日丹諾夫一向患有嚴重的心絞痛，這時又被請到一處風景優美的國家療養院調養，而由克里姆林宮派一群頂尖的醫師前去會診。不料幾天後，日丹諾夫就一命嗚呼了。馬林科夫及貝利亞一向與日丹諾夫不和，趁機取得史達林的同意來整肅其舊部，即是所謂的「列寧格勒派」，據估計共有兩千人，全部在遭到刑求之後又被囚禁，或流放，或被處死。

一九四九年，長期擔任外交部長的莫洛托夫也被解除職務，原因是他的妻子是猶太人。史達林在晚年時反猶太情結日深一日，也曾說過猶太人都是美國的走狗。在此之下，莫洛托夫又被迫離婚，他的妻子說：「如果黨認為有必要，我們就離婚吧。」但在離婚後還是被關入監獄。

一九五一年，史達林接獲密報，說在他的家鄉喬治亞有一群屬於不同族群、說不同方言的明格列爾人（Mingrelian），由於有強硬的靠山，正在逐漸坐大，並且貪贓枉法。史達林於是直接下令逮捕五百人，全部予以嚴刑拷打，逼供認罪。貝利亞正是那個被指為靠山的明格列爾人，雖然沒有被直接問罪，可能自認已經烏雲罩頂，擔心即將遭到整肅。

隔年十月，蘇共舉行第十九屆代表大會，史達林突然決定取消政治局，同時設立中央委員會主席團，成員增加為二十五人，其中有很多是新面孔。黨內高層猜測這意味著史達林準備隨時撤換他們，無不憂心忡忡。

到了一九五三年初，蘇聯國安局突然宣稱接獲密報，斷定當年日丹諾夫的死是醫師故意誤診，因此那些為日丹諾夫診治的醫師全部被捕，並遭到嚴刑拷打，只得招供，並承認也害死過其他幾位紅軍元帥、將軍；全國於是掀起一場揭發無處不在的「白衣殺手」集團的政治運動。由於被捕的醫師大多是猶太人，此一運動又擴大成為全國性的反猶運動。

總之，由於上述諸多的事件，蘇聯全國人民及蘇共高層這時大多焦慮不安，擔心又發生一次大清洗，不希望史達林活太久。根據赫魯雪夫的回憶錄，史達林在發病後還稍有知覺時，貝利亞就跪在地上，抓住他的手不住地親吻；但當他失去知覺時，貝利亞就站起來，往地上吐口水。莫洛托夫也曾回憶當時的貝利亞說了一句：「我把他幹掉了！我拯救了你們所有的人。」

「三頭馬車」集體領導及其間的鬥爭

史達林死後，克里姆林宮形成集體領導的「三頭馬車」，由馬林科夫擔任部長會議主席，貝利亞擔任副主席兼內務人民委員部、國安部部長，赫魯雪夫擔任蘇共中央委員會第一書記。

事實上，史達林死時，蘇聯內外都處於困境之中。從外部說，冷戰方興未艾，與南斯拉夫關係惡劣；從內部看，農業凋敝，民生困苦，各地監獄人滿為患，勞改營裡還關著兩百五十萬人。三頭馬車因而決定大幅降低糧食和民生用品的價格；釋放一百萬名案情較輕，刑期較短的犯人；又下令停止調查「明格列爾人案」、「白衣殺手謀殺案」，以及其他緩和措施。

史達林在世時，內務人民委員部和國安部是由不同的部長掌管，以便互相箝制。貝利亞原本只管內務人民委員部時已經人人懼怕，這時由於馬林科夫的支持竟兼管兩個部門，權力更大。但貝利亞似乎變了一個人，不僅主動提出前述的緩和措施，又自我限制內務人民委員部的職權。有部分歷史學家認為，貝利亞之所以有如此巨大的變化，是因為知道自己過去的形象惡劣，急於要洗刷。

這時發生一個大事件。東德共產黨黨魁烏布利希（Walter Ulbricht）正在推動加速社會主義化的政策，大幅提高企業稅率，加速農業集體化，又強迫工廠工人加班而不加薪，引發人民劇烈抗拒。貝利亞聽到後，就請馬林科夫電召烏布利希到莫斯科，嚴厲地斥責他，並要求改採緩和的措施，但在指示的文件中並未提及必須取消增加工時而不加薪一事。烏布利希回國後，自然是依指示發布公報。但東德人民對政府的突然轉向十分困惑，又憤怒政府並未取消加班不加薪的規定，結果導致三百名工人在一九五三年六月發起罷工，接著演變成全國數十萬人參加反政府、反蘇聯的示威遊行。蘇聯最後不得不出動坦克到東柏林，大舉鎮壓，又槍決數十名領頭分子，才平息了動亂。

由於此一事件，莫斯科有一部分黨內保守派開始擔心貝利亞的冒進將危及共產黨。

從左至右：米高揚、赫魯雪夫、史達林、馬林可夫、貝利亞及莫洛托夫

貝利亞當時為了要爭取大位也極力拉攏其他黨內高層；例如，他把莫洛托夫的猶太妻子從勞改營裡放出來，並親自送回給莫洛托夫。貝利亞同樣也極力籠絡赫魯雪夫，赫魯雪夫卻不相信貝利亞，在暗中遊說其他人一起除去他，最後竟連馬林科夫也被說動。不過由於特務、警察都掌握在貝利亞手中，赫魯雪夫和馬林科夫只能在蘇共召開主席團會議時，請朱可夫及其他高級將領，率領親信共十餘人，暗中埋伏於會議室隔壁，伺機衝進去逮捕貝利亞。日後的蘇共總書記布里茲涅夫（Leonid Brezhnev）也是埋伏人員之一。

貝利亞在一九五三年年底就被處決了。在他倒臺後，赫魯雪夫又迫使馬林科夫於一九五五年下臺，由布爾加寧（Nikolai Bulganin）接任。赫魯雪夫原先擔任蘇共第一書記而沒有真正的權力，到此時黨權才高於行政權。

赫魯雪夫的出身背景、升遷之路及其反史達林情結

赫魯雪夫生於現今庫爾斯克州（Kursk）的貧農之家，長大後曾經擔任機械廠工人及礦工，後來加入紅軍，在退伍後擔任黨工，獲得烏克蘭黨委書記卡岡諾維奇（Lazar Kaganovich）提拔，擔任縣委書記。一九二九年，卡岡諾維奇調任莫斯科黨委書記，赫魯雪夫也跟著到莫斯科。如第四章所述，這時的赫魯雪夫在莫斯科的工業學院進修，因而認識史達林的妻子娜傑日達。赫魯雪夫在回憶錄裡說，娜傑日達是他人生中的第一張「彩票」，使他因而認識了史達林，獲得賞識，從此青雲直上。

赫魯雪夫此後仍是一直跟著卡岡諾維奇，工作內容當然包括參加清洗「反革命分子」，以及迫害數以萬計的富農。一九三八年，也就是大清洗達到最高峰時，赫魯雪夫被任命為烏克蘭黨委書記。一九四九年，赫魯雪夫被調到莫斯科擔任市委書記，又一路升任為中央書記處書記、政治局委員，從此進入權力核心。

如前所述，在三頭馬車期間有部分政治犯已經獲得平反，但在平反過程中有個副作用正逐漸發酵：由於大清洗的恐怖真相逐漸曝光，社會大眾紛紛要求追究相關責任。赫魯雪夫掌權之後，原本只是把責任推給貝利亞，以及在他之前的雅戈達及葉若夫；但根據貝利亞受審訊時的供詞，許多內務人民委員部的濫權和黑暗面顯然與史達林脫不了關係。赫魯雪夫於是下令成立特別委員會，負責調查真相。

赫魯雪夫對史達林另有一層反感。在大清洗的過程中，蘇聯官方出版一本《聯共（布）黨史簡明教程》（*History of the Communist Party of the Soviet Union (Bolsheviks)*），完全按照史達林的指示編寫、審訂，發行超過四千萬本。這本書被稱為「共產主義的聖經」，是蘇共黨員和蘇聯學生必須研讀的材料，書中的史達林被描寫得和列寧一樣神聖不可侵犯，一個造神運動於是興起。當運動達到高峰時，赫魯雪夫也跟著所有的人高呼口號：「史達林萬歲！」、「史達林，生身之父！」，後來卻自稱心中深以為恥。

赫魯雪夫也曾在一九五五年五月，率領代表團訪問南斯拉夫，並以蘇聯新領導人身分為當年兩國交惡的往事向狄托道歉，表示願意改善雙邊關係。然而，當討論到史達林的暴政時，赫魯雪夫又拿貝利亞當藉口，狄托和其同志們的反應則是啞然失笑又反唇相譏。赫魯雪夫因而越加認定，有必要揭露、譴責史達林的暴行。

蘇共二十大及赫魯雪夫的《祕密報告》

赫魯雪夫後來收到特別委員會的報告，發現越來越多有關史達林的暴行，於是向同志們提議在即將舉行的蘇共二十大中予以揭露。但同志們或多或少都曾經參與過迫害活動，一開始都擔心被追查責任，因而都反對，但到最後還是勉強同意了。

蘇共二十大是在一九五六年二月召開，過程並無任何特別之事；不過當赫魯雪夫做總結報告時，與會代表們都大吃一驚。赫魯雪夫說，由於國際形勢發生巨大變化，資本主義國家向社會主義過渡有可能不須經過武裝起義，而可以採用和平的手段。這種「和平過渡」的說法早在六十年前，已由德國社民黨的伯恩斯坦提出，當時被批為「修正主義」，但很多與會代表卻都是第一次聽到。

到了二十大最後一天，二月二十四日深夜，蘇共所有的代表都被邀到會議大廳，聽赫魯雪夫宣讀一份《祕密報告》。他整整講了四小時，直到隔天清晨才結束。據說，赫魯雪夫開始宣讀不久，所有人全豎起耳朵，深怕漏掉任何一句話；大廳一片肅靜，連一根針掉到地上都可以聽得到。

赫魯雪夫報告的標題是《關於個人崇拜及其後果》（*On the Cult of Personality and Its Consequences*），其中譴責個人崇拜，並引述列寧在遺囑裡說史達林如何粗暴、如何不適於擔當國家領導人，又指控史達林如何不擇手段地迫害其所謂的「人民公敵」。報告的內容片段如下：

> 誇大某個人的作用，把他變成具有神仙般非凡品質的超人，是和馬克思列寧主義的精神相違背的，是不能容許的。這個人似乎無所不知，洞察一切，能代替所有人的思考，能做一切事情，他的行為沒有半點錯誤。多年來，我們養成了用這樣的觀點去看待人，具體地說就是這樣看待史達林的……。
>
> 「人民敵人」這個概念，實質上已經排除了任何思想鬥爭和就某些問題那怕是實際問題表達自己意見的可能性。定罪的主要依據，實質上唯一的證據就是被告本人的「自供」，然而這種「自供」經查明，乃是對被告施行肉刑逼出來的……。
>
> 一個人的專橫也就慫恿了另外一些人的專橫，把成千的人大批逮捕和流放，不經法庭審訊和

正規調查就處以死刑等等……。

事實證明：許多濫用職權的事都是根據史達林的指示做的，根本不顧黨的準則和蘇維埃法制。

最後，赫魯雪夫呼籲所有人要根除個人崇拜，在共產黨的組織裡，從上到下都必須嚴格遵守「集體領導」原則。

《祕密報告》在蘇聯國內引起軒然大波。經過先前十幾年的造神運動後，人民大多以為史達林是一尊神，神聖不可侵犯，赫魯雪夫的報告裡卻說史達林一無是處，又下令停止出版《聯共（布）黨史簡明教程》。

從文化和藝術來說，《祕密報告》是「解凍」的開始。蘇聯內許多作家開始發表新作品，新的雜誌如雨後春筍出現。然而，以蘇共主管意識形態的蘇斯洛夫為首的保守派勢力強大，利用其職權在明裡暗裡極力阻撓「去史達林化」運動。舉一個例，一九五六年由作家巴斯特納克（Boris Pasternak）撰寫的小說《齊瓦哥醫師》（*Dr. Zhivago*），內容敘述一段悽苦的三角戀愛，蘇聯當局卻認為，此書隱含對布爾什維克十月革命的批評，禁止其出版。後來這本書被送到國外，翻譯成十幾國文字，並在兩年後獲得諾貝爾文學獎。然而，蘇聯作家協會竟開除了巴斯特納克的會籍。

《祕密報告》對中國的影響

蘇共召開二十大時，有五十五個共產國家依慣例派代表參加。赫魯雪夫宣讀《祕密報告》時並沒有邀請這些兄弟黨，不過在報告後立即知會他們。

中國代表團是由朱德和鄧小平率領，他們在讀了報告後私下議論紛紛，但不敢公開表示意見。回到北京後，鄧小平立刻提出報告，毛澤東也立即召開會議，討論要如何因應。毛澤東說，赫魯雪夫的報告「揭開了蓋子」，同時也「捅了婁子」，讓人們知道蘇聯和史達林也不是不會犯錯。毛澤東又說，史達林有功也有過，起碼是七分功，三分過，並不是一點功勞也沒有；他也提到，這樣大的事，蘇聯事前沒有和任何兄弟黨商量是非常不對的。

不過毛澤東同意多數人的意見，認為還是應當支持蘇共，因而親自撰寫一篇〈關於無產階級專政的歷史經驗〉，在《人民日報》上刊出。文中讚揚蘇共二十大有勇氣揭露個人崇拜的問題；為吸取教訓，必須重新學習馬列主義，反對教條主義。赫魯雪夫大喜，下令翻譯全文後在《真理報》上刊出，並印成小冊子，發行二十萬冊。

同年九月，中共召開第八次代表大會。毛澤東在會中獲選繼續擔任黨、政、軍的領導人，仍然大權在握。不過為了實踐反對個人崇拜，大會決定修改黨章，刪除原先在「七大」時放進去有關「毛澤東思想」的部分，並重申「集體領導」的原則。回溯八大之前的幾年，毛澤東也曾想要推動極左的經濟政策，但遭到劉少奇、周恩來堅決反對，稱之為「冒進」。毛澤東大怒之餘仍執意推動，但到此時也只得喊停。因此，八大實際上代表了中共的一次政策大轉彎，明顯地從先前的社會主義高潮中退燒。八大中另有一件事值得注意，就是毛澤東決定成立一個新的書記處，以鄧小平為總書記，並提升他為政治局常委之一。此後十年，鄧小平成為毛澤東的左右手，曾經被毛稱為「副帥」，奉命執行毛澤東的指令，並推動毛澤東發起的所有政治運動。

《祕密報告》對東歐的衝擊：從波蘭動亂到匈牙利革命

赫魯雪夫的《祕密報告》曝光後，東歐各國也受到巨大衝擊。當年史達林在蘇聯進行大清洗時，東歐各國領導人也在國內進行大清洗，人民於是紛紛要求共產黨為無辜受害者平反，承認錯誤，也有要求擺脫蘇聯強加在他們頭上的生活模式。其中波蘭最早發生動亂。

波蘭共產黨總書記貝魯特當時正因病住在莫斯科的醫院裡，讀了《祕密報告》後竟因驚嚇過度而一命嗚呼，而由奧哈布（Edward Ochab）繼任。赫魯雪夫決定親自參加貝魯特的葬禮，並在華沙向波蘭人解釋為什麼要推行「去史達林化」，說那是一個悲劇，因為史達林自認種種殘暴、無法無天及濫用權力的行為，都是為了黨的利益；然而為了要服務社會，卻使用錯誤的方式。

但憤怒的波蘭人民完全無法接受赫魯雪夫的說詞。一九五六年六月，波蘭中西部的大城波茲南（Poznan）爆發大規模罷工事件。數萬人在遊行後衝破監獄，搶奪武器。奧哈布立即下令軍隊前往鎮壓，但他自知無法平息動亂，自動辭職，請剛剛獲得平反出獄的前總書記戈慕爾卡接任。兩人在沒有知會蘇聯下，立即改組政治局，宣布將推動具體的改革政策。赫魯雪夫得知後，立刻指責兩人在搞反革命，命令軍隊開往波蘭。但兩人態度堅定，拒絕接受威脅。

波蘭動亂的消息引起許多共產國家關注。毛澤東立刻召見蘇聯大使，直接反對蘇聯出兵干涉波蘭。赫魯雪夫考慮再三，認為波蘭領導人雖然強硬，還不至於脫離社會主義陣營，於是下令撤軍。

波蘭的問題雖然暫時解決，緊接著匈牙利也發生動亂。十月下旬，布達佩斯有大學生發起遊行，結果竟聚集了二十萬人。群眾高呼和波蘭一樣的口號「俄國佬滾回去！」，又要求改革；但由於警察對學生開槍，立刻引發暴亂，史達林的巨型銅像被推倒。這時匈牙利軍方打開軍械庫，分發武器給學生和示威群眾。匈牙利總理也被迫辭職，由已被罷黜的前總理納吉（Imre Nagy）回任。匈共總書記格羅（Erno Gero）慌忙請求蘇聯派軍隊進入布達佩斯。此舉更是火上加油，各地於是掀起總罷工，但納吉也只是呼籲民眾冷靜。

這時蘇共主管意識形態的政治局委員蘇斯洛夫和副總理米高揚（Anastas H. Mikoyan）奉命，一起到布達佩斯與納吉會談，並同意暫時撤出軍隊。納吉卻對外宣稱，將舉行自由選舉，結束一黨專政。米高揚和蘇斯洛夫當晚立即發電報給赫魯雪夫，建議再度派兵。兩天後，納吉又宣布匈牙利將退出華沙公約組織。以結果論，此舉犯了大錯。

回顧一九四九年，美國領導西歐國家成立北大西洋公約，蘇聯則是等到一九五五年西德也決定加入北約之後，才決定成立華沙公約組織，以確保共產主義國家的集體安全。波蘭動亂當中，戈慕爾卡主動表示要留在華沙公約組織，赫魯雪夫雖不滿，尚可忍耐。如今納吉竟然宣稱要退出華沙公約，赫魯雪夫和其他蘇聯領導人就無法忍耐了，於是一致決定再度出兵鎮壓反革命。

由於情勢無比嚴重，這時毛澤東也應赫魯雪夫之請，派劉少奇、鄧小平到莫斯科參加討論，並指示兩人要求蘇聯不干涉匈牙利。但在納吉發表聲明後，毛澤東也改變主意，同意了蘇聯的決定。赫魯雪夫同時聲稱已經獲得東歐所有國家領導人的同意，於是下令調集坦克、大砲及機械化部隊，開始進行鎮壓。匈牙利軍隊在幾天內就被擊潰，革命以悲劇收場。

事實上，狄托曾經公開表示反對蘇聯出兵，後來納吉逃進布達佩斯的南斯拉夫大使館，狄托也指示給予政治庇護。不料納吉竟相信匈共新任總書記卡達爾（Kadar Janos）的保證，以為可以安全回家，結果在離開使館後就遭到逮捕。狄托大怒，向蘇聯提出強烈抗議，不過納吉還是在一年多後被處決。

波匈事件對中國的影響：「反右運動」

在波匈事件中，毛澤東的態度明顯前後不一，但在過程中他已經認定，過度地批判史達林終將帶給社會主義極大的危險。毛又認為，波匈事件之所以發生是因為：「東歐一些國家的基本問題就是階級鬥爭沒有搞好，那麼多反革命沒有搞掉，沒有在階級鬥爭中訓練無產階級認清敵我，分清是非。」因而決心要徹底清洗國內的反革命分子，同時也決定要先「引蛇出洞」。

回溯一九五〇年代初期，毛澤東曾經提出「雙百政策」(「百花齊放」及「百家爭鳴」)，鼓勵知識分子多多發表意見，有人於是應邀發言。其中一位作家胡風非常大膽，竟說共產黨箝制思想，造成人民無法獨立思考，窒息文藝創作。不料毛澤東大怒，下令逮捕胡風及其他九十幾人，定性為「胡風反革命集團」，胡風被判處徒刑十四年。此後知識分子無不噤聲，不敢再表示任何意見。

到這時，毛澤東又公開表示希望各民主黨派的知識分子放膽批評，大鳴大放，以協助共產黨整風。由於胡風的下場，沒有人敢表示意見，毛澤東就又再保證：「知無不言，言無不盡；言者無罪，聞者足戒；有則改之，無則加勉。」並下令將三份重要的報紙都轉交民主黨派主辦，又指示中央統戰部舉辦十幾場座談會，邀請知識分子參加。民主黨派人士於是漸漸信以為真，又紛紛開始發言。

一九五七年五月，中國民主同盟(「民盟」)的副主席兼《光明日報》社長章伯鈞，在一次座談會上建議成立「政治設計院」，用以討論政治上的基本問題。他又建議，大學裡的黨委制度應該檢討。章伯鈞對改簡體字也有意見，說如果文字改革問題等同於社會主義、共產主義，那麼他沒有意見；但如果只是文化問題，就應該多討論。民盟另有一位副主席兼《文匯報》社長羅隆基也建議成立特別委員會，平反各種運動中的錯誤及偏差。章伯鈞的「政治設計院」和羅隆基的「平反委員會」，後來都成為他們被鬥爭的主要罪狀。當時另有一位國際知名的甲骨文學者陳夢家也堅決反對簡體字，後來也一樣被清算。

不過「大鳴大放」的最高點是《光明日報》總編輯儲安平以〈向毛主席和周總理提些意見〉為題，發表批判「黨天下」的言論：

解放以後，知識分子都熱烈地擁護黨，接受黨的領導。但是這幾年來黨群關係並不好，而且成為我國政治生活中急需調整的一個問題。這個問題的關鍵究竟何在？據我看來，關鍵在「黨天下」這個思想問題上……。在全國範圍內，不論大小單位，甚至一個科一個組，都要安排黨員做頭兒。事無巨細，都要看黨的顏色行事，都要黨員點頭才算數，是不是太過分了一點？……。我認為這個黨天下的思想問題是一切宗派主義現象的最終根源，是黨和非黨之間矛盾的基本所在。

儲安平的意見全文刊登在報紙上，如石破天驚，震動朝野。毛澤東也大驚，於是決定開始收網，在《人民日報》上發表一篇文章，其中說有少數人對社會主義口是心非，心裡嚮往的其實是資本主義；這些人正在向共產黨的領導權挑戰，企圖打翻社會主義的偉大事業，拉著歷史向後倒退，退到資產階級專政。「反右運動」的號角於是吹響，由當時的總書記鄧小平負責執行，命令全國所有的政府機關、農村、工廠及各級學校都要揪出右派分子。據估計，全國被劃為右派分子的人數達到五十五萬人，全部被迫不斷地參加開會，接受批評，直到願意寫檢討書。有些人丟掉職位，有些被降級，大部分被強迫接受「勞動教養」。舉一個例，《光明日報》總編輯儲安平遭撤職後，奉命在北京的一個小胡同裡養羊，最後就失蹤了。

在反右運動中受害的，不只是五十五萬人，這些人的家屬、親戚、朋友也連帶受害，在生活、就學、就業都受到歧視。因而，全國有三百萬人以上遭到連累。凡是不想受到連累的人，就必須主動舉發右派分子及其「罪行」，與其劃清界限。因而，為自保而出賣親友、同志、長官、老師的例子不勝其數。第一號大右派分子章伯鈞受到意想不到的出賣尤其多，不禁感嘆這些人在決定出賣他之前「先要吃掉良心」。

然而，毛澤東在發動「反右運動」後卻洋洋得意地說：「讓大家鳴放，有人說是陰謀，我們說，這是『陽謀』，因為事先告訴了敵人。牛鬼蛇神只有讓他們出籠，才好殲滅他們，毒草只有讓他們出土，才便於鋤掉。」有人評論，反右運動無疑是先前延安整風運動的延續及擴大版，一種由毛澤東親自示範的負面社會風氣於是形成，不只在黨員中，也在全國的人民中，其影響既深又廣且遠。

蘇伊士運河危機：蘇聯打開非洲及阿拉伯世界大門

一九五六年是多事之秋，遠在非洲的埃及也發生一件大事，即是蘇伊士運河危機，其主角是埃及總統納瑟（Gamal Abdel Nasser）。納瑟曾在一九五二年領導「自由軍官」革命，推翻在英國保護下的傀儡國王，從此統治了埃及。納瑟生平樸素、廉潔而有大志，是泛阿拉伯民族主義的倡導者，以建立聯合的阿拉伯世界為己任。由於埃及位於非洲的東北角，是非洲的門戶，納瑟又說要致力於「開展非洲黑暗大陸的視野」，一場風暴隨即而來。

當時的納瑟面臨的是內憂外患。納瑟由於引入西方的文明與制度，引起國內勢力龐大的保守派穆斯林兄弟會不滿，不只一次要暗殺他。納瑟憤而將數千名穆斯林兄弟會成員下獄。納瑟倡議組織聯合的阿拉伯國家，也不受鄰國歡迎，只有敘利亞有意願。英法兩國都想維持在中東的既有利益，因而與納瑟也時有衝突。美國不遺餘力地提供以色列先進的武器及裝備，納瑟也要向美國採購軍火，卻被艾森豪拒絕了。

納瑟卻不甘心，經由在前一年參加印尼蘇卡諾總統所主辦的萬隆會議認識的中國總理周恩來牽線，而與蘇聯開始有聯繫，因而獲得先進武器。美國得知後不快，與英國共同決定取消資助埃及興建阿斯旺水壩（Aswan Dam）。納瑟也怒而宣布將蘇伊士運河收為國有；英法兩國在蘇伊士運河有將近一半持股都被沒收，無法忍耐之下，聯合以色列於一九五六年十月入侵埃及，占領西奈半島及運河大部分地區。但由於包括蘇聯及美國在內的世界各國都群起指責，蘇聯甚至暗示不惜動武，英法以三國最終被迫撤軍。

赫魯雪夫藉蘇伊士運河事件與納瑟進一步拉近關係，後來又決定資助埃及繼續興建阿斯旺水壩，甚至承諾幫納瑟興辦大煉鋼廠。數以千計的蘇聯技術專家及政治、經濟、軍事顧問於是奉派到埃及工作。埃及與持無神論的共產黨走得這樣近，使得穆斯林兄弟會更無法接受，鄰近的阿拉伯國家也有極大的保留，但納瑟已經無法走回頭路了。

克里姆林宮裡的流產政變

赫魯雪夫在蘇伊士運河危機中，為馬列主義在非洲及阿拉伯世界找到一個突破口，可說是在外交上的一項巨大成就。從內政來看，赫魯雪夫也極為成功。自一九五六年起，蘇聯宣布在不減少工資的前提下，縮減工人的工作時數。這一年全國穀物豐收，在西伯利亞開墾處女地成果也令人滿意。許多大型工廠項目在進行中，各大城市也都在建新住宅。此外，許多在集中營裡關押的人獲得平反。

但在這些平反的過程中，不免又要揭露一部分的舊日罪行，連帶有人必須為此負責；一部分黨政官員早已為此擔心，此時越加心驚肉跳。同時，赫魯雪夫堅持取消支付給黨政高官的津貼，又裁撤許多中央部會，同時將權力下放給地方政府，而得罪了許多人。這些人於是暗中串連，企圖將赫魯雪夫拉下馬。

一九五七年六月，蘇共召開中央主席團會議，反對派突然發難，投票通過罷黜赫魯雪夫。但赫魯雪夫拒絕下臺，說他是由中央委員會票選為第一書記，主席團沒有權力罷黜他，要求召開中央全會，反對派只得同意。然而，由於中央委員支持赫魯雪夫的人較多，會議尚未召開勝負已定。當時擔任國防部長的朱可夫不但全力支持赫魯雪夫，又用軍機將一部分在偏遠地區無法趕到的中央委員送到莫斯科。政變流產後，赫魯雪夫把帶頭反對他的部長會議主席布爾加寧撤職，由自己兼任，從此權力更大。

朱可夫先前曾協助赫魯雪夫拘捕貝利亞，此時又為赫魯雪夫保駕護航，可說是居功厥偉。但有人對赫魯雪夫說朱可夫恃功而驕，黨已經無法控制軍隊，將來可能又發生政變；赫魯雪夫於是在三個月後，趁著朱可夫在國外訪問時將其免職，又強迫他退休。朱可夫至為憤恨，逢人就痛罵赫魯雪夫。有歷史學家評論，赫魯雪夫逼退朱可夫之舉已經種下自己日後真正遭到罷黜的禍根。

毛澤東與蘇共十月革命四十週年慶及中共八大二次會議

一九五七年十月，蘇聯成功地發射了世界上第一顆人造衛星「史普尼克一號」（Sputnik 1）。社會主義國家無不振奮，西方國家無不大驚。美國驚覺自己的科技發展已經落於蘇聯之後，決定加緊發展核子彈、導彈、太空火箭等。美蘇之間的軍事競賽從此越加激烈。

蘇聯發射「史普尼克一號」的時機，正是十月革命四十週年前夕。赫魯雪夫大舉邀請全世界八十幾個國家的共產黨代表到莫斯科參加慶祝大典。毛澤東親自率領代表團前往，團員中包括劉少奇、周恩來和鄧小平。

由於赫魯雪夫在四個月前才經歷一次流產政變，自知在蘇共內部的地位並不穩固，在八十幾國的共產黨代表眼中的威信也不如以往，因而決定拉攏毛澤東，與他簽訂一項祕密協議，同意逐漸移轉核能及導彈相關的技術，並承諾在一九五九年交付一枚原子彈給中國。毛澤東大喜，在大會中說共產國家必須有一個頭，蘇聯就是這個頭，又說中國沒資格做這個頭。

然而，毛澤東在大會上給人的觀感卻是處處爭勝。赫魯雪夫宣稱蘇聯預計在十五年內能趕上美國的經濟生產；毛澤東立刻說，十五年後中國也可以超越英國。毛澤東又發表「東風壓倒西風」論：「我們中國有一種說法，不是東風壓倒西風，就是西風壓倒東風。我認為，現在國際形勢的關鍵是東風壓倒西風。」

毛澤東又說，第三次世界大戰絕對無法避免，但不用害怕，因為美國不過是一隻「紙老虎」，無論是原子彈戰爭或是什麼戰爭，社會主義國家都會取得勝利。以中國來說，「如果帝國主義把戰爭強加於我們，而我們現在六億人，即使我們損失其中三億人又怎麼樣？戰爭嘛，若干年後，我們培育出新人，就會使人口得到恢復。」毛澤東一說完，會場上一片靜默；義大利共產黨代表率先開口問說義大利會怎樣，毛回答：「誰說義大利一定會倖存下來呢？」

毛澤東既是在莫斯科的慶典上說要超英趕美，回國後就決定重新推動社會主義高潮。他馬不停蹄地到全國各大城市召集各省市首長開會，要求表態效忠，無條件服從，又嚴厲地警告劉少奇、周恩來及財經首長，不許再提什麼預算平衡那一套，也不准提什麼「反冒進」。毛澤東對周恩來尤其不滿，又逼他承認錯誤，自我批評。

一九五八年五月，中共召開「八大二次會議」，周恩來被迫當著一千多名代表說：「中國幾十年革命和建設的歷史證明，毛主席是真理的代表。離開或者違背他的領導和指示，就常常迷失方向，發生錯誤，損害黨和人民的利益。我所犯的多次錯誤就足以證明這一點。」當年赫魯雪夫在《祕密報告》中痛斥個人迷信，毛澤東也同意；不過才兩年的時間，中國又再度興起了造神運動。

「八大二次會議」顧名思義，是中共召開的第二次八大會議，這就顯示毛澤東對一年半前召開的八大會議至為不滿，因而要開第二次，以重新定調。無論是在蘇共或中共的歷史上，這都是空前絕後，絕無僅有的一次。毛這時決心不顧一切地推動「大躍進」，將總路線訂為「鼓足幹勁，力爭上游，多快好省地建設社會主義」，其中特別強調「多、快、好、省」四個字。然而後來事實證明，中共推動的大躍進只有「多、快」，並沒有「好、省」。

大躍進：大辦水利、人民公社及大煉鋼鐵

所謂的「大躍進」，主要包括大辦水利、人民公社及大煉鋼鐵三項。

大辦水利工程主要是建設水庫及灌溉系統工程，其中有一部分在完成後確實有助於開墾土地，增加收成，但有更多的工程卻沒有經過仔細思考，完善規劃，以致於失敗。越大的工程，越是從政治的著眼點出發，只是為了逢迎拍馬，所以失敗得越悽慘。

舉一個例。甘肅省是中國最乾旱的省分之一，只有在南方的洮水流域有豐沛的水源。甘肅省的官員卻提議修建一條運河，把洮水引上中部的山區，再連通到東部的黃土高原，如此便可以創造出一千五百萬畝的良田，於是從一九五八年六月起開始動員十幾萬農民，企圖以徒手操作簡單的工具鑿出一條運河。中央政府官員不斷為此一偉大的工程打氣，全國有二十個省派員來觀摩。然而，這項荒誕的工程最終還是在一九六一年夏天喊停了。

再舉一例。河南省的官員建議在黃河三門峽建造水壩，雖然完工，卻因黃河的河水裡泥沙含量太高，不久後就開始淤積回堵，墊高河床。上游只要下雨，便在下游決堤淹沒兩岸的農田，釀成大災害。

至於人民公社，主要的目的是進行徹底的農業集體化。回溯中共完成土改後，全國約有一億兩千萬農

戶在毛澤東一聲令下，全部被納入農民生產合作社體系。大躍進開始後，這些生產合作社又都被併進兩萬六千個人民公社裡，分屬於其下的生產大隊及再下一層的生產隊。原則上所有的生產資料，如農具、牲畜、種子、肥料等都歸集體公有。也有連住家、家具都歸公，不許有自留地。所有的勞動工作由人民公社統一分配，所有的人在大食堂一起吃「大鍋飯」。

但農民無不希望擁有自己的土地，因而消極抗拒，導致生產下滑；這時人民公社的領導卻開始「放衛星」虛報畝產的競賽。「衛星」是從蘇聯發射人造衛星之後，開始流行的一個用語，代表大突破的意思。毛澤東曾經親自為農業生產訂了一個目標，希望在十年內達到水稻每畝八百斤，小麥每畝四百斤，比當時實際產量高一倍。一九五八年初，湖北省有一個公社宣稱每畝水稻產量達到了八百斤；到了六月，河南省也有一個公

人民日報
RENMIN RIBAO
13
麻城建国一社出現天下第一田
早稻亩产三万六千九百多斤
福建海星社創花生亩产一万零五百多斤紀录
643

農業放衛星：1958年8月13日《人民日報》頭版頭條報導湖北省麻城縣人民公社早稻畝產三萬六千九百多斤。

社宣告，在小麥田裡實驗突破兩千斤。這時有一位頂尖的科學家錢學森也在報紙上說，理論上達到畝產幾萬斤是可能的。虛報畝產數字於是從一萬斤、三萬斤，衝到年底的十萬斤。

毛澤東剛開始對這些數字半信半疑，到後來卻開始擔心農民生產這樣多糧食要怎麼才吃得完，於是說：「以後就少種一些，一天幹半天活……。社員可以多吃糧，一天吃五頓也行嘛！」。許多公社於是讓社員一天吃掉原本三、四天的份量，吃不完就拿去餵豬，或是倒掉。然而，不論「放衛星」如何吹噓，一九五八年每畝水稻的生產，實際上並沒有超過三百斤；換句話說，人民公社既未能增產，又如此地糟蹋糧食，大饑荒其實已經不遠了。

有關鋼鐵生產的數字，同樣也是「放衛星」。一九五八年，主管官員將鋼鐵計畫生產訂為一千零七十萬噸，是前一年實際產量的兩倍，毛澤東欣然同意。問題是國內所有的煉鋼廠總產能遠遠不夠，要如何才能達到目標呢？有人就提議，在全國各地建造簡易的小高爐，以土法煉鋼。

各省市的領導人於是動員人民「大煉鋼鐵」，全國共建了五十多萬個小高爐。白天時，有許多被派去挖煤礦或撿煤渣，或砍樹或撿枯木，甚至拆樓板、床板當燃料；又有些人負責蒐集廢鐵，或是沒收各家的鐵製鍋碗瓢

大煉鋼鐵：採用小高爐的原始方法煉鋼

盆，一概投入高爐之中。到了晚上，紅色的高爐火光照耀天空，從南至北，由西到東。許多人民公社一面繼續放衛星，一面又把農民抽調去參加大煉鋼鐵，大片的農田因而荒廢休耕。中國離大饑荒又近了一步。

中蘇交惡：赫魯雪夫與毛澤東的衝突

歷史學家大多同意，蘇共和中共之間發生不愉快，其實從史達林在世時就開始了，只是毛澤東不得不對史達林忍氣吞聲。到了赫魯雪夫上臺，毛澤東就不可能再繼續忍耐；再加上毛本人有強烈的領袖慾，對赫魯雪夫推動的去史達林化運動也漸漸不以為然，因而，遲早兩人是會發生衝突的。

一九五四年九月，赫魯雪夫第一次率團訪問北京，參加中華人民共和國建國五週年慶典。蘇聯原先已經和中國簽約同意援助進行一百四十一項建設，赫魯雪夫又追加十五項，使得中國的第一個五年計畫更加充實，不僅有重、化工業，也包括國防工業，如坦克工廠、飛機零件廠。

赫魯雪夫顯然是極力要討好東道主，但他在訪問期間對中共的觀感無疑是非常負面。赫魯雪夫在晚年寫的回憶錄裡提到，當時中共無論是在會議或是閒談中，對待蘇聯人「殷勤得令人肉麻，周到得無微不至，可就是沒有真情」。同時，赫魯雪夫從近身觀察中更加確信，毛澤東的自尊心及優越感已經強烈到不能容忍別人有意或無意輕視。不等返回莫斯科，赫魯雪夫就私下和同志們說：「我們同中國的衝突不可避免。」毛澤東於十月革命四十週年慶典時在莫斯科的發言和舉動，當然也使得赫魯雪夫不安。

當毛澤東意氣風發地發動大躍進時，赫魯雪夫更是憂心忡忡。回溯一九二〇年代後期，史達林強推的集體農場是一場大災難，導致蘇聯在五年內有一千萬人餓死，其中將近半數在號稱為穀倉的烏克蘭地區。赫魯雪夫當時就是烏克蘭的官員，所以深知其中的錯誤，而眼看著中國的人民公社即將導致同樣的災難。

赫魯雪夫說，更何況中國比蘇聯還要貧窮落後，沒有高度機械化的基礎，農民大多是用手拿鋤頭和木犁耕田，有什麼條件搞集體化？

對於土法煉鋼，赫魯雪夫尤其不以為然，更是以「簡直是一場瘟疫」作結。他認為，這是遙遠的年代以前的冶煉業，在這樣粗陋條件下產出的鐵，成本和品質都是問題，也達不到工業用鋼鐵所需的規格。

赫魯雪夫對大躍進的批評當然傳到毛澤東的耳朵裡，使得他憤恨不已。兩人的關係在後來又因為一連串其他的事件而越來越惡化。

一九五八年四月，蘇聯向中國提出一項建議，希望在中國南方建造一座長波無線電臺，以便和在太平洋的蘇聯潛艇聯繫，又建議由雙方分攤費用。毛澤東指示相關部門回覆同意，但費用全部由中國負擔，所有權屬於中國。

兩個月後，赫魯雪夫又請蘇聯駐北京大使尤金（Pavel F. Yudin）面見毛澤東，建議雙方聯合建立一支現代化艦隊。尤金原本是一名哲學家，曾經幫助毛澤東將他的兩篇重要論文《矛盾論》及《實踐論》翻譯成俄文出版，所以和毛澤東的關係非比尋常。不料毛澤東聽到尤金提及合作造艦時，面色鐵青，語氣不善，尤金知道大事不妙，趕忙告辭。但第二天毛澤東又請尤金到中南海，並請所有政治局委員都到齊，然後一個人講話，足足講了四個多小時。由於毛澤東指示把自己的講話全部錄音，今天我們很清楚當時他說了什麼，其中的片段如下：

> 你們就是不相信中國人，只相信俄國人。俄國人是上等人，中國人是下等人，毛手毛腳的，所以才產生了合營的問題。要合營，一切都合營，陸海空軍、工業、農業、文化、教育都合營，可不可以？或者把一萬多公里長的海岸線都交給你們，我們只搞游擊隊。你們只搞了一點原子

能，就要控制，就要租借權……。

我們對米高揚不滿意。他擺老資格，把我們看做兒子。他擺架子，可神氣了……。什麼兄弟黨，只不過是口頭上說說，實際上是父子党，是貓鼠黨。

蘇聯人從什麼時候開始相信中國人的呢？從打朝鮮戰爭開始的。……。史達林支持王明路線，使我們的革命力量損失了百分之九十以上。當革命處在關鍵的時候，他不讓我們革命，反對我們革命。革命勝利後，他又不信任我們。他大吹自己，說什麼中國的勝利是在他的理論指導下取得的。一定要徹底打破對他的迷信……。

你們講的話，使我感到不愉快。請你照樣告訴赫魯雪夫同志，我怎麼說的，你就怎麼講，不要代我粉飾，好讓他聽了舒服。

毛澤東所講的，可說完全是長久以來他對史達林、赫魯雪夫以及所有其他蘇聯人累積的憤恨及不滿。赫魯雪夫接到尤金的報告後，大驚，決定親自飛到北京，但最終兩人的會談還是不歡而散。

中、蘇裂痕加深：從金門砲戰到蘇聯取消交付原子彈

到了八月，毛澤東毫無預警地突然下令砲轟在福建外海，由臺灣蔣介石政權控制的一座小島——金門，在兩個小時內落彈四萬餘發；蔣介石下令回擊，「金門砲戰」（或稱「八二三砲戰」）於是爆發。美國立刻派航空母艦進駐臺灣海峽，又提供蔣介石飛機、導彈以對抗共軍的海、陸、空三面攻擊。

赫魯雪夫對金門砲戰的反應是又驚又怒。當時蘇聯已經和美國、英國討論防止核武擴散，並達成協議

要一起發表暫停核試驗的聲明，金門砲戰卻發生在預定發表聲明的前一天，這使得赫魯雪夫不得不懷疑毛澤東發動砲戰的目的是為了破壞三國的核武限制談判。由於赫魯雪夫才離開北京不久，金門砲戰不免被認為是他和毛澤東共同商定的決策，但毛澤東在和赫魯雪夫見面時根本沒有提過任何與金門有關的事。

不過使得赫魯雪夫更生氣的事還在後面。臺灣在金門砲戰中發射一款由美軍提供的「響尾蛇」導彈，其中有一枚故障，掉落在地面上，被共軍拾獲。蘇聯自認導彈技術不如美國，要求中共把這枚導彈送給蘇聯軍方拆解研究。中國人不肯，但在蘇聯不斷催促之下，最後還是把導彈送去，然而蘇聯人卻發現，這枚導彈少了一個非常關鍵的感測元件。中國人說，可能是在運送過程中遺失，蘇聯人卻認定是中國人私藏而不願交出。赫魯雪夫後來在回憶錄裡寫道，這個小小的事件大大地刺傷了蘇聯人。蘇聯人一向自認對中國如兄弟般地對待，支援無數的建設項目，提供貸款、設備，又派出數千名專家；如今中國在戰場上獲得了一點點戰利品，卻不肯和蘇聯共享，千方百計地拖延，最後又說謊。

一九五九年一月，蘇共召開第二十一次大會，毛澤東命令周恩來率領中共代表團參加，並給予指示，因而周恩來在會議中聽到赫魯雪夫公然譏評大躍進後便起而直接反駁。這是雙方衝突第一次公開化。

又過兩個月，西藏發生抗暴運動，原因是中共在青海、西藏推動土地改革及人民公社，損毀喇嘛寺廟，又逼僧人還俗，藏人被迫起而反抗。中共立刻派解放軍大舉鎮壓，第十四世達賴喇嘛被迫逃亡，英美兩國支持印度接納達賴喇嘛及其隨從進入國境。中印之間原已為邊境問題發生糾紛，至此關係更加惡劣。印度雖不是共產國家，與蘇聯一向友好，蘇聯因而不願得罪印度，拒絕發表支持中國的聲明，中蘇之間的關係於是也進一步惡化。

到了六月，蘇聯突然發出通知，決定停止協助中國發展核能技術，並取消原先交付一顆原子彈給中國的承諾。蘇共中央為此寫了一封信給中共中央，其中說，蘇美英三國正在討論禁止核試驗的談判，不能不考慮，如果西方國家獲悉蘇聯將核武器的樣品和技術資料交給中國，那麼就有可能嚴重破壞蘇聯為和平及和緩國際緊張局勢所做的努力。

接到信後，毛澤東憤恨至極。這時中共正預定於七月初在盧山召開一次政治局擴大會議，不料竟演變成一場政治風暴，而被鬥爭的主角是國防部長彭德懷。

盧山事件及反右傾運動，兼述毛岸英之死

關於各級人民公社宣稱的輝煌成就，有一部分中共高層在暗中懷疑，決定回鄉去實地考察。彭德懷也在一九五八年底回到湖南家鄉，卻發現農民完全失去積極性，地方政府領導又集體造假，縱容各級幹部毆打、虐待農民。許多鄉親向他哭訴，對他造成極大的衝擊。次年五月，他奉派到東歐參加會議，見到赫魯雪夫和一些東歐的領導人，在私下的言談中透露自己對大躍進的憂慮。不料毛澤東接獲密報，對彭德懷至為不滿。

盧山會議召開時，彭德懷決定直接寫一封「八萬言書」給毛澤東。在開會中，許多人也紛紛發言支持彭德懷的意見；彭德懷自己更是越說越激動，竟衝口而說個人崇拜及缺乏民主才是一切弊病的根源。不料毛澤東勃然大怒，直接說彭德懷在東歐對赫魯雪夫說大躍進如何如何不好是「裡通外國」，屬於反黨性質，接著厲聲說道：「假如辦十件事，九件是壞的，都登在報上，一定滅亡，應當滅亡。那我就走，到農村去，率領農民推翻政府。」又說：「我一個兒子被打死了，一個兒子瘋了，我看是沒有後的。始作俑者是我，應該是斷子絕孫。」此話一出口，所有的人都驚呆了，因為大家都知道，毛澤東說有一個兒子被打死的事和彭德懷有關係。

原來毛澤東有兩個兒子，大的叫毛岸英，小的叫毛岸青。由於毛澤東忙於革命，母親楊開慧又不幸遭國民黨處決，兩兄弟七、八歲就被送到上海，交給一個地下黨員牧師收養，但時常遭到毆打。岸青因而腦部受傷，導致後來精神失常，岸英只得帶著弟弟在街頭流浪。當時許多中共要員的子女遭遇也都類似，共產國際因而決定把他們的子女都送到莫斯科的一所兒童院裡，直到長大。

毛岸英成年後加入蘇聯紅軍，參加對德戰爭，升至上尉。一九四六年，毛澤東患重病，史達林派專機送兩名醫師到延安為他診治，順便送岸英回國，父子倆將近二十年第一次見面。一九五〇年，岸英自願參加抗美援朝，彭德懷不敢讓岸英上前線，把他保護在指揮部裡。不料岸英竟在一次美軍飛機轟炸時慘遭炸死，當時年僅二十八歲。毛岸英的死當然是毛澤東心中的大痛，但此後不曾再提起。廬山會議時，毛澤東終於忍不住，把深藏心中多年的痛一下子發洩出來。

毛澤東最後決定把彭德懷和其他三人一起打成「反黨聯盟」，全部撤職。接著，他又指示發起「反右傾運動」，比兩年前的「反右運動」規模更大；據統計，有三百萬多名「右傾機會主義分子」受到嚴厲處分。如彭德懷那樣敢講真話者的下場既是如此，從此沒有人敢再批評大躍進。大饑荒於是不可避免。

從赫魯雪夫訪美到蘇聯停止援助中國，撤回技術專家

一九五九年九月，赫魯雪夫應艾森豪之邀，帶了大隊人馬訪問美國，遍訪華盛頓、紐約以及農業大州愛荷華、鋼鐵大城匹茲堡，甚至到加州好萊塢影城，還見到最知名的電影明星瑪麗蓮夢露（Marilyn Monroe）。這是歷史性的一次訪問，對蘇聯來說也是一趟學習之旅。赫魯雪夫無疑希望藉助美國的幫助，讓蘇聯經濟加速發展；但直接地說，這個目的並沒有達成的。其中一部分原因是，美蘇關係到第二年就惡

化了；另一部分原因是，蘇聯不可能把美國所有的東西照樣全搬到蘇聯。推動種植玉米就是其中的一個失敗例子。

赫魯雪夫在烏克蘭時曾經有領導種植玉米的成功經驗。他聽說美國人大面積種植玉米，連帶發展出極為成功的畜牧業，於是派人到愛荷華州，向大農場主加斯特（Roswell Garst）取經。赫魯雪夫即是到了美國，就決定飛到愛荷華，以便親自參觀加斯特的農場，並且在回國後下令在蘇聯全境推廣。然而他忽略了蘇聯的天候及地理條件與美國不同，因而玉米收成極差。但地方官員大多不敢反映實情，反而虛報玉米產量及飼養牲畜的數字；一名州黨委書記因為無法圓謊，最後只得自殺。不過全國性的災難已經無法避免。

赫魯雪夫也到美國總統專屬的渡假地大衛營（Camp David），與艾森豪總統一起過了三天，並達成東西方必須和平共處的協議，共同致力於裁軍，停止核武，並擴大貿易合作。結束美國之旅後，他又匆忙地率團到北京，正好趕上中共建國十週年慶典。

但毛澤東早就認定赫魯雪夫已經走上「修正主義」的道路，對其訪美之行更是疑忌。因而在見面後，毛澤東只是要求赫魯雪夫重新考慮移轉核技術，但赫魯雪夫還是拒絕，毛澤東只好聲稱中國將自己研究。兩人又為中印衝突之事激烈爭吵，最後仍是不歡而散。

中蘇漸行漸遠，東歐國家都看在眼裡，其中阿爾巴尼亞開始向中國示好。阿國共黨總書記霍查（Enver Hoxha）一向緊緊跟隨史達林，在國內也學習史達林多次清洗異己，所以在黨內地位穩固，沒有人敢挑戰。但在赫魯雪夫批判史達林後，阿共黨內開始有反對的聲音，霍查因而對赫魯雪夫大為不滿。中共趁機籠絡阿爾巴尼亞，雙方一拍即合。

一九六〇年六月初，中國在北京主辦有六十多個國家共產黨代表參加的大會。蘇聯代表奉令鼓吹和平共處，中共卻在暗中邀各國代表私下開會，指稱和平共處是一個騙局。赫魯雪夫得知後，說：「中國人在朝我們臉上吐痰。」六月下旬，又有五十幾個國家的共產黨代表在羅馬尼亞的首都布加勒斯特開會。赫魯雪夫親自與會，發表演講猛烈批評毛澤東，說不是只有依靠戰爭才能進入社會主義。不料中共代表團團長彭真竟起而直接反駁赫魯雪夫，阿爾巴尼亞代表竟也發言表示支持彭真。

赫魯雪夫大怒，下令從七月起取消與中國簽訂過的三百四十三項合作協議，撤回一千三百九十名技術專家。中國境內有許多工廠因而一夕之間停擺，或工程進行了一半而無以為繼。不料霍查從九月起又下令清洗黨內的親蘇派，通通開除黨籍，逮捕入獄，也有一部分遭到處決。赫魯雪夫忍無可忍，下令於一九六一年春季停止對阿爾巴尼亞的經濟和軍事援助合約，撤回在阿國工作的全部蘇聯專家。阿國只能向中國求援，這時的中國其實已經陷入大飢荒，但毛澤東還是同意援助阿國。

中國大飢荒

關於中共推動人民公社導致的結果，據後來的估計，在一九五八年全國實際糧食產量是四千億斤，接下來的兩年，分別跌到三千四百億及二千八百億。然而，當時所有的人民公社無不浮報產量，而政府徵收糧食按規定卻是根據人民公社報告的生產數字核計；生產量如果浮報，徵收量就隨之增加。地方幹部當然知道，如果照這樣的數字上繳必定有人餓死；但如果不照數字上繳，自己必將遭到撤職查辦。因而，不肯上繳規定數量糧食的農民就遭到毒打和酷刑。

一九五八年起，大飢荒在中國各省出現；一九五九年更加擴大，但黨政高層大多被蒙在鼓裡。直到一九六〇年十月，河南省爆發「信陽事件」，中央政府才知道事態嚴重。當時信陽農民被拷打，一部分被打死，一部分人開始外逃。信陽地區委員會卻封鎖消息，又指示各縣市設崗哨攔堵，不准任何人離開，深怕北京得知。但周恩來還是得到報告，大驚，派員前往調查，結果證實無誤。據後來統計，信陽地區原有八百萬人，此時已經死了一百多萬人，其中六萬人是被酷刑致死的。

回溯飢荒初現時，農業工作部部長鄧子恢曾請求，允許人民公社社員擁有不超過百分之五的自留地，也能私自餵養家禽、家畜，並在一九五九年六月獲得毛澤東批准。但不久後，廬山事件導致反右傾運動，地方官大多害怕，不敢執行。信陽事件爆發後，周恩來才又取得毛澤東的同意，發出緊急指示，再次重申這項政策。到了一九六一年六月，毛澤東又同意人民公社社員的收入改為「按勞分配」，並解散公共食堂。農民的積極性至此才顯現出來，飢荒開始減緩。

關於中國大饑荒期間究竟死了多少人，中外的學者有很多人研究，其中比較著名的有中國歷史學者曹樹基、新華社退休記者楊繼繩、前中國經濟體制改革研究所所長陳一諮，以及荷蘭籍中國歷史學家馮克（Frank Dikotter）。綜合他們的結論，總共死亡人數約在三千五百萬至四千五百萬之間。其中楊繼繩提到一個重點，一九五八至一九六一年都是氣候正常的年分；鄧子恢後來在回憶錄裡也是一樣的說法。因而，大饑荒不能說是由於天災，而是人禍引起的。

馮克也發現一件奇怪的事：中國在大飢荒時仍然繼續出口糧食換取外匯，用以償還韓戰及推動五年經濟計劃時向蘇聯貸款的本息。以一九五九年為例，飢荒已經十分嚴重，穀物出口竟達到四百二十萬噸。事實上，這些債務依約原本可以分十幾年償還，蘇聯也沒有要求中國加速還債，毛澤東卻誤以為人民公社糧食生產形勢大好，決定提前還債，說：「延安時期那麼困難，我們吃辣椒也不死人。現在比那個時候好多了，要勒緊褲帶，爭取五年內把債務還清。」

毛主席既是這麼說，從中央到地方自然是一層層往下催逼徵收超額的糧食，全國各地餓死的人也就更多了。中共後來卻在國內宣傳說「蘇修[1]逼債」是使得中國大饑荒進一步惡化的原因之一。

中蘇正式決裂

一九六一年十月，蘇共第二十二次代表大會在莫斯科舉行，毛澤東又派周恩來率領中國代表團參加。赫魯雪夫在大會中致詞，既批判史達林和個人崇拜，又攻擊霍查走上民族主義的道路，不是正統的馬克思主義者。事實上，霍查根本被禁止參加會議。周恩來也早有準備，立即上臺發表演講為霍查撐腰，說赫魯雪夫對兄弟黨進行的公開的、片面的指責，不是馬克思主義者應有的態度。接著周恩來又率領中共代表團去拜謁列寧及史達林的陵墓，各獻上一個花圈，其中稱史達林是「偉大的馬克思主義者」，明顯表達反對赫魯雪夫批判史達林。

第二天，赫魯雪夫召集所有的黨政要員和中國代表團舉行會談，表示希望盡力挽回雙方瀕臨破裂的關係。不過當周恩來引述毛澤東的話，說史達林功大於過，不同意他對待史達林的方法時，赫魯雪夫卻說：「如果你們喜歡史達林，你們可以把他的遺體運到北京去。」周恩來憤而率團提早離開莫斯科。

周恩來回到北京時，毛澤東破例率領劉少奇、朱德、鄧小平等人到機場迎接。蘇共卻在二十二大閉幕前一天通過決議，把史達林的水晶棺從陵墓中移出來，草草改葬；蘇聯全國千百個與史達林名字有關的城市、街道、廣場、工廠、農場也全部改名。到此時，蘇聯「去史達林化」達到最高峰，中蘇關係實質上也已經決裂了。

1　中國認為蘇聯已經變成新的帝國主義力量，在後來稱蘇聯及蘇共為「蘇修社會帝國主義」，簡稱「蘇修」。

第9章
越戰及文化大革命

本章敘述的主題是近代歷史上的兩個大事件：越戰及中國的文化大革命。關於越戰，如第七章中所述，其實是從第二次世界大戰結束之後就已經開始，到了一九六〇年代初才逐漸進入高潮，時間正與中國發生的十年文化大革命互相重疊。這兩個事件表面上來看雖各自獨立，其實是緊密相關且相互影響。正因如此，我選擇將這兩件事放在同一章裡敘述。

必須特別指出，這兩個大事件是在美、蘇、中三角關係劇烈變化的背景之下發生的。這一點極為重要。因為讀者若不能明白這一點，對於越戰及文化大革命期間發生的一些重要轉折，恐怕就只能知其然，而不能知其所以然了。

美、蘇、中三角關係的變化，主要是三件事——中蘇決裂、美蘇交惡及美國決定聯中制蘇。關於中蘇決裂，在上一章已經詳細敘述，此處不再重複；美國決定聯中制蘇的時間點是在一九六九年，所以稍晚才能敘述。因而，本章一開始將先敘述美蘇如何交惡。

美蘇交惡之始

如前所述，赫魯雪夫在就任蘇共總書記之後，便以與美國改善關係為重要目標。一九五九年九月，赫魯雪夫應邀率團大舉訪問美國，可說是雙方關係最友好的時刻；不料只過了不到一年，美蘇關係就因為連續而來的三個事件急遽地惡化。這三個事件分別是U 2飛機事件、巴黎四方會議流會事件，以及蘇聯插手美國與古巴之間的衝突，可說是一件比一件嚴重。美蘇之間的衝突最後竟導致兩個更驚人的事件：柏林圍牆事件及古巴飛彈危機。不過我們還是先從U 2事件說起。

美國空軍多年來一直派飛行員，駕駛U 2高空偵察機飛到蘇聯的領空上，高度達到兩萬米。蘇聯發現後，向美國提出抗議，但美國否認其事。蘇聯人十分氣憤，卻無可奈何。一九六〇年五月，蘇聯舉行五一勞動節大閱兵，美國U 2飛機又飛到蘇聯領空偵察，但這時蘇聯已經研發成功能對付高空飛機的導彈，赫魯雪夫於是下令，發射導彈把飛機打下來，俘虜了跳傘逃生的飛行員，並且發表聲明，嚴厲譴責美國好戰。

在此之前，美、蘇、英、法原已約定要在巴黎舉行四方會議，以談判裁軍問題，這時赫魯雪夫卻要求艾森豪為U 2事件道歉，並保證此後不再派U 2在蘇聯領空上進行偵察為開會的先決條件，但艾森豪拒絕。四方會議於是流會，美蘇關係急速降溫。

至於第三個事件，為了要清楚地解釋美國為什麼會與古巴發生衝突，以及蘇聯為什麼會插手其中，就必須從其根本原因——古巴革命——開始敘述。在詳述古巴革命之前，最好也先說明當時美國一部分資本家在中南美的活動，及其所引發的問題。

從瓜地馬拉的土地改革到古巴革命及豬灣事件

十九世紀末起，美國有一家聯合果品公司（United Fruit Company）壟斷了加勒比海周邊所有國家水果的種植及出口，連帶控制了各國的經濟及政治。這些國家的總統無不與聯合果品公司充分合作，但大多貪污腐敗。不料瓜地馬拉（Guatemala）選出一位左傾的總統阿本斯（Jacobo Arbenz Guzmán），在一九五二年公布一項土地改革法，開始徵收聯合果品公司的閒置土地。聯合果品公司大驚，但一時無計可施。

然而，如第六章所述，從一九五三年起，約翰．杜勒斯和他的弟弟艾倫分別擔任美國國務卿和中央情報局局長，他們剛好都曾經擔任過聯合果品公司的律師或董事，情況於是逆轉。ＣＩＡ開始提供資金及武器給流亡海外的瓜地馬拉軍人，送他們回國發動武裝叛亂。阿本斯無力抵抗，被迫於一九五四年六月逃亡。必須指出，當時韓戰才剛剛結束，美國歷經三年艱苦奮戰，才終於保住了南韓，自然不可能不阻止共產黨或其同路人在其「後院」中南美洲點火。

至於古巴，從一九三四年起就由一位腐敗而專制的強人巴第斯塔（Fulgencio Batista）統治。古巴雖然在一九二五年就有共產黨成立，但沒有足夠的力量，因而奉莫斯科之命支持卡斯楚（Fidel Castro）進行革命。卡斯楚是西班

卡斯楚（右）與切．格瓦拉（左）

牙移民之子，出身律師，演講極富煽動力，又具非凡的領袖魅力。一九五三年起，卡斯楚率眾盤據在古巴東部馬埃斯特拉山區（Sierra Maestra），與政府軍長期對抗，到了一九五九年初，終於率部攻占首都哈瓦那（Havana），建立一個社會主義國家。

卡斯楚身邊有兩名重要的助手：他的親弟弟勞爾（Raul Castro），以及阿根廷籍的切・格瓦拉（Che Guevara），他們都是共產黨員。格瓦拉有歐洲人血統，祖先曾是秘魯總督，不過到他的父親已經衰落為中產階級；他還在唸醫學院時，曾騎摩托車遍遊中南美，卻被沿途所見的貧窮及貪婪震驚，決心要以實際的行動推動世界革命，因而接受卡斯楚邀請，到古巴參加革命。

卡斯楚在初期否認自己是共產黨員，在革命成功後卻宣布要推動土地改革及企業國有化政策。美國於是開始對古巴施壓，切斷古巴的石油供應，又中斷向古巴購買蔗糖。古巴頓時陷入困境，不得不向蘇聯求援。

蘇聯其實早已密切注意古巴的局勢發展，認為這正是共產主義打開中南美大門的絕佳機會，於是在一九六〇年二月，派外交部長米高揚訪問哈瓦那，與卡斯楚簽定協議。蘇聯同意供應古巴石油，向古巴購買五百萬噸蔗糖，又主動提供貸款及各種武器裝備。接下來，卡斯楚宣布逕行沒收境內所有的美國資產。艾森豪大怒，但赫魯雪夫宣稱將不會坐視美國侵略古巴，美蘇關係由此更加惡化。

到了九月，赫魯雪夫率領蘇聯及東歐國家的代表團到紐

赫魯雪夫（右）緊擁卡斯楚（左）

約參加聯合國大會，卻受到美國的敵意對待；對比一年前訪問美國時他在各地受到熱烈的歡迎，有如天壤之別。赫魯雪夫大怒，領導代表們在會議中與西方國家代表互相鼓譟，干擾對方發言。

一九六一年一月，卡斯楚進一步下令驅逐美國駐古巴大使館館員，要求從三百人降到剩下十一人，美國憤而與古巴斷交。不久後，美國新當選的總統甘迺迪（John F. Kennedy）就任，命令CIA在瓜地馬拉招募約一千五百名流亡的古巴人，組成一支游擊隊，計畫在豬灣（Bay of Pigs）登陸，配合當地的反叛軍起義；接著美國也將派一支海軍陸戰隊前往協助。不料事機不密，游擊隊在登陸後竟遭到政府軍迎頭痛擊，少數人被殺，大部分投降。甘迺迪只得放棄整個行動。

柏林圍牆危機

豬灣事件後，古巴檢具證據向聯合國投訴，引起國際社會強烈指責美國，中南美許多國家的反美情緒也因而更加強烈。甘迺迪當選總統後第一次對外行動就灰頭土臉，聲望立刻掉到谷底。為了扳回顏面，他決定到歐洲訪問，並邀請赫魯雪夫於一九六一年六月在維也納見面，希望重談和平共處，尤其是想解決東西德之間的問題。

如上一章所述，東德曾經在一九五三年夏天發生暴亂，導致蘇聯出兵鎮壓。在此之後，東德人民選擇出逃的人數暴增。西德後來的經濟發展明顯高於東德，逃亡的人就更多了。再加上當時東、西柏林之間並沒有隔離，市民可以自由來往，成了東德人民逃往西德的跳板。據估計，從一九五三年到一九六一年共有兩百五十萬人逃離東德，其中大多是菁英人才，如醫師、律師、科學家、工程師，以及熟練的工人，兩邊經濟差距因而更大。另有一個現象，當時有很多東柏林人在西柏林上班，也在西柏林消費；因為東柏林的商品比較貴而品質差，或根本缺貨。

東德估計上述的情況造成其經濟損失累計達三百億美元，卻對此束手無策。赫魯雪夫卻認定，西柏林是一個「毒瘤」，必須割除，因而在維也納與甘迺迪見面時態度非常強硬，竟直接說要封鎖西柏林，或以武力占領。甘迺迪大驚，竟至言語失措，因而在開完會後臉色鐵青，後來自己也承認，這是他一生中面對面談判最大的一次挫敗。

但甘迺迪不敢掉以輕心，連忙調派軍隊、坦克進入西伯林，以防萬一。結果東德突然在八月中派警察帶工人到西柏林四周，立刻圍上鐵絲網，從此隔斷兩邊。幾天後，又有工人開始用磚塊砌起牆來。甘迺迪得到報告後鬆了一口氣，說：「這不是很好的解決方法，但一堵牆比一場戰爭真是好太多了。」

古巴飛彈危機及其影響

豬玀事件後，蘇聯與古巴達成協議，向古巴輸出更多新式的武器，又以蘇聯國安會為樣版，在古巴複製了一個情報總局。一九六一年十二月，卡斯楚公開宣稱古巴將致力於支援中南美及非洲的共產革命，協助解放所有被侵略及壓榨的民族。美國大驚，但赫魯雪夫意猶未足，又想在古巴布置導彈。

當時美國在蘇聯四周，如西德、義大利及土耳其已經布置有數百枚導彈，其中有一部分裝有核彈頭，赫魯雪夫因而聲稱自己每日提心吊膽。相對於美國的威脅，蘇聯雖然也有導彈，卻沒有一個能布置到接近美國本土。赫魯雪夫認為，如果能偷偷地運送核導彈到古巴，就能讓美國人一樣提心吊膽。

儘管有人認為這項行動牽涉到龐大的海上運輸計畫，在任何選定的基地組裝導彈也不可能不讓美國人發現，赫魯雪夫仍然下令從一九六二年七月起開始祕密地把導彈分拆並偽裝，連同部分人員，分成八十幾條船駛向古巴。不過美國從一開始就注意到蘇聯的異常舉動，下令嚴密監視，只是不確知其目的。但有一架U2飛機，在十月十四日從高空拍到一些基地正在組裝導彈的清晰照片。甘迺迪收到這些照片，大驚，但沒有接受美國軍方鷹派的主張，立刻摧毀古巴的核彈基地，只是宣布全面封鎖古巴，又要求蘇聯撤除所有在古巴的導彈。

冷戰以來美蘇都想避免的核戰一觸即發，但甘迺迪和赫魯雪夫都不想冒險，因此決定談判。十月二十七日，在局勢最緊張之際，甘迺迪派自己的弟弟，也就是美國司法部長小羅伯特·甘迺迪（Robert Francis Kennedy Jr.），前去拜會蘇聯駐美大使杜布萊寧（Anatoly Dobrynin），雙方於是建立起直接對話，並同意各退一步。甘迺迪公開保證如果赫魯雪夫同意撤離導彈，美國將永遠不會入侵古巴，又祕密承諾將來也把美國在土耳其的飛彈撤走。一場人類的巨大浩劫於是消弭於瞬間。

這場古巴飛彈危機落幕後，赫魯雪夫雖然自認做了絕對正確的決定，但在共產世界裡得到的批評卻大多是負面的。

卡斯楚和格瓦拉在危機最關鍵的當口，強烈建議搶先向美國本土投擲導彈，但在得知赫魯雪夫根本沒和他們商量便逕自與甘迺迪達成協議，都暴跳如雷，自認遭到出賣。相較於卡斯楚後來仍與蘇聯繼續來往，格瓦拉卻拒絕與蘇聯合作，而是到非洲及南美洲協助當地的共產革命，最後不幸在玻利維亞被捕，慘遭處決。格瓦拉死後成為全世界許多反體制、反社會的青年人崇拜的偶像，是美國及歐洲各國後來反越戰運動風潮中的圖騰。

毛澤東在得知古巴飛彈危機之後，不斷地發電報給卡斯楚，說蘇聯人不可信賴；在赫魯雪夫決定撤出導彈後，更認為這是一種背叛、膽怯、失敗及投降，證明蘇聯已經沒有資格繼續做共產世界的老大哥，於是也派人到中南美及非洲，自行到處煽動革命。

對於毛澤東和一些其他人的好戰言論，赫魯雪夫的回應是：「挑起戰爭並不需要智慧，一個傻瓜也能發動戰爭，其結果卻是聰明人無法解決的」，但赫魯雪夫在導彈危機中決定退讓，對他自己的威信確實造成極大的傷害；不過由於當初雖然是他率先提議偷運導彈到古巴，卻是在中央主席團會議中經過討論而獲得同意，並有十五人共同簽名，所以赫魯雪夫並沒有因此而立即下臺。

美蘇關係如何一步一步惡化既已說明清楚，以下就回到本章的兩大主題之一——越戰，並從美國究竟如何直接介入開始說起。

日內瓦九國會議：美國擴大介入越戰

如第七章所述，美國原本是極為厭惡法國企圖重返東南亞的殖民地，卻因為擔心共產勢力擴張，不得不提供法國經濟及軍事援助。剛開始，美國每年援助金額不過是一千萬美元，後來漸漸增加，達到每年一億美元。最後，美國就決定自己跳進去了。

一九五四年四月，正當奠邊府戰況緊急時，美、蘇、英、法、中、越盟、南越、寮王國及柬埔寨王國，各派代表到日內瓦召開九國會議。中國總理周恩來及美國國務卿杜勒斯都親自與會。會議剛召開時，越盟戰況極為不利，不料到了五月初，戰局完全逆轉，越盟在中國軍事顧問團的協助下，在奠邊府擊潰法軍。越盟參加會議的代表范文同的態度立刻從柔軟轉為強硬。但中、蘇兩國都知道美國即將參戰，前景不樂觀，勸越盟接受「兩個越南」的提議。越盟勉強同意，周恩來卻又施壓使其接受以北緯十七度為界，比原先「總命令第一號」規定的北緯十六度還要向北退一度，越盟並且被迫從寮國和柬埔寨撤軍。

中國之所以對越盟施壓，背後另有原因。當時杜勒斯正在籌組一個類似北約的東南亞公約組織，寮王國、柬埔寨王國都已同意加入，並允許美國在其境內設置軍事基地。此一計畫如果成真，對中國極為不利。因而，中國的策略是以上述談和條件換取寮國、柬埔寨同意不加入東南亞公約。東南亞國家中最後只有菲律賓和泰國參加此公約，對杜勒斯而言是大失敗。

但胡志明和范文同在日內瓦會議後，都在黨內遭到嚴厲的批評，說協議完全沒有考慮到越盟在奠邊府大勝的事實，簽約等同賣國。雖然中國在此之前已經提供越盟巨大的援助，此後十年間也繼續不斷提供援助，越盟卻始終無法忘懷此時被逼退讓。日內瓦會議因而埋下日後兩個共產國家決裂的遠因。

北越南侵

南、北越分割之後，北越推動激烈的土改運動，又迫害宗教。美國於是和南越總理吳廷琰（Ngo Dinh Diem）合作，由美國提供援助，利誘北越人民南遷，發給土地、耕牛、種子等。結果吸引了一百多萬北越人移居南方。然而，吳廷琰和他的家族成員都信仰天主教，竟也開始迫害佛教和其他越南特有的高臺教、和好教及平宣黨等，結果導致大規模的靜坐、遊行示威活動，甚至武裝反抗。吳廷琰後來驅逐保大皇帝，自任為總統，又推動土地重分配；但在過程中貪污舞弊，人民至為反感，軍中對吳廷琰的專制獨裁更是不滿。

日內瓦協議中規定兩年後要舉行選舉，以促成南、北越統一，但胡志明和吳廷琰都無此意願。日內瓦協議也規定數萬名越盟游擊隊撤退到北方，但這些游擊隊後來又逐漸回到南方。越共在南方的最高領導人黎筍（Le Duan），利用反吳廷琰情緒，結合各宗教、幫派、政黨，組成「越南南方民族解放陣線」。原已撤退到北越的寮共游擊隊，這時也回到寮國再次發起內戰，控制了兩國邊界的地區。胡志明於是下令，從一九五九年起沿著邊界線開闢「胡志明小徑」，以便游擊隊南下及運送武器，又沿著南越與柬埔寨的邊境，將小徑延長到南方，直抵西貢附近。柬埔寨國王施亞努這時已經轉為親中反美，和越盟充分配合。

越共沿著胡志明小徑，在任何一點都可以輕易地越過邊界，發起突襲，因而沒有一般打仗時所謂的前線或後方，南越政府軍只能被動地打叢林戰、田埂戰或城市巷戰，疲於奔命。越共所需的糧食和補給大部分是向南越的農民購買或「徵稅」。如果有人拒絕，越共可能突然出現，召集鬥爭大會將反抗者處死。因而，在南越政府軍無法控制的地區，沒有人敢不聽從越共的命令。

美國總統艾森豪曾經提出一個「骨牌理論」，認為萬一南越、寮國和柬埔寨淪入共產黨之手，東南亞其他各國也將應聲而倒。甘迺迪完全同意這個理論，繼任後將越南的軍事顧問團人數從原先數百人擴充到一九六三年底的一萬六千人。但由於中蘇交惡後兩邊都爭著要做共產集團的老大，爭相提供北越援助，使得北越和南方越共游擊隊的實力也迅速增強。

南越政府的腐敗及連續政變

吳廷琰寵信他的弟弟吳廷瑈（Ngo Dinh Nhu）及弟媳，但美國官員對吳家三人的印象都很差。美國國防部長麥納馬拉（Robert S. McNamara）當時是有關越南事務最重要的決策官員，後來卻在回憶錄裡說：「一直到今天，我還不知道吳廷琰對他的國家及人民提出過什麼長期的目標。」又形容吳廷瑈夫人「聰明、堅強而美麗，卻惡毒而工於心計，是一個真正的女巫。」

南越軍人和百姓同樣對吳廷琰也極為不滿。一九六二年，有三名南越空軍軍官駕駛飛機到總統府上空投擲炸彈；隔年，一位七十幾歲的老和尚在西貢街頭自焚而死。這一幕經由報紙和電視報導震驚全世界。

不久後，吳廷琰卻又下令軍警突襲許多佛教寺廟，毆打僧尼，導致更多自焚事件。

美國政府中早已有人建議發動政變推翻吳廷琰。甘迺迪原本拒絕，後來卻同意了，遂有南越將領楊文明（Duong Van Minh）、阮慶（Nguyen Khanh）在一九六三年十一月發動政變。結果吳廷琰兄弟都遭到槍殺，不料三週後，甘迺迪也在德州意外地遭到槍殺，副總統詹森（Lyndon Johnson）於是依法宣誓繼任為美國總統。

一九六四年八月，有兩艘美國驅逐艦報告，在距離北越首府河內不遠的公海海域遭到北越魚雷攻擊。美國國會對此反應激烈，因而通過一項決議案，授權總統「採取必要的行動，以擊退、防止任何對美國軍隊的攻擊」。詹森由此獲得極大的權力，隨即批准增兵十五萬人到南越。南韓也應邀派出傭兵，人數最多時達到四萬八千人。一九六五年三月起，詹森下令飛機開始大舉轟炸北越，此一行動持續三年多。據統計，投彈總噸數已超過二戰期間美軍在歐洲戰場投彈的總噸數。然而美國一面轟炸，一面卻禁止地面部隊跨過北緯十七度線；換句話說，和韓戰時期一樣，只打有限度的戰爭。

自從吳廷琰死後，南越又不斷地發生政變。一九六五年六月，由阮文紹（Nguyen Van Thieu）與阮高奇（Nguyen Cao Ky）分別擔任南越總統及副總統後，雖然不再有政變，但兩人互鬥激烈，使得政局依舊混亂，文武官員大多貪腐不堪，人民大多貧困。日後的南韓總統金大中（Kim Dae-Jun）在此時是一名國會議員，曾跟隨考察團到南越訪問，後來在回憶錄中說道，自己在晚宴中看見許多官太太穿戴金銀珠寶，互相炫耀；第二天看見軍車載著正要開往戰場的士兵，他們大多垂頭喪氣，有人還隨身帶著雞鴨。金大中不禁懷疑，南韓是否應當派士兵來為南越打仗。

美國開始介入越戰時，從總統到平民都認為美國的經濟、軍事和科技力量都遠遠超過北越，必能輕易獲勝。後來戰局膠著，美國只得不斷地增兵，結果美軍在越南的人數在一九六八年底，竟達到五十三萬人。由於戰亂，南越農民紛紛逃離家園，城市裡於是擠滿了難民，大多失業，只有少數做小生意，或做黑市買賣。許多女人在酒吧裡討生活，出賣肉體。南越人的反美情緒也因而高漲，有越來越多的人轉而支持越共。

在越戰期間，美、蘇、中三國也都發生大事，分別是反越戰風潮爆發、赫魯雪夫下臺，以及文化大革命，這些事自然也互相影響，並影響到越戰。因而，我在此必須暫時放下越戰，先轉到這三件事，然後再回來敘述越戰。以下就先從文化大革命如何從醞釀到爆發開始講起。

七千人大會，以及毛劉之間的緊張關係

一九六二年一月，中共中央及地方的領導幹部共七千餘人齊集北京開會，主要是檢討大躍進導致大飢荒的失敗，史稱「七千人大會」。一般認為，這次大會是由劉少奇發起的。回溯大飢荒後期，有部分中共高層紛紛決定回鄉探視，劉少奇也回到闊別四十年的湖南家鄉。沿途中，劉少奇已經看見很多人餓死；回到老家後又看見自己的姊姊因為凍餓不堪躺在床上，奄奄一息。他完全沒有料想到，自己一生為了理想從事共產革命，但解放十幾年後，家鄉竟是如此的景況。他自認對不起大家，因而低頭向鄉親們認錯。

七千人大會開始後，劉少奇再次認錯，並說導致大飢荒的原因是「三分天災，七分人禍」，也就是說人為的錯誤才是災難的主要原因。劉少奇心中其實認定毛澤東才是大災難的罪魁禍首，只是沒有明說；周恩來、鄧小平等人在他發言後跟著認錯。毛為情勢所逼，不得不也自我批評：「凡是中央犯的錯誤，直接的歸我負責，間接的我也有份，因為我是中央主席。」會中又討論錯誤的根源，而結論是偏離了民主集中制、高層強迫命令、瞎指揮所致。毛也只得同意必須貫徹民主集中制。

在這場大會上，唯一發言與眾不同的是接替彭德懷擔任國防部長的林彪，他說：「最近幾年的困難，恰恰是由於我們沒有照著毛主席的指示，毛主席的警告，毛主席的思想去做。」毛澤東知道林彪是在為自己開脫責任，心中大喜。林彪後來又不斷地對毛澤東表態效忠，並且在解放軍裡重起造神運動，下令《解放軍報》每天刊登毛澤東的摘要講話，並編撰成一本《毛主席語錄》，命令全軍每日研讀。

反觀劉少奇，七千人大會之後明顯地在抵制毛澤東，不再事事向他報告，而是自行決定，或只與鄧小平及其他人商量。毛澤東察覺後極為不滿，說自己已經指揮不動，好像不存在一樣，於是離開北京，到華中、華南去拉攏支持者。

但毛澤東無法忍受劉少奇、鄧小平推動的一些農業政策，不久後又強行干涉。當時農業工作部部長鄧子恢主張推行「包產到戶」，意思是讓農戶分田單幹。其實在大飢荒時，已有一些赤貧省分暗中實施此辦法，鄧子恢卻要使其普遍化。劉少奇、鄧小平及陳雲都表示支持，唯有毛澤東說：「這是犯了方向性的嚴重錯誤……帶有修正主義色彩」。鄧子恢不服，與毛澤東據理力爭，結果毛澤東大怒，不但把他撤職，又撤銷農業工作部。毛澤東又認定資產階級有可能復辟，在一九六三年初發出指示，必須重提「階級鬥爭」，要對人民進行「社會主義再教育」。

從中蘇論戰、赫魯雪夫下臺，到毛澤東、劉少奇間的持續鬥爭

必須指出，毛澤東雖然對劉少奇、鄧小平都不滿，但在他的眼裡這兩人是不同的。劉少奇被認為是親蘇派，在中蘇交惡後處境尷尬，鄧小平卻成為毛澤東在反蘇鬥爭中的頭號戰將。由於赫魯雪夫要求舉行會談以緩和雙方關係，毛澤東指派鄧小平，於一九六三年七月率團前往莫斯科，與蘇斯洛夫領軍的蘇共代表

團討論，但會談最終還是破裂。鄧小平返國後，毛澤東親自指導他和相關人員撰寫一篇文章，刊登於國內各大報及期刊，此後十個月內又連續刊登了八篇，後來總稱為「九評」，內容包括史達林問題、南斯拉夫問題及和平共處問題，而主要是批評赫魯雪夫及蘇修。蘇共當然也發表文章反擊。

一九六四年十月，正當中蘇激烈論戰時，蘇共中央主席團突然發動政變，罷黜了赫魯雪夫，而由布里茲涅夫繼任蘇共總書記。赫魯雪夫下臺當然不是因為「九評」，不過「九評」對蘇共內部反赫魯雪夫集團無疑有極大的助力。至於赫魯雪夫為什麼會下臺，我將在下一章詳細敘述。

對於毛澤東而言，赫魯雪夫下臺是一大勝利，卻同時是一項警訊。據說蘇聯國防部長有一次接待中國代表時喝醉並胡言亂語，說蘇聯人已經把赫魯雪夫搞掉了，中國人什麼時候也把毛澤東搞下臺？不論傳言是否為真，毛澤東當然要開始防範中國也出現一個布里茲涅夫，而他最懷疑的人，就是與自己關係越來越惡劣的劉少奇。

回溯一九六二年，毛澤東曾經指示，必須對人民進行社會主義再教育，明白地提出要發起「四清運動」，即是「清理帳目、清理倉庫、清理財務、清理工分」（稱為「小四清」）。劉少奇被賦予執行這項任務，於是組織大批的工作隊分赴各地，目標是要根除農村裡普遍存在的貪腐問題。工作隊仍是採取三反、五反時的「逼、供、信」殘酷手法，因而光是在湖北及廣東試點時，就分別死了兩千及一千多人，其中有一半是自殺的。劉少奇也派自己的妻子王光美到河北省撫寧縣王莊公社的一個桃園大隊「蹲點」，明察暗訪，最後成功地批鬥了四十幾名主要幹部。王光美後來被邀請到處演講她的「桃園經驗」。

然而，毛澤東重視的其實不是貪腐，而是意識型態問題。他又懷疑，劉少奇動員上百萬人組成工作隊，到全國各地去整肅農村幹部，真正的意圖是奪權。毛澤東至此無法忍受，於是在一九六五年初強行制訂一個新法條，其內容是「清政治、清經濟、清思想、清組織」（後來稱為「大四清」），但整肅的對象不再是貪腐的幹部，而是「整黨內走資本主義道路的當權派[1]」。事實上，毛澤東從這時已經準備要發動更大的政治運動，就是文化大革命。

文革開始：〈評《海瑞罷官》〉及〈五一六通知〉

一九六五年十一月，上海《文匯報》刊出一篇文章，題目是〈評新編歷史劇《海瑞罷官》〉，由上海市宣傳部門主管張春橋的助手姚文元具名。第二天起，全國各大報紛紛奉命轉載。《海瑞罷官》是由擔任北京市副市長的歷史學家吳晗編寫的京戲，內容是講明朝官員海瑞大膽批評嘉靖皇帝而遭罷官，但在皇帝死後被重新起用，出手重懲貪官污吏，平冤獄的故事。

不過姚文元在這篇文章中卻直接批評這齣戲是在歪曲史實，說海瑞罵皇帝，又懲治貪官污吏，表面上在為貧農打抱不平，其實真正的目的是以古諷今，想要翻案，藉此拆掉人民公社的臺，以恢復地主、富農的罪惡統治。總之，這齣戲「並不是芬芳的香花，而是一株毒草……。影響很大，流毒很廣。」

北京市委書記彭真（即是吳晗的上司）兼中央書記處二把手（即是鄧小平的副手）看出，這篇文章不但影射先前彭德懷對毛澤東的批評，也直接針對劉少奇，因而下令禁止北京各報轉載，同時阻止全國各地報章雜誌轉載。但彭真萬萬沒有想到，這篇文章背後的指導人竟是毛澤東，並且早已花了幾個月與張春橋、姚文元討論，又派妻子江青到上海負責聯絡。在得知禁止各報轉載後，毛澤東震怒，直接跳出來斥責彭真，將他和其他三名黨政高官打成反黨集團，一併撤職。

林彪這時又表態支持毛澤東，說：「文藝這個陣地，無產階級不去占領，資產階級就必然去占領。」毛澤東大喜，在次年五月指示發表〈五一六通知〉，其中有一段極為重要的文字：

混進黨裡、政府裡、軍隊裡和各種文化界的資產階級代表人物，是一批反革命的修正主義分子。一旦時機成熟，他們就會奪取政權，由無產階級專政變為資產階級專政。這些人物，有些已被我們識破了，有些則還沒有被識破，有些正在受到我們信用，被培養為我們的接班人，例如赫魯雪夫那樣的人物，他們現正睡在我們的身旁。

毛澤東又將原本已有的「中央文革小組」全面改組，以負責宣傳的理論家陳伯達為組長，江青為副組長，負責情報工作的康生為顧問，其他成員有張春橋、姚文元、王力等。這是中國在此後十年內最重要的一個權力機關，凌駕其他黨政機關之上。

大字報、紅衛兵、劉鄧倒臺

毛澤東這時又決定要利用青少年學生發起大規模的群眾運動。康生率先派妻子到北京大學鼓動哲學系的書記聶元梓，於五月二十五日中午，在北大校園貼出第一張大字報，強烈攻擊北大校長及北京市高層官員。到了傍晚，北大張貼的大字報已經超過一千五百張，「大字報運動」從此在全國各校狂燒。五月底，北京有幾名中學生在大字報上署名「紅衛兵」，全國學生從此都以此自稱。許多紅衛兵都認為，神聖不可侵犯的偉大領袖毛主席，正在遭到「修正主義」圍攻，處境危險，所以必須一起保衛毛主席。

六月中，毛澤東指示國務院通令全國各大、中、小學一律停課，學生全部投入文化大革命。北京各所

1　走資本主義道路的當權派，簡稱「走資派」，經常用在稱呼黨內被視為修正主義的分子。

大學也和北大一樣，紛紛出現類似聶元梓的學生領袖（例如清華大學的蒯大富），分別率領學生們批鬥校方的領導和教授，予以體罰，或暴力對待，有少數領導和教授受不了便自殺了。劉少奇和鄧小平獲報後，派工作組到校園裡維持秩序。這時毛澤東卻優哉游哉得在武漢參加一次泳渡長江的活動，吸引大幅媒體報導，然後回到北京，說：「凡是鎮壓學生的人，都沒有好下場。」，命令撤出派到學校裡的工作組。

八月八日，中共中央發布《關於無產階級文化大革命的決定》，宣稱文革是「一場觸及人們靈魂的大革命」。毛澤東接著將政治局原有的四位副主席全部趕下臺，指定林彪為唯一副主席。鄧小平主持的中央書記處也被撤除，由中央文革小組取代。八月中，毛澤東在天安門廣場接見全國各地蜂擁而至的紅衛兵，據估計達到兩百萬人。林彪在大會上說，文化大革命就是要破除一切的「舊思想、舊文化、舊風俗、舊習慣」，即是「破四舊」。毛澤東前後總共在天安門接見了八次紅衛兵，超過一千二百萬人。

由於毛主席說「革命無罪，造反有理」，紅衛兵運動的暴力傾向從此無人可擋。毛澤東又表示，希望紅衛兵到各地去串連，國務院於是下令提供所有的紅衛兵免費坐車、吃住。紅衛

毛主席在天安門廣場接見兩百萬紅衛兵

兵運動遂如野火燎原。原本林彪在部隊裡發行《毛主席語錄》，這時已經是人手一本。紅衛兵天天讀這本小書，把它當作是毛主席的化身，「早請示，晚匯報」，每人身上也都戴著一個毛主席像章。

為了要破四舊，紅衛兵在全國各地砸毀廟宇、博物館及各種古蹟，單單北京市就有將近五千處遭到破壞。也有紅衛兵趕到山東曲阜，聲稱要徹底砸爛「孔家店」。

隨後紅衛兵又聲稱要「打倒一切牛鬼蛇神！」。一九六七年元旦，一群紅衛兵闖進劉少奇於中南海的宅院，暴力批鬥劉少奇和他的家人。不久後，鄧小平、彭真、楊尚昆、陳毅等及其家屬也都被逼跪在地上忍受批鬥、侮辱及毆打。

一月風暴、二月逆流、七月武漢事件及紅衛兵運動結束

毛澤東發動的群眾運動中，紅衛兵只是第一波。上海有一名工人王洪文領導十七個工廠，成立了「上海工人革命造反總司令部」，與上海市委組織的另一個工人團體對抗，獲得毛澤東的讚許。雙方在一九六七年一月爆發全國第一次真槍實彈的「武鬥」，毛澤東卻迫使上海市委認輸，又命令由張春橋和姚文元成立一個「上海市革命委員會」以取代上海市委員會（簡稱「上海市委」）。全國各地於是紛紛起而效法，組織造反派向當權派奪權，依照毛澤東的話，就是：「到處打，分兩派。每一個工廠分兩派，每一個學校分兩派，每一個省分兩派，每一個縣分兩派，每一個部也是這樣……。天下大亂了。」但他認為無所謂，因為「大亂之後，才有大治。」因而，全國各地都爆發武鬥，接近全面內戰。

中共中央接著發動一個「清理階級隊伍運動」，其目標是清洗走資派、黑五類、特務，以及各種「壞人」。實際上，好人、壞人如何分別並無一定的標準，各地在武鬥中勝出而成立的革命委員會正好利用來

繼續清算落敗的一方。據估計，全國約有三千六百萬人因而遭到迫害，其中七十萬人被殺，或被迫自殺。

正當紅衛兵運動如火如荼時，許多老帥開始懷疑毛主席是要把自己都打倒，他們的子女也都開始擔心自己，因而集結成立一個特殊團體，公安部卻將其中一百多人逮捕入獄。老帥們因而更是受到刺激，在一九六七年二月由周恩來召開的一次會議中發難，場面火爆，史稱「二月逆流」。葉劍英、陳毅、賀龍等人怒斥文革小組，說：「你們把黨搞亂了，把政府搞亂了，把工廠、農村搞亂了，你們還嫌不夠，一定要把軍隊搞亂？這樣搞，你們想幹什麼？」、「難道我們這些人都不行了，要蒯大富這類人來指揮軍隊？」、「早知道有今天，我就不參加革命，不參加共產黨，不該跟毛主席四十一年。」毛澤東得知此事後，勃然大怒，命令部分老幹部自我檢討。不過後來他還是下令釋放獄中的高幹子弟，以免老帥們聯合起來反抗。

在全國各地發生的武鬥中，規模最大的是一九

文革中紅衛兵批鬥叛徒、走資派及反革命分子

六七年七月爆發的「武漢事件」。造反派集結數十萬人與當權派支持的「百萬雄師」對抗，大戰一觸即發。周恩來和毛澤東祕密趕到武漢，命令當權派首領武漢軍區司令陳再道認錯。不料當權派中有一部分人拒絕認錯，竟毆打陳再道，又劫持代表文革小組在背後鼓動造反派的王力。周恩來擔心群眾失控，先請一生從未搭過飛機的毛澤東緊急搭機離開，又請陳再道協助，將王力救出，然後才飛回北京。陳再道隨後也奉召到北京，立刻遭到軟禁，武漢百萬雄師於是崩解，造反派大獲全勝。

當時紅衛兵也攻擊外國人。舉幾個例：北京紅衛兵強行將蘇聯大使館前的街道改名為「反修路」，並在館前示威；北京的紅衛兵攻擊法國駐北京使館的館員及眷屬，理由是法國警察取締中國紅衛兵在巴黎舉行的示威活動；另有紅衛兵在北京機場圍毆印度駐華使館人員。

八月下旬，在武漢事件中逃過一劫的王力又挑撥一萬多名紅衛兵包圍英國駐華代辦處；有人衝進去放火焚燒，毆辱館員，又強迫他們遊街示眾，其行為和清末的義和團類似。英國外交部為此發電報質問中國外交部長陳毅，但陳毅也被紅衛兵前後批鬥了不知多少次，早已憔悴不堪，周恩來只得呈報毛澤東。在經歷武漢事件時，毛澤東其實已經有所警覺，收到周恩來的報告後更是發怒，說王力是一株「大大的大毒草」，下令逮捕王力和其他極左派分子，全部關進北京秦城監獄。極左派於是倒臺。

一九六八年五月，清華大學又有兩派紅衛兵武鬥，導致一千多人受傷，二十人死亡。北京其他各校也都發生類似的大規模武鬥。毛澤東先前雖然說過：「凡是鎮壓學生的人，都沒有好下場。」，這時卻不得不同意派遣一支三萬人的工人宣傳隊，開赴各校維持秩序。不料蒯大富竟率領的清華紅衛兵攻擊工人隊，導致數百人受傷，五人被殺。毛澤東震怒，直接命令紅衛兵都停止武鬥，又派軍隊接管學校，紅衛兵運動於是也劃下休止符。

「牛棚」、「五七幹校」及「上山下鄉運動」

文革開始後不久，北京各校的紅衛兵和工廠工人就私設變相的監獄，稱其為「牛棚」或「黑幫大院」，用以關押所謂的「牛鬼蛇神」。被拘禁者大多遭到辱罵、批鬥及毆打，又被迫參加勞改。武鬥開始後，許多被鬥倒的人也被下放到設於偏遠農村裡的「五七幹校」，在學校裡學政治，學軍事，學文化，而大部分時間是在從事體力勞動，包括養豬、種菜、挑糞、掃廁所、在工廠裡做工等。據估計，在五七幹校裡總共有數十萬人。

當毛澤東宣布停止紅衛兵運動時，全國的大學已有三年沒有招生，也不打算繼續招生。但三屆的初、高中學生加起來有數百萬人，既不能升學，也沒有工作可做，毛澤東於是發出一項指示，其中說：「知識青年接受貧、下、中農的再教育，很有必要。要說服城裡的幹部和其他人，把自己的初中、高中、大學畢業的子女送到鄉下去……。」一場轟轟烈烈的「上山下鄉運動」就此展開，據估計，有超過一千六百萬人被迫參加。

但直接地說，上山下鄉運動主要是用以掩蓋大批年輕人失業的事實。知識青年（簡稱「知青」）大多被下放到農村插隊落戶，也有人到工廠裡當工人；又有許多人被發配到邊疆，如黑龍江、新疆、內蒙古，去參加「生產建設兵團」。那是一種工、農、兵合一的軍事化團體，其中生活條件惡劣，許多人被虐待，更有每年上萬名女知青遭到強姦。

文革的負面影響是史前無例的，「牛棚」、「五七幹校」及「上山下鄉」對於知識分子和青年學生們而言，尤其不堪回首。文革結束後，中國文學作品中極大部分就是以有關文革的傷痛回憶為主要題材，統稱為「傷痕文學」。

反越戰風潮及越戰越南化

正當中國紅衛兵運動狂飆時，西方世界的青年學生也掀起叛逆抗爭的風潮。兩個狂潮的巔峰都發生在一九六八年，不過在性質上截然不同：前者是由毛澤東一人挑起的政治運動，後者卻是學生自發的反戰運動。美國是反戰運動的發源地，許多年輕人漸漸又從反戰、反體制、反政府轉而反體制、反社會、反文化，吸食大麻和迷幻藥，追求性開放，「嬉皮」自此成為一種流行的新風尚。由於受到美國的影響，法國也爆發「五月革命」。數萬名大學生占領學校，進行反越戰示威遊行，有一部分人甚至高舉著越盟主席胡志明和古巴革命英雄格瓦拉的肖像。歐洲各國也莫不發生反戰、反政府運動。在日本，各大學學生紛紛成立戰鬥組織，光是東京一地就有五十幾所大學被學生占領。學校當局召來警視廳機動隊，學生們戴上頭盔，臉上蒙著毛巾，向警察投擲石塊和汽油彈，警察以水龍和催淚瓦斯驅散學生。

美國為什麼會掀起反越戰風潮呢？事實上，美國民眾原本大多支持政府，不過有一部分人漸漸開始懷疑越戰的正當性。一九六五年十一月，美國一位名叫莫里森（Norman Morrison）的男子為了表達反對越戰，在距離五角大廈不遠處，以汽油澆在自己身上，引火自焚。反戰運動從此風起雲湧，尤以各大學學生為主；越是著名的大學，學生越是激烈反戰。許多年輕人公開焚燒徵兵令。

一九六八年一月農曆春節期間，越共突然出動五十五萬人同步攻擊南越一百多個城市。此一攻勢雖然被擊退，美國民眾卻從電視及媒體的報導發現越共實力強大且戰志高昂，看起來美軍要取得最後勝利並不像美國政府過去所說的那樣樂觀，而是十分遙遠。到了二月，國防部長麥納馬拉突然提出辭呈。原本麥納馬拉對越戰信心滿滿，卻也逐漸認定美國派再多的軍隊仍無法支持腐敗的南越政府，轉而主張與北越和談，並與部分鷹派的軍中高級將領發生激烈的衝突。詹森總統在接受麥納馬拉的辭呈，卻斷然拒絕美國軍方要求再增兵二十萬，同時宣布局部停止轟炸北越，以謀求和談，並宣布不再競選連任。

到了六月，原本有望獲選為總統的羅伯・甘迺迪突然遇刺身亡，不幸步上其兄長約翰・甘迺迪同樣的後塵。共和黨候選人尼克森（Richard Nixon）最後勝選，於一九六九年一月就任為總統。美國在南越一年的戰費，已達到三百億美元的天文數字，每年又有超過一萬名士兵戰死，傷者五、六萬。尼克森和國家安全顧問季辛吉（Henry Kissinger）都不想繼續承當這份重擔，決定更積極與越共和談，同時進行「越戰越南化」，將逐步從越南戰場撤出美軍，而把武器彈藥、飛機、船艦都移交給南越軍，使其自行對抗北越。

然而，美國國內的反戰風潮並未因此而稍緩，反而更趨激烈，以致於有將近八十所大學校長聯名呼籲政府提出撤軍時間表，以回應學生的要求。同時，當胡志明在九月病逝之後，越共總書記黎筍及其他領導人的態度明顯更趨強硬，拒絕與美國談判，只是要求美國無條件撤軍。在此情形下，尼克森和季辛吉遂傾向透過蘇聯及中國對北越施壓，使其同意上談判桌。又由於中蘇早已決裂，兩人更認為有機會藉「聯中」以「制蘇」。問題是，韓戰之後美國與中國就沒有任何對話了，要如何才能重新與中國取得聯絡呢？

從珍寶島事件、乒乓外交、上海公報到中共進入聯合國

尼克森其實原本是以「反共」聞名，但在競選總統之前發表了一篇令人驚異的文章，其中主張美國應當與中國接觸，不能「把擁有數億人口的中國永遠摒除於國際社會之外」。尼克森在就任總統之後更明白地表示，要與中國修好，對此周恩來謹慎地表示歡迎。

一九六九年三月，中國與蘇聯突然在東北邊界烏蘇里江中的珍寶島爆發三次衝突，雙方都出動了坦克和大砲。幾個月後，雙方又在新疆邊界處爆發衝突，並且不斷地增兵；到八月時，各自軍隊都已超過五十

萬人，有無數的飛機、坦克、大砲陳列在邊境上。蘇聯軍方強烈建議以核武對付中國，但布里茲涅夫與總理柯錫金（Alexei Kosygin）認為必須慎重，命令探詢美國的態度。尼克森和季辛吉這時既然決定要拉攏中國，就對蘇聯表示反對動用核武，又暗中授意媒體刊登蘇聯意欲以核武對付中國的報導。中國大驚，急忙疏散黨政要員到各省偏鄉去避難。布里茲涅夫大怒，自認被尼克森出賣。

必須指出，中國雖然曾在一九六四年十月於新疆羅布泊試爆原子彈成功，其威力不到蘇聯三年前由沙卡洛夫（Andrei Sakharov）領軍的團隊研發成功的核彈的二十分之一。中國的導彈技術比蘇聯更是落後。中國逃過一劫，但仍與外界隔絕，與美國也還是沒有接觸。到了一九七一年四月，中國派國家乒乓球隊到日本參加世界錦標賽，這是文革爆發後中國第一次派運動員出國參加比賽。美國乒乓球隊趁機向中國隊表示，希望能訪問中國，沒想到很快就獲得中國的邀請，在比賽後立刻成行。這是雙方的一次破冰之旅。「乒乓外交」之後三個月，季辛吉又祕密飛往北京，突然和周恩來一同出現在媒體面前，震驚全世界。季辛吉聲稱此行是為尼克森訪問中國做準備，而他的另外一個準備事項，就是在當年十月將中共送進聯合國，把臺灣踢出去。

對比中國大陸，臺灣只不過是彈丸之地，所以從國民黨退守臺灣之後，在聯合國裡的地位就岌岌可危。聯合國大會每年進行投票表決是否要將臺灣趕出去、換中國進來，贊成保留臺灣的票數一年比一年少。美國認為這樣下去，總有一天臺灣會被趕出去，所以早在一九六一年就建議臺灣政府考慮「兩個中國」的方案，改以不同的國名加入聯合國，英國也表示贊成。不料蔣介石堅決不肯接受，又將勸其接受「兩個中國」的外交部長葉公超撤職，予以冰凍。等到季辛吉訪問中國，蔣介石發現事態嚴重，表示不再堅持，卻已錯失了十年良機。

一九七二年二月二十一日，尼克森如願訪問北京，見到毛澤東，又與周恩來一起在上海發表公報，其中有一段重要的文字：「美國認知（acknowledge）臺灣海峽兩邊所有的中國人都認為只有一個中國，臺灣是中國的一部分。美國對此一立場沒有異議，但重申其對由中國人自己和平解決臺灣問題的關心。」不過美中雙方並未立刻建交，相約留待尼克森第二任期再進行。

必須指出，就在尼克森訪問北京之前約五個月，中國爆發「林彪叛逃事件」（詳見以下敘述），這又是一個標誌毛澤東發動文革徹底失敗的明顯事件，也是毛澤東因為感受眾叛親離，心情最惡劣的時刻。根據他的一位私人醫師李志綏所寫的回憶錄，後來毛澤東又因受了風寒，引起心肺衰竭，竟拒絕接受醫治，也竟拒絕吃藥，有十幾天已經準備等死。但到了二月初，毛澤東獲知尼克森即將到訪，突然表示願意接受醫治，又開始吃藥。李志綏說，他從來不曾見到毛主席像尼克森抵達北京那天那樣的高興。

1972年尼克森訪問毛澤東

《巴黎和平協定》及南越、柬埔寨及寮國的赤化

尼克森雖然成功地拉攏了中國，部分歷史學家卻認為，這其實只對中國結束其文革後的困境有利，對美國沒有什麼好處，對於尼克森希望早日結束越戰更是沒有幫助。北越對中國敵意極深，只是因為還要倚

賴中國的援助，不得不暫時隱忍，卻不可能聽中共的勸說。美國只好繼續在越南、寮國及柬埔寨打反共戰爭，但已注定敗戰。

先說寮國的戰爭。回溯日內瓦會議之後，寮國政府同意與共產黨共同成立聯合政府，但不過幾年又爆發內戰，北越隨即增兵到寮國。由於寮國皇家陸軍作戰不力，美國決定徵集苗族土著參戰，從數百人一路增加到數萬人，由著名的苗族將軍王寶（Vang Pao）率領。寮國內戰從此迅速升高。

再說柬埔寨。一九七〇年一月，施亞努親王正在莫斯科訪問，卻因首相龍諾在國內突然發動一場政變，將施亞努罷黜，使其只得流亡到北京。施亞努公開指控美國ＣＩＡ在背後指使政變，號召成立「民族統一陣線」，向龍諾政府宣戰。北越立刻表示支持，派軍隊與中共所扶植的「柬共」（或稱赤柬、紅色高棉）並肩作戰。尼克森於是也下令從南越調派三萬美軍，與南越軍約兩萬人共同進入柬埔寨。

尼克森出兵到柬埔寨及寮國引發國內更激烈的反戰運動，有數百所大學學生參加，美國國會更是大發雷霆。尼克森被迫從兩國撤軍，知道已經無法繼續打這場戰爭，只得更積極地尋求和談。這年年底，美國空軍對北越進行「耶誕節大轟炸」，規模之大前所未有，並且不自我限定目標。北越不堪連續密集轟炸，不得不同意加速和談。

一九七三年一月，季辛吉終於和北越代表簽訂了《巴黎和平協定》（*Paris Peace Accords*）。雙方同意立即停火，美國同意從越南撤軍，北越同意阮文紹繼續執政，但堅持南越必須舉行自由選舉，並接納越南南方民族解放陣線代表參選。《巴黎和平協定》的內容其實對南越極為不利，阮文紹卻不得不在上面簽字，因為尼克森說無論他同不同意，美國都要與北越簽約。

同年十一月，尼克森連選獲得連任美國總統。但由於其部屬在競選期間涉嫌對民主黨競選總部進行非法竊聽，導致「水門案」（Watergate Scandal）曝光，案情又漸漸升高，最後導致尼克森被迫辭職。水門案後，美國國會決定削減援助南越的經費，原本一九七三年還有二十一億美元，在其後兩年竟分別被砍成十四億及七億。阮文紹政府搖搖欲墜，離崩潰已經不遠。

一九七五年一月，北越軍大舉南下，赤柬也同步出兵，於四月十七日攻破首都金邊，又立即處死柬埔寨前政府的所有官員和眷屬。第二天起，赤柬強制驅趕金邊市民到鄉村，不從者一律處死。一路上死人無數，屍體堆積如山。美國政府及國會議員被金邊的慘劇震驚，立刻發起對南越提供緊急的「人道救援」，派軍艦和飛機協助撤出南越政府的官員及其家屬，共十四萬人，其中大部分到美國定居。

四月三十日，越共軍隊長驅直入西貢，越戰就此結束。越共接著處決數以千計的反動分子，將數十萬前南越政府人員關入勞改營。若無美國在先前發起海空大救援，無疑將有更多的悲劇發生。

金邊及西貢淪陷後，巴特寮也加緊進攻寮王國。苗族部隊被擊潰，逃往泰國。寮國首都永珍也在八月淪陷了。

林彪逃亡，鄧小平復出

越戰及寮國、柬埔寨的戰爭既已敘述完畢，以下回來敘述中國的文化大革命。一九七一年九月，中國突然爆發「林彪叛逃事件」。依據中共官方說法，林彪及其妻兒密謀殺害毛主席不果，一家人緊急搭乘一架軍機企圖逃往蘇聯，結果飛機在外蒙古墜毀，機上所有人全部罹難。但事實究竟如何，有極大的爭議。

回溯文化大革命前，林彪在軍中為毛澤東展開造神運動，在文革時又為毛澤東保駕護航，對毛而言居功厥偉，因而毛在一九六九年四月召開「九大」時，竟通過黨章規定「林彪同志是毛澤東同志的親密戰友和接班人」。但林彪的勢力不斷地膨脹，使得毛澤東有所警覺，也引起江青、張春橋、姚文元等人不滿。

林彪也清楚地知道，過去劉少奇也曾被指定為接班人，結果卻在一九六八年十月被開除黨籍，又在一年後病死，死時沒有一個家人在身邊。因而，被指定為接班人未必是好事。

到了一九七〇年八月，中共在廬山舉行又一次大會。毛澤東在大會前已經多次說過不願擔任劉少奇死後懸缺的國家主席職位，林彪與陳伯達卻在會議中建議，仍由毛澤東兼任，並與張春橋、姚文元等人爭執。不料毛澤東大怒，命令將陳伯達關入秦城監獄，不久後又下令重組軍委和北京軍區，將林彪的人馬全部拔除。

一般認為，林彪自知大勢已去，又處境危險，只好舉家逃亡，卻未能逃離，結局和劉少奇一樣悽慘。但林彪事件無疑比劉少奇之死要嚴重得多，對毛澤東的威信及心理打擊更大，因而如前所述，竟使得毛澤東後來患重病而不願接受醫治。

另有一事也必須指出，當劉少奇被開除黨籍時，江青也曾提議一併開除鄧小平的黨籍。但毛澤東堅持不肯，只同意解除其所有職務。鄧小平如果被開除黨籍，日後就不會有機會復出，中國的歷史恐怕必須改寫。在獲知林彪事件後，鄧小平連續寫了三封信給毛澤東，請求允許「為黨做點工作」。毛澤東遲疑很久，最終還是同意了。一九七三年四月，周恩來為柬埔寨前國王施亞努舉行國宴，鄧小平以副總理身分參加，復出後第一次露面，消息立刻轟動全世界。

周恩來、鄧小平與四人幫的鬥爭

事實上，毛澤東並不是請鄧小平回來做接班人。鄧小平復出後四個月，毛澤東召開「十大」，破格提拔王洪文為第二副主席，僅次於周恩來，一般認為就是要王洪文接班。但這時的王洪文只有三十八歲，在許多老師眼裡還是「剛剛斷奶」的小孩，很難被接受。王洪文因而和江青、張春橋、姚文元聯合，企圖打擊周恩來、排擠鄧小平。一九七四年一月，江青獲得毛澤東的同意，發起「批林批孔」運動。批林，是藉此消除林彪餘黨的勢力；批孔，是藉批評孔子而攻擊反動分子，實際上是針對周恩來。然而，黨員及一般民眾對這樣的政治運動越來越反感。

同年四月，鄧小平奉命前往美國出席聯合國大會。鄧小平在大會中依毛澤東的意思發表「三分世界論」演講，說現在的世界存在著三個世界：美國、蘇聯是第一世界，發達國家是第二世界，其他亞、非、拉和其他地區的發展中國家是第三世界，中國屬於第三世界。他又說：「中國現在不是，將來也不做超級大國。什麼叫超級大國？超級大國就是到處對別國進行侵略、干涉、控制、顛覆和掠奪，謀求世界霸權的帝國主義國家。」

當時周恩來因罹患膀胱癌，已病重住院，卻仍在批公文，為國事忙碌，又得分心應付江青等人的攻擊。毛澤東對此不以為然，曾有一次當眾警告江、王、張、姚不要搞「四人幫」，此後「四人幫」稱號就不脛而走。

由於周恩來病勢越來越嚴重，毛澤東命令鄧小平代理其各項職務。此後一年中，鄧小平是中共實質的主政者，其所推動的方向主要在於整頓軍隊、整頓交通、整頓工業等等。鄧小平為什麼要講「整頓」？因為經過了九年文革之後，中國已經一片混亂，千瘡百孔。

以軍隊為例，鄧小平決定要分三年裁軍，從六百一十萬減為四百五十萬人。交通方面，萬里受命為鐵道部部長，以鐵腕措施雷厲風行，上任兩個月內就使得原本癱瘓已久的交通恢復全線通車。中國經濟也因為鋼鐵、煤炭、油電和其他民生工業一一恢復而出現復甦的跡象。此外，接任中國科學院院長的胡耀邦，下令把先前被下放勞改的科學家都召回來。文革期間國家只強調「紅」，胡耀邦卻改以「專」為任用人員的標準。

然而，必須指出這時鄧小平的權力源頭還是在毛澤東身上；這時毛澤東雖然行將就木，但只要一句話，鄧小平不免還是粉身碎骨。

一九七五年九月，鄧小平與江青在山西省的「農業學大寨」會議中發生衝突。鄧小平說要提高生產效率，江青卻說不要忘了階級鬥爭，並且向毛澤東告狀，說萬一毛澤東不在，恐怕有走資派復辟的危險。毛澤東於是命令鄧小平再一次自我檢討，但鄧小平無論如何都不肯認錯，因而遭到停職，也無法保護跟隨自己的部屬。在鄧小平的部屬之中，最慘的是教育部長周榮鑫。原本他是奉鄧小平之命，要重開停辦多年的大學；這時不但被撤職，生病住院還被拉出去批鬥了五十幾次，最終不幸去世。不過四人幫越是急於批鄧反右，越是引起人民反感。

文革結束：毛澤東病逝及四人幫被捕

一九七六年一月，周恩來病逝。四人幫以中共中央名義下令迅速將遺體火化，追悼會從簡，通知外國不必派代表來致祭，也不准百姓參加。百姓只能自設靈堂，或在北京街道上為周恩來送行。鄧小平被允許參加追悼會，隨後又被軟禁。這時毛澤東出人意外地發布，以副總理華國鋒為代總理。一般認為，華國鋒既無資歷，又非出類拔萃；但毛澤東深知不能用四人幫，其他幹部又多年邁體衰，只好舉薦華國鋒。

清明節前，北京有大批百姓聚集在天安門廣場，並帶來紀念周恩來的花圈、輓聯，人數竟超過兩百萬。北京市政府卻在晚間派人將廣場上的花圈全數移除。群眾大怒，縱火燒車，但軍警奉命鎮壓，強迫群眾散去。毛澤東卻下令罷黜鄧小平所有職務，並將華國鋒真除為總理。

到了七月，離北京不遠的唐山市，突然發生強烈地震。據官方統計，造成二十四萬人死亡。中國歷史記載及民間流傳中，一向都說大地震是改朝換代的徵兆。九月九日，毛主席竟真的病逝了，享耆壽八十二歲。毛澤東死前雖然沒有特別指示，不過曾在四月底交給華國鋒一張紙條，上面歪歪斜斜地寫著「慢慢來，不要著急」、「照過去方針辦」、「你辦事，我放心」，華國鋒因而仍是順利接班。

但華國鋒認為四人幫有奪權意圖，決定與李先念、葉劍英、汪東興等合作，在毛澤東逝世不到一個月之後就逮捕四人幫。中國人民獲知消息後，紛紛湧上街頭慶祝，十年文革終於結束。

第10章 布里茲涅夫統治下的蘇聯及東歐

如上一章所述，中蘇關係自赫魯雪夫擔任蘇共總書記後就逐漸緊張，終至決裂。同時，美蘇關係也急遽惡化。到了一九六四年十月，赫魯雪夫便因為蘇共內部發生政變遭到罷黜。赫魯雪夫下臺當然不只因為與中國、美國發生衝突，還有其他種種原因，以下為讀者概要敘述。

赫魯雪夫下臺

自從赫魯雪夫在蘇共二十大批判史達林後，蘇共內部始終有人反對他，只是大多不敢明說。一般認為，一九六一年十月舉行的蘇共二十二大是反對力量開始集結的起點。當時赫魯雪夫提出一個議案，要求進行「系統性更換幹部」，規定從中央主席團到各級黨部，每次選舉都要更換四分之一至一半幹部，引發極大的不滿，因為蘇共黨員大多以為職位是有終身保障的。此外，赫魯雪夫在大會中又提議將史達林的水晶棺從陵墓中移出，草草改葬，此舉更促使許多反對者集結在一起。一九六二年夏天，赫魯雪夫又提議把黨的地方組織，分拆為農業州委及工業州委兩個獨立的系統，並直接付諸實施；結果全國大亂，各級官員更加不滿。

赫魯雪夫的問題尚不止於此。例如，他下令在蘇聯全境種植美國玉米，導致大失敗，就是一項明顯的錯誤。另一項大錯是，在史達林當政時，蘇聯農業技術發展是由李森科（Trofim. D. Lysenko）所壟斷；赫魯雪夫掌權後，仍然全力支持李森科，而無視於許多科學家聯名反對。但李森科完全否定西方主流的「孟德爾—摩根」（Mendel-Morgan）基因遺傳學，數百名蘇聯科學家因而遭到迫害，導致無數悲劇發生，又使得蘇聯的生物遺傳學研究落後西方至少二十年。

總之，赫魯雪夫下臺只是遲早的事，最終由布里茲涅夫與蘇斯洛夫領頭發起，將他罷黜。蘇斯洛夫當著赫魯雪夫的面歷數他的罪狀，痛斥他自以為無所不知、無所不能，不但自認懂內政、外交，也懂藝術、農業和科學，又為人傲慢，決策草率。

但有許多歷史學家指出，蘇斯洛夫數落赫魯雪夫的許多錯誤，其根源其實不在赫魯雪夫本人，而在蘇聯一黨專政及個人獨裁的體制。關於共產黨的一黨專政，也有學者歸納總結，說那是「以國治民，以黨治國，以各級黨部治黨，以政治局（或主席團）治各級黨部，以一人治政治局（或主席團）。」

既是以黨治國治民，如果黨的合法性受到破壞，所有依附於黨的黨員、各級幹部及高官都將無法生存。赫魯雪夫被罷黜的根本原因，正是他完全否定史達林，對其歷史罪行不斷地刨根究底，把一尊原本是神聖不可侵犯的神祇，說成是罪惡滔天，其結果是人們對共產黨的合法性越來越懷疑。所有赫魯雪夫的政敵、同志，甚至他一手提拔的下屬，大多認為他已成為蘇共的掘墓人。因此，赫魯雪夫並不是人民推翻的，而是由一群擁戴布里茲涅夫，希望回到史達林時代的蘇共黨員共同推倒。也因此，布里茲涅夫上臺後沒有什麼選擇，只能回復史達林時代的所有作法。

布里茲涅夫與「史達林主義」

布里茲涅夫出生於現今烏克蘭（Ukraine）的工人家庭，在家鄉的大學裡讀工程科系畢業，後來從軍，並於一九五三年擔任紅軍總政治部副主任。正是此時，他與朱可夫及一眾高級軍官協助赫魯雪夫和馬林科夫一舉逮捕貝利亞。此後布里茲涅夫擔任哈薩克第一書記，協助赫魯雪夫進行墾荒，同時支援發展導彈及核武計畫，而於一九六〇年起擔任最高蘇維埃主席。然而這個位置並無實權，真正的權力是在蘇共第一書記赫魯雪夫的手上。

赫魯雪夫當時屬意的接班人也不是布里茲涅夫，而是蘇共第二書記科茲洛夫（Frol R. Kozlov），不料他卻突然中風，赫魯雪夫於是在一九六三年請布里茲涅夫接任第二書記，但又請布里茲涅夫將最高蘇維埃主席的位置讓給米高揚；這是因為他在執政後期堅持一個原則：任何人不得兼任兩個重要職位。但一般認為，布里茲涅夫對此極為不快，因而成為反赫魯雪夫政變集團的一員。

布里茲涅夫從一九六四年起擔任蘇聯領導人，一直到一九八二年，共十八年，是在位期間第二長的蘇共領導人，僅次於史達林。如前所述，他的施政其實很簡單，就是把所有赫魯雪夫執政時的所作所為全部打掉，按照史達林時代的一切重建；換句話說，就是重新推動「史達林主義」。其中最重要的，就是恢復史達林的名譽，因此所有有關史達林罪行的調查一律停止，也停止平反。由於赫魯雪夫說，史達林在二次大戰之前及大戰期間犯了種種嚴重錯誤，導致初期大敗，布里茲涅夫便請朱可夫及昔日的紅軍將領出面澄清，說史達林是一位英明、卓越的統帥。

史達林時代最高的權力機構原本是政治局，後來被改為中央主席團；史達林執政時是總書記，到赫魯雪夫時改稱第一書記。蘇共於一九六六年召開二十三大時通過，重設政治局，第一書記改回為總書記。赫魯雪夫導入的一些「惡政」，如有關強迫高級軍官退休、強制地方分權、實施農業州委、工業州委分工，以及「系統性更換幹部」等，一概停止。

共產世界裡的異議分子：從吉拉斯、索忍尼辛到沙卡洛夫

布里茲涅夫重新推動「史達林主義」當然也引起一部分人民不滿，尤其是知識分子。許多知識分子在赫魯雪夫時代受到鼓舞，站出來寫書、寫文章揭發史達林時代的黑暗面，或發表不同意見。這時風向突然轉變，雖然大多知識分子選擇明哲保身，卻也有不少人挺身反抗。在眾多的異議分子當中，最有名的是作家索忍尼辛（Aleksandr Solzhenitsyn）及頂尖科學家沙卡洛夫。

事實上，不只是蘇聯有異議分子，其他東歐國家裡也有很多，其中最有名、影響後世最大的，莫過於南斯拉夫的吉拉斯。又由於吉拉斯的故事最早發生，我就先從他開始介紹。

吉拉斯與《新階級》

吉拉斯於一九一一年生於黑山[1]的農家。他在大學時期就滿懷理想，決定加入共產黨，卻因而被捕入獄，遭受酷刑；但吉拉斯矢志革命，不改其志，不到三十歲便已成為南斯拉夫共產黨的政治局委員。狄托領導游擊隊對抗軸心國侵略時，吉拉斯是他的最重要伙伴之一，既負責反抗軍的報紙及宣傳，也帶兵打仗，能文能武。當狄托與史達林決裂時，吉拉斯也堅決地與狄托站在一起。南斯拉夫共產黨組織內也公認，吉拉斯是狄托未來的接班人。

然而，吉拉斯的思想與狄托及其他同志截然不同。一九五三年十月起，吉拉斯在自己主持的報紙上連

續發表十幾篇被認為有「修正主義」傾向的文章。其中有建議政府從計畫經濟改為部分經濟自由化，也有建議停止共產黨一黨專政，改採多黨制。狄托和其他同志認為吉拉斯已經是離經叛道，決定解除其所有黨、政職務；但吉拉斯自行退黨，並對外國媒體放話批評政府。蘇聯在一九五六年鎮壓匈牙利時，吉拉斯又譴責狄托沒有聲援匈牙利；狄托無法忍耐，授意法院將吉拉斯判刑坐牢。不料吉拉斯入獄前已經交付給紐約出版商一份手稿，在一九五七出版，書名為《新階級：共產主義的分析》。

吉拉斯自稱，寫書目的是要揭穿共產主義社會的真相。他說，在共產政權裡實施的不是平等主義，而是寡頭統治。在黨的官僚制度中，其實已經產生一個新特權社會階層，他稱之為「新階級」。這些人利用職權獲得種種特殊的物質享受，貪污腐化。《新階級》在西方世界獲得熱烈的迴響，被翻譯為三十幾種語言。也因此，吉拉斯被判處延長刑期，但他在牢中

1　Montenegro，後來南斯拉夫聯邦共和國之一。

狄托（左）與吉拉斯（右）。右圖由Stevan Kragujević拍攝，來自維基百科

仍繼續寫作不輟，繼續送到國外出版，繼續被判刑，直到一九九六年才終於被釋放出獄。

吉拉斯為什麼要與昔日的同志割袍斷義，不惜從舒服的權力高峰自投於深淵之中，每日在牢裡擦地板和倒污水？據他自己說，是受到良心的驅使。在他的另一本名著《不完美的社會》（*The Unperfect Society: Beyond the New Class*）裡，吉拉斯說：「共產主義下的所有權是一頭怪物，在形式上是社會的和國家的，實際上是由黨的官僚來管理和操縱，這是共產主義失敗的根由。」

吉拉斯從根本上也懷疑馬克思主義。他說：「在人類的思想史上，要找到比馬克思主義的自然辯證法更荒謬的東西是不容易的。但它卻幫助馬克思的理論在社會的鬥爭上發揮了大作用。」對於馬克思宣稱自己的研究成果是一種科學，吉拉斯也一樣提出懷疑，說：「馬克思主義被當成『科學』，但沒有一個有地位的馬克思主義理論家是科學家。」

吉拉斯的遭遇可說是預告了十年後赫魯雪夫的命運，不同之處是赫魯雪夫只是否定史達林，吉拉斯卻完全否定馬克思的理論和共產主義。從這一點來說，有一部分歷史學家認為，吉拉斯對後世的影響遠遠大於赫魯雪夫，因為他是世界上第一個公開主張「共產黨結束一黨專政」的人。讀者想必都知道，從一九八九年起共產世界發生劇變，東歐八國爆發革命，蘇聯也在一九九一年解體，其十五個加盟共和國紛紛各自獨立，而在整個過程中，這些國家裡總共有超過三十個共產黨被迫結束一黨專政。吉拉斯所提出的主張，經過三十幾年後果然成真。

索忍尼辛的遭遇：蘇聯的「解凍」及「再凍」

索忍尼辛生於一九一八年，原籍高加索，在二次大戰時加入紅軍，曾因戰功獲得紅星勳章，卻漸漸對蘇聯政權及史達林的道德基礎產生懷疑。戰爭結束前三個月，索忍尼辛因為寫信給朋友被截獲而遭到逮捕，成為勞改營裡的政治犯，一直到赫魯雪夫上臺後才被釋放，前後十一年。

索忍尼辛重獲自由後，白天在中學裡教書，晚上從事寫作，後來經人介紹與蘇聯最重要的文學雜誌《新世界》（*Novy Mir*）總編輯特瓦爾多夫斯基（Aleksandr Tvardovsky）取得聯繫，因而有機會出版他所寫的小說《伊凡・傑尼索維奇的一天》（*One Day in the Life of Ivan Denisovich*）。透過書中主角傑尼索維奇的眼睛，索忍尼辛如實地述說自己和二十幾名獄友們，當年是如何無辜地被送入勞改營、遭受酷刑、做著永遠做不完的粗重工作，又為了活下來必須絕對服從所有不合理的規定及命令，等等。

赫魯雪夫有一名助理是特瓦爾多夫斯基的朋友，將這本小說的樣稿讀給赫魯雪夫聽。赫魯雪夫聽後十分激動，邀米高揚一起聽，又經由主席團會議討論，而於一九六二年底批准出版。除了蘇斯洛夫之外，沒有其他人表示反對。在此之前，雖然已有不計其數的人從勞改營中被釋放，有關勞改營內生活的公開報導卻很少。赫魯雪夫召見特瓦爾多夫斯基時說道：「我們的後人會對我們做出評判，因為此事讓他們瞭解我們是處在什麼樣的情況下，我們繼承的是什麼樣的遺產。」特瓦爾多夫斯基回到雜誌社後向同事說：「冰雪消融了。」這一刻代表了赫魯雪夫推動「去史達林化」的最高峰。

然而，當赫魯雪夫被罷黜後，所有揭露、批評史達林的著作通通被禁止出版，同時有許多知識分子及文化、藝術工作者被捕，蘇聯意識形態的變化從「解凍」又轉為「再凍」。但索忍尼辛仍然繼續寫作，並偷偷送到國外出版。他的名字在國外越來越響亮，在國內卻被逐出蘇聯作家協會。一九七〇年，索忍尼辛榮獲諾貝爾文學獎，卻更受到迫害，竟至無處可居住。當時有一位同樣來自高加索地區，聞名全世界的俄羅斯大提琴家羅斯卓波維奇（Mstislav Rostropovich），無視當局的恐嚇威脅，收容了索忍尼辛住在自己的家裡。

一九七三年，索忍尼辛的新作《古拉格群島》（*The Gulag Archipelago*）出版，其中敘述了兩百五十幾名曾經被關在集中營的犯人的悲慘遭遇。書中也探討集中營的起源，直接說列寧及共產黨都必須為此負責。《古拉格群島》是索忍尼辛畢生最成功的著作，但也徹底觸怒了蘇聯當局。布里茲涅夫下令以「叛國罪」逮捕索忍尼辛，卻因西方國家的強烈抗議，不得不強制把他驅逐出境。隔年，羅斯卓波維奇也流亡到美國。

蘇聯的知識分子在沙皇及史達林時代曾經發生兩波大流亡潮，索忍尼辛與羅斯卓波維奇是第三波流亡潮的代表人物。

沙卡洛夫的故事

沙卡洛夫於一九二一年在莫斯科出生，其父是一名中學和大學的物理教師，溫和而有智慧，曾寫過一本非常受歡迎的物理教科書。沙卡洛夫後來在回憶錄裡自稱在為人處事、對大自然的欣賞，以及對所有生命的珍惜，乃是受到父親極大的影響。他也提到童年時，父母親家族分別受到的迫害，對史達林及共產體制表達明顯的不滿。

沙卡洛夫是物理天才，在二十幾歲就受邀參與蘇聯研發原子彈的計畫。一九五三年八月，蘇聯在哈薩克成功地試爆一枚核彈，威力驚人。當時該計畫的主持人及所有同事都向年僅三十二歲的沙卡洛夫恭賀，等於承認是他的貢獻才讓整個計畫得以成功。然而，從這時起，他卻開始擔憂核彈將對人類造成無法彌補的危害，認為其中涉及道德問題，並且直接寫信給赫魯雪夫表示自己的憂慮，建議減少核彈試爆。赫魯雪夫雖然公開斥責沙卡洛夫，卻明顯受到他的影響；有一部分歷史學家認為，這是赫魯雪夫後來積極地與美國談判如何防止核武器擴散，又在古巴飛彈危機時決定向甘迺迪讓步的重要原因之一。

布里茲涅夫上臺後，美蘇的核武競賽就停不下來了。這時的沙卡洛夫卻被禁止參加核武發展的相關會議，於是積極開始提倡人道主義，更加引起蘇共的不滿。不料諾貝爾獎委員會於一九七五年決定把和平獎頒給沙卡洛夫。蘇聯當然不可能冒險讓最頂尖的科學家出國後不再回來，所以只准他的太太代表去挪威領獎。沙卡洛夫此後可說是全世界最知名的一位異議分子，布里茲涅夫對他也無可奈何，只能派祕密警察加強監視。由於在一九八〇年代沙卡洛夫仍是蘇聯非常具有影響力的人物之一，所以本書在說到戈巴契夫的改革時，也還要提到他。

布拉格之春：捷克的悲劇

蘇聯回復到史達林主義的高壓統治，當然也影響到東歐國家，其中捷克迫於國內人民的壓力，不得不於一九六六年推動「新經濟模式」，卻以失敗告終，國家瀕於破產邊緣。隔年七月，捷克作家舉行全國大會，長期遭到官方壓制的知名作家科胡特（Pavel Kohout）、昆德拉（Milan Kundera）、克里瑪（Ivan Klima）等嚴詞抨擊共產黨。學生們接著走上街頭示威遊行，警察以棍棒和催淚瓦斯對付，引起更激烈的反抗。

到了一九六八年一月，捷共舉行大會決定將親蘇的第一書記撤職，以敢言著稱的杜布切克（Alexander Dubcek）代替，同時決議推動黨內民主，鼓勵自由表達意見，各界批評時政的言論於是如百花齊放。杜布切克提出一個口號，要推動「帶有人性面孔的社會主義」。政府決定廢止新聞、雜誌的預先檢查制度，又宣告將保障人民的言論、出版、集會自由，平反政治犯。

在經濟政策上，捷克也決定進行改革，預備引進市場機制，強化與西方國家的經濟及技術合作。具體地說，捷克已經不想過分依賴發展重工業及軍事工業，也不想聽從蘇聯安排出口武器、彈藥、裝備去幫忙輸出革命；而只想改為生產西方市場所需的消費性商品，突破蘇聯對捷克與西方國家之間的隔絕。

一個帶有自由色彩的「布拉格之春」運動由此轟轟烈烈地展開。但在蘇聯看來，無疑是反革命，如果任由其進行而不干涉，終將導致蘇聯與東歐國家合組的經濟互助委員會及華沙公約都解體。布里茲涅夫因而在三月，與若干東歐國家的領導人在東德舉行會議後，發布公報委婉地警告捷克不可脫軌。杜布切克及其他捷共領導人卻還是不聽勸諫；六月，蘇聯與東歐各國在捷克周邊舉行軍事演習，但在演習結束後並未撤走軍隊。布里茲涅夫接著召集所有東歐國家領導人到波蘭開會，捷克卻拒絕出席。與會各國代表都對捷克的改革運動表示憂慮，深恐將會波及本國。保加利亞代表甚至主張出兵干預。

在此關鍵的時刻，捷共政治局中有五名保守派委員，聯合寫了一封信祕密交給布里茲涅夫，信中說：「對黨有敵意的分子正在煽動民族主義風潮，蠱惑反共、反蘇心理……。社會主義在我國的存在，已經備受威脅……。唯有您的協助，捷克斯洛伐克社會主義共和國才能在迫在眉睫的反革命危險中脫困。」這封信無疑給了布里茲涅夫及東歐各國領袖藉口，得以「應邀」出兵干預。南斯拉夫和羅馬尼亞雖然表示反對，卻也無法改變布里茲涅夫的決定。

八月二十一日凌晨起，華沙公約組織五國軍隊（含蘇聯及東歐四國）五十萬人大舉入侵捷克。捷克軍隊無力抵抗，只得投降。一部分青年學生卻仍以赤手空拳抵擋入侵的軍隊，但終究無用。然而，仍有一群學生組織自殺隊，以抽籤方式挑出自願的人選。「第一號火炬」帕拉赫（Jan Palach）於一九六九年一月，以汽油澆身，點火自焚。三天後，全國數十萬人流淚走到廣場上參加他的葬禮。後來又有幾個「火炬」相繼自焚，悲壯不已，卻仍無法拯救捷克。不過在三十年後，當捷克人終於在一九八九年成功地革命推翻共產黨及蘇聯的控制，他們立刻把布拉格最大的廣場之一改名為「帕拉赫廣場」。

捷克事件的影響：「布里茲涅夫主義」出臺

蘇聯出兵捷克的消息震驚全世界，美、英、法等國在聯合國安理會提案譴責蘇聯，要求立即撤軍，但被蘇聯否決。事實上，這時美國也有數十萬軍隊在越南，因而在指摘蘇聯侵略捷克時無法理直氣壯。不過英、法、義、芬蘭等國的共產黨都嚴厲譴責蘇聯，表示憤慨，其中法國、義大利、芬蘭的共產黨在各自國家裡都有兩成以上的選民支持，所以發聲不容忽視。

羅馬尼亞先前公然表示支持捷克，這時擔心蘇聯下令華約五國軍隊也轉而入侵，只得向中共求助。捷克事件發生的第三天，正是羅馬尼亞的國慶日，中共總理周恩來於是應邀親自出席羅馬尼亞駐北京大使館舉行的慶典，並發表講話，直接斥責蘇聯在捷克犯下滔天大罪，企圖用槍砲製造傀儡。周恩來又公開表示支持羅馬尼亞，等於警告蘇聯不許對羅馬尼亞動手。根據尼克森的說法，他正是在這時聽到中國憤怒的聲音，察覺到美國應該有機會與中國聯手對付蘇俄，因而開始發表親中的言論，並在當選美國總統之後朝此路線推進，其詳情已在上一章裡敘述。

杜布切克等人在被捕後並未被罷黜或處決，而是被迫與蘇聯簽約，同意華沙公約軍隊在捷克駐軍，接受重新管控新聞媒體。十一月中，布里茲涅夫發表演講，為蘇聯出兵辯解。這份講詞刊登在《真理報》上，其中說社會主義國家當然尊重所有國家的主權，堅決反對干涉他國的事務，但是「當一個單一的社會主義國家出現危機，構成『社會主義大家庭』整體的危機時，就已經不是一個國家的問題了。」西方世界所稱的「布里茲涅夫主義」於是出臺，此後東歐再也沒有一個國家膽敢聲言要脫離社會主義陣營。

蘇聯最終迫使杜布切克辭去捷共第一書記的職務，其繼任者胡薩克（Gustav Husak）此後任職長達二十年。

美、蘇的軍事競賽，「和解」及限武談判

當初赫魯雪夫執政時，已經決定翻轉過度發展國防及重工業的政策，而要同時發展民生所繫的輕工業。但布里茲涅夫上臺後，蘇聯又回到老路，以發展國防及重工業為優先。捷克事件後，蘇聯又必須加強在東歐各國派駐重兵，以維持有效控制；在此之後，美、蘇之間的核武、導彈及太空計畫的競爭，更是日趨白熱化了。

發展核武的目的其實不單是為未來的戰爭做準備，更是為了威脅敵人。武器越厲害，對敵人的威脅越大，雙方就不敢輕啟戰端，和平因而是靠恐懼的心理維持的。但任何一方都怕自己的核武、導彈技術落後，所以要在質與量上不斷地擴充。布里茲涅夫掌政後，蘇聯的洲際導彈數量在十年內增加了六倍，達到總數一千六百枚。美、蘇也各自發展新型的反彈道飛彈，雙方都耗費鉅資，越陷越深，最後不得不坐下來進行「限制戰略武器談判」（Strategic Arms Limitation Talks，簡稱SALT）。

一九七二年初，尼克森在進行轟動世界的中國訪問之後不久，又飛到莫斯科與布里茲涅夫簽定《反彈道飛彈條約》（*Anti-Ballistic Missile Treaty*），其中嚴格限制雙方設置飛彈的數目及設置地點。美中及美蘇之間的衝突因而同時獲得緩和，東西方進一步「和解」（détente）遂成為一九七〇年代世人的期望。一九七五年八月，就在越戰結束後不久，歐美三十七個國家共同簽定《赫爾辛基協議》（*Helsinki Accords*），其中的要點是尊重各國的主權及領土完整，確立和平解決爭端及不干涉他國內部事務的原則，以及尊重人權和思想、信仰、宗教的自由。

美蘇後來又繼續進行第二輪限武談判（SALT II），並由布里茲涅夫和美國總統卡特（Jimmy Carter）於一九七九年六月於維也納共同簽署新協議。但由於美國所支持的尼加拉瓜右翼政府，在同一個月被蘇聯

支持的「桑定民族解放陣線」（西語Frente Sandinista de Liberación Nacional，縮寫FSLN；英語Sandinista National Liberation Front，縮寫Sandinista。簡稱「桑解」）推翻，以及其他原因，使得美國國會遲遲不肯審議此一協議。到了十二月，蘇聯又直接出兵侵略阿富汗，更使得美國國會震怒（上述兩個事件詳見第十二章敘述）。卡特因而決定撤消協議，請國會不必審議。美蘇關係於是回復到緊張狀態，武器競賽也仍然騎虎難下。

蘇聯輸出革命是從列寧十月革命後就開始傳承的歷史使命，布里茲涅夫自然不能不繼續推動，一九七〇年代的主要目標是在東南亞、拉丁美洲及非洲。關於這些，本書將在第十一及第十二章分別介紹，不過此處必須先指出一點：無論是輸出革命到哪裡，都必須花費鉅億，而無補於國計民生。

據美國國防部估計，蘇聯在一九七五年支付的軍費為一千一百四十億美元，比美國的八百億元多四成。但蘇聯的國民所得遠低於美國，所以軍費占其國民所得十二%，而美國只有六%。到布里茲涅夫於一九八二年病死之前，蘇聯的國防支出已經占國民所得的十五%，如此高的軍事費用其實已經不

布里茲涅夫（右）與卡特（左）於1979年簽訂《第二階段限制戰略武器條約》，但後來美國國會延擱審議該協議，卡特也決定撤回

是蘇聯所能負荷了。

布里茲涅夫後期蘇聯經濟發展的停滯及其原因

關於蘇聯的經濟數字，一般認為官方公布的數據大多不可信。不過有一位俄羅斯經濟學者哈寧（Grigorii Khanin），在一九九一年蘇聯解體後致力於重新計算一九六〇到一九八〇年代的經濟數字，並獲得國際間許多學者採信。根據他的計算，在赫魯雪夫執政後期（一九六一至六五年）、布里茲涅夫執政的前期（一九六六至七〇年及一九七一至七五年），蘇聯的國民生產淨額（GNP）平均每年成長分別為四．四％、四．一％及三．二％，逐步下降；到了布里茲涅夫執政後期，也就是蘇聯的第十及第十一次五年計畫期間（一九七六至八〇年及一九八一至八五年），GNP成長就只剩下一％及〇．六％，已經是停滯不前了。

布里茲涅夫與總理柯錫金其實在推動第九次五年計畫時已有警覺，共同認為必須加強工業消費品製造，以提高人民的生活水平；但努力不僅沒有成功，反而更失敗。之所以如此，雖然有一部分原因是體制過於僵硬，但更大的原因是蘇聯在此期間對外輸出革命不但加速，也加大，以致於民生輕工業發展所需的投資大多被轉用於軍事及重工業。例如，前面提到蘇聯在尼加拉瓜發動政變，又大舉入侵阿富汗，正是在第十次五年計畫期間發生的。其中的阿富汗戰爭尤其被認為是導致蘇聯帝國最後崩潰的重要原因之一。

但我在此也要指出，蘇聯經濟疲弊雖然導致國民生活水平遠低於歐美國家，貧困的卻只是一般民眾。另有一大批特權分子，也就是吉拉斯所說的「新階級」，不但不虞匱乏，還能享受種種的奢侈品。

根據《紐約時報》於一九七〇年代派駐莫斯科的記者深入調查後的報導，在莫斯科有將近一百個特定地點設有特別的商店。舉凡市面上缺貨的稀珍食品（如魚子醬、伏特加、鮭魚），以及免稅外國進口貨（如法國香水、英國毛料、蘇格蘭威士忌、美國香菸、日本錄音機），在這些商店都能以低廉的價格買到，但前提條件是必須要有黨發給的許可證才能進入。

另據估計，一九七〇年代蘇聯的共產黨員約為一千六百萬人，占總人口的六・四％，其中的特權分子約為一百萬人，包括黨、政、軍的高官及國營企業、國營農場的高級主管。不過在其中也還是有嚴格的等級區分。官位越高，特權自然越大，並能利用職權貪腐。不過貪腐究竟到了什麼樣的程度，那就必須等到布里茲涅夫死後三年，戈巴契夫擔任蘇共總書記，開始肅貪，才能給世人比較清楚的圖像。因而，在第十三章說到戈巴契夫時，再來討論這個問題。

第11章 共產勢力在東亞及東南亞地區的持續擴張

如第七章所述，東亞及東南亞各國的共產勢力，在第二次大戰前及戰爭期間獲得迅速的擴展。但必須指出，這些進展大多是由蘇聯直接援助，特別是中共尚未建立政權，沒有能力對外伸出援手的時候。一九四九年九月，也就是中共正式成立中華人民共和國的前一個月，毛澤東派劉少奇去莫斯科見史達林，史達林對劉少奇說，希望中國在建國之後也能盡力幫助一些被殖民國家的獨立革命運動。毛澤東原本就野心勃勃，所以史達林說的這番話對他來說，正中下懷。

到了十二月，史達林歡度七十大壽時，毛澤東和胡志明都率團到莫斯科參加慶賀，史達林同時約見兩人，實際上已經交付給毛澤東分擔支援越共，以及支援東南亞各國共產黨的重責大任。韓戰爆發後，毛澤東決定不顧一切抗美援朝，蘇聯反而是退居幕後。本章的主旨，就是敘述在一九五〇到一九七〇年代之間，中共如何繼續輸出革命到其鄰近的國家，以及在這些國家裡所發生的變化。

中共積極輸出革命

不過在我詳細敘述之前，請讓我先用一個小故事來說明毛澤東是如何決心，必定要輸出革命。

一九五二年十月，蘇共舉行十九大，毛澤東派劉少奇出席，賦予其重要責任之一，就是分別與東南亞各國的共產黨領袖舉行會談。當時印尼共產黨領導人艾地（Dipa N. Aidit）因故遲至次年一月初才與會，毛澤東命令劉少奇等到艾地到達，確實和他見面討論後才能離開莫斯科。艾地在和劉少奇見面討論，確認將獲得中共的大力支持後，高興地到外面雪地上丟雪球。

但必須指出，中國派志願軍抗美援朝時，蘇聯提供的援助並不是免費，不但要求中國日後償還，還要加計利息。毛澤東不敢違抗史達林，但曾經私下表示不滿，說那不是國際主義，中國將對外提供無償援助。毛澤東後來也曾向越南、柬埔寨、緬甸等國的共產黨領導人說：「中國就是你們的大後方，一旦有什麼大事發生，你們就可以利用這個地方，兵少可以到中國來徵兵，要我們出兵我們就出兵，要財政援助我們全力以赴，要武器可以無代價提供。」即使是在中國大飢荒，毛澤東也一樣咬著牙輸出革命，無視於國內數千萬人餓死。中蘇分裂後，毛澤東更想要把共產革命的主導權搶到手中，企圖與赫魯雪夫互別苗頭。

不過美國當然不會坐視蘇共及中共到處輸出革命，因而三方鬥爭十分激烈。同時，東南亞各國的政府也對中共嚴加提防。到了文化大革命期間，中共中央文革小組命令駐外使館在駐在國大量發放毛的著作及毛像章，光是《毛語錄》就出口了四百萬冊，東南亞各國的政府及人民更是驚懼，導致印尼、馬來西亞、緬甸爆發排華運動。但從另一方面說，雖然中共如此積極輸出革命，各國的共產黨也未必都無條件接受中共的指導。

以上說明了共產勢力在東亞及東南亞各國發展的共同背景，接著說明各國的情況，以下從北韓說起。

北韓金日成從鞏固一人獨裁到建立世襲王朝

韓戰結束後，北韓共產政權其實已經十分穩固，不再需要中共支援。此後的二十幾年中，金日成的目標已經轉為經由整肅異己以鞏固其一人獨裁統治，最終建立世襲的金氏王朝。以下分段敘述其過程。

朴憲永之死、「八月宗派事件」，以及一九五七年的大清洗

如果從國家及軍事上看，韓戰對北韓是極大的挫敗，但如果從個人政治發展來看，對金日成卻是極大的成功。當初金日成說動史達林同意發起戰爭，斬釘截鐵地說美國不可能參戰，結果完全錯誤；如果沒有中共派志願軍，北韓早已滅亡。然而金日成並未因此而垮臺，反而指責朴憲永，說原以為北韓出兵後南方游擊隊將會如他所說的那樣地踴躍響應，結果並未發生，所以朴憲永必須為戰敗負責。韓戰尚未結束，朴憲永及一干南勞派的領導幹部已經被以「美國間諜」的罪名起訴，全部遭到處決。

一九五六年，赫魯雪夫在蘇共二十大，批判史達林及個人崇拜之後，北韓出席的代表回國後立刻做報告，金日成卻不承認朝鮮勞動黨有個人崇拜的問題。黨內的延安派及蘇聯派因而不滿，共同計畫發動政變。不料金日成先發制人，在八月召開大會時厲聲指責兩派都犯了「宗派主義」的錯誤，屬於「反黨分子」。一部分被點名的人嚇得還沒開完會就急急逃走，越過鴨綠江逃入中國境內；其餘動作稍慢的都被逮捕入獄。

赫魯雪夫和毛澤東分別接到相關的報告後，都大怒，決定共同介入，派米高揚和彭德懷一起到平壤，金日成只得把關在牢裡的人都放出來。不過後來東歐連續發生波匈事件，赫魯雪夫在波蘭動亂時下令撤軍，在匈牙利動亂時卻出兵鎮壓。金日成暗喜。一九五七年，毛澤東在中國發起「反右運動」，金日成更喜，但仍按兵不動。同年稍晚，毛澤東在莫斯科舉行十月革命四十週年慶典時見到金日成，突然為一年前

干涉北韓的舉動向金日成道歉。金日成大喜，回國後遂毫無顧忌地進行大清洗。蘇聯派及延安派共數千人被處死，另有數千人被下獄、流放或勞改。經此之後，北韓勞動黨內只剩下所謂的「滿州派」及「甲山派」，分別是昔日金日成在中國東北及朝鮮北部從事對日游擊戰時的戰友。

「主體思想」及「千里馬運動」

金日成這時更急於要做的還有一件事，即是擺脫蘇聯及中國對北韓的影響力。他尤其想要淡化韓戰時期中共對北韓的援助，於是採用一名理論家黃長燁（Hwang Jang-yeop）的建議，開始提出所謂的「主體思想」。一九六〇年五月，金日成發表演講，說：「我們不是在進行他國的革命，是朝鮮的革命。這個朝鮮革命才是黨的思想活動主體……。有人覺得蘇聯式好，有人說中國式好，但我認為，是時候創造『我們式』了。」

主體思想的目標是追求「政治的自主、經濟的自立，國防的自衛。」說到經濟自立，就不能不提「千里馬運動」。一九五七年，平壤有一個煉鋼廠喊出「以千里馬的速度增產報國」口號，金日成前往視察後，表示激賞，於是號召國人為國家經濟的自立而奮鬥。「千里馬運動」於是轟轟烈烈地展開，果然提前完成經濟計劃的工業生產指標。

南、北韓政經發展前後期的對照

據估計，一九六〇年北韓的人均所得達到二百五十三美元，名列東亞地區前段，只比日本和香港低，是南韓人均所得八十二美元的三倍。北韓之所以如此成績耀眼，原因之一是日本在占領朝鮮半島時，為了要進一步侵略中國，基礎工業及重工業大多集中於北方；另一個原因是蘇聯、中國及東歐國家的大力協助。至於南韓之所以衰弱，主因是在韓戰中遭逢巨大的破壞，以及韓戰後李承晚政權的官員大多貪污腐化，社會動盪不安。

當時南韓學生大多痛恨李承晚政權，羨慕北韓，又被北韓的宣傳及地下人員鼓動，導致南韓不斷地發生反政府及反美運動。一九六〇年，南韓爆發「四一九革命」，李承晚被迫出國流亡。但數十萬名學生仍不顧政府阻止，執意要與北韓學生在板門店相聚，共同推動民族統一。其結果是朴正熙（Bak Jeonghui）在美國支持下於次年發動「五一六政變」，並在此後成為南韓唯一的強人，採取獨裁統治，長達十八年，直到一九七九年遇刺身亡。不過南韓也因此獲得政治及社會安定，並在美國援助之下發展經濟，快步追趕日本、香港及臺灣。

如果僅以一九六〇年為觀察點，金日成可說是志得意滿。然而，當中蘇開始交惡後，金日成決定向中國傾斜，竟敢放話批評「蘇修」。赫魯雪夫大怒，下令削減對北韓的援助。不料中國後來爆發文化大革命，也削減對北韓的援助。北韓的經濟由此急轉直下。根據世界銀行的資料，南韓在一九七九年，即是朴正熙執政的最後一年，人均所得已經高達一千六百七十美元，是執政前的二十倍。世界銀行雖然無法取得北韓的數字，但據日本經濟學者估計，同期成長不到三倍，只達到五百美元左右，是南韓的三分之一。

金氏世襲王朝的建立

北韓的經濟情況雖然惡劣，金日成仍是想要鞏固自己的地位，同時要為兒子金正日（Kim Chongil）接班鋪路，於是整肅滿州派及甲山派的老同志，全部開除黨籍。一九七四年，金正日獲得勞動黨一致公推為金日成的接班人，北韓世襲的金氏政權於是確立。為了樹立了金日成的絕對權威，黃長燁這時又奉命把前述的「主體思想」從國家延伸到對金日成的個人崇拜。朝鮮勞動黨告訴黨員和人民：「首腦是頭，黨是軀體，人民是手足。軀體和手足應當聽從頭腦的指揮；如果沒有頭腦，就失去了生命……父親給人肉體的生命，領袖賜予人政治的生命。如同在家庭中應當聽從父親的絕對領導一樣，人民應當無條件地團結在領袖周圍。」金日成於是逐漸成為一尊神祇，如史達林和毛澤東一樣。

日本共產黨從親中到自主

韓戰爆發後，日本共產黨人大多逃亡國外，一直到一九五五年日本政治鬆綁，日共領導人野坂參三才結束逃亡，公開現身。在日本歷次國會選舉中，日共的得票率通常只有二至五％，不過透過與日本社會黨聯合仍具有部分影響力。

日共分「親中」及「親蘇」兩派。由於野坂與中共領導人毛澤東在延安時期就已建立交情，又獲得中國給予特別貿易補貼，在中蘇交惡後，親中派就明顯占上風。親蘇派的一部分成員被迫退出，一部分隨其領導人宮本顯治（Miyamoto kenji）向親中派靠攏。此後日共是由野坂和宮本二人長期共治，分任日共中央委員會議長和書記長。

北韓金氏世襲王朝：金日成（左）與金正日（右）

一九六六年，文化大革命爆發後，宮本訪問中國，獲得毛澤東接見，卻被毛澤東當面斥責是在走「修正主義路線」。宮本至為錯愕，回國後就建議召開全黨大會以檢討與中共的關係，最後的決定是與中共決裂，走自己的道路。

一九八二年，野坂參三退休，宮本顯治繼任為日共議長。又過了十年，蘇聯解體，大量解密檔案出現。有人從中發現，野坂在史達林大清洗時竟向共產國際告密，導致多位日共同志被蘇聯內務部逮捕，其中有人遭到處決。由於證據明確，野坂無法抵賴，只得承認曾經犯錯，日共只得開除野坂的黨籍。對日共而言，這無疑是巨大的打擊。

一九四九年後的臺灣歷史：從蔣介石的威權統治到蔣經國的改革

如第七章所述，發生在一九四七年的二二八事件，是一個極為不幸的歷史事件，對臺灣後續的發展產生極大的影響；不僅蔣介石政權在一九四九年從中國撤退到臺灣後，對臺灣的統治方式受其影響，臺灣人民（包括臺灣本地人及遷入的外省人）對蔣介石政權的態度也受其影響。但必須指出，在此期間臺灣政治演變也受到中共及美國極大的影響。以下分段敘述。

蔣介石政權的威權統治及白色恐怖

在二二八事件中，「共產黨潛伏顛覆」是蔣介石任命的臺灣行政長官陳儀以血腥鎮壓民眾，殺害臺灣菁英分子的藉口。國民黨政府從中國撤退到臺灣之後，蔣介石仍畏懼中共的威脅，特別是擔憂中共派遣到臺灣的間諜活動，不但在一九四九年裡逮捕一萬多人，槍決一千多人，又堅持繼續戒嚴及威權統治。據統計，在此後三十年間，國民黨政府又逮捕八千多人入獄，其中一千餘人遭到處決。在此一「白色恐怖」期間發生鹿窟基地案，孫立人案、雷震案、彭明敏案、臺大哲學系案，等等許多大案或冤案。

以孫立人案為例。一九五五年，對日抗戰及國共內戰名將孫立人因「涉嫌預謀發動兵變」而遭到逮捕，同時牽連三百餘人。此後孫立人遭到軟禁長達三十三年之久。但由於政府始終無法提出證據，一般認為孫立人是遭到誣陷，被捕的真正原因是他在軍中的威望使得蔣介石深感威脅。

雷震案更是一個極具代表性的大案。當時蔣介石宣稱很快就會帶領軍隊從臺灣反攻大陸，但他的威權統治引起許多人不滿，其中反對聲音最大的是《自由中國》。這是由著名的學者胡適和前國民黨要員雷震共同創辦的雜誌，實際上由雷震負責。雷震直接提出「反攻無望論」，認為蔣介石的一切施政是以「馬上要反攻大陸」為基本假設，但不過是藉口，不僅沒有可能實現，又嚴重地影響國家的經濟發展，也阻礙人民對自由、民主的嚮往。雷震又堅決反對蔣介石修憲以便連任總統。最後，雷震竟在一九六〇年以「為匪宣傳」、「涉嫌叛亂」罪名遭起訴，獲判十年牢獄。此後，臺灣反對的聲音就少了。

有人認為，蔣介石的兒子蔣經國，也必須為白色恐怖的惡政負相當大的責任，因為從一九五〇年初起，蔣介石就把所有與警察、特務及情治有關的權力都交給自己的兒子。但也有人主張，白色恐怖的功過難論，因為如果不能肅清共諜，臺灣就難以避免動亂而重蹈大陸的覆轍，而如果社會動亂不斷，日後就沒有可能追求經濟的發展。二〇一三年，中共在《環球時報》上公開承認，曾經於一九四九年派出一千五百餘名幹部進入臺灣，其中有一千一百多名在一九五〇年代初期被國民黨捕獲而遭到槍決。這足以證明當時共諜確實大量存在，是臺灣政治安定的憂患。

又有人指出，在白色恐怖期間遭到逮捕者有很多並非共諜，而是臺灣人，但確實參與顛覆政府的活動，也加入了共產黨地下組織（如鹿窟案被捕的四百多人），所以很難說是冤案。但話說回來，這些人當中又有很多是當年二二八事件受難者的遺族，或深受此一事件刺激，對蔣介石政權深惡痛絕，決意要推翻其統治。因而也有人說，這是不幸的二二八事件的後遺症，是歷史的悲劇。

關於蔣經國，由於他與臺灣後來的發展有更重大的關連，本書在此必須回溯其生平，尤其是他年輕時極為特殊的經歷。

蔣經國在蘇聯的歲月及其回國後的失敗經歷

蔣經國在十五歲時自願到莫斯科「孫逸仙大學」（簡稱孫大）留學。孫大是蘇聯在孫中山死後，為紀念他而辦的一所學校，目的是為了加速培養國共第一次合作進行革命所需要的核心幹部。蔣經國在孫大讀書時，他的同學包括王明、博古、張聞天、王稼祥，以及鄧小平。

然而如第五章所述，蔣介石在一九二七年四月決定清共，蔣經國立即被迫在集會上譴責自己的父親是「殺人的兇手，革命的叛徒」，聲明與蔣介石斷絕父子關係。後來蔣經國被送到工廠及農村勞改，又被流放到西伯利亞，備極艱辛，又大病，幸而得以不死，並與一位悉心照顧他的白俄羅斯女子結為患難夫妻。

一九三七年西安事變後，國共決定第二次合作，史達林便允許蔣經國帶著妻子回國。但由於蔣經國的蘇聯經歷，使得他在國民黨內遭到懷疑及排斥，蔣介石只得安排他在江西南部一個偏遠地區擔任省縣級之間層級的「行政專員」，歷時將近七年。

一九四五年，蔣經國得到機會奉命隨行政院長宋子文，到莫斯科與史達林談判中蘇同盟友好條約；之後，又到東北協助中國代表團與馬林諾夫斯基談判國軍接收東北的相關事宜；一九四八年，國民政府決定發行金圓券，蔣經國又奉派到上海負責督導。但如前所述，這三件事結果都是徹底的失敗，蔣經國因而深受打擊，甚至為此痛哭流涕。

蔣經國在臺灣接班及其改革

臺灣由於政治相對安定，又有美國提供援助，在一九五〇至一九六〇年代之間經濟迅速成長。在此期間，蔣經國雖然面臨其他政治勢力挑戰，最終還是能逐漸掌握政治大權，並在一九七二年，也就是蔣介石病逝之前三年，就已實質接班。於是他一方面開始推動各項大規模的基礎建設，為經濟進一步發展奠基，另一方面也逐步進行「民主化」及「本土化」的政治改革。所謂的民主化，就是開放地方首長、議會及部分國會自由選舉，容許反對勢力逐步發展。所謂的本土化，就是刻意提拔部分土生土長的臺灣人，使其有機會出任政府要職。

關於蔣經國的作為，有一部分人說是由於美國強烈要求他變革，但有更多人指出，他在思想上與其父確實是截然不同的。一般認為，其原因除了他年輕時在蘇聯的特殊經歷之外，也在於他已經體認到臺灣內外環境所面臨的迫切危機，不能不改變作法。例如，美國在一九七二年決定迫使臺灣退出聯合國，改由中國加入；一九七四年他訪問美國，在紐約遭到兩名旅美臺灣青年知識分子持槍行刺，雖然無恙，卻讓他清楚地知道自己仍然不為臺灣人民所接受；一九七五年南越被北越併吞，更使得他清楚地看見，一個不得民心的政府最終只能走向滅亡。

菲律賓共產黨死灰復燃：從麥格賽賽的廉能到馬可仕的貪腐

自從虎克黨於一九五四年接受政府招安後，菲律賓共產黨的活動基本上已經停止。負責剿共成功的麥格塞塞清廉、能幹而有擔當，後來當選為總統。他在任時是菲律賓的黃金時代，工、商業蓬勃發展，社會穩定，亞洲各國莫不羨慕。麥格塞塞也曾想進行徹底的土地改革，但因國會議員大部分是地主，法案未獲得通過。一九五七年，麥格賽賽因座機撞山不幸身亡，土地改革於是遙遙無期。

一九六五年，馬可仕（Ferdinand Marcos）當選為菲律賓總統，後來又以操縱選舉及舞弊的手法一再連任，前後擔任總統長達二十年。然而，馬可仕貪得無厭，與其妻子伊美黛（Imelda Marcos）共同聚歛財富，又縱容部屬及裙帶關係者利用權勢巧取豪奪，菲律賓由此貪腐盛行。據估計，光是馬可仕夫婦前後貪污的金額就超過十億美元。同一期間，菲律賓經濟表面上雖有成長，實際上是停滯不前。

如要說明菲律賓的經濟成長，莫如與南韓比較，因為兩國都接受美援，成長卻迥然不同。根據世界銀行的資料，菲律賓及南韓在一九六五年的人均所得分別為一百八十美元及一百三十美元，菲律賓還比南韓高將近四成；到了一九八五年，二者人均所得分別卻是五百二十美元及二千四百五十元，菲律賓只有南韓的五分之一。因而，當南韓在一九八〇年代與臺灣擠身為亞洲經濟四小龍之一時，菲律賓已從先進國淪落為後段班。

馬可仕政權的貪腐無能不但使得國家窮困，也導致貧富差距急速擴大，人民當然不滿；共產黨於是在一九六九年復起，由西松（Jose Maria Sison）及布斯蓋諾（Bernabe Buscayno）兩人領導成立「新人民軍」，接受中共援助，對政府發起游擊戰。但由於美國與菲律賓關係密切，又租借蘇比克灣（Subic Bay）海軍基地及克拉克空軍基地（Clark Air Base），是其在亞洲的兩個重要據點，當然繼續盡力協助菲律賓政府對抗共產黨。

菲律賓也有人既反馬可仕又反共，其代表人物為參議員艾奎諾（Benigno Simeon "Ninoy" Aquino），卻在一九七二年被逮捕入獄。馬可仕後來在美國的壓力之下不得不同意讓艾奎諾出國流亡。但是當艾奎諾在一九八三年決定不顧馬可仕的警告而返回菲律賓時，結果竟在機場於眾目睽睽之下遭到槍殺。艾奎諾之死導致菲律賓人民公憤，紛紛集結在艾奎諾的遺孀柯拉蓉（Corazon C. Aquino）左右。從此時起，馬可仕下臺的時間已經不遠。

越戰後越南的難民逃亡潮

越南與中國在古代至少有兩千多年互動的歷史。近代以來，許多越南人仍然認同中國文化，但也有一部分人認為，越南的歷史無非就是被中國侵略的歷史。一九五四年日內瓦會議後，越盟領導人大多更是對中共憤恨不已，自認被逼簽定屈辱的條約。親蘇派的黎筍遂取代親中的胡志明，成為越共第一書記。不過越共為了要繼續對美國作戰，仍在表面上維持與中國的友好關係。據估計，在越戰期間，中共前後提供越共的援助總共約有一百億美元，蘇聯提供的援助相對比較少。然而，北越在統一南越之後竟立即表示將一面倒向蘇聯，又直接說要提防來自中國的文化及政治壓迫。越南華人的厄運於是來臨。

西貢（後改名為胡志明市）淪陷後，數千名所謂的「反動分子」立即被處決，又有數十萬名前南越政府人員被關入勞改營。許多華人僑領，殷商巨富遭到拘捕，被迫簽字同意獻出財產。政府又劫收華人開辦的銀行、醫院、學校，解散華人社團，命令華文報紙全部停刊。政府強制人民以舊鈔換新鈔，每五百元舊幣換一元新幣。許多百姓不堪迫害，自殺而死，其中大多是華人，而有更多人急著要逃離。

逃亡之路主要有兩條。第一條是直接向越共當局申請，搭乘飛機到法國、香港或臺灣；據估計約有一萬五千人選擇這條路，但所有的人臨上飛機前，房屋及資產幾乎都被接收。至於第二條路，就是偷偷地雇漁船，與船家一起從海路逃走。此一路線風險極高，因為船隻狀況大多不好，上面擠滿了人，到了海上又有惡劣的天候、疾病、飢餓、海盜及沉船等種種可能。然而，海上逃亡潮不斷加速，在一九七九年達到高峰。剛開始時，逃亡者大多是華人，後來也有許多越南人跟著逃亡。據估計，約有三十萬名難民死於海上，但也有一百萬人幸運地抵達目的地，或在海上被外國商船救起。美國及其他西方國家基於歷史責任及人道考量，最終接受了其中大部分的難民。

逃亡潮也發生於北越各省。一九七七年起，越共為執行「淨化」政策而任意闖入華人家中，強迫填寫「自願回國書」，又趁機勒索、沒收財物，最後予以掃地出門。據報導，光是在一九七八年的下半年，被驅離而逃回中國的難民就達到二十萬人。中國政府無法坐視，要求與越南政府談判，但越共置之不理。

赤柬的暴政及大屠殺

由於歷史的因素，柬埔寨人大多也視越南人為仇敵。赤柬也痛恨越共，有如越共痛恨中共一般；又由於越共親蘇，赤柬親中，雙方矛盾更深。

如前所述，赤柬在攻陷金邊後的暴行導致無數人死亡。當時波布（Pol Pot）推動極左政策，其中包括：將城市居民全部驅散到農村參加集體農莊；禁止一切商業行為；禁止宗教信仰，迫令僧人還俗；處決龍諾政權所有人員等。其中光是金邊兩百多萬市民被驅趕到鄉下一事，就已造成數十萬人死亡。赤柬後來又展開大清洗，從清除親蘇、親越分子到清除其他波布所稱無所不在的「細菌」。據估計，當金邊陷落時柬埔寨全國人口大約是八百萬，赤柬在執政的三、四年間竟屠殺了至少一百五十萬人，也有人估計超過兩百萬人。如此的自我種族滅絕，可說是史無前例。西方觀察家尤其不解的是，赤柬的重要領導人，包括波布、喬森潘（Khieu Samphan）、英沙里（Ieng Sary）等都曾留學法國，接受過西方教育，不能說不知文明，其行為卻如此野蠻殘忍。

赤柬又下令驅逐、殺害越南僑民，如同越共驅逐、殺害中國僑民一樣，使得越南政府無法坐視，要求與赤柬談判。但赤柬對越共也如同越共對中共一樣，完全置之不理。赤柬又於一九七八年四月，派武裝部隊越境到越南安江省的巴祝（Ba Chúc），屠殺當地村民三千多人。越共忍無可忍，在取得蘇聯同意後出兵二十五萬人。越柬戰爭於是爆發。

赤柬不是越共的敵手，急忙向中共求援。但中共尚未出兵，越共軍隊就已經攻陷金邊，推翻赤柬，成立「柬埔寨人民共和國」，以橫山林（Heng Samrin）、洪森（Hun Sen）分別擔任柬埔寨人民革命黨總書記、副總書記。赤柬高層人員全部逃亡，再向中國求援。但這時毛澤東早已過世，文革也結束，鄧小平第三度復出而成為中國實際的領導人。那麼鄧小平究竟要如何解決越共及赤柬之間的問題呢？這就恐怕要等到本書敘述鄧小平如何復出之後才能得到答案，所以還請讀者們容我在第十三章再一併說明。

回溯一九七五年四月西貢、金邊淪陷後，寮國首都永珍立刻爆發逃亡潮，人民紛紛逃往泰國。巴特寮在八月攻占永珍後不久就宣布成立新政府。寮共領導人凱山．豐威漢（Kaysone Phomvihane）掌握黨、政、軍大權，於是也下令對政府裡的公務員、警察、軍隊及知識分子展開大規模的清洗，或強迫接受再教育。

毛澤東（左）接見赤柬領導人波布（中）及英沙里（右）

寮共又宣稱，將對曾與美國合作的苗人進行報復，聲稱要「使苗人絕種」。苗人大懼，無論是王寶率領的苗族部隊或平民，都由CIA協助逃往泰國。但泰國連續收留越南、柬埔寨及寮國的難民，已經無力負擔，又怕苗族部隊就地生根，再也趕不走，因而向聯合國和美國求助。美國於是允許王寶率領大批苗族難民移民到美國定居，最後竟達到十萬人以上。不過有一部分苗族戰士後來又接受美國政府徵召，到中南美協助對抗共產黨。

印尼、馬來亞及新加坡共產黨在上世紀五〇、六〇年代的發展

以下敘述一九五〇、一九六〇年代共產黨在印尼、馬來亞、新加坡的發展。不過由於這三者有相當複雜的關連性，並不適合分拆敘述，所以我將合併分段說明，而先從印尼說起。

蘇卡諾與印尼陸軍、印尼共產黨的合作及矛盾關係

一九五〇年八月，蘇卡諾宣布印尼獨立，成立印尼共和國。不過依憲法規定，蘇卡諾總統只是虛位元首，行政權在內閣總理哈達手上，立法權又操在國會。當時蘇卡諾控制的國民黨只是印尼國會中第二大黨，代表印尼伊斯蘭教的馬斯友美黨才是第一大黨。另有其他許多小黨，在兩大黨之間制肘，待價而沽。因而，印尼在七年內竟出現六個內閣，其中有四個任期還不到一年，導致政治混亂，經濟大幅下滑，人民至為不滿。蘇卡諾對議會政治也是深惡痛絕，希望進行改變，並利用支持他的陸軍及印尼共產黨做後盾。

當時印尼在爪哇、蘇拉威西及蘇門答臘等地都有軍事強人割據稱雄。陸軍參謀長納蘇蒂安（Abdul Haris Nasution）建議成立一支強大而有紀律的中央軍，獲得蘇卡諾支持，因而向蘇卡諾表態效忠。至於印

尼共產黨，雖然在茉莉芬事件時遭受重創，在印尼共新任總書記艾地的領導下又重新凝聚，並獲得中共提供援助，因而迅速地擴張，到一九五五年底已有一百萬人。艾地也刻意拉攏蘇卡諾，希望藉其影響力進一步發展共產黨，如同四十年前荷蘭共產黨人史尼偉勒對蘇卡諾的岳父佐格羅・阿米諾多的作法。同時，共產黨也漸漸滲透陸軍，吸收其中許多不滿的中、下級軍官。

一九五六年，蘇卡諾訪問蘇聯和中共，回國後便倡導「指導式民主」。第二年，印尼第六個內閣倒臺，蘇卡諾於是宣布實施全國軍事管制。不久後，共產黨在地方選舉中獲勝，膨脹為全國第一大黨。許多大城市選出的市長都是共產黨人。同一時間，納蘇蒂安出兵鎮壓全國各地的軍閥，大獲全勝。陸軍將領卻因此越來越跋扈。蘇卡諾漸漸不得不倚賴共產黨來制衡陸軍；陸軍對印尼共產黨早有敵意，雙方於是開始發生衝突。

中、蘇、美爭相拉攏蘇卡諾

這時赫魯雪夫對印尼也表示友善，於一九六〇年親訪雅加達，並且同意貸款，前後提供的金額達到七億元美元，其中有一部分是用於購買蘇聯的軍機和戰艦。美國總統甘迺迪眼見印尼與中共、蘇聯走得如此之近，心中不安，也決定提供印尼經濟援助，並為了印尼而強迫荷蘭退出西伊里安（West Irian，後稱West Papua）。

回顧當初在一九四八年，荷蘭雖然同意從印尼撤出，卻堅持保留西伊里安，理由是當地的居民大多信仰基督教，怕遭到伊斯蘭政府迫害。印尼與荷蘭為此爭執多年，幾乎又要兵戎相見，但甘迺迪既已插手進來，荷蘭只能退讓。

蘇卡諾至此可說是三面逢源，志得意滿。不料幾年後風雲將完全變色，不但印尼發生大動亂，蘇卡諾也被黜下臺。究其原因，固然主要是由於前述印尼共產黨與陸軍之間的衝突，但也與馬來亞及新加坡有極大關係，因而以下的敘述就先轉到馬來亞及新加坡。

「華玲會議」：東姑拉曼與陳平談判破裂

如第七章所述，陳平在二戰後率領馬共在馬來北部與泰國交界的山區及森林裡從事游擊戰，但因其恐怖暴力活動導致人民越來越反感，漸漸失去正當性，連馬來華人也不以為然。

一九五五年七月，馬來亞舉行第一次大選，出身於北部吉打邦（Kedah）世襲蘇丹家族的巫統主席東姑拉曼（Tunku Abdul Rahman）當選為馬來亞聯合邦總理。他在就任後便要求與陳平會談。陳平同意。東姑於是在當年十二月邀請馬來亞華人領袖陳禎祿（Cheng-lock Tan）及新加坡首席部長馬紹爾（David Marshall）一同到吉打邦的一個小鎮華玲（Baling），與陳平舉行會談。東姑允諾對馬共成員大赦，但要求馬共解散，放下武器，結束暴力活動；陳平要求政府承認共產黨是合法政黨，共產黨員在投誠後行動不受限制，也不接受政府後續的調查。東姑拒絕。雙方談判只一天就破裂了。陳平於是率領馬共繼續在森林裡打游擊戰，但越來越不得人心，因而勢力迅速消退，卻仍然拒絕解散。

李光耀成立新加坡「人民行動黨」及其與馬共的合作與矛盾

當東姑拉曼在馬來亞崛起時，新加坡也有一位領導人李光耀出現。李光耀是廣東客家移民的第四代，家道殷富，與東姑一樣曾經留學英國劍橋大學。他後來回到新加坡擔任執業律師，因為替一件「郵差罷工案」辯護獲勝而聲名大噪，從此建立起在工會中的群眾基礎。一九五四年，李光耀邀集同志共同創立「人民行動黨」，此後經由選舉逐漸取得在新加坡立法議會中的領導地位。

人民行動黨創立時，其骨幹成員是留學歸來的知識分子及工會代表，黨員中有三分之二以上是工會成員。當時馬共已經在背後控制了許多工會，利用親共分子主導罷工、示威活動，抵制英國殖民政府。同時，馬共也滲透人民行動黨及其他新加坡的政黨。李光耀曾經公開承認人民行動黨是親共分子的合法政治工具，又說自己並不反對馬克思主義的理想，卻厭惡列寧主義的暴力革命手段，因而與黨內親共分子領導人林清祥等逐漸發生衝突，關係越來越緊張。

東姑拉曼倡議「馬來西亞聯邦」

一九五七年，英國履行其承諾，允許馬來亞獨立，但新加坡、砂拉越、北婆羅洲仍屬其殖民地，汶萊為其保護國。東姑拉曼被選為獨立後的第一任馬來亞總理。由於新加坡人口中超過七成是華人，另有十分之一是印度裔，如果新加坡併入馬來亞聯合邦，馬來族就無法維持原先的優勢，因而東姑拉曼並不希望新加坡加入聯合邦。不過新加坡也在一九五九年獲得英國政府的同意成立自治邦，舉行大選，李光耀獲選為首屆總理。

一九六一年五月，東姑拉曼在新加坡的一個記者午餐會上發表演講，令人意外的是，他竟說馬來亞應當同新加坡、北婆羅洲和砂拉越更緊密地聯繫在一起。事實上，這是英國人早就倡導的「大馬來西亞」概念，卻因為東姑極力反對而無法遂行，如今東姑的態度卻突然大轉彎。東姑之所以改變立場，原因其實很清楚：他知道新加坡人民行動黨內左、右兩派的鬥爭已到了必須分手的階段。萬一李光耀落敗，林清祥等人獲勝，新加坡政權將落入共產黨的掌控之中。東姑認為，與其等到那時面對與共產國家為鄰的危險，不如現在就與新加坡合併，以確保共產黨永遠沒有機會在馬來半島任何一地取得政權。

人民行動黨的分裂

東姑提議成立馬來西亞聯邦，使得李光耀和馬共都大吃一驚。李光耀立刻表示贊成，林清祥卻堅決反對，後來又率領部分黨員脫黨，另組一個「社會主義陣線」（簡稱「社陣」），雙方公開分裂。為了贏得即將來到的大選，李光耀經由廣播對人民做連續十二次演講，說明新加坡繁榮的基礎必須倚賴馬來亞生產的橡膠和錫以進行轉口貿易，所以必須支持合併。他又公開交代人民行動黨如何在過去與親共分子合作，又為何決裂，甚至提到隱於地下的一位馬共「全權代表」如何數度邀他見面，企圖說服他繼續合作，共組反英的統一戰線。

李光耀的演講吸引大多數新加坡市民放下手邊工作，準時守在收音機前收聽。一九六二年九月，新加坡舉行全民投票，結果人民行動黨獲得超過七成贊成票，決定與馬來亞合併。北婆羅洲及砂拉越後來在聯合國主持之下舉行全民公投，結果也贊成併入大馬來西亞。三個自治邦最後在一九六三年九月與馬來亞聯合，共同成立了「馬來西亞聯邦」。

必須補充，馬來西亞聯邦成立後不到兩年，東姑拉曼又擔心新加坡的華人會對巫人的優越統治地位造成阻礙，決定將新加坡逐出聯邦，迫使其獨立建國。不過此事與共產黨無關，所以本書不再贅述。

蘇卡諾對「馬來西亞聯邦」計畫的失望與憤怒

印尼總統蘇卡諾對新加坡早有覬覦之心，又認為北婆羅洲、砂拉越是印尼所屬的婆羅洲島的一部分，所以也應該併入印尼才是，因而對東姑拉曼所倡議的馬來西亞聯邦計畫至為憤怒。無奈新加坡、北婆羅洲、砂拉越的人民公投都選擇併入馬來西亞。當時國際社會大多也不支持蘇卡諾的主張，甚至連一向與印尼友好的南斯拉夫、埃及等不結盟國家也不表支持。

蘇卡諾失望至極，卻憤恨難消，於是授意印尼共產黨發動群眾示威，煽動人民的反英情緒，結果發生暴亂，群眾竟放火焚燒英國大使館。蘇卡諾又號召成立志願軍，公開宣稱要「粉碎馬來西亞」。美國總統詹森急忙派特使前往調停，但蘇卡諾拒不接受。詹森大怒，宣布取消對印尼的貸款，又派第七艦隊進入印度洋以保護馬來西亞。一九六五年一月，馬來西亞當選為聯合國安理會非常任理事國之一，印尼立刻宣布退出聯合國；蘇卡諾已然無法再保持冷靜，但其背後無疑有印尼共產黨在鼓動。

「九三〇事件」：印尼的政變及反政變

印尼共產黨這時已經發展到超過兩百萬名黨員，其所控制的印尼農民組織和工會會員合計更達到九百萬人。在蘇卡諾支持之下，印尼共產黨已經在部分地區進行土地改革運動，並獲准在陸、海、空軍及警察之外，開始建立一支以工農兵為主的「第五部隊」，由蘇卡諾委請空軍協助訓練。中共也同意提供所有的武器及裝備。種種跡象顯示，印尼已經完全倒向中共。但陸軍將領越來越無法接受蘇卡諾與印尼共產黨合作，暗中計畫發動政變以推翻蘇卡諾。

但陸軍尚未動手，印尼共產黨已先下手為強。一九六五年九月三十日深夜，蘇卡諾的親信總統府警衛營營長翁東（Untung Syamsuri）命令所屬的部隊，分別搜捕陸軍高級將領，結果有六名將軍被殺，包括陸軍司令在內。翁東宣稱已經粉碎一個由陸軍將領與美國ＣＩＡ勾結，意圖推翻蘇卡諾的陰謀。不過翁東的計畫百密一疏，漏掉一位陸軍戰略後備司令蘇哈托（Suharto）。蘇哈托獲知政變消息後，立刻下令裝甲部隊開進首都，又命令傘兵部隊空降而入，不久就完全控制了雅加達所有的戰略要點。聽命於蘇卡諾的軍隊紛紛投降。

蘇卡諾在「九三〇事件」後發布以另一名將領代理陸軍司令。但蘇哈托不予理會，繼續派兵剿叛，蘇卡諾後來只得更改命令，以蘇哈托為陸軍司令。蘇哈托又派兵追捕印共首領艾地。艾地逃亡被捕，遭到就地槍決。

印尼的反共、反華大屠殺

與此同時，印尼長久累積有關宗教及民族的仇恨大爆發。伊斯蘭教團體宣稱，肅清主張無神論的共產黨是一場「聖戰」。許多印尼人一向自認遭到華人經濟掠奪，仇視華人，這時又認定華人支持共產黨，於是掀起反華大暴動，砸毀華人店鋪、住宅，到處燒殺搶掠，九三〇事件最終發展成為印尼史上最血腥的大屠殺事件。據估計，至少有五十萬人被殺，另有三十萬人遭到毒打。中國大使館也遭到暴力攻擊，只得召回大使，同時撤出將近十萬名華僑。兩國關係陷入急凍。蘇卡諾在事變後被蘇哈托軟禁，最後被迫於一九六六年三月簽署聲明，將權力轉交給蘇哈托。印尼隨即宣布重新加入聯合國。中國文革爆發後，與印尼關係更惡化，蘇哈托於一九六七年十月宣布與中國斷交。

九三〇事件至今是一個謎。人們甚至不確定蘇卡諾是否有指示發起政變，也不知道蘇哈托為什麼不在翁東的搜捕名單內，更不清楚ＣＩＡ究竟在政變及反政變中扮演什麼角色。許多學者相信，有關整個事件的資料及檔案大多遭到銷毀，或被竄改，因而真相恐怕永遠難明。但無論如何，其結果是美國在冷戰期間的一次空前勝利，也是毛澤東輸出革命的一次大挫敗。

此後三十年間，蘇哈托是印尼唯一的強人，又堅決反共，共產黨此後完全沒有機會在印尼再起。

緬甸尼溫的獨裁統治及緬甸共產黨的發展

如前所述，翁山不幸死後，緬甸政權由軍事強人尼溫控制。一九六二年，尼溫乾脆直接自行掌政，並成立一個以軍隊及警察為骨幹的「緬甸社會主義綱領黨」，是唯一合法的政黨，緬甸從此成為一個由特務及警察統治的國家。此外，尼溫又下令將土地及企業全部收歸國有。

由於尼溫明顯地向蘇聯靠攏，中共決定協助緬共首領德欽丹東率部與尼溫武裝鬥爭，不但提供資金、武器，派遣顧問，又接受緬共派員到中國接受訓練。

德欽丹東奉行毛澤東思想及其「以鄉村包圍城市」的策略，進行游擊戰。緬北撣邦（果敢族）、克欽邦及佤邦也接受中共援助與尼溫對抗，在名義上加入緬共，成為緬共人民軍的一部分。

中國爆發文化大革命後，德欽丹東也效法毛澤東在黨內大舉搜捕「蘇修」及「走資派」，處決黨內書記、政委、常委多人，以及部分青年學生領袖。緬共內部惶恐，實力也因自傷而大損。第二年，尼溫派大軍進擊，攻陷緬共根據地勃固。德欽丹東遭屬下槍殺，德欽巴登頂繼

印尼共產黨總書記艾地（前排左四）於1963年率領重要黨員訪問中國，會見中共領導人毛澤東（左五）、劉少奇（左三）及周恩來（右三），獲得支持；兩年後，印共在國內九三〇事件中慘遭大屠殺

任為緬共總書記。由彭家聲（Pheung Kya-shin）率領的果敢革命軍，以及其他少數民族的武裝部隊，都被迫退入中國境內；但不久後又與在中國接受訓練的人員會合，重回緬北，繼續與尼溫的軍隊作戰。

不過尼溫也收買部分少數民族的武裝部隊為其作戰。例如，果敢族的大毒梟羅星漢（Lo Hsing Han）接受尼溫的委託而與彭家聲的果敢革命軍為敵；為此尼溫不惜授予羅星漢經營鴉片毒品生意的特許權。在一九六〇到一九八〇年代，羅星漢與另一名大毒梟昆沙（Khun Sa）一同稱雄於金三角（緬北、泰北及寮國交界處）。不過緬共有一部分經濟來源也是靠鴉片買賣。金三角是當時全世界毒品的主要來源之一，在世界各大城市造成毒品氾濫及無數的社會問題。

緬共日後將會如何發展呢？由於中共是緬共最主要的支持力量，中國的政治變化對緬共的未來當然具有決定性的影響。如前面多次提到，毛澤東死後，鄧小平繼起，對於中國是否要繼續輸出革命，無疑將由鄧小平拍板決定。因而，關於緬共的未來，和其他東南亞國家的共產黨一樣，本書也將留待講述鄧小平如何復起之後才能完整交代。

第12章 美、蘇陣營在拉丁美洲、非洲及伊斯蘭世界的角力

本書在上一章裡敘述了共產勢力如何在東亞各國積極輸出革命，以及美國如何盡一切力量以阻止其擴張。本章所要敘述的，是共產勢力如何又接著在拉丁美洲、非洲及伊斯蘭世界（在非洲北部、中東及中亞）輸出革命，使得美國又不得不盡力阻止其擴張，兩個陣營的角力因而更加激烈。以下就先從拉丁美洲開始說起。

拉丁美洲概況

「拉丁美洲」（Latin America）一詞，包括中美洲、南美洲及加勒比海（Caribbean Sea）沿岸各島。從十六世紀初起，這個地區就逐漸淪為由拉丁語系的西班牙及葡萄牙占領的殖民地，因而得名。十九世紀初，拉丁美洲爆發歷經二十幾年的戰爭，許多國家紛紛宣告獨立，葡萄牙被迫完全退出，而西班牙統治之地也只剩下古巴及波多黎各。

一八九八年，美西戰爭（Spanish-American War）爆發，西班牙戰敗，又不得不割讓波多黎各（Puerto

Rico）給美國，並且同意古巴是美國的保護國。不過美國在一九〇二年就允許古巴獨立自治，比第七章敘述的菲律賓獨立更早。

然而，拉丁美洲各國在獲得獨立後，大多又為了邊界及利益糾紛而不斷地互相打仗，以致於國貧民困，漸漸淪為軍人獨裁統治，土地及財富也集中於少數人手中——這正是共產主義播種的最佳土壤。列寧發起世界革命後，沒幾年這個地區所有國家幾乎都有了共產黨，目標都是要推翻人民所痛恨的貪腐政權。

但從另一方面說，美國在冷戰開始後便決定要在全世界圍堵共產黨，拉丁美洲被美國視為「後院」，更不可能任由共產黨或左傾勢力坐大。本書第九章提到瓜地馬拉的阿本斯左傾政府遭到政變推翻，就是一個例子。然而，美國最終還是無法阻止卡斯楚在古巴建立拉丁美洲第一個共產國家，後來又與蘇聯結盟。但古巴對蘇聯也不是百依百順，一九六二年古巴飛彈事件後，卡斯楚與赫魯雪夫的關係更是惡劣。

事實上，赫魯雪夫在其後的政策仍是要尋求與美國和平共處，然而卡斯楚卻堅持要協助拉丁美洲各國的共產黨從事游擊戰及恐怖活動，所以兩人合作空間已經不大。布里茲涅夫上臺後，明白地希望協助拉丁美洲國家的共產黨或社會黨，經由合法的競爭取得政權，但也表示不贊同恐怖活動。不過由於顧忌中共宣傳「蘇修」放棄革命，布里茲涅夫也不願強制阻止卡斯楚在中南美輸出革命，並且同意繼續提供部分援助給古巴。

毛澤東原本就要與赫魯雪夫互別苗頭，在古巴飛彈事件之後更積極想要取而代之，因而積極拉攏古巴。但古巴畢竟在經濟及軍事上仰仗蘇聯已深，所以還是選擇與蘇聯站在一起，中共卻繼續在拉丁美洲大肆傳播煽動反蘇的言論。卡斯楚大怒，下令召回駐北京大使；因而，此後中共在拉丁美洲的活動只能靠自己。

總之，拉丁美洲各國的共產黨原本都是蘇聯扶植的，到了一九六〇年代就有了親蘇派、親古巴派及親中的毛派之分。其中親古巴派通常是主力；蘇聯同時支持親蘇派及親古巴派，不過也在暗中壓制親古巴派；親中的毛派相對弱勢。但必須指出，美國雖然自詡民主、自由、法治、人權為其立國精神，在冷戰期間卻往往選擇與各國的右翼勢力合作，而無視於其獨裁、貪腐及違反人權。此一情況在亞洲如菲律賓、印尼都是明顯的例子，在拉丁美洲就更多了。

以上大致敘述了拉丁美洲的概況，不過由於拉丁美洲的國家多達三十幾個，無法一一詳述，只能再多選幾個國家為例來說明，以下先說巴西。

巴西的改革運動及美國的干涉

巴西是拉丁美洲人口最多，土地最廣，也是貧富最懸殊的國家之一。少數的地主幾乎控制了所有的土地，而壓榨農民；與外國公司合作的少數資本家也壟斷工商業，而剝削勞工；地主和資本家又與軍方合作，控制了政府。巴西共產黨很早就組織成立「農民同盟」（Peasant League），只是力量微弱。卡斯楚在古巴領導革命成功後，便開始出錢出力支持巴西的農民同盟與地主集團對抗。不過在巴西與資本主義對抗的主要力量並不是這些，而是由瓦加斯（Getulio Vargas）及古拉特（Joao Goulart）所代表的「巴西勞工黨」（Brazilian Labor Party）及其領導的改革運動。

瓦加斯出身大牧場家族，從一九三〇年起長期擔任巴西總統，主張民族主義、中央集權，反對共產主義，又提倡工業化，以及溫和的社會福利改革，被稱為「窮人之父」。一九四五年，瓦加斯被軍人政變推翻，卻又在一九五一年重新被選為總統，並任命古拉特為勞工部長。當古拉特與資本家談判無法取得共識時，他支持古拉特直接將法定最低工資加倍，結果引起軒然大波；古拉特被迫辭職，瓦加斯在不久後也因他的一名侍衛涉嫌殺害其政敵，備受壓力而自殺。古拉特後來卻又經由與其他政黨聯合競選，連續兩次獲選為副總統。一九六一年，擔任總統的奎德羅斯（Janio Quadros）突然宣布辭職，當時的古拉特正在北京訪問，雖然遭遇重重困難阻礙，卻還是回到國內依法繼任為總統。

瓦加斯是堅定的反共主義者，古拉特卻常與共產國家的領導人來往。古拉特接任總統後，又繼續推動改革，其中包括加強教育以減少文盲、擴大人民的投票權、對富人徵收累進所得稅、推動溫和的土地改革、阻止外商投資獲利後匯錢回本國而不再投資等等。古拉特自認改革溫和而合理，但美國大企業及國內的大地主、資本家都無法接受。美國也認為古拉特與共產黨走得太近。巴西軍方於是與CIA合作，於一九六四年三月發動政變推翻古拉特，接著強制解散所有的共產黨。巴西在此後就由右翼軍人獨裁統治，長達二十年之久。

卡斯楚支持委內瑞拉共產黨的武裝叛亂

接著說委內瑞拉。拉丁美洲大部分國家和巴西一樣是農業國，委內瑞拉卻盛產石油，是個例外。早先委內瑞拉幾乎都是由軍人統治，在一九四五年卻由長期領導學生反抗運動，流亡國外的貝坦科爾特（Romulo Betancourt）發動政變，取得政權。值得注意的是，貝坦科爾特曾經加入委內瑞拉共產黨，不久後又退出。他在回國就任為總統之後，立即推動改革，包括提高工人的工資，改善工作條件，支持工人成立了五千多個工會，因而廣獲工人支持。然而，右翼軍人在一九四八年又發動政變，迫使貝坦科爾特又一次流亡國外。

一九五八年，委內瑞拉中、下級軍官與示威的學生、人民又共同推翻貪腐的軍政府；貝坦科爾特於是又回國，順利地贏得選舉，第二次擔任總統。他決定進行土地改革，對公有地及閒置的私人土地進行重分配，但給予被沒收土地的地主適度補償。他又與中東的伊朗、伊拉克、沙烏地阿拉伯、科威特等產油國共同發起成立「石油輸出國家組織」（Organization of the Petroleum Exporting Countries，簡稱OPEC），一舉突破美國對石油產業的宰制。委內瑞拉的國民人均所得也在一九六二年超過一千美元，是同時其他拉丁美洲國家的四到五倍。

貝坦科爾特雖然成功推動部分改革，其所領導的「民主行動黨」內部有部分激進分子卻仍不認同，決定脫黨，與委內瑞拉共產黨合組「民族解放武裝部隊」（Fuerzas Armadas de Liberación Nacional，簡稱FALN），並接受卡斯楚的援助，對政府發起游擊戰，同時進行綁架、破壞油管、投擲炸彈等恐怖活動。貝坦科爾特只得一面下令鎮壓，一面向美洲國家組織指控卡斯楚在背後提供援助，但苦無證據。

一九六四年，貝坦科爾特任滿下臺。繼任的總統是原任勞工部長的萊昂尼（Raul Leoni），決定擴大推動工業、農業及基礎建設，獲得多數人民支持；同時，他也下令繼續清剿共產黨游擊隊。卡斯楚卻仍繼續支持委內瑞拉游擊隊，並派手下大將奧喬亞（Arnaldo Ochoa）前去指導游擊隊的領導人布拉浮（Douglas Bravo），又留下一部分人協助游擊隊。一九六七年，委內瑞拉政府軍在一次與游擊隊戰鬥中俘獲兩名古巴人，以及一些古巴供應的捷克製AK-47步槍。萊昂尼於是召開記者會，提供人證物證向美洲國家組織控訴古巴侵略，並宣布與古巴斷交。莫斯科原本就不同意卡斯楚在委內瑞拉的行動，立刻下令將布拉浮逐出委內瑞拉共產黨。

美國「爭取進步聯盟」計畫的失敗

卡斯楚在美國的「後院」到處煽風點火，使得美國越來越擔心。一九六一年初，美國甘迺迪提出「爭取進步聯盟」（Alliance for Progress）計畫，並說道：「拉丁美洲資源如此豐富，許多人卻每天處於飢餓狀態，無處遮風避雨，不能獲得適當的醫療；小孩也大多沒有受到良好的教育，日後自然無從改善生活；因而，美國必須出手幫助拉丁美洲人民脫離貧窮、無知及絕望。」美國國會於是授權甘迺迪與拉丁美洲各國代表簽約，計畫在未來十年內提供兩百億美金援助，但前提是各國總共也要投資八百億。同時，各國都要分別提出詳細的計畫內容，送請專責的機構審核。為宣導此一計畫，甘迺迪在當年年底應邀訪問委內瑞拉，親自向貝坦科爾特道賀推動土地重分配計畫獲得初步成功。

甘迺迪可謂志向遠大，然而「爭取進步聯盟」計畫後來逐漸浮現一些嚴重的問題，成效與原先各方的期待有極大的落差。例如，拉丁美洲各國對美國都欠下鉅額的債務，美國援助的金額往往不抵其債，各國要擠出八百億美元因而更難。再者，拉丁美洲國家裡真正掌權者大多是大地主或資本家，對一部分改革計畫，例如土地重分配，根本沒興趣；有些人又趁機貪腐。

尼克森在一九六九年擔任總統後，指派其政敵洛克斐勒（Nelson Rockefeller）評估「爭取進步聯盟」計畫。洛克斐勒遍訪各國後在報告裡說，各國都將計畫失敗歸罪於美國，但美國既無法解決反美情緒、民族主義及馬克思主義等政治難題，也很難改變任何拉丁美洲國家的內部政治結構及其政治風氣，因而建議不如減少涉入。從此以後，爭取進步聯盟計畫就喊停了。

古巴與蘇聯的重新合作

「爭取進步聯盟」計畫既無法取得成功，美國政府只能讓中央情報局暗中保護美國企業在海外的投資，並與各國的獨裁政府合作。卡斯楚於是趁機加緊輸出革命，因而在共產世界裡名號越來越響亮，越來越自大，甚至不再向蘇聯報告。一九六六年，卡斯楚在哈瓦那召開的「亞、非、拉團結組織」大會上演講，竟說世界各民族解放的關鍵不在莫斯科，而在哈瓦那。布里茲涅夫至為惱火，決定要馴服卡斯楚，同時也要收拾格瓦拉。

如前所述，格瓦拉離開卡斯楚後，自行到非洲及南美協助共產革命，卻不幸被捕，慘遭處決。事實上，玻利維亞共產黨是奉莫斯科之命對格瓦拉採取不合作態度，間接導致其遇害。格瓦拉在死前曾經寫了一本小冊子，呼籲共產黨人起來「創造兩個，三個……更多個越南」。許多激進的左派青年都叫好，蘇聯卻更加不快，因為越戰固然是美國的痛點，對蘇聯同樣也是重擔。

格瓦拉遇害前後，還發生很多其他事件，例如：哥倫比亞共產游擊隊領袖杜魯西約（Ciro Trujillo）被擊斃，瓜地馬拉共產黨被清剿，以及前述主張武裝革命的委內瑞拉共黨領袖布拉浮被逐出黨等。這些當然與牽涉到ＣＩＡ的反顛覆活動，但一般認為多少也和蘇聯有間接關係。

一九六七年，蘇聯總理柯錫金飛到哈瓦那，當面警告卡斯楚，又提出種種威脅，卡斯楚卻說古巴不是蘇聯的附庸。一九六八年初，卡斯楚又整肅古巴親蘇派的首領埃斯卡蘭特（Anibal Escalante）及其屬下，全部判處十年以上徒刑。埃斯卡蘭特原本是古巴共產黨的頭子，奉命與卡斯楚合作，區居其下而始終不服卡斯楚。卡斯楚早就想剷除他，這時正好拿來開刀。

布里茲涅夫對卡斯楚已經容忍數年，卻無法再忍耐，這時勃然大怒，立刻下令蘇聯艦隊封鎖古巴，停止運送石油，同時嚴厲警告卡斯楚，聲言除非他同意此後未經蘇聯點頭不再自作主張對外發動武裝革命，將切斷給古巴的一切經濟援助。東歐各國的共產黨也一起批判古巴。最後，布里茲涅夫下令撤走五千名在古巴的專家顧問。卡斯楚自知美國絕對不可能伸出援手，至此除了對蘇聯屈服之外沒有第二條路。

不久後，布里茲涅夫下令出兵鎮壓布拉格之春，西方國家群起抗議，中共及歐洲國家的共產黨也群起批判。不料卡斯楚突然發表聲明，譴責捷克共黨領導人杜布切克「走向反革命之路，走向資本主義，走向帝國主義的懷抱」。全世界的共產黨人都大吃一驚，布里茲涅夫卻大喜，知道這是卡斯楚在表示輸誠。蘇聯於是和古巴重談合作，承諾每年提供三億美元援助，又派技術顧問及軍事顧問回到古巴，並派一名將軍全面接管古巴的情報總局。

至此，古巴對蘇聯完全俯首聽令，成為真正的衛星國。古巴不但在拉丁美洲全力配合蘇聯的規劃進行活動，也開始派游擊隊到非洲去幫蘇聯打天下。

拉丁美洲共產黨城市游擊隊的恐怖活動

布里茲涅夫原本確實是希望盡量在拉丁美洲採用和平議會選舉的方式取得政權，到了一九六〇年代末期情況卻有了變化。舉凡捷克事件、越戰升高及蘇聯在古巴重新布置，都使得雙方關係轉為緊張。此外，一九六〇年代期間ＣＩＡ在拉丁美洲發動政變，也推翻了許多與共產黨合作而取得政權的民選左傾政府。前述巴西的古拉特政權就是一個例子，其他案例還很多。和平議會選舉之路至此明顯地逐漸狹窄，蘇聯於是決定讓一部分拉丁美洲國家的共產黨採取暴力革命策略，並發動「城市游擊戰」。

一九六九年，巴西共產黨游擊隊領袖瑪瑞格拉（Carlos Marighella）寫了一本《城市游擊戰迷你手冊》（*Minimanual of the Urban Guerrilla*），其中主要論點是：城市人口稠密，比在鄉村容易施展恐怖手段，以達到懾伏人心的目的；共產游擊隊在城市中也比較容易藏匿。就在這一年裡，巴西的共產黨員發動城市游擊戰，攻擊警察局，搶劫銀行，暗殺，綁票，犯案超過一百多件。瑪瑞格拉後來被圍捕而遭到擊斃，但他的迷你手冊已經風行於拉丁美洲及全世界各地。

瓜地馬拉共產黨也活躍於城市中，幾乎每一、兩天就發動一次暗殺、綁架或搶劫案，曾經綁架並殺害了美軍顧問團團長。烏拉圭的民族解放運動組織「圖帕馬羅斯」（Tupamaros）更加有名，據統計僅僅在一九六九年這一年裡，犯案就達到兩百五十次。拉丁美洲的城市游擊戰在一九七〇至七二年間達到熾烈的高峰，幾乎擴散到每一個國家。

蘇聯如何在背後推動拉丁美洲的城市游擊戰呢？舉一個例。一九七一年二月，墨西哥發生一起銀行搶劫案，警方先後逮捕二十名男女嫌犯，經過審訊後發現這些年輕人都曾經由「墨蘇文化交流協會」安排到蘇聯「上大學」，之後又轉到北韓接受軍事訓練。墨西哥政府因而斷然下令，驅逐蘇聯使館的外交官。玻利維亞和巴西政府也曾指控蘇聯涉嫌滲透顛覆。

智利社會主義政權的傾覆

必須再次指出，蘇聯及古巴雖然在拉丁美洲四處發動城市游擊戰，但未曾放棄在部分國家裡繼續推動「合法鬥爭」。智利就是一個例子。

一九七〇年九月，智利共產黨聯合其他左翼小黨，共同支持智利社會黨的領袖阿葉德（Salvador Allende Gossens）出馬競選，將他送進總統府。阿葉德上任後宣布將銀行及大型企業收歸國有，暫停支付外債；增加社會福利，加速土地改革，大幅提高工人的工資。這些改革激怒了地主、企業主及商人。

阿葉德又邀請卡斯楚訪問智利，公開發表演講。同時，有情報指出，有古巴情報總局人員冒充其駐智利大使館館員，暗中積極活動，並有蘇聯人員參與其中。美國國家安全顧問季辛吉認為，智利極有可能變成拉丁美洲第二個古巴，建議尼克森總統對智利實施經濟制裁。

智利盛產銅礦，外匯收入極度倚賴銅的出口，這時國際銅價卻開始大跌，對智利打擊極大。這是阿葉德政權崩潰的起點。由於智利出口大幅下降，進口也大幅增加，國際收支出現大問題，通貨開始急速膨脹，人民日益不滿，出現示威及罷工。一九七三年起，示威及罷工規模擴大，其中最嚴重的一次是七月的全國卡車司機大罷工，共計四萬五千輛卡車停駛，連帶全國的糧食、燃料及物流運輸全部停頓。一般認為這次罷工是由美國ＣＩＡ在背後策動的。

一個月後，阿葉德被迫任命親美的陸軍總參謀長皮諾契特（Augusto Pinochet）為新任陸軍總司令。又過一個月，皮諾契特發動政變，下令軍隊包圍總統府，阿葉德死於激烈的槍戰之中，但究竟是自殺還是被殺，真相已無從知曉。

皮諾契特在政變後上臺執政，立刻與古巴斷交，又下令鎮壓社會黨及共產黨。同時，新政府改採自由經濟政策，逐步將銀行及國有企業改為私有化，廢除最低工資，限制工會權力。皮諾契特此後統治智利，長達十七年。

卡斯楚（右）支持智利總統阿葉德（左）

阿根廷「貝隆主義」的命運

類似阿葉德的故事，二十年前也曾發生在阿根廷總統貝隆（Juan Domingo Peron）身上。回溯二次大戰期間，貝隆曾經擔任阿根廷駐義大利使館武官，又到德國訪問，親歷墨索里尼和希特勒最輝煌的時刻，受到極大的影響。二次大戰尚未結束，他便已回國參加軍事政變，推翻政府。貝隆自稱反對共產主義，也反對資本主義，自創一個新黨，稱為「正義黨」（Justicialist Party），主張其所謂的「第三立場」（Third Position），一般稱為「貝隆主義」。

貝隆在一九四六年當選為總統，上任後就主張在外交上保持中立，避免捲入美、蘇之間的紛爭。他在國內施政的主要方針，包括將銀行及重要產業收歸國有，實施計畫經濟，大力推動公共建設，以及完善社會福利。他也鼓勵工人成立工會，提高工人的工資，為其建新公寓，因而受到工人的支持。他的夫人艾薇塔（Eva Peron）出身貧寒，卻力爭上游而成為全國知名的女演員，又全力協助貝隆改革，因而廣受勞工及婦女支持，對貝隆幫助極大。

一九五二年，貝隆連選連任總統，不幸夫人艾薇塔不久後就一病不起，芳齡早逝。貝隆的第二任總統任期也只做了一半，就被軍人政變推翻。主要原因是貝隆雖然想在美、蘇之間保持中立，美國卻懷疑他是偽裝的共產黨員，決定對阿根廷實施禁運。阿根廷原本累積豐厚的外匯盈餘，在公、私部門各種建設及社會福利大幅支出後，沒有幾年也就花完了。後續的問題與阿葉德的困境相同：出口衰退，進口大增，國家收支不平衡，通貨迅速膨脹，人民不滿，CIA於是策動軍人發動政變。

貝隆從此流亡海外十八年，但仍透過正義黨操縱國內政治，並在一九七三年返國第三度參選總統。但貝隆時年七十八歲，健康也不佳，上任九個月後就病死了。貝隆生前的正義黨已有個大問題，就是黨內的極左和極右勢力時常發生嚴重衝突，連貝隆本人都無法調和，曾經導致數百人受傷，數十人死亡的慘劇。貝隆死後，左右兩派的鬥爭更是勢如水火。阿根廷社會秩序因而大亂。最終，右翼軍人在一九七六年發動政變，接管政府。

兀鷹行動

綜合前面所述，由於美國在背後主導，拉丁美洲國家在一九七〇年代中期幾乎都已轉為由右翼軍人獨裁統治。然而，美國及各國政府對於共產黨四處發動城市游擊戰仍然極度不安，美國軍方及ＣＩＡ因而倡議要在南美洲，建立一個地區性的合作計畫，以剷除馬列主義的餘毒，於是在一九七五年十一月啟動「兀鷹行動」（Operation Condor）。加入此行動的主要成員有巴西、阿根廷、智利、烏拉圭、巴拉圭，玻利維亞等六國，另有委內瑞拉、哥倫比亞和秘魯也以觀察員身分參加；美國則是負責提供金錢、軍事情報、訓練，以及通訊、追蹤、先進電腦等高科技。

兀鷹行動設定要對付的目標包括游擊隊、共產黨員、社會主義者、左派分子、工會及農民運動領導人，以及有異議的知識分子及學生。各國軍政府也和共產黨一樣運用綁架、暗殺、刑求及屠殺的毒辣手段，以暴易暴。據估計，此行動至少造成五萬人被殺，三萬人失蹤，四十萬人入獄。

一般認為，阿根廷軍政府是南美洲裡侵犯人權最嚴重的國家。一九八二年，阿根廷軍政府因為出兵占領英屬福克蘭群島（Falklands Islands），遭到英國擊敗而垮臺，繼起的民選政府稱兀鷹行動為「骯髒戰爭」（Dirty War），下令成立委員會深入調查。但調查行動極為緩慢，過了二十年，法院才將涉及數萬人死亡及失蹤案件的十五名前軍政府官員判刑，但其中五人早已去世了。

調查證據也顯示美國政府完全知情，卻放任南美各國軍政府謀害本國人及外國人。兀鷹行動雖是為反制共產黨，卻被普遍認為是矯枉過正。

尼加拉瓜桑定民族解放陣線的革命

美國雖能完全掌控南美洲，但在中美洲並不能如願，在尼加拉瓜尤其遭到極大的挫敗。那是一段長而複雜，卻又極具啟發性的歷史，我將從頭開始敘述。

尼加拉瓜民族英雄桑定諾的反美革命運動

回溯一九二〇年代末，尼加拉瓜有一位桑定諾（Augusto C. Sandino）起而領導革命，號召國人共同推翻由美國扶植的傀儡總統。當時也有一位薩爾瓦多籍的法拉本多（Farabundo Martí），是活躍於中美洲的共產革命領導人，而奉莫斯科之命加入桑定諾的游擊隊，受其指揮。但桑定諾既不是共產黨員，也不信奉馬列主義，後來又發現並指責法拉本多的背後有共產黨的陰謀，將其驅離。共產國際對此無可奈何，只能表示失望。法拉本多在回到薩爾瓦多後發動起義，結果被鎮壓，遭到逮捕後被處決。

一九二九年紐約股市崩盤後，世界經濟大蕭條接踵而來，美國自知無法繼續維持在海外駐軍，因而決定在一九三三年撤出在尼加拉瓜的軍隊。桑定諾至為欣喜，於是宣示效忠於尼加拉瓜新選出的總統薩卡薩（Juan Bautista Sacasa）所代表的新政府，並同意解除游擊隊的武裝，不過堅持由美國協助成立的國家衛隊也解散，與游擊隊一併重組。

不料國家衛隊司令蘇慕薩（Anastasio Somoza Garcia），趁著桑定諾與新總統某次舉行會談之後，派衛隊埋伏在半路攔截，直接槍殺桑定諾、他的弟弟和兩名將軍。不久後，游擊隊被剿滅。尼加拉瓜第一階段革命運動至此結束，等待再起。

奧特嘉領導桑解推翻蘇慕薩政權

蘇慕薩後來自任總統。在他死後，兩名兒子又繼續掌握政權。但在一九六一年，有一個新的「桑定民族解放陣線」成立，這是尼加拉瓜第二階段革命運動的開始。桑解選擇利用民族英雄桑定諾的名字以吸引知識分子、大學生及農民加入游擊隊，但由於桑定諾生前排斥共產黨，游擊隊裡的共產黨員並不多。不過桑解接受古巴及蘇聯提供的資金及協助。

一九七二年，尼加拉瓜發生大地震，首都馬納瓜（Managua）瞬間成為廢墟，有上萬人喪生。世界各國無不踴躍賑濟，不料蘇慕薩家族及政府官員，竟侵吞各國的鉅額匯款及大批救災物資。百姓因而痛恨，紛紛投奔桑解游擊隊。桑解在對政府的戰爭中漸趨上風，最終於一九七九年六月推翻蘇慕薩政權，成立一個過渡政府，由奧特嘉（Jose Daniel Ortega）等五人共同執政的。

蘇聯這時企圖拉尼加拉瓜進入共產陣營中，但奧特嘉不願，希望同時與美國維持良好關係。對此美國卡特總統表示歡迎，並要求國會同意對尼加拉瓜提供援助；然而，一九八〇年初繼任為總統的雷根與卡特的看法相反，認為尼加拉瓜仍然與蘇聯、古巴掛勾，決心推翻桑定政權。

「康特拉」：美國對尼加拉瓜桑定政府的顛覆行動

雷根命令ＣＩＡ組織一支尼加拉瓜反政府游擊隊，稱為「康特拉」（Contras），每年撥巨款予以資助。康特拉在尼加拉瓜境內到處進行恐怖活動，如暗殺、綁架、酷刑、爆破等，與在南美洲的兀鷹行動類似，殃及無辜。

一九八四年，尼加拉瓜舉行桑解革命成功之後的第一次大選，奧特嘉當選為總統。國際觀察員普遍認為這是一場公平、公正的民主選舉。雷根卻仍然拒絕承認奧特嘉政權，不僅對尼加拉瓜進行貿易抵制，又在尼加拉瓜的港口布雷。奧特嘉向海牙國際法庭提出控訴，國際法庭在調查及聽證後譴責美國涉及不當使用武力對付他國。此案後來移到聯合國討論，美國卻數度在安理會中予以否決。

美國國會後來也提案調查CIA在尼加拉瓜的活動，並通過決議禁止雷根政府撥款支持康特拉，康特拉卻為了自行籌款而涉入毒品交易。美國國家安全局也奉雷根指示，在暗中為康特拉籌款；其主要負責人諾斯中校（Oliver North）透過中間人，安排販賣武器給在兩伊戰爭中迫切需要武器的伊朗，然後將一部分回扣轉給康特拉。伊朗又依雙方約定請黎巴嫩真主黨釋放多名被綁架的美國人質。國安局和CIA所作所為同時違反美國國會的多重禁令，但一直到一九八六年十一月「伊朗門醜聞案」（Iran-Contra Scandal）曝光後才為人所知。美國社會大眾嘩然。國會震怒，決議更深入進行調查，最後有多名官員被迫下臺或坐牢。

以上大致敘述了美、蘇陣營在拉丁美洲的鬥爭。綜合來

1985年奧特嘉（中）當選尼加拉瓜總統，卡斯楚（左一）前往觀禮

地圖5：拉丁美洲地圖

邁阿密
墨西哥灣
巴哈馬
哈瓦那
墨西哥
豬灣
古巴
多明尼加
北大西洋
墨西哥市
海地
波多黎各
牙買加
貝里斯
瓜地馬拉
宏都拉斯
加勒比海
薩爾瓦多
尼加拉瓜
馬納瓜
巴拿馬
加拉卡斯
哥斯大黎加
巴拿馬運河
委內瑞拉
蓋亞那
法屬圭亞那
波哥大
蘇利南
哥倫比亞
厄瓜多
秘魯
巴西
利馬
巴西利亞
玻利維亞
拉巴斯
太平洋
巴拉圭
聖保羅
智
亞松森
阿
烏拉圭
聖地牙哥
根
布宜諾斯艾利斯
蒙德維的亞
利
廷
大西洋
福克蘭群島

說，現代史家大多認為，冷戰期間蘇聯在拉丁美洲所進行的活動固然是無所不用其極，但美國政府為了圍堵及回擊共產主義，其所作所為也有許多過當之處。

以下接著敘述兩個陣營在非洲的競逐，不過為了說明清楚，必須先從非洲獨立運動開始說起。

非洲獨立運動

葡萄牙人、西班牙人開啟大航海時代是先到非洲，從十五世紀就開始了，所以非洲被殖民的歷史早於拉丁美洲。但英國人、法國人、荷蘭人、比利時人接踵而至，並迫使他們讓出殖民地。到了二十世紀初，法國及英國已經各自占有非洲大約三分之一的面積，其餘國家分占剩下的三分之一。

非洲比拉丁美洲較早成為殖民地，獲得獨立卻是比拉丁美洲晚。第一個獲得獨立的非洲國家是南非，於一九三一年獲得英國同意正式成為主權國家（與加拿大及澳洲同時）。但南非政權實際上完全由白人控制，甚至在一九四八年頒布種族隔離政策，因而對於黑人來說仍是一個被殖民的國家。

如果不計南非，埃及與其鄰國利比亞（Libya）是非洲最早獲得獨立的兩個國家，時間都在二次大戰後。埃及是一個文明古國，利比亞的歷史也很悠久，但兩者很早都遭到異族征服，曾經陸續被波斯人、羅馬人、阿拉伯人及土耳其人統治。土耳其人所建立的鄂圖曼帝國（Ottoman Empire）逐漸衰落後，埃及和利比亞分別在十九世紀末及二十世紀初轉為英國及義大利的殖民地。一九二二年，英國宣布埃及獨立；實際上埃及在國防、外交都無法自主，所以仍是英國的保護國。

二次大戰時，埃及人和利比亞人都起而支持同盟國對義大利作戰，利比亞因而獲得聯合國同意，於一九五一年成立獨立的利比亞王國。至於埃及，如第八章所述，納瑟在一九五二年發動政變，建立共和國，埃及自此才算獨立；不過又要等到一九五六年，英、法被迫撤出蘇伊士運河，埃及才算是擁有完整的領土及主權。

納瑟領導埃及獨立及蘇伊士運河事件，是非洲歷史上劃時代的兩件大事，非洲獨立運動的浪潮從此迅速由北向南席捲，在四年內有二十二個國家獲得獨立，其中十七個發生在一九六〇年，因而這一年被稱為「非洲獨立年」，是非洲獨立運動的高峰。本章不擬一一列舉這些國名，不過必須指出，這些國家的地理位置除了極少數在幾內亞灣，其餘都在非洲北部，大多是前法國殖民地。

法國在二次大戰後國力已經大不如前，戴高樂無法阻止如火燎原的非洲獨立運動，卻仍想保留少數幾個殖民地，其中阿爾及利亞（Algeria）尤其重要，因為約有一百萬法國人居住該地，不肯放棄。然而，阿爾及利亞人在二戰期間大力支持「自由法國」對軸心國作戰，對於戴高樂在戰後阻止其獨立至為憤怒，因而對法國發起獨立戰爭，最終在一九六二年獲得獨立。一百萬白人紛紛逃回本國，造成法國全國混亂。

繼法國之後，輪到英國在非洲大撤退，在十年裡有十個英屬殖民地宣告獨立，從非洲東部的肯亞（Kenya）、坦尚尼亞（Tanzania）、尚比亞（Zambia）及波札那（Botswana），一路往南，直抵南非之北。

非洲獨立運動飆起的原因，主要是白人對殖民地人民的掠奪及歧視，引發非洲人強烈的民族主義。然而，對於許多非洲國家來說，獲得獨立並不是問題的結束，而是問題的開始，其情況和前述東南亞獨立運動極為類似。

以一九五六年獲得獨立的蘇丹（Sudan）為例，該國原本就有極為嚴重的種族及宗教問題，因為北部大多是阿拉伯人，信奉伊斯蘭教；南部卻大多是黑人，信仰當地傳統的宗教信仰或基督教。北方阿拉伯人在制訂新憲法時獨斷獨行，不讓南方黑人參與，南方黑人卻堅決不肯接受北方人制訂的穆斯林律法，因而前後爆發兩次內戰，分別持續十七年及二十二年；據估計總共有超過兩百五十萬人死亡，大部分是死於飢荒。最終，雙方協議分成北蘇丹和南蘇丹，但在分割之後，兩者也還是各自在進行劇烈的內戰，直至今日仍未停止。

非洲其他地區大多也有類似的種族及宗教問題，不過由於美、蘇陣營逐漸也加入其中的鬥爭，使得情勢更加複雜化。

蘇聯、古巴、中共在非洲的活動及美國的介入

蘇聯開始注目非洲，是在赫魯雪夫與納瑟握手言歡之後。英國一位專門研究共產黨的史家柯洛齊在其所著的《蘇聯帝國興衰史》裡指出，蘇聯有一名學者波特金（Ivan I. Potekhin），曾在共產國際的書記處工作，經常與許多非洲政治人物見面、討論，因而被認為是研究非洲問題的權威。波特金認為非洲有實現社會主義的天職召喚，又主張馬克思主義是唯一適合非洲的社會主義，能協助非洲人抹除殖民主義的遺跡。

一九五〇年代末起，蘇聯便已聯合其在東歐的衛星國家，開始招收非洲的年輕人，給予思想教育，傳授種種游擊隊活動的訓練課程。古巴革命成功後，卡斯楚和格瓦拉也在國內設立革命訓練中心，廣招非洲學生。布里茲涅夫馴服卡斯楚後，便開始從古巴空運游擊隊到非洲直接參加戰鬥。

中共也注目非洲，不過是在中蘇交惡之後才積極活動，並公開宣稱蘇聯人和美國人、歐洲人一樣都是白人，所以「我們這些非白人」必須團結起來，又主張毛派游擊戰更適合於非洲國家。一九六三年底起，周恩來親自率團在五十天內訪問了十個非洲國家，並在訪問索馬利亞的首都摩加迪休（Mogadishu）時宣稱：「整個非洲大陸是一片大好的革命形勢」。摩加迪休是明朝時鄭和率寶船隊七次下西洋時到達的最遠之處，對中國而言有其特殊的意義。中共於是也開始積極協助訓練許多非洲國家的游擊隊。

由於非洲從北到南共有五十幾個國家，數目比拉丁美洲更多，本書更加無法一一敘述各國的獨立經過，以及美、蘇、中陣營在其中的明爭暗鬥，但可以選幾個具有代表性的例子為讀者們說明。上面說到的國家都在非洲北部，以下就往南先介紹在非洲中部的兩個國家。

剛果共和國及民主剛果

非洲原本已有兩個被稱為「剛果」的殖民地，分屬法國及比利時，以剛果河為界，分別在河的西邊及東邊。兩者都在一九六〇年獲得獨立，其後法屬剛果改稱「剛果共和國」（Republic of the Congo），簡稱「剛果」；比屬剛果改稱「剛果民主共和國」（Democratic Republic of the Congo），簡稱「民主剛果」。兩者是有趣的對照，因為前者在獨立幾年後，便成為非洲第一個社會主義國家，後者卻是由右翼軍人統治的國家，但兩者都是獨裁專制體制。以下先說剛果。

剛果共和國：非洲第一個社會主義國家

就像阿爾及利亞人一樣，法屬剛果人民在二次大戰時堅決支持自由法國；但和阿爾及利亞人不同的是，戰後他們獲得法國支持而獨立。然而，該國內部有兩個分屬不同種族，又有不同政治思想傾向的黨派嚴重對立。其中一派由解職的天主教神父尤盧（Fulbert Youlou）領導，主張經濟自由化，排斥社會主義，獲得法國政府支持而擔任總統。但尤盧政府貪腐無能，使得人民失望，又壓制工會，引發大罷工，結果連戴高樂也不得不停止對他的支持，因而在一九六三年被推翻。

反對派領袖馬桑巴—代巴（Alphonse Massamba-Debat）接任總統，政策立刻向左轉，接受蘇聯及中共的援助，也曾親自率團訪問北京，又邀請古巴派軍隊來協助訓練民兵。但馬桑巴—代巴在一九六九年被更左傾的恩古瓦比（Marien Ngouabi）取代。恩古瓦比宣稱自己創立的剛果勞動黨是唯一的合法政黨，又改國名為「剛果人民共和國」。雖然恩古瓦比在一九七七年遭到刺殺，剛果的政權仍是維持社會主義一黨專政，一直到一九八九年東歐發生革命後才取消。

民主剛果：從動亂到貪腐政權的建立

比屬剛果在獨立前，有很多人從事激烈的反殖民運動，後來由於動亂升高，比利時政府決定放棄殖民地，於是邀請殖民地各個勢力派代表，參加於一九六〇年初在布魯塞爾召開的圓桌會議，並決定六月三十日為獨立日。

民主剛果獨立後，盧穆巴（Patrice Lumumba）獲任為總理，卡沙弗布（Joseph Kasavubu）為總統。然而兩人之間存在著幾乎無法調和的矛盾。盧穆巴思想左傾，卡沙弗布加相對保守。盧穆巴出身小部族，主張中央集權；卡沙弗布出身剛果最有勢力的大部族，主張各部族有充分的自治權。因而，民主剛果在獨立後立刻爆發動亂。當時在卡淡加省（Katanga）有名地方軍閥卓姆貝（Moise Tshombe）趁機宣告獨立，因為卡淡加盛產銅礦，是民主剛果最富裕的省分，卓姆貝意欲獨享。卓姆貝出身大部落，也與盧穆巴也不和。

動亂爆發後，比利時政府立即派兵回到民主剛果以保護僑民，聯合國也派出以美軍為主的維和部隊迅速抵達。盧穆巴表示希望兩支外來的軍隊開往卡淡加，對付卓姆貝，卻因卡沙弗布反對而無法如願。盧穆巴大失所望，轉而向蘇聯求援。赫魯雪夫立刻下令以飛機運送武器、汽車、軍需補給和大批的蘇聯及捷克特務、顧問到民主剛果。盧穆巴與卡沙弗布接著各自發布命令，將對方免職。正在此時，陸軍總司令莫布杜（Mobutu Sese Seko）突然發動政變，接管政府，並下令關閉蘇聯、捷克的大使館，驅逐所有館員。

莫布杜又命令部隊搜捕盧穆巴，並將他轉送給卓姆貝；不久後，盧穆巴便遭到處決。赫魯雪夫對於盧穆巴之死至為痛心，決定在莫斯科開辦一所「盧穆巴人民友誼大學」，專門培訓亞、非、拉國家的年輕共產黨員。後來有很多第三世界國家的總統、總理、部長都是此大學的畢業生。

盧穆巴死後，他的部屬穆立里（Pierre Mulele）向蘇聯及中共求救，獲得大幅援助，並親自率領部隊到中國接受軍事訓練。一九六四年，穆立里率部隊重新對莫布杜政府發起戰爭。戰火延燒東北部一半的國土，史稱「辛巴叛亂」（Simba Rebellion）。莫布杜也向外國求援，獲得美國同意請比利時政府代為募集西歐傭兵參戰，結果穆立里大敗，但有一部分所屬又轉到森林裡打游擊戰。

鼎鼎大名的格瓦拉便是在此時率領部屬到坦干伊克湖（Lake Tanganyika）附近，但他協助訓練及指導的不只是民主剛果的游擊隊，也包括了鄰近的坦尚尼亞、蒲隆地（Brundi）、烏干達（Uganda）等國的游擊隊，這幾個國家因而動盪不安。不過如前所述，後來格瓦拉又轉到南美，最後在玻利維亞被捕而死。

莫布杜在此後三十幾年間完全掌握政權，並將國名改為「薩伊」（Zaïre）。他在非洲以貪腐著稱，據估計前後至少聚斂了五十億美元財產。

葡屬殖民地的獨立運動

當非洲獨立運動的狂潮席捲時，歐洲國家大多知難而退，只有葡萄牙始終抗拒潮流，拒絕放棄殖民地。

回溯一九三六至三九年之間，西班牙發生內戰，交戰的一邊是西班牙共和軍，其背後有蘇聯支持；另一邊是西班牙國民軍，背後有德國、義大利及葡萄牙支持。一般認為，這是德、蘇兩國在第二次世界大戰之前的代理戰爭；由於戰況熾烈，據估計雙方合計有五十萬軍人及平民死亡。國民軍最後獲得勝利，其領導人佛朗哥（Francisco Franco）從此開始長達四十年的法西斯獨裁統治。

當時葡萄牙的統治者薩拉札（Antonio de Oliveira Salazar）也是一位法西斯強人，不顧葡萄牙本身積弱而大力支持佛朗哥，以致於在戰後國家財政極端困難，必須更加倚靠殖民地的稅收及其他收益來支撐；同時，葡萄牙人民也有不少是靠殖民地的收入過日子。但問題是，葡萄牙已經不可能阻止其殖民地脫離而獨立了。

葡屬殖民地的困境、蘇聯的介入及「康乃馨革命」

二次大戰後，葡萄牙在非洲仍有五個殖民地，即是安哥拉（Angola，在非洲西海岸）、莫三比克（Mozambique，在東岸）、幾內亞比索（Guinea-Bissau，在幾內亞灣），以及兩個位於大西洋中的小島。當時葡萄牙全國人口不到九百，卻有一百萬人居住在這五個殖民地裡，並且大多不願離開，如同在阿爾及利亞的法國人一樣。薩拉札也不是不知道戴高樂出兵阻止阿爾及利亞獨立運動的結果，卻還是下令鎮壓殖民地的抗爭。

就蘇聯看來，這時葡屬殖民地無疑是輸出革命的理想目標，於是命令葡萄牙共產黨出面扶植殖民地的共產黨，協助他們進行獨立運動。東歐國家、中國、古巴也都參加進來，提供種種支援，葡屬殖民地戰爭於是擴大。撒拉札這時無論派多少軍隊都已不可能獲勝，卻還是不計代價繼續派兵到非洲，其結果是國家經濟因鉅額軍費而受到重創，使得原本已是西歐最窮的葡萄牙更為窮困。

一九七〇年，撒拉札病死，新統治者在國內繼續高壓統治，對外也繼續進行殖民戰爭。結果軍人在一九七四年四月發動政變，推翻政府。當時許多百姓都拿康乃馨花朵插在士兵的槍口上，史稱「康乃馨革命」，是一場成功的不流血革命。新成立的政府接著宣布放棄殖民地，葡萄牙在海外的一百萬人民倉皇地逃回本國，大多身無分文。此後十年，葡萄牙在混亂中逐漸轉型為民主憲政體制。

卡布拉與葡屬殖民地的獨立運動

事實上，早在葡萄牙宣布放棄之前半年，幾內亞比索就已經宣布獨立了。其領導人卡布拉（Amilcar Cabral）不僅同時領導前面提到的，位於大西洋上的兩個小島一起革命，也曾積極協助成立安哥拉及莫三比克的民族獨立運動組織，因而大名鼎鼎，是許多非洲人崇敬的英雄。值得注意的是，卡布拉手下有很多共產黨員，但他自己卻不是。

然而，卡布拉在一九七三年遭到兩名心懷不滿的同志槍殺，由卡布拉的弟弟路易士（Luis Cabral）繼位。為了報復，路易士進行大清洗，屠殺數千人，又推動極左的經濟政策，結果是經濟極端惡化，同時發生大飢荒。最後，黨內同志在一九八〇年聯合罷黜了路易士，但仍然維持一黨專政的政治體制。

一九七五年，葡屬安哥拉及莫三比克也先後獨立，也都爆發內戰，原因同樣是內部分裂，導致美、蘇集團介入，但過程更複雜，規模更大，又極為相似。兩者既是相似，本書在此就不重複，只舉安哥拉內戰為例說明。

安哥拉的獨立運動及美、蘇、古巴、南非的介入

安哥拉在進行反抗運動時，全國有三十幾個部族參戰，分別加入不同的游擊隊，其中最重要的有三支：第一支稱為「安哥拉人民解放運動」（Movimento Popular de Libertação de Angola，簡稱「安人運」〔MPLA〕），其背後有蘇聯及古巴支持；第二支是「安哥拉民族解放陣線」（Frente Nacional de Libertação de Angola，簡稱「安解陣」〔FNLA〕），其背後有美國及南非支持；第三支是「安哥拉獨立

聯盟」（União Nacional para a Independência Total de Angola，簡稱「安盟」〔UNITA〕），原本是毛派游擊隊，後來卻轉為反共。

蘇聯拉著古巴為其打代理戰爭是常態，但南非為什麼要替美國打仗呢？因為南非與安哥拉之間隔著原本隸屬德國殖民地的西南非[1]，在二戰後成為聯合國授權南非的託管地；南非白人政府擔心，如果安哥拉變成共產國家，將成為心腹大患，所以情願為美國打代理戰爭。當時越戰才剛結束，美國政府自然不可能獲得國會的允許，重蹈覆轍又直接派兵到海外，所以必須請南非代打。

葡萄牙人決定撤退後，安人運的首領內圖（Agostinho Neto）領軍率先攻占首都盧安達（Luanda），卻根本不與其他游擊隊商量就自行宣布成立新人民政府，又自任為總統；安解陣和安盟拒絕接受，聯合共組另一個政府，內戰於是爆發。南非立刻出兵支援安盟和安解陣，美國在背後出錢出力，據稱在第一年就花了三億美元。蘇聯也運送大批飛機、大砲及裝甲車，又空運古巴部隊一萬五千人到安哥拉，同樣也是花費驚人。最後戰爭竟打了十幾年而無法停止，並且越滾越大；據估計，古巴部隊最多時達到五萬人。蘇聯的經濟狀況遠不如美國寬裕，漸漸無法支持，但仍咬牙苦撐，最後撐到蘇聯自己解體之前才停止。因而，關於安哥拉內戰的結局，我將在第十八章再回來為讀者們繼續敘述。

埃及沙達特的選擇

非洲的獨立運動有如浪潮一般，從北向南次第席捲，越往南的國家越晚獨立。因而，當安哥拉獲得獨

1 Southwest Africa，現稱納米比亞（Namibia）。

立時，沙哈拉沙漠以北的國家大多已經獨立了十幾年，甚至二十年，並且又發生巨大的變化。其中最早發生，正是在最早獨立的埃及。

回溯一九六七年六月，以色列在「六日戰爭」中大敗埃及、約旦及敘利亞；其中埃及敗得最慘，連西奈半島（Sinai Peninsula）也被占領。埃及總統納瑟自認是奇恥大辱，為了復仇便請蘇聯提供更多武器，替埃及訓練更多軍隊，結果埃及軍隊及情治機關裡所聘的蘇聯顧問人數竟超過五千人。許多納瑟的屬下這時也都遭到整肅，不過從納瑟發起自由軍官組織時便跟隨他的沙達特（Anwar Sadat）因為始終表現得忠心耿耿，又行事低調，獲得納瑟信賴，被任命為副總統。不料納瑟在一九七〇年九月因心臟病發而死，沙達特依法接任為總統。

由於事出突然，沙達特根本沒有想過自己會擔任總統，不過埃及從此走上不一樣的道路。沙達特在擔任副手期間雖然總是保持沉默，其實內心並不贊同納瑟的作為，因而繼任後立即翻轉政策。首先，沙達特下令釋放被納瑟關在監獄裡的數千名穆斯林兄弟會成員，與之和解；其次，他認為在外交方面，不應為了接受蘇聯的援助而疏遠美國。美國尼克森總統獲得埃及的暗示後，急忙派國務卿羅吉斯（William Rogers）訪問開羅。羅吉斯訪問結束後，沙達特立即將親蘇的副總統免職，又逮捕若干親俄的官員；布里茲涅夫大驚，也派一個特使訪問埃及，卻已無法改變沙達特的決定，於是改採威脅的方法。但沙達特的回應是下令將蘇聯顧問全部驅逐出境。

一九七三年十月，埃及聯合其他阿拉伯國家對以色列發起突襲，是為第四次中東戰爭。埃及雖然未能取勝，石油輸出國組織卻開始對美國、英國、日本等國實施石油禁運，美國因而被迫要求以色列與埃及談和。沙達特也不顧國內及鄰國的劇烈反對，親訪以色列，積極謀和；並且應美國之邀，與以色列總理比金（Menachem Begin）在大衛營直接進行談判。雙方最終於一九七九年三月簽定和約，以色列同意在三年後交還西奈半島給埃及。

然而，埃及後來與蘇聯關係更加惡化，雙方竟致斷絕外交關係。不過當沙達特在一九八一年十月遇刺身亡後，繼任的穆巴拉克（Hosni Mubarak）又逐漸修正其政策，與蘇聯恢復邦交，尋求在美、蘇之間保持平衡。

索馬利亞、衣索匹亞的共產革命及兩者之間的戰爭

索馬利亞及衣索匹亞兩國都北臨紅海及亞丁灣，是出入蘇伊士運河必經的咽喉，其地理位置當然重要。蘇聯曾經成功地協助這兩國的共產黨武裝叛亂而取得政權，不料兩國在不久後竟發生戰爭。馬克思、恩格斯曾經在《共產黨宣言》裡預言無產階級的統治將使得人對人的剝削消失，民族對民族的剝削及敵對關係也會隨之消失。但索馬利亞與衣索匹亞兩個共產國家之間卻發生了戰爭，一部分歷史學家指出，這證明馬克思、恩格斯的理論有誤。也因此，我必須先將兩國究竟如何發生共產革命，再將他們為何發生戰爭分別說清楚。

索馬利亞的共產革命

索馬利亞原本是英國和義大利的殖民地，於一九六〇年獨立；但民選的政府在一九六九年被蘇聯支持的軍事強人巴雷（Mohamed Siad Barre）推翻。

蘇聯接著提供經濟援助，協助該國建設機場、港口、道路，取得武器，訓練軍隊，成立國家安全局。但鄰近的沙烏地阿拉伯越來越不安，決定與索馬利亞斷交，同時停止供應石油。不過蘇聯為索馬利亞另外

安排從伊拉克運來原油，又幫忙建煉油廠。一九七四年，索馬利亞與蘇聯簽定友好合作條約，成為蘇聯的衛星國家之一。

衣索匹亞的共產革命

衣索匹亞也曾是一個強大的帝國，數百年來雖然遭到鄂圖曼帝國侵擾，仍能維持其主權；但在二次大戰前遭到義大利占領，幸賴同盟國協助而在戰後復國。然而，由於皇帝塞拉西（Haile Selassie I）年事已高，政府官員又多貪腐，推動經濟現代化的計畫全部失敗，導致國家日漸貧窮落後。有人說，衣索匹亞首都阿迪斯阿貝巴（Addis Abäba）有三多：乞丐多，妓女多，痲瘋病人多。大學生因而對政府發起抗爭，罷課遊行，但遭到政府嚴厲鎮壓。另有乾旱及飢荒出現，衣索匹亞因而更加動盪不安。

塞拉西最終在一九七四年被軍隊推翻，叛軍成立軍政府，其中一位蘇聯支持的陸軍少校門格斯圖（Mengistu Haile Mariam）卻屠殺大批前朝的王公貴族、政府官員及右派分子，從此成為衣索匹亞最高且唯一的領導人。門格斯圖下令在許多公共建築物上懸掛馬克思、列寧的巨幅畫像，將全國的土地、銀行及企業全部收為國有，又以高壓的手段鎮懾人民。門格斯圖也向蘇聯大量購買武器，並引進大批蘇聯、東德的政工人員，又請古巴人來為其訓練軍隊。

兩個共產國家之間的戰爭

索馬利亞和衣索匹亞雖然都是蘇聯的衛星國，卻互相敵視，其主要原因是對歐加登地區（Ogaden）的爭執。該地區位在衣索匹亞境內，居民卻大多是索馬利亞人，索馬利亞因而主張應劃歸其領土；後來由於有西方專家宣稱在歐加登發現豐富的油藏，兩國的軍事衝突立刻升高。蘇聯處於其中，左右為難，於是請卡斯楚出面調停。

卡斯楚與巴雷和門格斯圖約定在蘇聯另一個衛星國南葉門的首都亞（Aden）會面。卡斯楚在會後直接表示站在衣索匹亞一方，蘇聯於是斥責索馬利亞犯了「沙文主義」及「擴張主義」兩項錯誤。巴雷大怒，宣布廢止與蘇聯簽定的友好合作同盟條約，又下令驅逐蘇聯、古巴派在索馬利亞的顧問。布里茲涅夫更怒，在一九七八年初空運約兩萬名古巴部隊，幫助衣索匹亞打仗。索馬利亞不支，只得從歐加登撤軍。

衣索匹亞境內原本有許多不同族群，在歐加登戰爭之後紛紛要求獨立，分離運動於是大起。與此同時，索馬利亞也爆發內戰，有數支武裝部隊起而反抗巴雷的高壓統治。兩個政府最終都在一九九一年蘇聯解體前夕被推翻。

蘇阿戰爭

蘇聯在世界各地繼續擴張，最後一個重要目標是阿富汗，蘇聯甚至為此打破過去只站在背後提供支援的慣例而直接出兵，結果卻遭逢前所未有的挫敗。許多歷史學家認為，阿富汗的挫敗是蘇聯最終解體的原因之一。本書因而必須對蘇聯如何在阿富汗指導發動政變，又為何直接出兵做詳細的說明。

阿富汗的連續政變及共產黨的介入

阿富汗的地理位置在中亞，本身和四鄰的伊朗、巴基斯坦、土庫曼、烏茲別克、塔吉克都是伊斯蘭國家（前述的埃及、索馬利亞、葉門也是）。阿富汗國王查希爾（Zahir Shah）一向仰慕英國，引進其政治及教育制度又制訂憲法，王族中的達烏德親王（Mohammed Daoud）卻不認同這些西化政策。達烏德曾任首相，卻因行事專斷，並與蘇聯過於親近而在一九六四年被國王罷黜。蘇聯於是和達烏德密商，預備起事。

當時阿富汗已有馬列主義政黨，不過分裂為兩派，即是由卡邁爾（Babrak Karmal）領導的「旗幟派」，以及塔拉奇（Nur Muhammad Taraki）領導的「人民派」。兩派的名稱來自各自辦的《旗幟報》及《人民報》。一九七三年，達烏德趁國王出國治病時，與共產黨人合作發動政變，奪得政權。

不料達烏德在數年後竟下令取締共產黨，將卡邁爾、塔拉奇逮捕入獄。人民派的第二號人物阿明（Hafizullah Amin）也遭到軟禁，卻能暗中命令其部屬與陸軍上校卡迪爾（Abdul Qadir）合作，於一九七八年四月發動政變，殺達烏德。阿富汗歷史稱此一事件為「四月革命」。

共產極左路線引發叛亂

蘇共政治局接著在內部討論，究竟該選擇卡邁爾還是塔拉奇為領袖。前述的史家柯洛齊在他的書中引述一份蘇聯的解密文件，是當時蘇聯國安會呈給政治局參考的報告，其中說，卡邁爾相對比較理智、有紀律，能接受諫言；塔拉奇比較頑固、暴躁、膚淺，不夠寬容。政治局最後根據蘇斯洛夫對二人的「意識形態」判斷，選擇了塔拉奇。卡邁爾於是被貶為駐捷克大使，但他留在國內的屬下幾乎全部遭到整肅，被捕入獄，或被處死。

塔拉奇接任領袖以後，推動極左政策，又沒收清真寺及其土地，成立集體農場，侮辱伊斯蘭教教士。阿富汗全國各地於是迅速出現反政府的武裝叛亂。叛軍主力是由巴基斯坦在背後支持，而中共又在背後為巴基斯坦撐腰。結果政府軍作戰失利，許多士兵竟投效叛軍，首都喀布爾（Kabul）告急。

蘇聯決定直接出兵阿富汗

一九七九年三月，塔拉奇飛往莫斯科，請求出兵解危。蘇聯總理柯錫金斷然拒絕，並說西方國家正在等著看蘇聯出兵之後，步入當年美國出兵越南的後塵，將掉入泥淖之中而無法自拔，所以蘇聯最多只能提供武器及技術支援給阿富汗。塔拉奇只得失望而歸。不料半年後，塔拉奇的副手，也是當時阿富汗總理兼國防部長阿明，突然發動政變，逮捕塔拉奇，不久後又將他處決。

關於這次政變的原因，有些現代歷史學家在研究了蘇聯解體後解密的檔案之後，得到清楚的答案：原來是蘇聯國安會主席安德洛波夫（Yuri Andropov）向蘇共政治局提出報告，有明顯跡象指出，曾經在美國留學過的阿明極有可能將變成「另一個沙達特」。塔拉奇因而奉命逮捕阿明，不料阿明在逃過塔拉奇的警衛圍捕之後，反而調動軍隊逮捕了塔拉奇。

阿明在政變後果然仿效沙達特，不再聽從莫斯科的命令，又下令驅逐所有的蘇聯顧問。蘇共大驚，立刻召開政治局會議，由於一向反對出兵的柯錫金沒有參加這次會議，結果就是無異議通過出兵。蘇共又決定以卡邁爾接任阿富汗的新領導人，把他從布拉格送回喀布爾。十二

蘇共總書記布里茲涅夫（右）及蘇聯外交部長葛羅米科（左）接見阿富汗共產黨總書記塔拉奇（中）。圖片出自Mil.ru。

月，蘇聯派紅軍跨越邊界進入阿富汗，同時派軍機載運特種部隊空降喀布爾，然後直奔總統府，擊潰衛隊，殺阿明。卡邁爾於是接管，下令改採緩和政策，承諾尊重伊斯蘭教。然而一切都已經太晚，蘇聯軍隊入侵後，阿富汗民族主義反抗運動立刻飆起，如大火燎原。

美國決定制裁蘇聯，援助阿富汗反叛軍

如前所述，蘇聯支持桑解在一九七九年六月推翻蘇慕薩政權，已經使得美國國會極端不滿，拒絕審議卡特總統與布里茲涅夫在同一個月簽訂的《第二階段限制戰略武器條約》（SALT II）。這時蘇聯出兵阿富汗，更是使得卡特憤怒，宣布對蘇聯實施禁運，停止賣穀物給蘇聯，又通知國會撤除與布里茲涅夫簽訂的協議。美國廢止SALT II對蘇聯而言是極大的衝擊，因為蘇聯的財力不足，早已不堪繼續核武競賽。

阿富汗戰爭後來也如柯錫金所擔憂的，果然成為蘇聯的夢魘。回顧當初美國派兵到越南打仗時，蘇共和中共都支持越共對美軍作戰，使得美國陷入痛苦的深淵。如前所述，中國早在蘇聯出兵阿富汗前便已暗中支持阿富汗反叛軍；這時，美國也決定直接提供援助給阿富汗反叛軍，對蘇聯進行報復。美國人最終雖然達到了目的，卻沒有料到，二十年後自己竟重蹈覆轍，又捲入第二次阿富汗戰爭的泥淖中。

地圖6：非洲及中東地圖（1960年代）

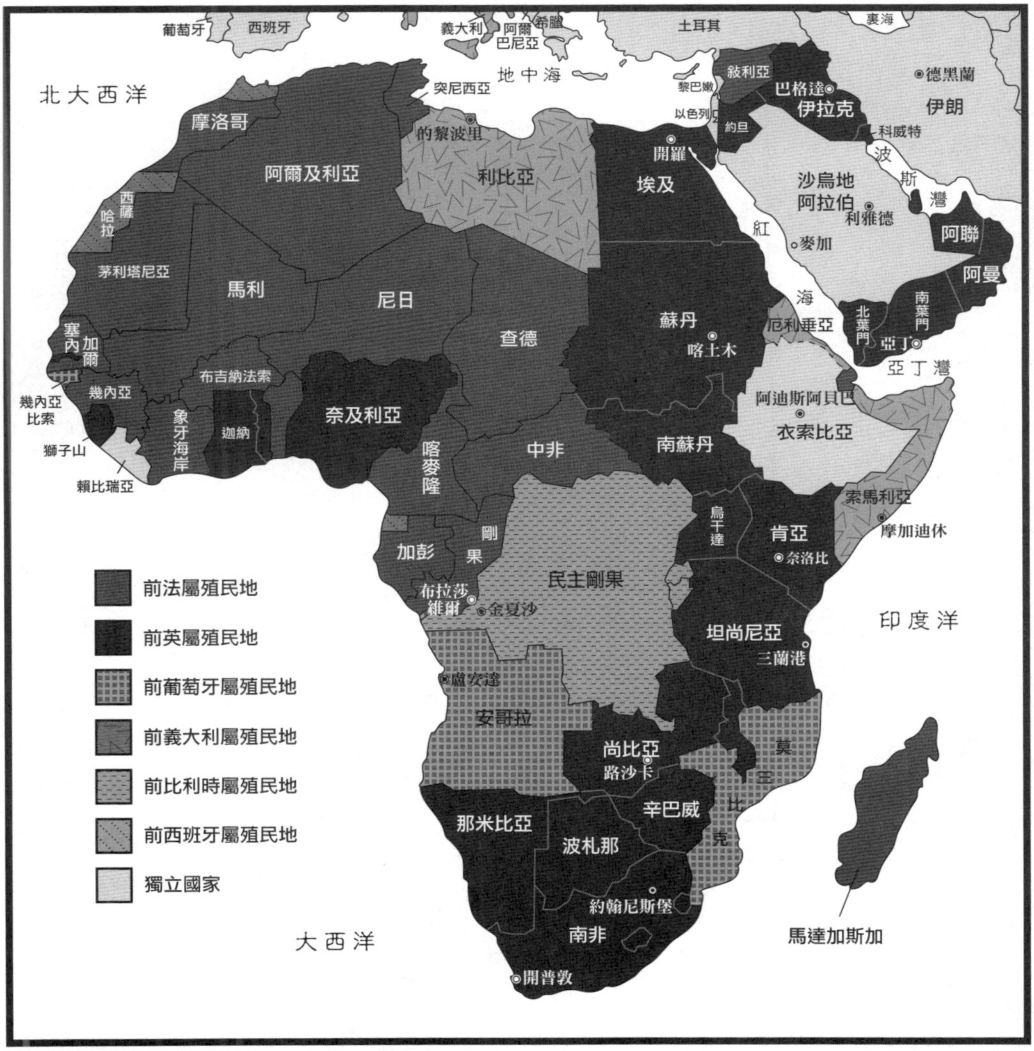

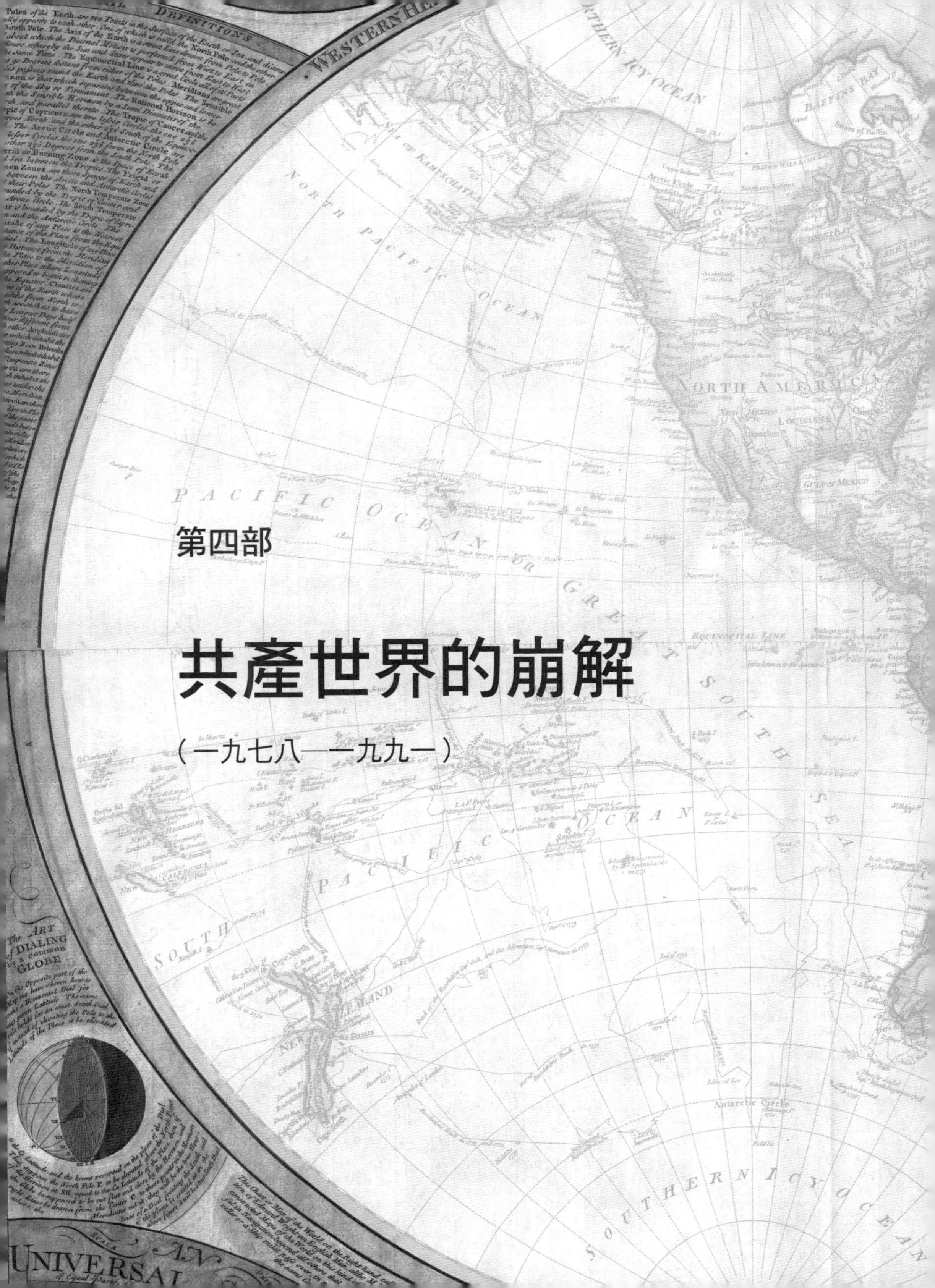

第四部

共產世界的崩解

（一九七八—一九九一）

第13章 鄧小平與戈巴契夫的改革開放之路

如前所述，由於蘇共與中共都積極輸出革命，共產世界的版圖在一九七〇年代末已經擴張到前所未有的境地；然而，這也已是強弩之末。事實上，蘇聯的經濟早已停滯不前，無法再與美國繼續對抗；中國在歷經十年文化大革命後，更是千瘡百孔，困頓不堪；兩者都不能不改弦易轍。

第四部所要敘述的，主要是從鄧小平及戈巴契夫如何分別在中國及蘇聯尋求改革開放，到共產世界整個崩解的歷史。不過必須說明，這裡所稱的「崩解」是從廣義來說，包括兩種不同的形式：第一種，（如蘇聯及東歐國家）是共產政權完全垮臺；另一種（如中國及古巴）是共產黨在政治體制上，雖然仍能維持一黨專政，在經濟體制上卻不得不仿效西方的資本主義，在意識形態上也盡量避免提起馬列主義。

以下先從鄧小平的改革開放開始說起。

鄧小平三落三起及其初步改革

毛澤東死後，華國鋒雖然接任國家領導人，實際上，論其資歷及威望都不夠，地位並不穩固，被外界認為只是一個過渡性人物。在此情況下，不久前才又被罷黜的鄧小平雖是眾望所歸，華國鋒卻遲遲不肯讓他復出；但在黨內多位大老強烈表態後，最終還是不得不同意。一九七七年七月，中共召開十屆三中全會，追認華國鋒為黨主席及軍委主席，但也通過恢復鄧小平原有的職位，包括政治局常委、中共中央副主席、軍委副主席、國務院副總理、解放軍總參謀長。

鄧小平一生中曾經歷三次大落大起。一九三三年，鄧小平因為支持毛澤東而被王明批判，卻拒絕認錯，被撤除所有職務。一九六六年，鄧小平在文革初期被毛澤東打成「走資派」，二度被罷黜，到文革末才被召回北京，是第二次復起。一九七六年，天安門事件後鄧小平第三次遭罷黜，經過一年才又復起，而年已七十三歲。他上臺後所推動的初步改革，最值得注意的是在教育、軍隊和科學發展方面。

中國的高等教育在文革十年中幾乎完全停擺，基本上大學入學不經考試，而是由各方推薦工農兵學員進入。鄧小平第二次復出時也曾想要改革教育，主張對入學學員增加考試項目，但在推動過程中出現一個「交白卷事件」。一位張姓考生無法作答，故意交白卷，並在試卷背後寫下陳情信，說自己是因為專心農業生產，沒時間讀書。四人幫大喜，讚揚張姓考生是英雄，是「紅專」的典型。考試隨即中止。

鄧小平第三次復出後，立刻召開全國教育會議，決定恢復統一考試辦法，依成績優劣錄取學生。他又堅持先招收部分大學生，趕在當年十二月就入學讀書，說是已經等了十年，不能依慣例等到明年秋天才開學。同時，政府也開始遴選學生到歐美留學。鄧小平一舉獲得全國學子和知識分子的擁戴。

鄧小平在軍委會開會時也要求辦好軍校教育，依各軍種開辦各種軍校和軍事學院，以提高官兵的知識水平，達到年輕化、現代化。

一九七八年八月，鄧小平召開全國科學會議，有六千人與會。鄧小平在會中重申中國家的目標是重啟「四個現代化」，而其中的「關鍵是科學技術的現代化。沒有現代科學技術，就不可能建設現代農業、現代工業、現代國防。」

摘除「右派分子」的帽子，確立「改革開放」

然而，鄧小平如要進一步深化改革，勢必無法避免與華國鋒發生衝突。舉一個例。胡耀邦從一九七七年底起，擔任中央組織部部長兼中央黨校副校長，致力於為在反右運動、文革及其他運動中受害的同志們平反，使其在恢復黨籍後能為政府工作。不過由於中共的政治運動幾乎都是由毛澤東發起的，平反工作遭遇極大的阻力。特別是由於華國鋒曾經在一九七七年初指示《人民日報》、《解放軍報》和《紅旗》雜誌同時刊出一篇社論，提出「兩個凡是」，即是「凡是毛主席作出的決策，我們都堅決維護；凡是毛主席的指示，我們都始終不渝地遵循」，無疑是擋在平反路上的一塊大石頭，非移除不可。

一九七八年五月，胡耀邦指示在《光明日報》刊出一篇文章，標題為〈實踐是檢驗真理的唯一標準〉；內容主要是說任何理論都要接受實踐的考驗，不能把馬克思、恩格斯和毛澤東的言論當作聖經來崇拜，而四人幫卻以權威自居。鄧小平也說：「我們也有一些同志天天講毛澤東思想，卻往往忘記，拋棄毛澤東同志的實事求是、一切從實際出發、理論與實踐相結合的這樣一個馬克思主義的根本觀點、根本方法。」

〈實踐是檢驗真理的唯一標準〉等於直接挑戰「兩個凡是」，引發中共內部激烈的辯論，一直到九月才分出勝負，而由中共中央發出正式文件，宣布摘掉全國右派分子的帽子。在兩個月後召開的十一屆三中全會中，華國鋒、汪東興等人又遭到元老們批判，只得認錯檢討。汪東興在會後被免去中央辦公廳主任的職務，華國鋒雖然沒有被拉下馬，實際上已被架空。

「反右運動」是毛澤東在一九五七年發動，交由鄧小平負責執行，結果造成全國有五十幾萬名知識分子受難。如今這些人獲得平反，大多對鄧小平表示感激，但也有一部分人對他仍是記恨不忘。不過也有極少數並未獲得平反，其中包括被毛澤東稱為「大毒草」的章伯鈞、羅隆基和儲安平。鄧小平自己也承認，在反右運動中犯了「擴大化」的錯誤，卻堅持當時有必要對這些少數代表資產階級的猖狂進攻進行反擊，所以到此時還是不肯讓他們獲得平反。

這次開會也通過進行經濟改革，決定放寬企業和農村的自主權。鄧小平在會議閉幕時有一段重要的講話，標誌了「改革開放」的時代已經來臨，他說：「我認為要允許一部分地區、一部分企業、一部分工人農民，由於辛勤努力成績大而收入多一些，生活先好起來。一部分人生活先好起來，就必然產生極大的示範力量，影響左鄰右舍，帶動其他地區、其他單位的人們向他們學習。」

中美建交

但就在此時，中國南方出現日漸緊張的局勢。回溯一九七六年越南統一後，在北越地區推行「淨化」政策，把二十萬華僑驅趕回中國。一九七八年底，越南又出兵攻陷金邊，推翻赤柬。赤柬的領導人波布逃亡，向中國求援。

東南亞各國這時眼見南越、高棉、寮國相繼赤化，無不憂心忡忡。但美國由於越戰的教訓，自然不願意再直接插手東南亞事務；因而，中國是唯一有能力出手壓制越南的強權，鄧小平這時也已經決定要出手。然而，由於中共過去一直在積極輸出革命，東南亞各國對中共更是害怕，鄧小平這時如果要出手就有必要解除東南亞各國的疑慮，同時也要取得美國、日本的支持。

然而，中國和美國的關係在過去多年來卻是一直停滯不前。尼克森當初雖然曾說過，連任總統後要與中國建交，不料在水門案後黯然下臺，繼任的福特也處處受到國會掣肘。卡特就任美國總統後，周恩來、毛澤東卻已病逝，在華國鋒主政期間根本無法取得任何進展。直到一九七八年五月，卡特的國家安全顧問布里辛斯基（Zbigniew K. Brzezinski）到達北京與鄧小平見面之後，才欣喜地向卡特報告說，「鄧小平生氣勃勃，機智老練」，對建交有厚望。

日本雖然早在一九七四年就與中國建交，其後也沒有進一步發展，到這時雙方才加速談判，而在三個月後簽訂《中日和平友好條約》。鄧小平於是應邀在十月訪問東京，受到日本天皇、福田首相及全國民眾熱烈歡迎。為了便於日後借重日本的資金及技術，來幫助中國進行擬議中的改革開放，鄧小平也被安排到松下電器、日產汽車、新日鐵鋼鐵廠等幾個日本重要企業參觀訪問。

美、中也經由談判達成協議，發表公報，宣布將於一九七九年元旦起建交。由於中國堅持，美國如欲建交就必須與臺灣斷交，美國不得不告知蔣經國主政的臺灣政府。臺灣自認長久以來是美國的忠實盟友，最終卻被美國拋棄。不過我在此必須重複指出，臺灣在一九六〇年代原本有機會接受美國和英國共同提出的「兩個中國」方案，以不同的國名加入聯合國，卻因蔣介石堅持不接受而錯失機會。

李光耀建議鄧小平停止輸出革命，中國出兵「懲罰」越南

鄧小平接著訪問東南亞三國（泰國、新加坡、馬來西亞），並表示將支持他們對抗越南的擴張。鄧小平在抵達新加坡時，對新加坡總理李光耀說，越南即將成為蘇聯在東方的古巴，中國希望與東南亞國家聯手孤立「北極熊」。

李光耀出身華人，對東南亞各國原住民疑懼華人的心理有極深的體會，對於共產黨如何在東南亞進行滲透顛覆也有數十年的親身經驗。根據他的回憶錄所述，當時他卻對鄧小平說，東南亞國家想的其實不是

要如何孤立北極熊，反而是要如何聯合起來孤立「中國龍」，因為東南亞有很多「海外華人」正在協助中國輸出共產革命，卻沒有什麼「海外蘇聯人」協助蘇聯。以馬來西亞為例，人人畏懼的馬共恐怖活動就是由華人陳平領導，成員大多是華人，而其背後的支持者就是中共。

李光耀又舉馬共在中國境內設立的「革命之聲」廣播電臺為例說明。這個電臺原本是設在馬來西亞北方的叢林裡，在多次被政府軍搜獲，遭到破壞後，竟將廣播電臺遷移到中國湖南省長沙市的益陽縣境內，又聘請一百多名中國人及馬來華人工作，繼續號召馬來人響應共產革命。東南亞其他國家的共產黨也莫不在中國境內設有同樣功率強大的廣播電臺。

李光耀對鄧小平說，中國境內的電臺廣播向東南亞的華人發出號召，在各國政府看來是一種非常危險的顛覆行為。因此，他認為鄧小平想要東南亞國家對其建議積極回應，聯合對付蘇聯和越南，幾乎是不可能的事。李光耀沒有想到鄧小平聽完後，突然問道：「你要我怎麼做？」，不禁大吃一驚，不過他也直接地回答：「停止那些廣播電臺，停止發出號召。中國要是能不強調與東南亞華人的血緣關係，不訴諸民族情懷，對東南亞華人來說反而更好。」

鄧小平並未直接回應李光耀的建議，不過後來他在一九八〇年六月接見陳平時提到，中國決定要停止廣播電臺的合作。實際上，這等於說是要停止輸出革命，在此之後，馬來西亞的共產革命已經和中共無關。鄧小平也知道，中國不可能一方面希望外國支持其改革開放，另一方面又繼續對外輸出革命。

鄧小平接著又在一九七九年一月底訪問美國。卡特雖然沒有明言支持中國出兵越南，實際上也已經默許。鄧小平於是在二月中發動「自衛反擊戰」，聲稱要對越南進行懲罰。中國出動約二十萬人，包括砲兵、坦克及飛機，從廣西、雲南邊境分別進軍，於二十天內攻占越南北部高平、諒山等四個省。中國軍隊宣稱勝利，而在一個月後下令撤軍。越南在中國軍隊退出後也宣稱勝利。

究竟哪一方打勝仗，其實很難說，不過一般認為中國在這場戰爭中並沒有占到上風，因為中國軍隊已經有二十幾年沒有大戰的經驗，在文革期間階級和指揮系統也都亂了。然而，對越南來說，最大的損失並不是在戰場上，而是中國軍隊在撤退時，一路把他們認定是當年無償支援越南的物資全部運回國內，運不回來的便砸毀。中國軍隊又破壞越南的鐵路、公路、橋樑、醫院、學校和工業設施，以致於越南在此後很多年都無法復原。

「北京之春」

就在鄧小平正準備要出兵越南時，中國國內突然出現了一個「北京之春」的運動（或稱「民主牆運動」）。這項運動之所以出現，其實是「兩個凡是」論戰的副產品。當胡耀邦致力於為平反運動，公然挑戰華國鋒時，許多知識分子受到鼓舞，紛紛加入戰圈，部分市井小民也跟進。中南海附近的西單牆上於是出現各式各樣的大字報、小字報，其中有支持鄧、胡的，有批判華、汪的；有投訴「冤、假、錯案」要求平反的，也有要求重新評價文革的。北京其他地區和上海等各大都市裡也有類似的大字報出現。

鄧小平原本是支持這些大字報，公開說是「憲法允許的」。但是大字報漸漸出現一些敏感題目，有人要求探討今後改革的方向，也有人要爭取求民主、自由。一九七八年十二月，一名工人魏京生在北京西單牆上貼出一張大字報，標題是〈第五個現代化：民主與其它〉，主張民主化比鄧小平所提的「四個現代化」還重要。與此同時，各種地下刊物也紛紛出現，其中魏京生竟在其主編的《探索》裡質疑馬列主義、毛澤東思想和無產階級專政，顯然已經踩到紅線；另有一位任畹町在一九七九年元旦發表由許多人簽名的《中國人權宣言》。同時，有數以百萬計的上山下鄉知識青年回到各大都市，藉機串連，言論也都極為大膽。

一部分中共元老主張立刻壓制民主牆運動，魏京生卻又貼出一張大字報，題目竟是〈要民主還是要新的獨裁？〉，無疑是直接向鄧小平挑戰。魏京生因而被捕，被判入獄十五年，「北京之春」立刻煙消雲散。

改革開放：建設「有中國特色的社會主義」

鄧小平接著發表講話，說中國在改革開放時必須堅持四項基本原則，「第一，必須堅持社會主義道路；第二，必須堅持無產階級專政；第三，必須堅持共產黨的領導；第四，必須堅持馬列主義、毛澤東思想。」這「四個堅持」完全沒有討論的空間，不許任何人挑戰。換句話說，改革開放從一開始就只限定於經濟層面，不容許提政治改革。

以下分述鄧小平如何推動改革開放，及其間發生的種種曲折故事。

中國農村的改革

鄧小平主政前，中國農村裡有八億人口，五萬多個人民公社，人均年收只有七十五美元，都一樣赤貧。一位新華社記者到安徽省鳳陽縣採訪，看見十戶農家有四戶沒有大門，三戶沒有桌子；一家十個人只有三個破碗，六條棉褲。鄧小平早在大飢荒時就已支持劉少奇、鄧子恢推動「包產到戶」，這時為了要迅速取得改善，自然是決定再走老路。

實際上，從一九七七年起，鄧小平的兩名大將萬里和趙紫陽已經分別在主政的安徽及四川兩省開始試行包產到戶，或允許農民經營副業。許多農民很快地翻身，民間因而流傳一個順口溜：「要吃米，找萬里；要吃糧，找紫陽。」隨後鄧小平將兩人升任為國務院副總理，萬里主管農業，趙紫陽負責經濟體制改革。不過由於仍有很多地方幹部的思想還無法轉過來，鄧小平也沒有強制全國各地都要跟著改革。但地方領導再怎麼保守，最終也擋不住農民強烈的要求，只能順著浪潮走，改革於是加速。

一九八二年一月，中共中央發布第一號文件，允許農民自由選擇各種責任制。中國五萬多個人民公社自此逐漸解散，改為鄉、鎮政府，人民公社下屬的生產隊改為村民委員會，但也有少數公社不肯解散。過了四十年，全國只剩下一個人民公社，位於河北省晉州的周家庄。

引進外資及技術，設立經濟特區

比起農業來說，工商經濟的改革就複雜多了。由於中共過去的經驗明顯不足，鄧小平決定派國務院副總理谷牧，於一九七八年五月率領一個龐大的代表團到國外考察。實際上，中國政府不等谷牧回國，就已經和日本開始討論引進資金及技術，並獲得日本政府及企業的支持，因而在一九七八年年底之前便決定引進二十幾個特大型的項目，包括石油化學、化纖、鋼鐵等，總金額達到六十八億美元。其中規模最大的寶山鋼鐵廠就用去一半的資金，並且是在鄧小平於十月訪問日本，參觀新日鐵公司時便已經原則上拍板了。寶山鋼鐵廠後來在一九八五年完成第一期工程，年產能六百萬噸粗鋼，由於品質精良，從此奠定中國鋼鐵及下游工業的基礎。

一九七九年七月，中共中央又決定在深圳、珠海、汕頭、廈門四地試辦「經濟特區」。耐人尋味的是，當時深圳正在爆發人民偷渡到香港的大逃亡潮，原因是這時香港的人均所得已經達到四千七百美元，是中國的二十幾倍，加上地理位置之便，深圳人民只要偷渡到香港，就算是做苦力，每月賺到的錢也幾乎等於是在家鄉全年的收入。因而，即便中國派軍警持槍在邊界日夜攔阻，每天也還是有數以百計的人偷渡到香港。港府只好出動巡警捉捕偷渡客，送上卡車，立即遣送回廣東。這些偷渡客全都衣衫襤褸，面黃肌瘦；這樣的畫面每天出現在世界各國的電視和報紙上，對英國和中國都造成極大的壓力。中共中央只得同意深圳發展「邊防經濟」，養豬、雞、鴨、魚，種菜、種果樹，就近供應香港市場。

更重要的是，早在深圳設立經濟特區的前一年，香港就已經有人到東莞、虎門設立所謂的「來料加工廠」，後來更是踴躍地到經濟特區辦工廠。因而不到兩年，深圳人民大多已經富裕起來。珠海、汕頭、廈門的發展雖然沒有像深圳那樣快，也取得不錯的成績。

保守派與改革派的爭論：陳雲的「鳥籠理論」與鄧小平的南巡

在改革開放的風潮中，除了前述經濟特區之外，沿海各地也有許多既有的國有企業（簡稱「國企」）及無數新崛起的鄉鎮企業急著要搶進。所謂的「鄉鎮企業」，有由農村的黨委書記領導村民興辦的集體企業，也有個人興辦的純粹私營企業。改革開放後不過幾年，全國的鄉鎮企業已經超過百萬家；其中尤以浙江溫州一地最火紅，達到十幾萬家。改革開放由此越加如火如荼發展。

到了一九八二年九月，中共召開十二大，鄧小平在致詞時首次提出「建設有中國特色的社會主義」的說法，但在外國人看來，這無疑已經有了資本主義的色彩。不過在改革開放的過程中，中共內部也逐漸出現改革派和保守派的爭論。改革派以鄧小平為首，主張改革要快，力度要大，陣營中包括胡耀邦、趙紫陽、萬里及廣東省委書記習仲勛[1]等。保守派以陳雲為首，主張選擇性地緩進，反對一下子做太大的變革，陣營裡包括李先念、姚依林、鄧立群等。陳雲說江浙地區在歷史上是以投機活動聞名全國，特別不放心，堅決反對在江浙及上海設經濟特區。鄧小平只得勉強同意。

1　三十年後中共總書記習近平的父親。

後來事實證明，陳雲的憂慮並非無的放矢。由於鄉鎮企業企圖心超強，勇於冒險犯難，甚至違法違紀，保守的國企完全無法與其競爭。但政府無論如何偏袒、保護國企也是無濟於事，於是在一九八二年初以「投機倒把」、「嚴重擾亂經濟秩序」為名，逮捕溫州市柳市鎮號稱「電機大王」、「線圈大王」、「螺絲大王」、「舊貨大王」等八名超級個體戶，史稱「八大王事件」，震驚全國。統計一整年，全國共有三萬人因「經濟犯罪」遭到判刑。鄉鎮企業如驚弓之鳥，不得不收斂。

此外，經濟特區試行不久，果然也出現一些經濟犯罪，有走私中飽，有投機詐騙，有貪污受賄。廣東及福建省委書記為此奉召到北京自我檢討。陳雲更在一九八二年年底提出「鳥籠理論」，說：「搞活經濟是對的，但必須在計畫的指導下搞活。這就像鳥一樣，捏在手裡會死，要讓牠飛。但只能讓牠在合適的鳥籠裡飛。沒有籠子，牠就飛跑了。籠子大小要適當，但總是要有個籠子。」

對此，鄧小平無法忍耐，突然在一九八四年元旦後親自到深圳、珠海巡視，並發表講話讚揚經濟特區的政策是正確的，他說：「我們建立經濟特區，實行開放政策，有個指導思想要明確，就是不是收，而是放。」國務院也發布命令，選定天

鄧小平（右）與陳雲（左）

津、上海、大連、青島、寧波、溫州等十四個城市，對外開放投資及貿易。經濟風向於是迅速轉變，只要是有敏感度的人都能強烈感受到，一個前所未有的時代已經來到，許多人決定創業從商，說：「我們都下海吧！」

中國後來有許多全國知名的企業就是在這一年創辦的，例如地產發展商萬科集團，製造計算機的聯想集團，家電業的海爾集團，以及健康飲料品牌健力寶等。

經濟活動失序及「價格雙軌制」引起的混亂

不過經濟活動從此時起也越來越失序，違法亂紀日漸猖獗。其中最具代表性的是「海南汽車案」及「福建晉江假藥案」。海南行政區的官員利用中央給予的特權大發進口汽車、彩色電視的批文，進口後再違法轉賣到內地各省市，獲利超過十億人民幣。福建省晉江市則是有五十幾家黑心藥廠，分別製造心臟病、肺病、肝病、胃腸病偽劣假藥，賣到醫院裡給病患服食。海南和福建黨委書記在案發後都被撤職。

但國企早已在這一波新的競爭中又大敗虧輸，保守派於是再一次挺身保護代表正統計畫經濟的國企。一九八五年初，國務院宣布實施「價格雙軌制」，要求鄉鎮企業購買原材料時支付比國企高的價格；不僅如此，銀行利率和進出口匯率也有雙軌制。然而，雙軌制直接加溫「倒爺經濟」。國企只需把買進的原材料倒賣給鄉鎮企業，立刻可以獲取豐厚的利潤。有時同一批原材料被倒賣二手、三手。總之，無論國家如何嚴令禁止投機倒把，利之所趨，無從禁絕。

經濟改革中的政治風向

在改革開放中，華國鋒的地位自然不保，由他擔任的國務院總理、黨主席及軍委主席三個職位，分別由趙紫陽、胡耀邦和鄧小平取代。中共中央也在一九八〇年初決定，重新設立中央書記處總書記的職位，由胡耀邦擔任。所謂的三頭馬車「鄧胡趙體制」由此形成；實際上，胡、趙兩人只是鄧小平的助手，都必須向鄧小平請示。不過保守派認為胡、趙兩人有思想自由化傾向，並不放心，與胡耀邦更是常常發生衝突，並藉機向鄧小平投訴。

例如，保守派曾發動圍剿一名作家白樺，認為他公然提倡人道主義，醜化社會主義，建議鄧小平發動一項「清除精神污染運動」。鄧小平原本已經同意，又因胡耀邦和趙紫陽聯合對其進言，說這麼做無異是文革再現，才勉強同意煞車。在此之後，保守派與胡、趙兩人更增嫌隙。

事實上，改革開放以來有一個現象：每隔一段時間，就有人起而挑戰共產黨和社會主義，左派因而不安，認為自由化氾濫，必須打壓；但打壓過一陣子後，自由化又冒出頭，左派無法忍受，又建議打壓；如此循環。直接地說，其根本原因是中共始終拒絕改革政治制度，然而，鄧小平卻在一九八六年六月突然公開提出進行政治體制改革，說：「不改革政治體制，就不能保障經濟體制改革的成果……。進行政治體制改革的目的，總的來講是要消除官僚主義，發展社會主義民主，調動人民和基層單位的積極性。」

鄧小平為什麼突然改變態度呢？很大的原因是蘇聯共產黨出現一位新任總書記戈巴契夫，宣稱也要進行改革開放，並且同時進行經濟及政治改革。戈巴契夫給國際社會的印象比鄧小平更加開放、大膽。鄧小平受到壓力，不得不回應。

戈巴契夫——從邊區工人的兒子到蘇共總書記

戈巴契夫出生於北高加索的斯塔夫羅波爾邊區（Stavropol Krai）的一個小村莊，父母都是普通工人。在他出生後，蘇聯正值大飢荒，家鄉人口有一半餓死，其中包括他的兩個親叔叔和一個姑姑。飢荒過後是史達林恐怖大清洗的時代，他的外祖父和祖父相繼被捕入獄，祖母也被刑求。戈巴契夫十一歲時，納粹德軍占領他們居住的村莊，此後是多年持續的戰爭。奇特的是，戈巴契夫雖然在孩提時遭逢諸多災難，卻生性樂觀，自認童年是快樂的。

戈巴契夫十九歲進入莫斯科國立大學法律學院就讀，在學期間認識了哲學系的女學生蕾莎（Raisa Titarenko），即是他未來的妻子。蕾莎出生在阿爾泰地區（Altai Krai）的鐵路工人家庭，與戈巴契夫一見鍾情，還沒有畢業兩人就結婚了。畢業後，戈巴契夫回到邊區家鄉工作，蕾莎跟著丈夫返鄉，失業很久後才找到一份教職。戈巴契夫宦途極為順利，回鄉十五年後便接任為斯塔夫羅波爾黨委第一書記。

斯塔夫羅波爾雖是窮鄉僻壤，卻以擁有國家級的風景溫泉區聞名。許多蘇聯的高層領導人常到此地度假兼養病，戈巴契夫因而有機會親近他們，其中最重要的兩個人，是蘇共長期主管意識形態的蘇斯洛夫，以及蘇聯國安會主席安德洛波夫。蘇斯洛夫年輕時也曾擔任斯塔夫羅波爾第一書記，是戈巴契夫的前輩；安德洛波夫也出生於斯塔夫羅波爾，是戈巴契夫的同鄉，所以和他就更親密了。有人認為，戈巴契夫後來之所以能快速升遷，無疑與受到這兩人的提攜有關。一九七八年，戈巴契夫奉命到莫斯科接任主管全國農業的書記，又在兩年後成為有史以來最年輕的蘇共政治局委員，當時還不到五十歲。

從一九八二年十一月到一九八五年三月，蘇共有三位總書記在任時相繼病逝，分別是布里茲涅夫、安德洛波夫和契爾年科（Konstantin Chernenko），死時年紀都超過七十歲。蘇聯在短短兩年多舉行了三次國葬，在國際上被譏笑為「葬禮外交」。其實安德洛波夫臨終時便表示希望戈巴契夫接任總書記，蘇聯政治局卻選了健康狀況極差的契爾年科，結果契爾年科在任時的大部分時間是躺在病床上。因而，契爾年科死後沒有幾天，最高蘇維埃主席團主席葛羅米柯（Andrei Andreyevich Gromyko）就在政治局會議中提議選只有五十四歲的戈巴契夫繼任為總書記，獲得無異議通過。

戈巴契夫面臨的蘇聯內、外困境；兼述波蘭「團結工聯」反抗運動

戈巴契夫曾多次到國外開會、訪問，或與蕾莎一起出國，因而兩人對外國情況並不陌生，其實早已懷疑社會主義所宣傳的優越性。戈巴契夫在地方及中央任職多年後，更是認為蘇聯不論是在政治、經濟或社會制度上都有先天的缺陷。特別是由於共產黨一黨專政，權力無法下放到地方及基層，導致遲緩、僵化，以及無可避免的貪腐。根據他所得到的內部報告，蘇聯的工業生產、倉儲、運輸設備也都很落後，造成生產效率遠低於資本主義國家，無謂的損失、腐爛、不良品、無用原料、滯銷成品更是多到驚人。蘇聯的住宅大多簡陋，有很多城市沒有下水道和自來水，也沒有鋪柏油的馬路。

蘇聯經濟之所以如此惡劣，如第十章所述，與國家不斷地在支付鉅額軍費及核武費用有關，其詳情此處不再重複；但必須指出，這使得戈巴契夫很早就認為蘇聯必須盡快與美國和解，結束冷戰。

此外，戈巴契夫在內部也面臨複雜而棘手的民族問題。蘇聯是由十五個共和國加盟組成，其中有一百多個不同的民族。因而可以想像，不只有各共和國之間的衝突，也有各共和國內部不同民族間的衝突。又由於歷史的因素，俄羅斯以外的加盟共和國及人民大多對「大俄羅斯沙文主義」既厭惡又恐懼。其中最難解決的是波羅的海三小國問題，這三國是在第二次大戰初期才被史達林併入蘇聯，但無論從歷史、民族或

宗教來看，都與俄羅斯及其他共和國迥異。波羅的海三小國不承認自己是蘇聯人，有強烈追求獨立，脫離蘇聯的企圖。

波羅的海三小國的問題又和波蘭有很大的關係。三國中的立陶宛在地理位置上與波蘭相鄰，並曾共組「波蘭─立陶宛聯邦」。此一聯邦後來被俄國、普魯士、奧地利瓜分三次，以致亡國；好不容易在第一次大戰後都復國了，卻又在第二次大戰後一起被關入鐵幕。因而，兩者早已形成命運共同體。波蘭發生的一切，無不立即影響立陶宛；同樣地，立陶宛發生的一切，也無不立即影響愛沙尼亞及拉脫維亞。

但如前所述，波蘭在一九五六年爆發波茲南事件，是戰後第一個敢挑戰蘇聯的東歐國家。在布里茲涅夫時代，波蘭人又因民生困苦、經濟蕭條而導致在一九七〇及一九七六年前後爆發兩次大罷工，而都是由格但斯克（Gdansk）造船廠的工人華勒沙（Lech Walesa）領導。

一九七九年，波蘭出生的教宗若望保祿二世（Pope John Paul II）返鄉訪問，吸引超過一百萬民眾聚集，演講內容對華勒沙領導的和平抗爭也產生激勵的作用。因而，當波蘭在一九八〇年爆發另一次嚴重的經濟危機時，又演變成為一場全國性的大罷工，其規模之大，竟迫使波共在九月與工會代表簽定一份《格但斯克協議》（*Gdańsk Agreement*），其中包括允許工會不受共產黨指揮，工人有罷工的權利，人民有言論、出版的自由等。同時，各地方工會匯聚成為一個全國性的組織，稱為「團結工聯」（Solidarity），據統計，當時波蘭人口不到四千萬，但團結工聯登記會員一路攀升，竟達到超過一千萬人。

為此，蘇共領導人布里茲涅夫坐立不安；然而，由於這時一向被認為軟弱的美國總統卡特剛好任滿下臺，繼任的是被外界認為強硬的雷根，蘇共政治局幾經討論，還是不敢出兵到波蘭。最後，布里茲涅夫命令將波共總書記及波蘭總理都撤職，又迫使新上任的總書記兼總理賈魯塞斯基（Wojciech Jaruzelski）於一九八一年十二月宣布戒嚴，出動軍警逮捕華勒沙及數千名團結工聯成員。一年後，華勒沙才因美國對蘇聯及波蘭政府施壓而獲得釋放。此後波蘭工聯雖然不再像先前一樣強大，但仍繼續不斷地從事地下反抗運動，無疑也是戈巴契夫接手後的難題之一。

「改革」、「開放性」及戈巴契夫的領導班子

一九八五年四月，戈巴契夫第一次以總書記的身分在蘇共內部提出「改革」（Restructuring，俄文Perestroika）的主張，要求改革經濟體制，加快經濟發展速度，特別強調要去除中央對地方的管控，讓企業自主。改革的序幕由此拉開。戈巴契夫也親自到列寧格勒、基輔及其他大都市，對群眾發表演講，並在街頭、廣場與市民們直接對話。人民對蘇聯的新領導人及其新政反應熱烈。

隔年二月，蘇共召開第二十七大。戈巴契夫又在報告中首次提出「開放性」（Openness，俄文Glasnost），意思是鼓勵公開討論政治、社會、經濟及所有層面的問題，特別強調民主，允許自由發表意見。他說：「沒有公開性，就沒有民主。」、「必須使公開性成為一種持續不斷發揮效力的制度。中央需要公開性，人民生活及各級地方工作也同樣需要。」但必須指出，戈巴契夫這時想要進行的，已經不只是經濟改革，而是同時進行政治改革。然而，有人認為這樣不免會衝擊到黨和自己的權柄，因而反對；而在贊成的人裡，也有一部分認為應該穩扎穩打，另有一部分卻希望走得更快。總之，改革開放從一開始就意見紛歧，即便是反對的人，也不一定會公開表示，因而可以預見，戈巴契夫將面臨極大的困難。

在政治局委員中公開表示支持改革開放的人包括蘇共第二書記利加喬夫（Yegor Ligachyov）、部長會議主席雷日科夫（Nikolai Ryzhkov）和元老葛羅米柯。另有三名重要的新人，分別是雅科夫列夫（Alexander Yakovlev），謝瓦納茲（Eduard Shevardnadze）和葉爾欽（Boris Yeltsin）。

雅科夫列夫年輕時曾經是蘇共重點培養的青年才俊，也曾位居要職，卻因屢次批判黨和政府而被貶為駐加拿大大使，一待就是十年。一九八三年，戈巴契夫到加拿大訪問，與他一見後互相引為知己。戈巴契夫在擔任總書記後，便請雅科夫列夫擔任中央書記處書記兼宣傳部部長，與利加喬夫共同主管意識形態。

謝瓦納茲曾任喬治亞黨委第一書記，以清廉、打貪著稱，與戈巴契夫有相同的工作經歷，兩人惺惺相惜。戈巴契夫上任後，請長期擔任外交部長的葛羅米柯升任為最高蘇維埃主席，而交棒給謝瓦納茲。謝瓦納茲由於先前並沒有外交經驗而推辭，但因戈巴契夫堅持才接受，後來卻成為戈巴契夫的得力臂膀，對於推動東西方和解有極大的貢獻。

葉爾欽在烏拉山鄉下長大，大學畢業後從事建築工作，為人桀驁不馴，經常公開批評長官。他在故鄉斯維爾德洛夫州（Sverdlovsk）黨委第一書記任內以草根、親民、打貪聞名，因而獲得利加喬夫賞識而被推薦給戈巴契夫。一九八五年底，葉爾欽升任為莫斯科市黨委第一書記。他在莫斯科的行為舉止和在家鄉時一樣草根、親民而激進，不同於常人。例如，他常搭公共汽車上班，購物也和平民一樣排隊；對手底下的官員要求極其嚴苛，常常疾言厲色。許多官員私下批評葉爾欽是故意標新立異，有沽名釣譽之嫌。不過由於報刊、電視經常報導他的聳動新聞，葉爾欽很快就獲得許多市民擁護。

戈巴契夫打貪及逼退保守派大員

接著說戈巴契夫打貪。蘇聯在布里茲涅夫時代貪腐成風，其原因除了黨官掌握絕對的權力，導致絕對的腐化之外，也因為布里茲涅夫本人收受賄賂，又縱容其家屬濫權，以致上行下效，賄賂公行。布里茲涅夫死後，繼位的安德洛波夫痛惡貪污，發起大規模的反貪腐運動，光是逮捕重量級的黨政高官就達到數十人，一時風聲鶴唳。不過安德洛波夫在位沒幾個月就患重病，打貪運動於是緩了下來。許多人因而都鬆了一口氣，但戈巴契夫上臺後第二年，又公開宣稱要打貪。

戈巴契夫打貪觸及的層級也很高。例如，布里茲涅夫的兒子、女婿和私人祕書都分別遭到起訴，被處十年或其他不等的有期徒刑。不過一般認為，戈巴契夫打貪另有目的。回顧當年赫魯雪夫也曾誓言改革，發動「去史達林化」，不料後來竟遭到罷黜，改革因而停頓，又轉回到史達林主義。戈巴契夫既已推動改革開放，自然要避免重蹈覆轍。但布里茲涅夫在位十八年，其黨羽布滿中央及地方，如果不盡早撤換，難保不會歷史重演。

當時戈巴契夫最想要除去的目標，是蘇共政治局裡部分兼任各加盟共和國的第一書記的委員。這些人在任大多已有二十年左右，都是一方之霸，一心只想維護自身特權，並且窮奢極欲。不過戈巴契夫不是以打貪為名，而是以年齡及健康為由逼退他們，其中包括哈薩克、亞塞拜然及烏克蘭的共黨第一書記，分別是庫納耶夫（Dinmukhamed Kunaev）、阿利耶夫（Heydar Aliyev）及謝爾比茨基（Volodymyr Shcherbytsky）。

然而，戈巴契夫在逼退這些人的過程中犯了不少明顯的錯誤。以哈薩克為例。庫納耶夫任職已有二十二年，人民私下批評他寡廉鮮恥，竭盡一切辦法巴結、賄賂布里茲涅夫，所以能夠長期在位。庫納耶夫下臺自然使得人民欣喜，哈薩克共黨高層也有人心中暗喜，以為有機會接任；不料戈巴契夫宣布的新任第一書記竟是一個從來不曾在哈薩克工作過的俄羅斯人，因而引起懷有強烈的反大俄羅斯沙文主義情結的哈薩克人極端不滿。庫納耶夫及其黨羽於是發動示威抗議，造成數百人死傷的流血事件。此後哈薩克動亂不斷，一直到三年後戈巴契夫才決定換上一位出生於哈薩克的第一書記，但無疑為時已晚。

類似的錯誤，不幸也發生在很多其他方面，以下就再舉兩個例子。

蘇聯初期經濟改革的失敗及其與中國改革的不同之處

在經濟方面，戈巴契夫最早提出的改革措施之一是發起「反酗酒運動」。這項運動本意良好，因為蘇聯人嗜酒，很多人有酒癮，甚或酒精中毒，其害無窮。不過由於酒稅占政府財政稅收極大的比例，安德洛波夫當政時對酗酒之害雖然也很清楚，卻不敢冒然禁酒，只是重罰酗酒者。戈巴契夫卻在一九八五年五月命令由利加喬夫負責，立即大幅提高酒的售價，同時減少供應量。

這項運動在剛開始推動時轟轟烈烈，但與釀酒、賣酒及上游相關的產業立刻受到巨大的衝擊。根據一位俄裔的英國歷史學家祖博克（Vladislav Zubok）所寫的《崩潰：蘇聯的解體》（*Collapse: The Fall of the Soviet Union*）裡引用的統計數字，僅僅伏特加酒的銷售金額，就從一九八四年的五百四十億盧布，下降到一九八六年的一百一十億盧布，稅收因而大幅減少，重挫蘇聯原本已經拮据的財政。同時，黑市、走私、假酒卻大行其道，非法的幫派因而獲得暴利。戈巴契夫後來只得同意放緩執行，最後不得不停止反酗酒運動。然而，此一運動的失敗對新政府及戈巴契夫本人的威信已經造成無法彌補的傷害。

祖博克引用其他的資料指出，由於蘇聯國營企業生產的民生用品（如衣服、鞋子、電視）的品質極為不良，戈巴契夫在一九八六年五月與總理雷日科夫共同簽署一個法案，企圖迅速予以改善，並在隔年初派出七萬名檢查員到全國數千個國營企業，將價值六百九十億盧布的不良品，包括原材料及零組件，全數打掉。無數工廠的生產線、組裝線立刻因為缺料而停擺，工人都無事可做。過了幾個月，由於沒有人知道要如何解決這問題，只得回到原來的運作模式。

類似的思慮不週，或矯枉過正的問題也發生在新的投資計畫，新設備的購買、安裝，更重要的是在制訂重要法律，如《國營企業法》（*Law on State Enterprises*）及《合作社法》（*Law on Cooperatives*）等的過程中。總之，戈巴契夫雖然有改革開放的強烈企圖心，在推動經濟改革初期所犯的種種錯誤，無疑將使得後續的政治改革陷入困難重重。

我在此也必須指出，蘇聯和中國改革開放從一開始就不同，並且不是只在前者同時推動經濟及政治改革，後者堅持只進行經濟改革而已；即便在經濟改革方面，兩者的差別也很大，其中至少有兩個要點，分述如下：

首先，中國很快就放手給私人，蘇聯卻一直沒有。在農業方面，鄧小平已經決定逐步放掉人民公社，戈巴契夫卻不曾說要放棄國營農場。在工商業方面，中國有無數的私人企業、鄉鎮企業興起，並且不斷地挑戰國營企業；反觀蘇聯，戈巴契夫在初期卻始終都在談國營企業的改革，不曾考慮過企業私有化。蘇聯在一九九〇年八月才有以雅夫林斯基（Grigory Yavlinsky）為首的一群經濟學家，提出所謂的「五百天計畫」，建議大膽推動改革，目標是使蘇聯的計畫經濟在短期內過渡到市場經濟；然而，由於以雷日科夫為首的保守派官員們反對，戈巴契夫自己又拿不定主意，這個計畫並沒有機會推動。

其次，中國改革開放有外力幫助，蘇聯不幸卻沒有。中國早期開放經濟特區，順利吸引華裔的港商、臺商前往投資，蘇聯卻難以效法，因為在海外並沒有像香港、臺灣那麼大的蘇聯裔經濟體，沒有什麼海外蘇聯人會回國投資。此外，日本政府從一開始就同意提供中國鉅額貸款，並協助技術移轉；反之，沒有什麼國家願意提供蘇聯同樣的幫助。

從重啟裁減核武談判到車諾比事件

戈巴契夫在國內的改革方面雖然遭逢諸多不順，在對外關係方面卻有不錯的進展。事實上，戈巴契夫在被選為總書記三個月前，便到倫敦訪問英國首相柴契爾夫人（Margaret Thatcher），兩人會談的主題正是戈巴契夫亟欲推動的大事——與西方國家和解，包括裁減核武及停止軍備競賽，結束冷戰。柴契爾在會談後接受BBC電視訪問時直接地說：「我喜歡戈巴契夫先生，我們可以一起打交道。」

當時柴契爾與美國總統雷根私交甚篤，因而後來就積極地在戈巴契夫與雷根之間穿針引線，最終促成兩人於一九八五年底於日內瓦湖畔第一次會晤。美、蘇之間已經中斷六年的裁減核武談判由此得以重新展開。兩人對彼此也留下極好的印象，並同意來年再安排下一輪會談。

然而在幾個月後，戈巴契夫不幸遭到一個意外事件重擊。一九八六年四月，在烏克蘭與白俄羅斯交界處的車諾比（Chernobyl），有一座核電廠突然發生爆炸，一時火光沖天，大量放射物質拋入天空，污染方圓數十公里的地區。據報導，事故發生的幾天內只有數十人死亡，但在一年內有數千人因暴露於嚴重的輻射污染而死。輻射污染更造成其後二十年內數萬人死亡，約二十萬人罹患癌症重病，其中大多是因為奉派進入出事地點處理善後，長期暴露於輻射線中所致。至於經濟損失，據不同的來源估計，高達八十至一百八十億盧布之間。

總之，車諾比事件對戈巴契夫又是一項極大的打擊，在蘇聯人民心中更是投下巨大的陰影。事件發生時，政治局還有一部分委員主張選擇性地發布新聞，以免外國敵人藉機惡意攻擊。但戈巴契夫斷然拒絕，認為這完全違反他一再強調的「公開性」。他也由此更清楚地看見蘇聯舊體制的危害之深，更決心要進行改革。戈巴契夫自稱在此事件中也更看清楚核武的危險，更決心要結束冷戰。

第14章 山雨欲來——蘇聯改革的紛亂及中國的六四事件

如上一章所述，戈巴契夫在擔任蘇共總書記之後，大膽地推動「改革」及「公開性」，同時進行政治及經濟改革。可惜的是，其所推動的經濟改革方案，在初期有一部分因為事先籌劃不夠周密而發生嚴重的缺失，造成紛亂；同時，也沒有任何外國政府願意主動提供貸款，更沒有外資投入，所以蘇聯缺乏資金，無法進行有效的經濟改革。

那麼戈巴契夫推動政治改革初期成果又如何呢？這就必須從他著手鬆綁意識形態開始說起。回顧當年赫魯雪夫在上臺不久，便開始批判史達林，在文化及意識形態方面積極進行「解凍」；但是當他被罷黜後，布里茲涅夫反其道而行，也就是「再凍」，回到史達林主義。戈巴契夫既是要進行改革開放，就有必要鬆綁意識形態，也就是「再解凍」。

戈巴契夫鬆綁蘇聯意識形態，為政治犯平反

一九八六年九月，蘇共中央宣布新聞及出版全部解禁，同時停止干擾英國廣播公司（ＢＢＣ）及美國

之音（VOA）對蘇聯人民的播音。此舉震驚蘇聯的社會大眾，並獲得知識分子熱烈的歡迎。戈巴契夫接著下令釋放一部分異議分子，其中最具代表性的人物，莫過於曾經領導蘇聯發展原子彈計畫的沙卡洛夫。

沙卡洛夫原已被蘇聯祕密警察嚴密監視，卻仍繼續批評政府，又在一九八〇年接受外國媒體訪問，公然譴責蘇聯出兵侵略阿富汗，結果遭到流放，遠離莫斯科。但仍然和妻子一起繼續從事人權運動。又由於妻子患有心臟病，卻遭起訴判刑，使得他兩次絕食抗議，幸而被搶救活了下來。

戈巴契夫擔任總書記後，曾經收過三次沙卡洛夫寫給他的信，也都親自回應。第一次收信後，戈巴契夫同意送沙卡洛夫的妻子到海外接受心臟病手術；第二次，他卻拒絕沙卡洛夫建議釋放十四位著名的政治良心犯；第三次，戈巴契夫下令於一九八六年十二月在沙卡洛夫的居住處安裝電話，然後親自打電話給沙卡洛夫，告訴他可以回莫斯科了。然而，根據沙卡洛夫的回憶錄，兩人在電話裡竟發生言語衝突，原因是沙卡洛夫在第二封信中建議釋放而被拒絕的名單中，排名第一的是國際知名人權運動領袖馬爾慶科（Anatoly Marchenko），不幸已因絕食死於獄中。為此，沙卡洛夫直接指責戈巴契夫，引起戈巴契夫不快。

不過馬爾慶科之死也引起國際社會的強烈抗議，對蘇聯造成極大的壓力，使得戈巴契夫決心加速改革。一九八七年九月，戈巴契夫下令在政治局成立一個委員會，專職重審歷史案件，這是繼赫魯雪夫之後，再一次為史達林時代無辜被清洗的人們平反。一個月後，戈巴契夫又在蘇聯慶祝十月革命七十年紀念集會上發表演講，他說：「史達林及其親信在全面迫害與違法亂紀中所犯下的罪行，對於黨和人民都是如此巨大，不容原諒。即便是現在，有人仍想要忽略歷史中的敏感問題，想要遮掩這些污點，假裝沒有發生過任何事。但我們絕不能苟同這種想法。」

從布哈林的遺書到安德烈耶娃的報紙投書

戈巴契夫推動「去史達林化」之後，季諾維也夫、布哈林及李可夫等二十幾名被史達林處決的老布爾什維克陸續獲得平反。其中布哈林身上的悲劇及平反過程尤其引起蘇聯人民的同情。根據布哈林的妻子拉林娜（Anna Larina）所說，當年布哈林知道自己即將遭到處決，所以預先寫下遺書，交給拉林娜，並跪在地上請求她誦讀牢記，然後將信燒掉（以免萬一被搜出，可能釀成巨禍）。布哈林被處決後，拉林娜被流放到西伯利亞。

赫魯雪夫掌權後，拉林娜重獲自由，曾多次寫信請求赫魯雪夫為布哈林平反，但被拒絕。赫魯雪夫後來在回憶錄中承認，當時他和黨內同志「害怕把事情徹底說清楚」，所以決定無限期延緩為李可夫、布哈林等老同志恢復名譽。直到戈巴契夫又成立平反委員會之後，拉林娜才確定自己等了五十年，終於等到為布哈林洗刷清白的時候。這些年來，她每天默誦布哈林的遺書，未曾間斷。這封遺書的標題是〈致未來一代黨的領導人的一封信〉，依拉林娜的記憶，其中片段如下：

> 我即將離開人世。我不是屈服在無產階級的斧鉞面前，那應該是無情的，但也是純潔的。我是在一架惡毒的機器面前感覺無能為力。這機器可能運用種種中世紀的方法取得無比強大的力量，有組織地編造謊言毀謗……。
>
> 我從十八歲起就參加黨，我一生的目的始終是為了工人階級的利益和社會主義的勝利。這幾天來，以神聖的《真理報》為名的報紙卻刊登了卑鄙無恥的謊言，說我尼古拉．布哈林企圖毀滅十月革命的成功，復辟資本主義……。

我向未來一代黨的領導者們呼籲，你們所負的歷史使命中，應包括把這些可怕的日子以來越來越飢渴，如惡魔般的罪惡烏雲移開，那就像火焰一般，窒息著我們的黨。我也向所有的黨員們呼籲。我堅信，經過歷史的過濾，終有一日我頭上的污穢將被沖洗掉……。我請求年輕的和誠實的新一代黨的領導人，在黨的全體大會上宣讀我的這封信，還我清白，恢復我的黨籍。

《紐約時報》及許多其他歐美主要媒體大幅報導布哈林的遺孀奮鬥一生，為丈夫獲得平反的故事。當調查委員會繼續為其他老布爾什維克平反，揭露更多史達林的罪行後，戈巴契夫及其改革派同志越加朝「去史達林化」推展。然而，保守勢力在不久後就開始反撲了。

一九八八年三月，蘇聯政府的機關報《蘇維埃俄羅斯報》（*Sovetskaya Rossiya*）突然刊出一篇標題為〈我不能放棄原則〉（I Cannot Forsake My Principles）的文章，由女教師安德烈耶娃（Nina Andreyeva）具名。文章內容對當前改革開放的許多作法表示不滿，質疑改革開放正在否定蘇聯的歷史，否定史達林的一切。這篇文章刊出後，報紙編輯部及蘇共中央收到如雪片般寄來信件，紛紛表示贊同。

一般認為，這篇文章是蘇共第二書記利加喬夫趁戈巴契夫和雅科夫列夫都出國時准許刊出，又下令中央及地方報紙轉載。很多人讀了這篇文章都以為改革開放突然轉向了。等到戈巴契夫和雅科夫列夫回到國內，發覺不對，才決定召開政治局會議討論。利加喬夫雖然在開會前對許多同志讚揚安德烈耶娃的文章，這時卻否認主導其刊出。

布哈林

但與會眾人紛紛起而指責他，雅科夫列夫稱這篇文章是反對改革的宣言；部長會議主席雷日科夫發言更是嚴厲，甚至建議解除利加喬夫主管意識形態的工作；只有葛羅米柯說話模稜兩可。到最後，戈巴契夫裁定由雅科夫列夫在《真理報》上寫一篇批判安德列耶娃的文章，又命令《蘇維埃俄羅斯報》公開認錯。

事實上，利加喬夫早在一年前就曾經表示，他雖然贊同改革，認為不改革國家就沒有希望，但反對以改革及民主化為名「向歷史潑髒水」；一個月前，他也曾在一次黨內集會中公開表示，不應藉公開性來抹黑共產黨。戈巴契夫的部分幕僚，如特別助理切爾尼亞耶夫（Anatoly Chernyaev），也曾特別提醒過他，戈巴契夫當時卻不以為意，事後也未處分利加喬夫。切爾尼亞耶夫因而私下認定，巴契夫雖然有改革的勇氣，卻識人不明，當斷不斷，是明顯的缺點。

切爾尼亞耶夫是歷史學博士，曾在莫斯科大學教現代歷史，後來才轉入政府部門；戈巴契夫就任總書記不久，便請他擔任外交政策方面的首席助理。蘇聯解體後，切爾尼亞耶夫致力於舊蘇聯文件的解密工作，並出版一本《在戈爾巴喬夫身邊六年》[1]；二〇〇四年，他又將自己寫了幾十年的日記，全數交給美國喬治華盛頓大學的檔案館整理出版。這些都是後日歷史學家研究蘇聯改革開放成敗的重要史料。

有關葉爾欽的問題：改革的急先鋒或破壞者？

戈巴契夫命令刊出駁斥安德烈耶娃的文章之後，改革派才放膽大聲反擊，但很快地又朝另一個極端發展。有人竟說史達林的殘忍其實是從列寧學來的，也有人大膽地說「去他的一黨專政！」蘇共內部明顯地朝兩極化發展，一派主張改革，另一派反改革。在改革派裡，更有一些人表示應當快步前進，不能忍耐步調太慢，其中的代表人物是葉爾欽。

回顧當初利加喬夫舉薦葉爾欽上調中央，雷日科夫曾堅決反對，說葉爾欽的本性是破壞者，任命他將會是一個錯誤。後來政治局討論提名葉爾欽接掌莫斯科黨委，雷日科夫再次反對，說這將會是更大的錯誤。葛羅米柯對葉爾欽也有所保留，建議戈巴契夫要小心，不如將他派到遠一點的國家當大使。然而，戈巴契夫還是決定用葉爾欽來整頓莫斯科的保守派。

葉爾欽擔任莫斯科市委第一書記後，被認為是改革的急先鋒，有大批的市民支持。黨內高層對他卻越來越有微詞，其中又以原先舉薦他的利加喬夫最不滿，說葉爾欽上任以來，只會煽風點火，嘩眾取寵，批評別人不對，卻不曾對莫斯科市政做過任何貢獻。一九八七年九月，葉爾欽與利加喬夫在政治局會議中發生嚴重衝突後，寫信向戈巴契夫請辭，但戈巴契夫勸葉爾欽收回辭呈。

不料一個月後，葉爾欽再度提出辭職，並批評改革的步調太慢，聲稱由於遭到利加喬夫制肘，無法做好莫斯科市政的工作；不過他又說是否辭職，應由莫斯科市委開會討論決定。戈巴契夫大怒，斥責葉爾欽發言不負責任。十一月初，戈巴契夫突然接到報告，說葉爾欽被送到醫院裡，全身是血，不知道是自殺還是誤傷自己。戈巴契夫更是憤怒，與利加喬夫一起召集莫斯科市委會議，命令在就醫中的葉爾欽也出席，當面革去他的第一書記職位，但在不久後，又給了葉爾欽一個並無實權的國家建設委員會副主席職位。

一九八八年初，戈巴契夫在電話中對葉爾欽說：「我絕對不會再讓你參與政治了。」後來葉爾欽說他永遠不會忘記戈巴契夫的侮辱，誓言無論如何都要重返政治舞臺。

---

1 *My Six Years with Gorbachev*，二〇〇一年簡中譯本，世界知識出版社。

從美、蘇簽訂《中程導彈條約》到蘇聯決定從阿富汗撤軍

戈巴契夫在國內事務雖然有些不順，在對外關係上卻有相當的進展。自從他與美國總統雷根在日內瓦第一次見面後，兩人又舉行兩次會談。第二次舉行會談是在一九八六年十月，於冰島首都雷克亞維克（Reykjavík）海邊的一棟小屋裡。由於雙方態度都開放而友好，在包括裁減軍備、保障人權及蘇聯從阿富汗撤軍等的討論，基本上已經達成初步協議，不過由於雷根堅持發展「星戰計畫」（Strategic Defense Initiative，簡稱ＳＤＩ），構想是在太空中以雷射裝置建立反彈道飛彈系統，可以將敵人發射的核導彈直接摧毀。戈巴契夫對此表示無法接受，會談最後破局。

一九八七年十二月，戈巴契夫訪問白宮，與雷根第三次見面，終於簽訂了《中程導彈條約》（*Intermediate-Range Nuclear Forces Treaty*）。據估計，這時美國和蘇聯分別擁有大約九百枚和一千八百枚核導彈，雙方在協議中承諾各自逐步裁減半數。這次協議讓世人看見冷戰已露出一道曙光，意義十分重大。一九八八年五月，雷

戈巴契夫（左）與雷根（右）於1987年在白宮簽訂《中短程導彈協議》

根應邀訪問莫斯科，造成轟動。雷根發表演講，闡述自由的力量以呼應戈巴契夫的改革理念，說：「自由是這樣一種認識，即沒有任何一個人，沒有任何一個權威或政府能壟斷真理。」

戈巴契夫不但想要和西方國家和解，也曾於一九八六年七月在海參崴發表談話，表示希望和中國化敵為友。蘇、中兩國的外交部長於是開始密切聯繫，為戈巴契夫訪問北京鋪路。

但戈巴契夫最想要解決的問題是阿富汗戰爭，因為這已經越來越成為蘇聯的重擔。當戈巴契夫入主克里姆林宮時，阿富汗的政府軍已經擴充到三十萬人，蘇聯軍隊也達到六萬人。阿富汗境內的城市大多控制在政府軍手中，自稱為「聖戰士」（Mujahideen）的反叛軍卻占據鄉村及山區，對政府軍進行遊擊戰。蘇聯以飛機及大砲轟炸反叛軍藏匿的村莊，造成數百萬阿富汗難民逃亡到鄰近的巴基斯坦及伊朗，引起穆斯林世界極端憤怒。伊斯蘭教徒因而在美國及阿拉伯國家的支持下，紛紛組織自願軍到阿富汗與反叛軍協同作戰。

必須特別指出，自願軍裡有一支是來由自沙烏地阿拉伯的賓拉登（Osama bin Laden）所領導，背後有美國中央情報局支持，並提供訓練。賓拉登後來又自行成立「蓋達」（Al-Qaeda）組織，反而成為美國最頭痛的恐怖組織。

戈巴契夫在執政初期原本是想速戰速決，所以決定大幅增兵阿富汗，據估計最高峰時已超過十萬人。然而，由於阿富汗政府早已失去民心，新接任的領導人納吉布拉（Mohammad Najibullah）原本又是情報總局的頭子，阿富汗人無不痛恨，所以情況只有更糟，蘇聯再增多少兵也是無用。戈巴契夫眼見勝利無望，只得在政治局會議中建議從阿富汗撤軍，並獲得同意；但和談進程極為緩慢，拖到一九八八年五月才終於由各方簽署和約。蘇聯跟著立即撤離第一批軍隊，等到最後一批撤離時已是一九八九年初。

蘇共第十九次黨代表會議：戈巴契夫的體制改革計畫

戈巴契夫成功地開始從阿富汗撤軍之後，決定在國內進行更徹底的體制改革。一九八八年六月，蘇共召開第十九次黨代表會議，就是為此目的。必須說明，所謂的黨代表會議（Conference），與黨代表大會（Congress）性質不同。蘇共的黨代表大會通常五年召開一次，主要是討論重要議題及決定人事變更；黨代表會議卻沒有一定要什麼時候召開，也不涉及人事問題。事實上在此之前，已有四十多年沒有開過，第十九次黨代表會議等於是俄共黨內的制憲會議。

回顧歷史，列寧在十月革命前的主張是「一切權力都歸蘇維埃」，在革命成功後卻淪為空的口號，轉為布爾什維克一黨專政。蘇聯憲法第六條明白規定：「蘇聯共產黨是蘇聯社會的領導力量和指導力量，是蘇聯政治制度以及國家和社會組織的核心。蘇共為人民而存在，並為人民服務。」共產黨一黨專政的地位因而牢不可破。戈巴契夫這時的計畫，就是經由修憲廢除一黨專政，以達到黨政分離，並使得最高蘇維埃真正成為國家的最高權力機關。

為了達到此一目的，戈巴契夫提出的具體計畫是：首先，召開第十九次黨代表會議，以確立改革的方向；其次，在全國舉行選舉，選出人民代表，以成立「蘇聯人民代表大會」，然後開會通過修憲；最後，由人民代表大會選出最高蘇維埃代表及最高蘇維埃主席。最高蘇維埃是人民代表大會休會期間國家最高的權力機構。同時，戈巴契夫主張所有的選舉必須是差額選舉，而不是像從前那樣的等額選舉，只要被提名就一定當選。

戈巴契夫提出的計畫內容在蘇共政治局內引起劇烈的爭論。以葛羅米柯為首的部分人堅決反對取消共產黨的領導地位；另有部分人雖然支持戈巴契夫，卻主張放緩改革速度，或是分階段，以免失控；但戈巴契夫仍堅持己見。到最後，政治局還是通過這項計畫。

第十九次黨代表會議的地點在克里姆林宮，有五千多名代表參加。這是一次充分體現公開性及民主化，但是混亂不堪的會議。所有的人上臺時都可直接講話，沒有任何禁忌。有人表示支持改革開放，有人反對，也有人肆意嘲諷戈巴契夫。其中一位作家在上臺後說道，當前的改革有如「飛機已經起飛，但不知道要在哪裡降落。」眾人爭論了整整三天，到第四天還是通過了戈巴契夫所提的議案。體制改革於是正式啟動。蘇共第十九次黨代表會議是蘇聯歷史的分水嶺，蘇聯從此走上不歸路。

由於利加喬夫始終抗拒改革，戈巴契夫在會後決定請他負責農業事務，改命梅德韋傑夫（Vadim Medvedev）與雅科夫列夫共管意識形態。政治局裡包括葛羅米柯在內的老人大多被勸退。同時，地方書記有半數以上遭到撤換。

由於體制改革牽涉到選舉及修憲的過程，並非一次可以到位，事實上前後共花了將近一年，因而，本章以下將只敘述一九八八年裡蘇聯發生的幾個重大事件，至於一九八九年之後蘇聯（以及東歐）究竟如何繼續發展，我將在下一章再作敘述。

蘇聯少數民族衝突問題惡化及波蘭團結工聯運動復起

蘇聯境內一直存在各種各樣嚴重的民族衝突問題，但在史達林及布里茲涅夫的時代大多遭到壓制。戈巴契夫上臺後，許多極端民族主義者又蠢蠢欲動，例如，亞美尼亞和亞塞拜然這時又有一部分人開始互相放話尋釁，導致兩國都發生群眾示威及流血事件，其中納戈爾諾—卡拉巴赫（Nagorno-Karabakh，簡稱「納卡」）問題尤其棘手。

納卡地區在亞塞拜然土地上，居民中卻有八、九成是亞美尼亞人。這些人自然不願被亞塞拜然人統治；反之，亞塞拜然人無論如何也不願把這塊地區割出去。戈巴契夫左右為難，最後決定把該地區收歸中央政府直接管理；但一般認為，納卡問題是一顆定時炸彈，遲早又會引爆。

類似的問題也發生在其他的共和國。以史達林的故鄉喬治亞為例，有一塊被稱為阿布喀茲（Abkhaz）的自治區，總是想要脫離喬治亞而獨立，因而示威遊行運動及流血事件也是不斷。

波羅的海三小國的事態更是嚴重，因為三國人民從來就不認為自己屬於蘇聯。戈巴契夫主張體制改革之後，三國都在研究如何修憲以擺脫蘇聯和共產黨的統治。一九八七年夏天起，三國都發生街頭示威運動，各自組織「人民陣線」。

回溯一九八三年，波蘭的工人領袖華勒沙突然獲得通知得到諾貝爾和平獎。雖然他無法親自前去領獎，團結工聯的聲勢又已大起。隨著蘇聯改革開放的發展，華勒沙也越來越大膽。當時波蘭由於經濟疲弊，人民的生活水平早已遠低於西歐國家，又每年物價漲幅卻超過兩成，以致民不聊生；波蘭外債更是達到四百億美元，是十年前的兩倍。華勒沙因而領導團結工聯在一九八八年又發起大罷工，強烈要求改善經濟，並獲得許多人民響應。

波共總書記賈魯塞斯基這時自知無法解決種種政治、經濟及社會問題，也不可能動用軍隊鎮壓人民而獲得戈巴契夫

由華勒沙領導的團結工聯發起大罷工

的支持，所以祕密邀請華勒沙會談，同意在未來選擇適當時機召開圓桌會議，邀集各方代表參加，以共同討論解決之道。因此之故，日後東歐劇變是最先從波蘭開始發生。

但如前所述，波蘭的動向對立陶宛有立即的影響，而立陶宛的動向也將立即影響愛沙尼亞及拉脫維亞。因而，日後蘇聯解體是從立陶宛劃下第一道裂痕，愛沙尼亞及拉脫維亞立即跟隨。

戈巴契夫在聯合國的演講及亞美尼亞的大地震

一九八八年十二月七日，戈巴契夫應邀參加紐約聯合國大會，並發表演講。戈巴契夫說，蘇聯正處於一場真正革命的高潮；改革開放進行的過程中可能會出錯，或碰到阻力，或帶來新問題，但他相信必能穩定地向前推進。他又說：「隨著蘇聯最高蘇維埃最近通過修改憲法及引入新的選舉法，我們已經完成政治改革的第一階段。我們毫不停留地正要進行第二階段，其中最重要的工作將會是如何處理中央政府與各共和國之間的互動，如何在列寧教導我們的國際主義的原則之下處理各民族之間的關係……。最重要的是，在我們偉大的國家裡，所有的人民，所有的世代，都贊成改革。」

事實上，蘇聯人民是否都贊成改革，恐怕是一個問題。但更令人驚訝的是，戈巴契夫宣稱蘇聯已經單方面做出決定，將在兩年內裁軍五十萬人，又說已經和華沙公約各國達成協議，將從東德、捷克及匈牙利撤離六個坦克師，其中包括五萬人及五千輛坦克。

各國代表對戈巴契夫的演講報以如雷的掌聲，媒體也都推崇這是一場世紀性的演講。然而，戈巴契夫在演講時卻是憂心忡忡，因為就在演講前不久，他已經收到亞美尼亞發生大地震的報告。戈巴契夫在演講後走下臺時，又接到雷日科夫在電話中報告，亞美尼亞一個擁有十萬人的小城斯皮塔克（Spitak）已被震為廢墟。雖然如此，由於雷根的副手布希（George H. W. Bush）才剛剛在美國大選中獲勝，即將接任為新總統，戈巴契夫仍按約定與雷根及布希兩人舉行會談，在第二天才與蕾莎飛往亞美尼亞。

當他們抵達災區時，看見的是一大片全倒、半倒和扭曲的房子，以及數十萬痛失親人，穿著破爛，滿臉髒污的災民。根據後來的統計，此次地震造成至少兩萬五千人死亡，十幾萬人受傷，五十萬人無家可歸。這對蘇聯及戈巴契夫而言又是一記沉重的打擊，不亞於兩年半前發生的車諾比核災事件。

有關蘇聯在改革中遭遇的紛亂，本章敘述至此暫時告一段落。以下我將轉而敘述一九八六至一九八九年間中國改革開放發生的變化。讀者在閱讀時，相信可以自行把同一時間發生在中國與蘇聯的變化，互相參照比較。

中國的「八六學潮」

如前所述，戈巴契夫在蘇聯同時推動經濟及政治體制改革，聲勢驚人，使得鄧小平受到極大的壓力，因而在一九八六年六月也提出要推動政治體制改革，說：「不改革政治體制，就不能保障經濟體制改革的成果。」鄧小平這樣一說，中國的知識分子立刻活躍起來，各種刊物於是出現許多激烈的言論，一時又是百家爭鳴，百花齊放；越是敢言的知識分子，越是全國知名。其中劉賓雁寫了一本《第二種忠誠》，其中說對共產黨大膽地提出批評也是一種忠誠。另一位劉再復重提老話，說文學應該高舉人道主義的旗幟。又有安徽中國科技大學副校長方勵之主張，大學應獨立於政府之外。各大學紛紛舉辦演講會，學生踴躍參加，動輒數千人。學生們越聽越是內心澎湃，對政府越發不滿。

一九八六年十一月，安徽有幾所大學爆發示威遊行。方勵之帶頭一路高喊「打倒官僚主義！」、「打倒封建獨裁！」甚至有反對共產黨一黨專政的傳單出現。全國各大學紛紛響應，爆發學潮，口號都是要求民主、自由。

事實上，北京在前一年也曾發生過一次學潮，主要是由於反對當時日本首相中曾根康弘（Nakasone Yasuhiro）在八月十五日前往靖國神社祭拜而引起。對中國人而言，八月十五日這一天是「抗戰勝利紀念日」，意義重大；對日本人而言，這一天被稱為「終戰紀念日」，同樣意義重大。日本首相因而選在這一天，代表人民前去祭拜靖國神社中供奉的第二次大戰所有陣亡的將士。然而，由於靖國神社裡也供奉著幾名對中國發起侵略戰爭的所謂「甲級戰犯」，中國政府及部分人民認為無法接受，北京學生尤其反應激烈，發起反日遊行，全國立刻響應。不過當時中共的總書記胡耀邦主張冷處理，並且親自和學生溝通、對話，最終順利平息了學潮。

「八六學潮」再起時，胡耀邦還是想沿用溝通、對話的辦法。但這次無論如何溝通，學生仍久久不散，因而漸漸使得一些中共元老坐立不安，對胡耀邦至為不滿。

許多老人對胡耀邦其實不是這時才不滿，而是早已不滿。舉一個例，鄧小平在一些場合中多次表示要退休時，胡耀邦竟公開表示贊成，又說他自己和其他老同志也應該「充分給年輕的同志讓路」。一部分元老因而認為胡耀邦企圖藉機逼宮，至為憤怒。因而，老人們在學潮大起後，紛紛指責胡耀邦縱容學生，建議鄧小平強硬處理，否則將發生類似波蘭團結工聯之事。

胡耀邦下臺

中共有一些保守派對胡耀邦也不滿，曾經向鄧小平告狀，說他在接受某些海外媒體採訪時，說了很多不該說的事。例如，胡耀邦於一九八五年五月接受香港雜誌《百姓》半月刊的社長陸鏗採訪，專訪刊出後引起軒然大波。一部分人認為，這篇報導是直接導致胡耀邦下臺的原因之一，我將此次訪問的內容概要敘述如下。

陸鏗在訪談中一開始，就對一部分保守派人物直接做負面批評，又指名道姓說某軍區司令是「拔不掉的釘子」，胡耀邦卻沒有迴避討論。胡耀邦曾有幾次回答時說到鄧小平，說得也太直接。例如，胡耀邦主動說自己的薪水是三百四十六元人民幣，而鄧小平同志比他的級別高，可以加到五百元一個月；又如，陸鏗恭維胡耀邦身為中共總書記，是現在中國的「第一把手」，胡耀邦卻回答說：「掌舵的還是我們小平同志」；陸鏗又建議胡耀邦趁鄧小平還健康時接任軍委主席，胡耀邦卻說軍內的事情歷來都是論資排輩，鄧小平一句話就行了，我們要說五句話。胡耀邦所說的雖然都是事實，卻是極其敏感的話題，鄧小平獲知後極為不滿。

在這次專訪裡，胡耀邦又對陸鏗說，為了要嚴禁高幹子弟以權謀私，已經槍斃了朱總司令（朱德）的一個孫子，又將一名銀行行長撤職；又說，受訪前一天曾討論了一個決定：將嚴厲禁止高幹子弟經商及合夥來搞企業，並用中央的名義發出通知。

然而，有人評論：胡耀邦所不知道的是，對於許多老幹部而言，這就斬斷了他們的第二代經商獲利之路，無論如何是不能接受的，也因此非要讓胡耀邦下臺不可。

總之，陸鏗的一篇專訪，使得胡耀邦得罪了幾乎所有的黨內同志。鄧小平更是生氣，傳話請胡耀邦來說明。胡耀邦的左右也都勸他去見鄧小平，給個交代，胡耀邦卻沒有任何行動。鄧小平失望至極，對人說：「這幾年我如果有什麼錯的話，就是看錯了胡耀邦這個人。」

八六學潮爆發後，鄧小平也漸漸不滿，於是召見胡耀邦和擔任總理的趙紫陽，以及一部分保守派領導人，直接說了學生運動是幾年來反對資產階級自由化旗幟不鮮明，態度不堅決，又不能守住四個堅持的結果；又說，學生鬧事如果疏導不成，必須堅決處理。胡耀邦回家後，徹夜難眠，在兩天後就寫信給鄧小平，提出辭職。

不料鄧小平不僅把胡耀邦的辭呈讓許多同志傳閱，又指示召開一個特別的「黨內生活會」，結果胡耀邦竟在六天內遭到二十幾名黨內同志輪流痛批，指稱他犯了「嘩眾取寵」、「站錯路線」、「未經中央授權就亂講話」等種種錯誤；就連趙紫陽也批評他「喜歡標新立異」、「不受組織約束」。胡耀邦至為錯愕，到生活會最後一天結束時，竟坐在中南海懷仁堂前的臺階上痛哭失聲。當時所有同志都沒有什麼表示，只有習仲勳上前扶他起來。

胡耀邦下臺後，鄧小平與陳雲及多位元老討論，拍板決定由趙紫陽接任總書記，同時以李鵬為代總理。在此之後，中共就不再提體制改革了。戈巴契夫後來推動政治改革的幅度越來越大，使得中共元老心驚肉跳，更不敢冒險跟進。

中共十三大及其後的經濟混亂

一九八七年十月，中共召開十三大。新任總書記趙紫陽做的政治報告，以「沿著有中國特色的社會主義道路前進」為題，一方面說必須堅持全面改革，對外開放；另一方面卻說必須以馬克思主義為指導，以公有制為主體。這就是說，改革還是只能在經濟層面，不能動搖政治體制。這篇報告其實並不是趙紫陽一人的意見，而是經過黨內討論妥協的產物。這樣的妥協也表現在人事的安排上。在新任的五名政治局常委中，趙紫陽和胡啟立屬於改革派，李鵬和姚依林屬於保守派，最後一名喬石則是中間派。

鄧小平、陳雲、葉劍英、李先念等四名前政治局常委決定全部退下，也不再掛名政治局委員。奇怪的是，鄧小平繼續擔任軍委會主席，而趙紫陽（中共總書記）和楊尚昆（國家主席）卻擔任其副手，必須向他報告；同時，陳雲所領導的中央顧問委員會在黨國重要事務上也仍有一定的發言權，在某些重要議題上甚至有投票權。有人指出，由此可見中國在實質上並沒有擺脫老人政治，人治也仍然高於法治。

這時中國的經濟卻已有混亂的現象。在一片經商熱中，各地的黨政機關、武警、人民解放軍也紛紛「下海」，開始掛起公司的招牌。這些人經商自然也需要靠山，所以高幹子弟便有了機會插手其中，經由合夥企業取得控制，而阻擋他們的胡耀邦既已下臺，所謂的「紅二代」或「太子黨」更加肆無忌憚，勢力於是大起。有人因而指出，胡耀邦在接受陸鏗採訪時提到有關禁止高幹子弟經商及合夥搞企業的規定如果真能適當地執行，日後中國經濟發展也不至於幾乎完全落入中共「紅二代」的掌控之中。

但在一片經商熱中，通貨也跟著膨脹。一九八八年八月，政府決心取消實施多年的雙軌制，以減緩日漸猖獗的「官倒」現象。不料消息傳出後，全國各地的民眾就開始搶購物資；又由於利率及匯率也是雙軌制，各城市的銀行外面也大排長龍，搶著擠兌。政府被迫宣布暫緩改革，但一九八八年的物價指數已經上升了二〇％；百姓對此至為不滿，輿論更是嚴厲撻伐。再加上八六學潮後知識分子及學生們持續對體制改革的期盼與失望，一場新的動亂似乎已在醞釀中。但出人意料之外的是，最先爆發動亂的地方竟是西藏。

西藏的動亂

自從解放軍在一九五九年入藏，導致第十四世達賴喇嘛逃亡印度後，其後的二十幾年間，西藏仍不時有小規模的暴動發生，其中有一部分被認為是「藏獨」與在國外的達賴相呼應。

一九八七年，達賴應美國國會之邀在華盛頓演講，提出「五點和平建議」，聲稱西藏不是中國的一部分，控訴中共在西藏的高壓政策，籲請中共尊重人權，停止遷移大批漢人到西藏。隔年，達賴又應歐洲議會邀請發表演講，重申五點建議，並要求就西藏的前途與中共進行談判。中共表示同意，卻不願在外國談，也不許有外國人參加，因而此後沒有任何進展。

一九八九年一月底，在西藏地位僅次於達賴的班禪十世突然在日喀則圓寂。回溯當年達賴出走印度後，班禪為了要保護藏人選擇與中共合作，不料中共後來在全國推動人民公社、大躍進，在各省藏人居住地區也強制推動。據班禪所知，其結果是兩千五百多座大小寺廟遭到摧毀，只剩下大約七十座；這些寺廟中原本有僧尼十一萬人，竟減少到只剩七千人能繼續居住；許多藏人也因飢荒而死。班禪悲怒交加，不顧他人攔阻，於一九六二年寫了《七萬言書》，其中說藏傳佛教正在面臨滅亡的浩劫，藏族也正在遭到滅絕的境地。周恩來把《七萬言書》轉交毛澤東，不料毛澤東竟稱班禪的《七萬言書》和彭德懷在一九五九年寫的《八萬言書》一樣，都是大毒草。班禪被扣上「反社會主義、反人民、陰謀叛國」三項罪名，文革期間大部分被關在秦城監獄裡。

文革後，班禪獲釋出獄，致力於恢復文革期間遭到破壞的西藏佛教。當達賴向國際社會指控中共對西藏的迫害時，班禪也數度公開表示他關心、想念達賴。但他在發表這些談話沒幾天後就突然死了，享年五十一歲。根據中共官方發布的新聞，班禪是死於心肌梗塞；但由於班禪平素身體強健，許多藏民懷疑他是被陰謀害死的。

到了三月，正值達賴逃亡印度三十週年紀念，西藏政教中心拉薩發生從一九五九年以來規模最大的動亂，部分藏民高舉雪山獅子旗，高喊要求獨立的口號，與公安發生激烈衝突。國務院總理李鵬發布建國以來第一次的戒嚴令，派武警及人民解放軍入藏。西藏自治區黨委第一書記胡錦濤奉命指揮軍警，鎮壓藏人。據估計，約有將近五百名民眾及僧侶死亡，另有數百人受傷，數千人被捕。動亂弭平後，鄧小平親自褒揚胡錦濤堅決鎮暴的表現。

六四的前奏：胡耀邦病逝，戈巴契夫訪北京及趙紫陽辭職

拉薩事件平息後一個月，中共前總書記胡耀邦突然也因為心肌梗塞猝逝，中國國內更大的動亂由此點燃。胡耀邦思想開明，操守清廉，極受知識分子歡迎，許多學生尤其同情他先前因為拒絕鎮壓學潮而被罷黜。在他死後，北京各大學學生紛紛湧進天安門廣場，貼出大字報，發起靜坐及示威抗議。表面上，學生們是悼念胡耀邦；實際上，這是一場反貪腐、反老人政治，要求民主化的政治運動。但學生們向政府提出請願，要求多項改革，卻遭到拒絕，又被驅趕，因而引發不滿，廣場內的學生隨之激增。各大學學生並且組織一個自治聯合會，同時通電全國一致罷課，獲得熱烈響應，學潮於是又大起。

由於趙紫陽正在北韓訪問，李鵬、楊尚昆到鄧小平家中向他彙報。鄧小平聽後認定學潮是「動亂」，全國各大報於是奉命在第二天刊出社論，標題〈必須旗幟鮮明地反對動亂〉，其中說：「這是一場有計畫的陰謀，是一次動亂，其實質是要從根本上否定共產黨的領導，否定社會主義制度。」但這篇「四．二六社論」一出刊，更加激怒了學生，引發十萬人大遊行。沿路的標語和口號比先前更激烈，諸如：「請願不是動亂！」、「血諫政府！」、「新聞要講真話！」、「打倒官倒！」等。到了五月中旬，天安門廣場中已有五十萬人，其中有數百人開始絕食。學生領袖吾爾開希、柴玲、王丹等對群眾發表演說，西方媒體蜂擁而至。

正在此時，蘇共總書記戈巴契夫依照雙方原先協議，如期訪問北京，因而吸引更多學生到廣場，並製作歡迎戈巴契夫的大字報，讚揚蘇聯的改革開放比中國徹底。其中一幅大字報上寫著：「蘇聯有戈巴契

夫，中國有誰？」

鄧小平在人民大會堂會見戈巴契夫。這是中蘇分裂近三十年來雙方領導人首次會面。鄧小平心中雖然未必認同戈巴契夫在改革蘇聯中的所作所為，卻還是牽著他和蕾莎兩人的手，對大批記者說，雙方同意「結束過去，開闢未來」。趙紫陽這時已經回到國內，在當天稍晚也會見戈巴契夫，但在談話中也說黨在重大問題上仍然必須向鄧小平請示。第二天，遊行的隊伍又多了「黨要總書記，不要太上皇！」、「垂簾聽政，誤國害民！」的標語。

鄧小平大怒，決定在家中召開政治局常委會議，並提議討論戒嚴。趙紫陽早已公開表示不同意「四二六社論」的立場，這時更堅決反對戒嚴，李鵬卻極力贊成。但到最後，仍是由鄧小平拍板，說：「實行戒嚴如果是個錯誤，我首先負責，不用他們打倒，我自己倒下來……。將來寫歷史，錯了寫在我的帳上。」趙紫陽回到家中，立刻寫辭職信。

胡耀邦（左）與趙紫陽（右）

六四天安門事件

這時天安門廣場上已有數千名學生加入絕食，有人不只絕食，還拒絕喝水，一千七百人因昏迷而被送到醫院急救。為此，李鵬同意與學生代表吾爾開希等人會面協商，但雙方態度都極為強硬，結果不歡而散。當天下午，鄧小平命令楊尚昆主持軍委會議，調集北京周邊一共十三個軍派部隊進京。

五月十九日清晨，趙紫陽到廣場探視學生說：「我們來得太晚了。對不起同學們了。不管你們說我們、批評我們，都是應該的。」、「你們要保重身體，你們年輕，來日方長，我老了，無所謂了。」部分學生聽從他的勸告，停止絕食。到了傍晚，李鵬宣布戒嚴，學生們卻仍據守廣場不退。鄧小平於是開始調動軍隊。但奉召的部隊在北京外圍遭到民眾截堵；結果到了五月底，軍隊竟然還沒辦法進入北京城內。

鄧小平大怒，下令軍隊限期開到天安門。有一部分部隊於是化裝成平民，化整為零從四面八方偷偷進入城內，控制所有的交通要道。其餘在城外的部隊於是開著裝甲車和軍車直闖城內。不過阻擋的民眾也被激怒，群起向軍車投擲磚塊、石頭，或持木棍、鋼筋攻擊軍人，造成部分軍人受傷，少數人被打死，也有一部分解放軍忍耐不住而反擊。

天安門事件中一名身穿白衣，手提塑膠袋的男子試圖以赤身肉體阻擋十幾輛前進中的坦克

但不論民眾如何阻攔，全副武裝的士兵和坦克、裝甲車已於六月三日深夜在天安門廣場集結，並開始清場，向學生及群眾發起攻擊。一時之間，槍聲大作，坦克車也呼嘯而入，廣場宛如戰場。北京政府為了

封鎖消息，早已在凌晨下令收繳外國記者錄製的錄影帶，但還是有漏網之魚。其中美國有線電視臺（CNN）捕捉到一個畫面：一名身穿白衣服的年輕男子提著一個手提袋，站在長安街大馬路上，擋在一長列十七輛坦克車隊的前面，意圖以血肉之軀阻擋其前進。這一幕震撼了全球所有電視機前的觀眾。

廣場上的學生及民運領袖眼見解放軍用真槍實彈清場，紛紛逃走，到最後只剩幾千人，於是推派劉曉波等四人為代表，與包圍廣場的部隊談判，獲得准許開放一條通道離開。等到學生完全撤離時，已經是六月四日早上五點多，解放軍於是宣布恢復秩序。根據國務院後來發布的報告，說六四事件中軍隊死傷達到五千多人，而學生及民眾受傷兩千多人，死亡不到三百。同情民運的人士不相信這個數字，說是嚴重低報，但實際傷亡數字至今已無法確定。

天安門事件結束後，中共召開會議，罷黜趙紫陽所有的黨政職位。但趙紫陽拒絕接受「支持動亂」及「分裂黨」的指控，拒絕自我檢討，堅決不肯認錯。中共當局接著發布通緝二十一名民運領袖，其中有吾爾開希、柴玲、李祿等七人成功地逃亡到海外；其餘大多被捕，並遭判刑。另有許多被稱為民運的「幕後黑手」，如劉曉波、包遵信、王若望等也被捕入獄。

江澤民接任中共中央總書記

北京發生六四事件同時，上海、天津、武漢、廣州等十幾個大城市也發生類似事件，也都遭到壓制。其中上海市委書記江澤民在處理事件過程的手法，受到一部分中共元老的賞識。

回溯胡耀邦病逝後沒幾天，上海《世界經濟導報》總編輯欽本立邀請一些有名的作家、報人參加悼念胡耀邦的座談會，在會後預備做報導；其中一篇由嚴家其所寫的文章，明顯地質疑胡耀邦下臺的過程並未按照常規，缺乏合法性。江澤民要求刪掉這篇文章，被欽本利拒絕。不久後，北京刊出「四二六社論」，江澤民立刻決定召開黨員萬人大會以明確表示支持，同時下令將欽本利解任，並派小組接手整頓《世界經濟導報》。

不料趙紫陽回國後對江澤民處理《世界經濟導報》之事至為不滿，電召江澤民到北京，怒責其手法粗糙，致使局勢惡化，要求儘速自行解決。同時，由於北京學生抗議活動逐漸升高，上海學生也舉行示威遊行，要求《世界經濟導報》復刊，又要求罷免江澤民，集結的群眾後來高達十萬人，其中也有數百人絕食。江澤民被迫同意召集知識分子及學生開座談會，在會中不斷地自我檢討而緩解了局面。然而，當鄧小平決定戒嚴，趙紫陽也辭職後，江澤民對學生運動的態度立刻又轉為強硬。

江澤民沒有料想到，他對《世界經濟導報》及學生運動的處理方法已經獲得部分中共元老激賞，紛紛向鄧小平進言，褒獎江澤民。

如前所述，趙紫陽於五月十九日清晨前往天安門廣場探視學生。同日下午，鄧小平在家中召開一次只有保守派成員參加的會議，怒斥趙紫陽與戈巴契夫會面時把一切責任都推給他，主張罷黜趙紫陽及胡啟立，又建議由江澤民接任總書記，說他有思想，有能力，也有魄力，可以擔當此一重任。

到了五月二十五日，改革派另一核心人物人大委員長萬里在訪問美國後返國。江澤民在上海接機，並傳達鄧小平的指令，要求萬里服從黨中央的決定，萬里只得發表支持戒嚴的聲明。過幾天，北京出動軍隊、坦克鎮壓學生。江澤民卻沒有動用軍隊，而是出動工人糾察隊維持秩序，軟硬兼施地請學生們回家。江澤民的表現又一次得到許多中共元老讚賞，因而獲得增選為政治局常委兼總書記。另有天津市委書記李瑞環，同樣也因為成功地處理事件而被增選為政治局常委。

六四事件之後約半年，鄧小平決定辭去中央軍委會主席，由江澤民繼任。於是江澤民同時擔任黨和軍隊的領導人。不過由於軍委會第一副主席楊尚昆及祕書長楊白冰兩兄弟都效忠於鄧小平，軍權仍是牢牢地掌握在鄧小平的手中。

第15章 東歐民主化革命及蘇聯解體

一九八九年六月四日發生在北京的「天安門事件」（或稱「天安門大屠殺」），在中華人民共和國四十年的歷史上是極為嚴重的一個事件；對於波蘭來說，這也是非常重要的一天，因為波蘭在同一天舉行四十年來第一次自由民主的國會議員選舉，波蘭從此變天。在此之後，東歐所有國家的共產政權也相繼崩潰，最後竟連蘇聯也在兩年後解體。

東歐革命與蘇聯解體不只是兩個緊密關連的重大歷史事件，也可說是一而二，二而一的事件。就東歐各國而言，如果沒有戈巴契夫率先於一九八八年六月蘇共第十九次黨代表會議通過在蘇聯進行政治體制改革計畫，又於年底在聯合國發表演講時宣稱計畫從東歐撤出軍隊及坦克，東歐的共產黨沒有可能如此輕易地就放棄一黨專政；而當東歐各國的共產黨都已下臺，或即將下臺，蘇聯及其加盟共和國的共產黨無可避免也只能下臺。

總之，共產世界在一九八九年至一九九一年間最關鍵的發展，是共產黨停止一黨專政。由於蘇聯除了本身之外，還包括十五個加盟共和國，東歐八國中的南斯拉夫及捷克也分別有六個及兩個加盟共和國，所以總共有超過三十個國家的共產黨自動，或被迫下臺。本章以下就以此為主軸，依時間次序逐一概述。先從波蘭開始說起。

波蘭及匈牙利變天

如上一章所述，波共總書記賈魯塞斯基早在一九八八年八月，便與團結工聯領袖華勒沙達成協議，同意擇期舉行圓桌會議，以便共同討論國家的困境及未來。戈巴契夫在聯合國演講後，雙方便放膽從一九八九年二月起開始舉行圓桌會議，前後討論了兩個月。會議的結論是，經由自由選舉選出參、眾議院議員及總統，並進行修憲。六月四日選舉的結果，共產黨在參議院中只取得一百席次中的八席；在眾議院，共產黨依雙方約定有六十五席保障席次，但在開放自由選舉的一百六十一席中竟只拿到一席；賈魯塞斯基只能承認共產黨敗選。不過由於總統選舉尚未辦理，團結工聯同意支持賈魯塞斯基先擔任一年臨時總統。

賈魯塞斯基擔任臨時總統後，提名原先波共政府的內政部長為總理，卻遭到團結工聯及其他小黨否決，只得又提名一位團結工聯成員為總理，獲得通過而在八月組閣。這是四十年來第一個非共產黨員的波蘭總理。波蘭國會在年底又通過修憲，取消其中第六條關於波蘭統一工人黨（即波共）在國家中居於領導地位的條款，「一黨專政」從此走入歷史。波蘭國會接著又通過政黨法，確立多黨制，並把國名從「波蘭人民共和國」改為「波蘭共和國」。華勒沙自己在一年後被選為波蘭第一任民選總統。這時，波共決定改組而成立一個新的「社會民主黨」，只有少數人仍然堅持留在原有的統一工人黨裡。

波蘭社會民主黨是參考德國社會民主黨的理念而取名的，如前所述，德國社民黨原本是一個馬克思主義政黨，但早已放棄暴力革命，改走和平漸進的修正主義路線，是德國兩大政黨之一，曾經多次經由選舉獲勝而執政。

其次說匈牙利。到一九八八年為止，匈共總書記卡達爾執政已經長達三十二年。前二十年，匈牙利的工業及農業都成長迅速，國民所得倍增，因而是東歐各國中經濟發展最成功，人民生活水平最高的國家之一。卡達爾也以清廉、親民著稱。然而，當中東發生兩次石油危機後，油價飆漲，匈牙利便與波蘭一樣面臨經濟困境，通貨膨脹，外債高築。事實上，這是所有東歐國家都面臨的困境，卡達爾無力解決，飽受攻擊，只得下臺。

然而，由新任匈共總書記格羅斯（Grosz Karoly）領導的新團隊也無法解決國家的困境，只得仿效波蘭，從一九八九年三月起召集各方舉行圓桌會議。與會者慎重其事，在會議期間對外保密，謝絕採訪。雖然會議期間長達六個月，引起外界不斷地猜疑，最後提出的草案卻獲得大多數民眾的認同。在圓桌會議期間，匈牙利各界也已經為一九五六年殉難的前總理納吉舉行重新下葬儀式，隆重地為其平反。

圓桌會議建議採行一院制的國會，每四年改選。總理由國會選舉，握有行政大權；總統也由國會選舉產生，但只是虛位的元首。匈共在圓桌會議後自行宣布解散，不過有一部分人決定另組「匈牙利社會黨」，以便在未來參加選舉，寄望分享政權。匈牙利同樣廢除一黨專制，取消國名「匈牙利人民共和國」中的「人民」兩個字。

但匈牙利遲至次年三月起才舉辦國會選舉，結果匈牙利社會黨大敗，只取得大約一〇%選票。不過由於黨派林立，沒有一個黨的席次過半數，最後成立的內閣是由「匈牙利民主論壇」（Magyar Demokrata Fórum，簡稱DMF）聯合其他幾個偏右小黨共同組成的，選出的總理是民主論壇黨魁安妥（Jozsef Antall）。安妥是領導圓桌會議的關鍵人物，所以備受各方尊重，脫穎而出。

捷克斯洛伐克的「絲絨革命」

繼波蘭及匈牙利之後，捷克及東德也發生革命，幾乎是同時，又互相影響。不過由於兩者無法同時敘述，以下將先說捷克，再說東德。

捷克在一九六八年的「布拉格之春」雖然遭到蘇聯坦克鎮壓，許多知識分子仍然在暗中反抗共產黨。如前所述，東、西歐和美國共三十七個國家於一九七五年簽定《赫爾辛基協議》，其中明訂各國應和平相處，互助合作，以及尊重人權、自由的原則；不過蘇聯及東歐國家在簽約後大多沒有遵守後面兩個條款。捷克有一位作家哈維爾（Vaclav Havel）卻從一九七七年起開始推動名為「七七憲章」（Charta 77）的運動，要求政府依《赫爾辛基協議》的規定尊重人權，並發動兩百多位知名人士簽名。哈維爾又公開批評社會主義不只造成政治腐敗，也導致人心敗壞；不料捷共總書記胡薩克（Gustav Husak）竟以「危害國家利益」的罪名，將他下獄。哈維爾在四年後出獄，又繼續投入七七憲章運動。他之所以致力於推動這項運動，背後有一個十分有趣的故事。

美國在一九六〇年代後期反越戰、反體制的風潮大起時，出現許多打扮怪異，製造噪音，歌詞又虛無叛逆的樂團，並且吸引世界各地年輕人模仿。捷克也出現一個名叫「宇宙塑膠人」（Plastic People of the Universe）的樂團，專門模仿紐約的一個「地下絲絨」（Velvet Underground）樂團，穿著怪異，留長髮，演奏不和諧的噪音，唱粗鄙荒謬的歌詞，卻大受歡迎。不料捷克政府竟下令查禁「宇宙塑膠人」樂團，他們只得轉到地下演出。

一九七六年，「宇宙塑膠人」樂團成員在一次地下演出時被逮捕，檢察官起訴這幾名年輕人，稱他們是「墮落的象徵，社會的毒瘤」，然而，此一案件卻受到全國人民、國際媒體及哈維爾的注目。哈維爾正是在此時決定挺身捍衛宇宙塑膠人的四個被告，每天到法庭去旁聽，又做筆記發表，並開始發起連署抗議的救援運動。

哈維爾認為，這些青年只不過是想按自己喜歡的方式，創作自己喜愛的音樂，唱自己想唱的歌；因而，政府攻擊的並不是地下音樂，是對「在真實中生活」這個觀念的攻擊，而這是最基本、最重要的。雖然「宇宙塑膠人」團員最後仍被判處有期徒刑，哈維爾卻在連署抗議政府的過程中，串連了許多捷克的政治人物及知識分子，所以後來才能推動「七七憲章」。

但直接地說，如果沒有戈巴契夫，哈維爾也還是無能為力。一九八七年四月，戈巴契夫擔任總書記後第一次訪問捷克，並在演講時說，社會主義國家應可根據自身條件自行選擇發展的道路，蘇聯尊重各國獨立自主。戈巴契夫又說，社會主義國家中並沒有哪一個黨可以壟斷真理。這些話等於宣告蘇聯已經放棄布里茲涅夫主義，時間點比他在聯合國大會演講還要早一年八個月。胡薩克因而被迫退休，由年輕的雅克什（Milos Jakes）接任總書記。當初在「布拉格之春」被迫下臺的杜布切克又重新露面，接受西方媒體採訪。改革的聲勢於是大漲。

當波共、匈共相繼垮臺，柏林圍牆又突然在一九八九年十一月九日被推倒（詳見下一節），內心澎湃洶湧的捷克學生及民眾再也無法忍耐，於是發起大規模的示威遊行，高喊「雅克什下臺！」、「共產黨下臺！」。捷共當局派出武警鎮壓，動用棍棒及催淚彈以對付手無寸鐵的學生，卻引發市民強烈不滿，人群因而越聚越多，達到五十萬人。雅克什不敢動用軍隊及坦克，只得宣布下臺；但憤怒的民眾堅持要共產黨也下臺，捷共撐不住，只得宣布刪除憲法第六條，放棄一黨專政。到了十二月底，哈維爾被推選為臨時總統，杜布切克當選為聯邦議會主席。

捷克的革命因為過程和平，順利而不流血，史稱「絲絨革命」（Velvet Revolution），但名稱是否與紐約的「地下絲絨」樂團有關無法確定。

從柏林圍牆倒塌到東、西德合併

當波蘭、匈牙利及捷克革命正風生火急時，東德共黨領導人何內克（Erich Honecker）卻拒絕改革，許多東德人於是決定冒險直接逃往西德。但由於從一九八九年六月起匈牙利和捷克就都撤除與奧地利之間的邊境管制，所以有更多東德人是先逃到匈牙利和捷克，然後轉往奧地利，再到西德，並在到達後受到熱烈的歡迎與安置。

一股巨大的逃亡潮於是形成，很快就達到每月數萬人。

與此同時，留在國內的東德人民也逐漸發起反政府活動。回溯一九八二年起，有一位傅勒牧師（Christian Fuhrer）在萊比錫著名的聖尼古拉斯教堂（St. Nicholas Church, Leipzig）定期主持「和平祈禱」，主題漸漸從宗教議題轉到抗議政府。東德祕密警察採取設置路障、恐嚇、毆打、逮捕等種種

1989年11月9日柏林圍牆倒塌

方法阻止民眾參加「和平祈禱」，但教眾仍是從四面八方而來，越聚越多。

到了一九八九年十月，東德慶祝國家成立四十周年紀念，戈巴契夫應邀出席，並發表演講。許多年輕人竟擠到主席臺前，高呼：「戈比（Gorby），救救我們！」。戈巴契夫不願過分明顯干涉東德事務，卻在演講中意有所指地說：「遲到的人，將會受到懲罰。」

兩天後，傅勒號召教眾參加一項大規模的和平示威遊行，結果有七萬人在大批特務、警察監視、阻擋之下參加，但過程井井有條，沒有任何暴力。何內克後來卻在東德共黨政治局會議中遭到圍剿，被逼辭職下臺，由克倫茨（Egon Krenz）接任總書記。但由於柏林、來比錫等大城市的人民持續進行數十萬人的示威遊行，新政府也承受不住壓力，只得同意在東、西德，以及東、西柏林之間開放幾個特定的檢查點，在特定時間允許人民憑證通行。

不料東柏林黨委書記在十一月九日對外發布新聞，竟說開放通行「即時生效」，因而到了午夜已有數萬市民群集於柏林圍牆的幾個檢查點，並要求立刻開門。東德共黨大驚，卻只得同意開放通行。此後一星期內，估計有超過兩百萬名東柏林市民穿過圍牆到西伯林，與親戚朋友們相聚，一起歡慶。柏林圍牆實際上這時只是開放通行，並沒有倒塌，也沒有立即拆除。

到了十二月初，東德政府被迫通過修憲，刪除共產黨一黨專政的條款，又決定仿效波蘭、匈牙利召開圓桌會議。這時東德與西德的民意都主張合併統一，兩邊政府因而也談判達成協議。一九九〇年三月，東德選舉國會議員，結果由共產黨改名，與西德在野黨同名的「社會民主黨」慘敗；獲勝的「基督教民主黨」也與西德的執政黨同名。東西德於是決定聯合組織統一後的內閣，又決定簽署三個重要的條約。

第一個條約內容是雙方同意建立統一的貨幣、經濟和社會制度，其中包括規定東德馬克兌換西德馬克的辦法。第二個條約主要是東德同意先分拆為五個州，再各別加入西德。第三個條約，必須回溯歷史。

二次大戰結束時，美、英、法、蘇四國分占德國的領土，後來才成立東、西德；如今兩德合併當然也要取得四國同意。但四國都擔心，德國統一後又像納粹一樣嚴重威脅世界和平，六國代表因而於九月，在莫斯科共同簽署《二加四條約》（*The Treaty on the Final Settlement With Respect to Germany*），其中規定：四國都放棄在德國擁有的特權，統一的德國將擁有完整的主權，但德國同意自我限制軍隊的人數，也承諾不擁有核武器、生物武器和化學武器。

必須指出，兩德之所以能迅速地合併，關鍵因素之一是戈巴契夫的支持。戈巴契夫在一九八九年到東德訪問時，不僅間接促使何內克下臺，又明白地表示希望東、西德將來能以和平、不流血的方式達成統一。戈巴契夫特別在一九九〇年七月邀請西德總理柯爾（Helmut Kohl）到中世紀阿蘭古國（Alania）高加索山區的古城，一起進行德國統一的最後討論。兩人在山林裡憧憬著統一後的德國與蘇聯將會如何走向互助合作的道路。十月三日，兩德終於完成統一。

保加利亞變天

一九八九年時，保加利亞共產黨第一書記日夫科夫（Todor Zhivkov）已經七十八歲，在位長達三十五年。他的家族，包括兒子、女兒和親戚，都是黨政高官，生活極其豪華奢侈。但他和東德的何內克一樣，表面上對戈巴契夫恭敬，實際上拒絕改革。日夫科夫又迫害境內的土耳其裔少數民族，並在引發激烈的反抗之後，下令將反抗的人民全部驅逐出境，在三個月內驅逐了三十幾萬人。國際社會對此一片譴責之聲，連保加利亞共產黨內的重要成員私下也都不以為然，其中外交部長姆拉德諾夫（Petar Mladenov）由於每日接到無數來自國外的抗議郵件及電話，更是無法苟同。

一九八九年十月，姆拉德諾夫在首都索菲亞（Sofia）主辦國際性的環保會議，在會期中，有部分與會的國內環保團體成員參加一項大型的請願遊行，不料竟被祕密警察逮捕，又遭到酷刑。姆拉德諾夫憤而辭職，接著出國，輾轉到莫斯科，獲得戈巴契夫接見與明確表示支持改革。回國後，姆拉德諾夫在參加政治局會議時，直接與日夫科夫攤牌，並得到總理、財政部長及國防部長支持。日夫科夫因而被迫下臺，由姆拉德諾夫取而代之。

接著保加利亞共產黨自行廢除共產黨一黨專政，改名為「社會黨」。新政府採行多黨制，決定舉行自由選舉，改選國會。結果社會黨在國會大選中竟擊敗由反對力量合組的「民主力量聯盟」，成為國會第一大黨，新政府要職因而大多仍由舊日的共產黨員占據，姆拉德諾夫也當選為總統。

但保加利亞的激進派學生認為選舉不公，被社會黨操控，不願接受此一結果，不斷地示威抗議，反對黨民主力量聯盟也在國會中強烈抵制；結果姆拉德諾夫只當了三個月總統後就被迫辭職下臺。一九九一年底，民主力量聯盟在第二次國會大選終於取得勝利，順利組閣。

羅馬尼亞的流血革命

前面五個東歐國家的共產政權倒臺時，雖然各自經歷不同的困難，過程大抵都是和平的。以下要說的羅馬尼亞，卻是在改革中發生嚴重的流血事件。

羅馬尼亞共黨總書記西奧塞古（Nicolae Ceausescu）可說是東歐國家中最暴虐、最獨裁的統治者。他的家族中有四十人占據黨、政、軍要職，其中包括擔任第一副總理的妻子。羅馬尼亞得天獨厚，有豐富的石油蘊藏，但由於政府貪腐無能，人民生活水平在東歐各國裡卻是排在最窮苦的後段班，因而痛恨，但大多不敢反抗。戈巴契夫倡議改革開放時，由於西奧塞古有中共在背後支持，公然反對，自稱將堅守社會主義陣營，絕不走資本主義路線。因而，人民只有等待時機起來反抗暴政；一九八九年十二月爆發的「蒂米什瓦拉事件」正是這樣的一個機會。

羅馬尼亞人民有大約一成是少數民族，其中以匈牙利裔為最多。蒂米什瓦拉（Timisoara）是位在西部靠近匈牙利的一個古鎮，居民多為匈牙利裔，其中有一位名叫托克斯（Laszlo Tokes）的克爾文教派牧師，同時也是一個著名的異議分子。由於祕密警察時常無故拘捕或毆打托克斯，引起匈牙利裔族群不平。政府卻突然無故命令托克斯限期出境，不得再回國，但托克斯拒絕接受。到了限期當天，有數百名居民圍在托克斯家四周，與企圖強制執行驅逐令的警察發生衝突，結果警察竟對民眾開槍。民眾被激怒，事件因而擴大，並有許多同情的羅馬尼亞人加入。

不料西奧塞古竟命令國防部長派武裝部隊、坦克到蒂米什瓦拉大舉鎮壓，造成數千人傷亡。羅馬尼亞全境因而爆發大規模的反政府示威活動，要求西奧塞古下臺。西奧塞古立刻宣布全國進入緊急狀態，命令國防部長再派大軍前往鎮壓，國防部長拒絕，結果竟被祕密警察處決；軍隊於是也跟著反叛，憤怒的民眾蜂擁包圍共產黨總部。西奧塞古夫婦倉促逃亡，在途中被捕，經軍事法庭速審速決，於聖誕節當日一起被槍決。從蒂米什瓦拉事件爆發到西奧塞古夫婦被殺，僅僅九天。

西奧塞古死後，羅馬尼亞共產黨宣布解散，一群資深的黨員卻又共同組織一個「救國陣線」，並成立臨時政府，同時宣布採行多黨制，推動民主自由選舉。但救國陣線又刻意協助成立數十個小黨以分散反對勢力，因而在一九九〇年五月贏得大選，完全掌控議會，新當選的總統伊利埃斯庫（Ion Iliescu）及總理、部長也都是原先羅馬尼亞共產黨的成員。

總之，由於舊政府倒臺太快，有力量的反對黨還來不及成立，共產黨只不過是改了名稱，而仍然牢牢地掌握著政權。人民對此當然無法接受，必將繼續抗爭，不過由於後續的發展既長而複雜，請容我在下一章再為讀者們敘述。

阿爾巴尼亞的改革及民主化過程

阿爾巴尼亞共產黨總書記霍查是共產國家在位最久的領導人，從一九四四年執政到一九八五年病逝，共計四十一年。霍查一向自詡奉行最正統的馬列主義，但其統治的阿爾巴尼亞卻是東歐所有國家裡最貧窮落後的一個。

阿共另有一項極為特殊的歷史，曾經先後與南斯拉夫共產黨（簡稱「南共」）、蘇共及中共交惡。首先，第二次大戰時期，阿爾巴尼亞在抵抗軸心國的侵略時，倚靠南斯拉夫的支援遠大於蘇聯，因而阿共建立政權後與南共比蘇共更親近。但是當一九四八年狄托與史達林決裂時，霍查決定向蘇聯靠攏，與狄托決裂。

其次，一九五六年當赫魯雪夫開始批判史達林及個人崇拜後，霍查在國內的地位跟著動搖，因而與蘇共撕破臉，加入中共一起批判「蘇修」，其詳情在第八章已經敘述過。不過我在此必須重複指出，此後中國先後經歷了大飢荒及文化大革命的困難時期，毛澤東卻咬著牙對「兄弟國」繼續提供軍事及經濟援助，並說將來都不必償還；據估計，前後約二十年間總共給阿國五十幾億美元。

最後，當文化大革命結束後，鄧小平決定改革開放，霍查大怒，認為中共也走上修正主義的道路，放話譏評。中共於是通知阿爾巴尼亞停止援助，又召回支援的技術人員，因而，阿爾巴尼亞從一九七八年起就陷入孤立無援的狀態。

霍查死後，接班人阿利亞（Ramiz Alia）深知國窮民困，已經無法再撐下去，只得改採開放政策。不過他在初期和中共一樣只進行經濟改革。然而當東歐各國共產黨紛紛倒臺後，阿利亞只得宣布也開始進行政治改革，例如下放權利，提拔年輕的幹部，鬆綁一部分意識形態。但學生紛紛發起示威運動，要求更大幅度的改革。

一九九〇年十月，阿爾巴尼亞國際著名的作家卡達雷（Ismail Kadare）在巴黎發表聲明，要求阿利亞做一個「阿爾巴尼亞的戈巴契夫」。阿利亞做出的回應是接見學生，承諾改革，並在兩個月後宣告取消黨禁，廢除一黨專政。一個新生的反對黨「民主黨」立刻誕生。阿利亞又斷然清除黨內的保守勢力，開除其中五名政治局委員。霍查的遺孀早先對阿利亞有提攜之恩，在霍查死後仍位居要職而始終捍衛霍查的馬列主義教條，是保守派最後的堡壘，這時也被強迫退出政治舞臺。

一九九一年三月，阿爾巴尼亞舉行臨時選舉，由共產黨改名的社會黨在單一國會選舉中獲勝，順利組閣，阿利亞也當選為總統，但任期都只有一年。第二年，阿爾巴尼亞舉行正式大選，反對力量民主黨在國會中奪得多數席次，民主黨推出的總統候選人貝里沙（Sali Berisha）也當選，於是完全執政。

阿利亞雖然是由霍查一手培養，又一向奉行馬列主義，在阿爾巴尼亞的民主化過程中卻主動配合人民、學生和反對黨，迅速、和平而不流血。然而我必須指出，阿爾巴尼亞在後來竟又出現令人意外的發展，至於詳情，我將在下一章中敘述。

南斯拉夫爆發內戰

本書多次提到，南斯拉夫是東歐國家中最複雜的國家。該國由六個加盟國及兩個自治省組成，有二十幾種民族，說不同的語言，有不同的宗教信仰；此外，各加盟國的經濟發展也極為懸殊，越靠西北越富，越靠東南越窮，國民年所得的差距達到三至五倍。若不是狄托以其威望、公平及鐵腕統治，南斯拉夫早已四分五裂。但狄托在一九八〇年以八十八歲高齡過世，一位比他年輕十八歲、被公認是接班人卻比他早一年死去。南斯拉夫的分裂因而無法避免。

狄托死前，南斯拉夫的經濟其實和其他東歐國家一樣開始惡化，在他死後成長更是停滯，而外貿逆差逐年擴大，導致外債高築，失業嚴重。人民因而不滿，西北方比較富有的加盟國裡面，主張分離主義者就更加振振有詞了。但當時塞爾維亞共黨總書記兼總統米洛塞維奇（Slobodan Milosevic）具有強烈的民族主義傾向，自認在聯邦中擁有主導地位，堅持要維繫聯邦統一，並且提出一個「大塞爾維亞主義」，主張在所有加盟國中的塞爾維亞族裔都有自決權，這使得各加盟國更是恐懼。

當東歐各國的共產黨紛紛下臺時，南斯拉夫共產黨也在一九九〇年初決定停止共產黨一黨專政。六個加盟國的共產黨隨後也都改名，並各自舉行自由選舉。其中有四國由反對勢力取得政權，只有塞爾維亞及黑山是由共產黨改名的社會黨執政；加盟國分成兩邊對立的態勢由此更加明顯。

到了年底，斯洛凡尼亞及克羅埃西亞分別舉行公投，結果都以壓倒性票數選擇獨立。米洛塞維奇大怒，聲稱絕對不容南斯拉夫聯邦分裂，不惜出兵。兩國只得一面派代表與米洛塞維奇談判，一面備戰，但談判最終還是破裂，兩國於是在一九九一年六月逕自宣布獨立。三個月後，塞爾維亞大舉出兵，前南斯拉夫內戰就此爆發。一九九二年初，馬其頓及波士尼亞也分別宣布獨立，米洛塞維奇又怒而出兵，南斯拉夫內戰於是進一步擴大。

事實上，米洛塞維奇出兵主要是集中在波士尼亞及克羅埃西亞兩國境內，其原因是，塞爾維亞人與克羅埃西亞及波士尼亞之間不幸都有歷史仇恨，而在克羅埃西亞及波士尼亞境內，塞爾維亞裔人的比例偏偏又相對比較高。米洛塞維奇更依其所宣稱的塞爾維亞族裔自決權，鼓動兩國境內的塞爾維亞裔人各自建立獨立的共和國，並與米洛塞維奇派去的軍隊並肩作戰。

必須指出，東歐八國之所以能在民主化革命中結束共產黨一黨專政，其實是由戈巴契夫引導、促成的，後來他也以此為其成就而自豪。然而，在東歐八國中，南斯拉夫不幸是唯一發生分裂及內戰的國家，這也是戈巴契夫所料未及的。更不幸的是，在一九九一年底，也就是南斯拉夫爆發內戰後只有幾個月，蘇聯竟解體了；同時，戈巴契夫被迫辭職，因而完全沒有能力阻止南斯拉夫內戰。其結果是南斯拉夫內戰不但慘烈，又長達五年以上。也因此，我必須暫停有關南斯拉夫內戰的敘述，而先說明蘇聯為什麼會解體？如何解體？

蘇聯的體制改革：成立人民代表會議及最高蘇維埃

如前所述，蘇共第十九次黨代表會議最重要的結論，是同意進行體制改革，戈巴契夫於是指示在全國各地舉辦一連串的選舉，在一九八九年三月底選出兩千兩百五十名人民代表。蘇共也選拔代表參加選舉，其中有兩成落選；反之，許多激進的黨內民主派及非共產黨員獲勝當選。一部分蘇共政治局委員因而受到衝擊，對戈巴契夫表示極大的憂慮。但戈巴契夫認為這是改採差額選舉的必然結果，蘇共只能坦然接受。

五月底起，第一次人民代表大會在克里姆林宮舉行，會中人民代表依法經由互選選出五百四十二名最高蘇維埃代表（相當於西方國家的國會議員）。經此選舉後，蘇聯的最高權力機關已經轉為人民代表大會及最高蘇維埃。權力既已不在共產黨手中，戈巴契夫自然也想角逐最高蘇維埃主席的職位，但受到極大的挑戰及質疑。

在所有的最高蘇維埃代表當中最有名的，莫過於沙卡洛夫。然而，沙卡洛夫在結束流放後與戈巴契夫始終沒有良好的互動，並且認為戈巴契夫說了很多、卻沒有一件事做好，因而極為失望，漸漸成為反對戈巴契夫的激進民主派領導人之一。沙卡洛夫曾經在莫斯科參加名叫《微火》（*Ogoniok*）的雜誌所舉辦的討論會，公開提出建議：請戈巴契夫在最高蘇維埃主席及蘇共總書記兩個職位中選擇一個，也就是請他必須決定「究竟是做改革者的領袖，還是特權者的頭頭？」，但只能選一個。沙卡洛夫解釋，這兩個職位一個控制共產黨，一個控制政府，如果放在同一隻手上，將會是「有害」的事。全國知識分子對沙卡洛夫的意見轟然響應，視為當然。戈巴契夫卻沒有接受這項建議，認為自己兼任兩個職位才能確保改革開放繼續推動，仍是決定競選最高蘇維埃主席；而由於當時並沒有任何強勁的對手出馬競爭，戈巴契夫獲得高達九十五．六％選票支持而當選。

有人評論，戈巴契夫不聽沙卡洛夫的建議，極為失策，以致於後來一直陷入顧此失彼的窘境。也有人說，沙卡洛夫在當時被公認具有敏銳的觀察力、判斷力及崇高的社會形象，儼然是蘇聯最重要的意見領袖，戈巴契夫卻不能善用他以取得知識分子及人民的支持，更是可惜。

葉爾欽復起及其美國行

最高蘇維埃代表選舉的過程中另外發生一事，影響極大：葉爾欽在政壇上原本已經消失了，卻又因此一選舉而復出。葉爾欽雖然已無實權，名義上還是蘇聯建設委員會的副主席，蘇共中央不得不同意他參加第十九次黨代表會議。該會開議後，葉爾欽抓住機會發言強烈攻擊戈巴契夫，批評改革步調太慢，又將自己描繪成被迫害的反體制民主改革派英雄，因而獲選為人民代表大會代表，又再度吸引社會大眾的目光。

不過葉爾欽在選舉最高蘇維埃代表時落選。當時另有一名由俄羅斯鄂木斯克市（Omsk）選出的代表卻表示願意讓位給葉爾欽，請求大會決定是否同意。戈巴契夫是大會主席，原本可以直接拒絕，卻毫不考慮就接受了；葉爾欽因而幸運地獲得大會表決通過，擠身為最高蘇維埃的一員。戈巴契夫後來承認，那是一項錯誤的決定，並多次表示後悔，但為時已晚。此後，最高蘇維埃的各種次級團體紛紛出現，葉爾欽也和其他民主派的代表串連，成立一個「跨地區代表團」，共三百多人；接著又選出五個聯合主席，其中包括沙卡洛夫、葉爾欽及一位名叫波波夫（Gavriil Popov）的大學教授。有了沙卡洛夫參與，跨地區代表團的地位、聲勢大起，葉爾欽就更引人注目。

葉爾欽榮膺跨地區代表團的五名聯合主席之一後，被一部分外國媒體視為蘇聯國會的反對派領袖，時常接受採訪。一九八九年九月，東歐民主化運動正在加速，其中波蘭已經變天，葉爾欽應邀第一次到美國訪問。由於邀訪葉爾欽的只是幾個民間協會、基金會，其目的是希望增加他對美國的瞭解，所以葉爾欽只是以私人身分到處參觀，共九天，遍歷十一個城市。但葉爾欽自認是反對黨領袖，堅持非要見到布希總統不可，主辦單位最後還是安排他以非正式的方式，與布希短暫見面。

不過有一部分研究葉爾欽的歷史學家認為，在這次美國行當中，對其發生最大影響的一次參訪，是在德克薩斯州（Texas）。據報導，當時葉爾欽隨意走進一家名叫蘭達爾（Randall's）的超級市場，看見貨品琳瑯滿目，應有盡有，物美價廉；對比幾天前剛離開的莫斯科，商店外永遠有長長的隊伍在等候購買，而店裡什麼都缺，品質又低劣，有時連蛋、糖、茶葉及麵包等最基本的食物也買不到，他的內心受到巨大的衝擊。一名他的助理後來說，葉爾欽在搭上離開德克薩斯的飛機後抱著頭一語不發，很久很久之後才冒出一句：「我認為，我們都對人民犯了重罪，竟使得他們的生活水平和美國人完全無法相比。」

葉爾欽回到國內後，對於蘇聯的一切顯然已無眷戀。這時戈巴契夫仍然一心一意要維持蘇聯的統一，葉爾欽卻決心要拆散蘇聯，越來越覺得戈巴契夫改革的腳步緩慢，越加不耐。一九八九年底，沙卡洛夫不幸突然去世，此後民主派就幾乎是操控在越來越激進的葉爾欽手中。

不過葉爾欽的美國行並未留給美國人好印象。由於葉爾欽好酒，時常喝醉，到了美國也曾有幾次酒醉出醜，使得美國政界人物及大眾在看見新聞及電視報導後，對他十分輕蔑。但葉爾欽認為這些報導大多是污衊他的，評論大多也不公正。在莫斯科，葉爾欽也有很多忠實支持者相信那些對他的負面報導，都是不實的。

美國總統布希及國會議員這時仍然堅定地支持戈巴契夫，但在蘇聯，戈巴契夫已經被認為是中間派，夾在頑固的蘇共保守派和激進的民主派之間，左右為難。與此同時，蘇聯國內也不斷地發生大罷工及民族對立引發的動亂，使得戈巴契夫極為頭痛。

蘇聯全國煤礦大罷工及民族衝突事件

一九八九年三月起，也就是在人民代表大會選舉期間，烏克蘭的頓巴斯（Donbass）、西伯利亞西南部的庫茲巴斯（Kuzbass）及若干其他地區的煤礦工人陸續爆發罷工事件。由於蘇聯是全世界最大的產煤國，年產量超過七億噸，並大量出口，罷工的衝擊非同小可。工人罷工的主要原因是國內經濟混亂導致通貨膨脹及物資短缺，商店裡買不到東西，有時竟連一天工作完畢出了礦坑時要洗臉、洗澡的肥皂也買不到，礦工們因而要求加薪，改善生活條件。

參加罷工的人數很快達到七十萬人，並組織罷工委員會，又要求自行決定產量，自行販賣，自行出口。政府只得一面籲請工人迅速復工，一面表示將接受工人「合理的要求」。然而，由於雙方在短暫達成協議之後又不斷地發生爭議，民主派又插手其中，藉機鼓動，所以罷工時停時發，實際上一直到戈巴契夫政權垮臺前不曾停止過。

蘇聯由於民族問題複雜，衝突及暴力事件始終層出不窮。一九八九年三月，在喬治亞境內的阿布克茲自治區也爆發大規模的示威遊行運動，有數千人參加，要求脫離喬治亞的統治；結果喬治亞人被激怒，為反制而爆發更大的反大俄羅斯主義的示威抗議活動。四月四日起，成千上萬的群眾集結於首都提比里斯政府大樓前，由加姆薩胡爾季阿（Zviad Gamsakhurdia）等人領導，要求脫離蘇聯而獨立，其中有數十人進行絕食抗議。喬治亞當局擔憂局勢失控，向蘇共中央緊急求援。當時戈巴契夫正帶著外交部長謝瓦納茲在國外訪問，他的副手利加喬夫於是召集會議，並在與國防部長亞佐夫（Dmitry Yazov）等人商議後，決定請高加索軍區司令調派部隊及坦克到喬治亞。

戈巴契夫得到報告後也決定縮短行程回到國內，並命令曾任喬治亞第一書記的謝瓦納茲趕往提比里斯協助處理。不料謝瓦納茲尚未到達，被派往提比里斯的部隊就在四月九日開始以武力鎮壓群眾，並施放帶有毒性的催淚瓦斯，結果造成兩百多人受傷，二十人死亡，其中絕大部分是婦女。高加索部隊的暴行在電視播出後震驚全蘇聯。戈巴契夫大怒，在五月召開人民代表第一次大會時請一位與會代表，列寧格勒國立大學法學教授索布恰克（Anatoly Sobchak），負責成立調查委員會，並依委員會的報告將喬治亞黨委第一書記、高加索軍區司令都撤職，卻沒有追究被認為也難脫責任的國防部長亞佐夫。

然而，這時反俄羅斯情緒所引起的動亂也在蘇聯全國各地爆發，包括在中亞的烏茲別克、哈薩克、塔吉克，外高加索地區的亞塞拜然、西南角的摩達維亞（Moldavia），以及東北角瀕臨北極海的雅庫夏（Yakutia），而其中對蘇聯影響最大的，是立陶宛的分離運動。

從波羅的海之路到立陶宛危機

如前所述，立陶宛與波蘭在歷史上曾是長期的生命共同體，所以當波蘭團結工聯對蘇聯的抗爭日趨熾烈時，立陶宛有一些知識分子和部分共產黨員就在一九八八年六月共同成立一個「薩尤季斯」（Sajūdis）的組織，由藍柏吉斯（Vytautas Landsbergis）領導，開始進行和平示威。當波蘭變天後，立陶宛人的獨立運動抗爭就更加劇烈了。

立陶宛人指稱，當初立陶宛之所以被併入蘇聯，是因為史達林在一九三九年與德國祕密簽定《德蘇互不侵犯條約》後共同出兵瓜分波蘭，又根據該密約入侵三小國；但立陶宛不接受該密約的合法性。雅科夫列夫奉戈巴契夫之命回應此事，於是在一九八九年八月撰寫文章刊登在《真理報》上；他一方面譴責該密約，另一方面否認蘇聯是因為密約，而是因為「受邀」而同意接受三國成為加盟共和國。但立陶宛發布宣言，堅稱並非「受邀」，而是是受到脅迫，所以蘇聯併吞立陶宛是非法的。

立陶宛發布宣言後第二天，正是《德蘇互不侵犯條約》簽定五十週年紀念日，波羅的海三國藉機共同發起一項命名為「波羅的海之路」（Baltic Way）的和平示威運動。三國共有兩百萬人參加，手牽手拉成一個長長的人鏈，從北到南，貫穿三國國境，全長超過六百公里。當時三國加總不過八百萬人，所以每四人

1989年8月波羅的海之路

就有一人參加。全世界各國的人民在電視上目睹之後，無不感動，紛紛發聲支持。立陶宛共黨總書記布拉札斯卡斯（Algirdas Brazauskas）這時竟也表示支持獨立運動，蘇共立即下令將其撤職，但布拉札斯卡斯不服，結果是立陶宛共產黨分裂為兩個黨。

必須指出，戈巴契夫雖然倡議改革開放，卻堅持要維持蘇聯的完整性，深怕如果放任立陶宛獨立，其他加盟共和國可能也將一一求去，那麼蘇聯就有崩解的危險。因而，他在一九九〇年一月初決定親自飛到立陶宛首都維爾紐斯（Vilnius），勸說立陶宛人不要走分離的道路。但無論他怎麼說，立陶宛人還是不能明白為什麼他可以放任波蘭離開共產陣營，卻不能同意立陶宛求去。

戈巴契夫失望而歸，不料兩週後，在外高加索又發生大動亂。由於亞美尼亞最高蘇維埃通過一個法案，主張合併亞塞拜然境內亞美尼亞人聚居的納卡地區，引起亞塞拜然的一個分離主義組織人民陣線（Azerbaijani Popular Front）不滿，在首都巴庫及其他地區毆打、搶奪、殺害居住在當地的亞美尼亞人、導致六十幾人死亡，二十幾萬人被迫棄家逃命。暴亂初起時，蘇共政治局只是下令軍隊協助亞美尼亞人逃出，並未命令制止亞塞拜然人的暴行。但在一週後，當戈巴契夫獲知亞塞拜然人民陣線已經武裝奪取地方政權，才宣布進入緊急狀態，命令國防部長亞佐夫派軍隊兩萬五千人及坦克、軍艦、飛機到巴庫鎮壓暴亂，殺一百三十餘人，另有八百人受傷。

紅軍剛剛壓制住巴庫的「一月事件」，立陶宛在三月又宣告將成立一個新共和國。但戈巴契夫仍是想方設法要使其延緩，推出一個《脫盟法》，其中規定：加盟共和國如果希望脫離蘇聯，必須舉辦全民公投，取得三分之二以上人民同意，並且再等五年的過渡期。藍柏吉斯卻斷然說「外國」所做的決定不能拘束立陶宛，同時也發布一條新法令，規定立陶宛人不必為蘇聯紅軍服役，凡被徵兵者可以拒絕入伍，凡在服役中者可以自行離開。沒有幾天，就有數十名立陶宛人因為逃兵而被捕。

戈巴契夫大怒，下令出動特種部隊空降到維爾紐斯，派坦克車越過邊界，又對立陶宛進行全面經濟封鎖，切斷供應立陶宛的石油及瓦斯。立陶宛人苦撐到六月，最終不得不低頭表示同意「暫停獨立」，願意和蘇聯談判。蘇聯於是解除部分經濟封鎖。但當雙方正在談判時，愛沙尼亞和拉脫維亞也宣告獨立，對戈巴契夫造成更大的壓力。

戈巴契夫當選蘇聯總統，葉爾欽當選俄羅斯最高蘇維埃主席

當時戈巴契夫也面臨另一嚴重的挑戰：蘇共裡面出現一個名叫「民主綱領派」的新組織，是由葉爾欽、波波夫等人領導成立的，聲稱如果戈巴契夫的改革緩慢不前，他們就要脫離蘇共。

一九九〇年二月，民主綱領派在莫斯科發起大規模的遊行，有超過十五萬人參加，在街頭呼喊口號，否定十月革命，認為是「盜竊二月革命的成果」。這種說法等於完全否定列寧的歷史地位，早在一九一七年十月革命之後就有人提出；而民主綱領派這時喊出這樣的口號，無疑是在質疑戈巴契夫雖然成立最高蘇維埃，並沒有決心廢除共產黨一黨專政。

戈巴契夫被迫無奈，只得不顧蘇共內部保守派的強烈反對，緊急在三月召開第三次人民代表大會，廢除憲法第六條對共產黨一黨專政的保障條文。同時也提議修憲增設總統職位，並在沒有人競爭的情況下當選為總統，而將最高蘇維埃主席讓給原任副主席盧基揚諾夫（Anatoly Lukyanov）。

蘇共內部保守派眼見民主綱領派聲勢越來越大，當然無法坐視，於是在四月也組織了一個「馬克思主義綱領派」，以對抗民主綱領派。到了五月，戈巴契夫循例在紅場主持五一勞動節的慶祝活動時，民主綱領派又發起示威，在遊行隊伍中手持標語，高呼「打倒蘇共！」、「打倒戈巴契夫！」、「列寧的黨滾蛋！」

馬克思主義綱領派於是起而與其互相叫罵，大打出手。許多保守派黨員對葉爾欽早已忍無可忍，紛紛建議開除他的黨籍，戈巴契夫到這時卻還是遲疑不決，保守派因而對戈巴契夫也越來越不滿。

這年七月，俄羅斯選舉最高蘇維埃主席，戈巴契夫企圖阻擋葉爾欽，但葉爾欽還是順利當選了。俄羅斯是當時蘇聯加盟共和國裡最大的一個，土地和人口都占蘇聯一半以上。曾經有人在人民代表大會開會時說第一個需要脫離蘇聯的是俄羅斯，當時與會代表都覺得好笑，無人當真。不料葉爾欽當選後發表感言，竟說身為俄羅斯最高蘇維埃主席，只能把俄羅斯的利益擺在蘇聯的利益之前。看來那個笑話並不是笑話，即將成真。

蘇共二十八大：葉爾欽退黨，謝瓦納茲辭職

俄羅斯蘇維埃選舉結束後不久，蘇共召開二十八大，這將是蘇共最後的一次大會。對比四年前召開二十七大時充滿歡慶及希望，二十八大充滿不安、怨懟及仇恨。大會進行中，「馬克思主義綱領派」和「民主綱領派」的代表輪番上陣，以尖刻、火爆、惡毒的語言互相攻擊。

謝瓦納茲在會議中提出一個極為值得注意的報告。他說，過去二十年蘇聯從事「與西方意識形態對抗」的工作，花掉七千億盧布。這驚人的數字約當每年五百六十億美元，正是蘇聯不能再繼續冷戰的原因。

會議中也有一部分人指責戈巴契夫「丟失了東歐」、「出賣阿富汗」及「對歐美國家屈膝投降」；但戈巴契夫表示，只有頑固不化的人才會詛咒自己停止對外侵略，避免世界核災，以及致力於與世界各國共同發展經濟。又有一部分黨員說，戈巴契夫既已擔任總統，就應辭去蘇共總書記的職位，以避免身兼兩職。但他回答：這是在過渡的時期為確保民主化道路改革成功不得已的辦法。因而，在後來進行總書記選舉

時，戈巴契夫堅持參選，並獲得超過七成的選票順利地當選連任。

然而，在大會結束前一天，戈巴契夫卻遭到葉爾欽當頭一棒。葉爾欽突然宣布退黨，理由是自己已經當選為俄羅斯最高蘇維埃主席，考慮到今後是多黨制，他「不可能只執行蘇共的決定」。葉爾欽說完後，全場愕然，然後是一片叫罵聲。葉爾欽卻率領一干同樣聲明退黨的同志揚長而去，不再回頭。

過去數年中，早已有很多人建議戈巴契夫儘速將葉爾欽開除出黨，但始終下不了決心，到最後卻是由葉爾欽主動棄黨而去。一部分歷史學家早已指出戈巴契夫雖然胸懷大志，卻自視過高，識人不明，又缺乏決斷及魄力。葉爾欽退黨事件再度證明，戈巴契夫最終之所以失敗並不是沒有原因。

葉爾欽退黨加速了蘇共黨員的退黨潮，據估計，光是一九九〇年一整年就達到一百五十萬人。到了年底，竟連謝瓦納茲也辭去外交部長。謝瓦納茲在發表辭職講話時非常激動，說：「同志們，你們已經被打散了。改革者都被迫藏到樹叢裡，獨裁者來了。」當時蘇共內部大批的激進民主派黨員退黨，保守派勢力相對大增，留下來的溫和民主派因而遭到攻擊。謝瓦納茲也是天天被圍剿，因而在辭職時說出那樣的話。一個月後，雅科夫列夫也辭去政治局委員。改革的核心至此已先解體。

「立陶宛一月事件」及其影響

正當蘇共的內部分裂擴大、鬥爭加劇時，波羅地海三小國獨立運動的發展也使得戈巴契夫的處境雪上加霜。

立陶宛總統藍柏吉斯在同意暫停獨立後，率團到莫斯科與蘇聯總理雷日科夫談判。但雷日科夫一向對反俄羅斯情緒極為反感，又認為薩尤季斯是一個危險的民族主義運動，在意識形態上與藍柏吉斯有巨大的鴻溝，結果雙方除了在十月舉行兩次談判，就不再有任何正式會談。

藍柏吉斯決定不再等待，而於一九九一年元旦斷然宣布取消暫停獨立的承諾，蘇聯也派特種部隊、空降部隊到波羅的海三小國及喬治亞、摩達維亞、烏克蘭等反俄情緒高漲的國家，以保護各國的俄羅斯人及親蘇派。戈巴契夫更在一月十日發表聲明，譴責立陶宛政府違反蘇聯憲法，完全不負責任。接著有更多軍隊、坦克及特務奉派到維爾紐斯，有謠傳親蘇派企圖發動政變。

十二日，有蘇聯特種部隊、空降部隊在坦克支援之下，企圖占領電視臺大樓，但有數萬民眾趕到，徹夜圍在電視臺大樓四周，聲稱要誓死保衛電視臺。不料到了第二天（星期日）清晨，蘇聯部隊竟悍然向市民開槍，坦克又逕行碾過群眾，造成七百多人受傷，十幾人死亡。不久後，蘇聯紅軍也在拉脫維亞的首都里加（Riga）攻擊群眾，導致數百人受傷，六人喪生。

「立陶宛一月事件」（或稱「血腥的星期日事件」）的消息震驚全世界。回顧一年前亞塞拜然人民陣線在巴庫發動武裝奪權而遭到血腥鎮壓，西方國家大多並未指責蘇聯；立陶宛領導人引以為鑑，要求國人務必以非暴力的方式抗爭，這時卻還是遭到血腥鎮壓。西方國家無法接受，紛紛斥責蘇聯紅軍的野蠻行為，連原本堅定支持戈巴契夫的美國布希總統也加入譴責行列。雖然戈巴契夫及蘇聯國防部長亞佐夫、內政部長普戈（Boris Pugo）都否認事前知情，也否認下令軍隊開火；但國內外都不相信，許多人更懷疑戈巴契夫已經和蘇共保守派及軍方走在一起。

正當全世界都在等待戈巴契夫明確交代的關鍵時刻，他雖然說了話，「卻口舌笨拙，雜亂無章，讓人感覺他不是對事情一無所知，就是故意搪塞，或是不願意說出實情。」這是當時在他身旁已有五年的助理切爾尼亞耶夫於很多年後，回顧整個事件所做的敘述。切爾尼亞耶夫又說，許多戈巴契夫身邊的幕僚、助理、祕書因而紛紛辭職求去。

民主派對戈巴契夫更是毫不留情，在莫斯科發動十萬人示威遊行，要求戈巴契夫、國防部長及內政部長都辭職下臺。許多蘇共辦的報紙、雜誌也撰寫痛罵戈巴契夫的文章，甚至有很多編輯集體辭職。更多共產黨員在這時決定退黨，或轉而加入民主派。葉爾欽這時卻飛到愛沙尼亞的首都塔林（Tallinn），代表俄羅斯政府與波羅的海三小國簽署一份文件，承認三小國獨立自主。

事件發生後第九天，戈巴契夫才又在電視上發表演說，嚴厲地譴責軍方的魯莽行動，說自己不會同意這種暴行，又說這不代表蘇共政策的轉向。但戈巴契夫並沒有將國防部長、內政部長撤職，所以還是無法消除外界對他曾經授權以武力對付立陶宛人的懷疑。有一部分史家認為，更重要的是戈巴契夫這時若將亞佐夫和普戈都撤職，或許能避免本章後面將要敘述的「八一九政變」，而那將是壓垮蘇聯的最後一根稻草。

蘇聯公投及「新聯盟條約」

戈巴契夫的地位和聲望在維爾紐斯事件無疑受到嚴重傷害，他也自稱極為苦惱，不確定究竟人民是希望維持聯邦，還是希望解散？因而，在與幕僚討論後，戈巴契夫提出舉辦全民公投，讓各加盟國的人民自己投票決定的大膽建議。最高蘇維埃接受此一提議，決定在三月中舉辦。在蘇聯的十五個加盟共和國中，立陶宛、拉脫維亞、愛沙尼亞、喬治亞、亞美尼亞及摩達維亞等六國拒絕參加公投，但還是有九國決定參加，其結果出人意外，竟有七十六％的選民贊成維持聯邦，連俄羅斯也有超過七成選民表示支持。

蘇聯公投的結果說明一件事，戈巴契夫始終擔心如果允許三小國獨立後將引發骨牌效應，導致蘇聯整個解體，其實是不必要的。在蘇聯所有的加盟共和國中真正想要獨立的，只有三小國，其他共和國雖然各有不同的問題，並沒有一個像三小國那樣堅決要求脫離蘇聯。此外，喬治亞、亞美尼亞及摩達維亞雖然拒絕舉辦公投，也沒有說一定要脫離蘇聯而獨立。

事實上，蘇共內部早已有雅科夫列夫及切爾尼亞耶夫等人，建議戈巴契夫同意讓波羅的海三小國脫離蘇聯而獨立。切爾尼亞耶夫甚至說，如果戈巴契夫堅持蘇聯必須維持「統一及不可分割」的原則，而強行把立陶宛留在蘇聯裡，將親手毀掉他「以改變世界為使命」的事業。依據切爾尼亞耶夫所寫的《在戈爾巴喬夫身邊六年》，美國總統布希在和戈巴契夫私下討論時，也曾幾次對他直接說：「放了波羅的海三國吧，忍痛割愛吧，這樣你們會好過些。」然而，戈巴契夫始終不同意。

無論如何，戈巴契夫受到公投結果極大的鼓舞，因而決定進一步邀請各加盟共和國的領導人到莫斯科舉行會談，討論一項把蘇聯改為「主權國家聯盟」（The Union of Sovereign States）的方案。會後戈巴契夫與各共和國的領導人共同簽署聯合宣言，同意起草一份《新聯邦條約》（*New Union Treaty*），以取代各國原先在蘇聯創立時共同簽署的條約。草約經各共和國分別確認通過後，各國代表將於八月二十日集會，舉行共同簽署的儀式。此後，聯邦成員國各自獨立，但將有一個聯邦總統領導的中央政府，負責共同的外交及軍事政策。由於俄羅斯公投也支持維持聯邦，葉爾欽也簽署了此一聯合宣言。

不過蘇共內部的保守派堅決反對此一條約，認為此條約終將導致聯邦瓦解。蘇共在四月舉行中央全會時，有人就直接提議罷黜戈巴契夫，戈巴契夫卻獲得壓倒性的票數支持。但蘇共政治局、軍方及克格勃少數高層仍不甘心，開始祕密集會，決定無論如何都要阻止條約簽署。直接地說，此一密謀最終葬送了戈巴契夫的夢想及努力。

六月底，俄羅斯舉行總統大選。戈巴契夫再一次盡力阻擋葉爾欽，但葉爾欽還是勝利當選。令人震驚的是，葉爾欽就任總統後發布的第一號命令，竟是禁止共產黨在俄羅斯的政府機關及企業內設立黨部。戈巴契夫對此無可奈何，蘇共內部保守派的危機感卻加深。當時蘇聯國內已有政變的謠言流傳，布希也獲得情報，命令美國駐莫斯科大使持他的親筆信，請求戈巴契夫小心防範。戈巴契夫卻一笑置之，不以為意。到了八月初，他又決定帶蕾莎和家人飛到位在黑海邊佛羅斯（Foros）休假，預備在兩星期後再飛回來主持與各加盟共和國簽約的儀式。

從「八一九政變」到蘇共解散

戈巴契夫一離開莫斯科，蘇聯國安會主席克留奇科夫（Vladimir Kryuchkov），立即串連國防部長亞佐夫、內政部長普戈、副總統亞納耶夫（Gennady Yanayev）、最高蘇維埃主席盧基揚諾夫等，共同成立「緊急狀況委員會」，發動政變。政變集團先派一支小部隊到佛羅斯，將戈巴契夫一家人都軟禁，然後在一九九一年八月十九日清晨，由亞納耶夫按計畫發布聲明，以「戈巴契夫因病未能視事」為由，自任為代理總統，宣布國家進入緊急狀況，又發表《告蘇聯人民書》，聲稱不同意計畫在第二天即將簽署的「主權國家聯盟條約」。

緊接著，坦克車及武裝部隊出現在莫斯科街頭。但葉爾欽在獲悉事變後，立即趕到俄羅斯政府的辦公大樓「白宮」，公開指斥政變違法違憲，又呼籲軍人拒絕參加政變。莫斯科數萬名市民也迅速地在白宮四周聚集，響應反政變，並協助構築防禦工事。一部分軍隊及裝甲部隊的指揮官也表態，拒絕接受政變集團

蘇聯八月流產政變事件後，葉爾欽在會議中當眾指斥戈巴契夫

的命令。同時，列寧格勒及其他大城市也出現大規模的反政變抗議活動。

亞佐夫、克留奇科夫等人在發動政變後不到三天，就知道大勢已去，只得放棄政變，與其他領導人一起緊急搭機飛到佛羅斯，希望當面向戈巴契夫悔罪認錯。不料戈巴契夫將他們全部拒於門外。不久後，俄羅斯代表團奉葉爾欽之命到來，戈巴契夫卻欣然接見，並與他們一起搭機飛回莫斯科。戈巴契夫回到莫斯科時已是午夜，但仍有許多支持者聚集在白宮等候。戈巴契夫卻完全不知道，而由俄羅斯代表團安排直接把他送回家。在白宮等候的民眾無不失望，戈巴契夫自己也喪失於第一時間向全國人民公開談話的機會。

有一部分史家評論，戈巴契夫如果選擇帶領悔罪的亞佐夫等人回到莫斯科，並迅速發表談話，而不是接受葉爾欽的安排，或許蘇聯、蘇共及他自己後來的結局會有很大的不同。根據當時擔任莫斯科市長的波波夫於一年後在報紙上寫的文章，葉爾欽正是希望藉掌握戈巴契夫的行動，將其置於不利的地位。波波夫曾經與葉爾欽一同列名為「跨地區代表團」的五名聯合主席，在八一九政變時還是盟友，後來卻反目成仇，因而撰文揭露葉爾欽。

西方各國在政變前原本都全力支持戈巴契夫，而對葉爾欽有疑慮。但美國總統布希在葉爾欽率先反抗政變後公開讚揚他，英國、德國立刻跟進。葉爾欽的聲望因而急漲，戈巴契夫相對失色。葉爾欽在不久後舉行記者會，公開宣布禁止共產黨在俄羅斯境內活動。烏克蘭、白俄羅斯及其他共和國隨後也都宣稱共產黨是非法組織。蘇共高層這時大多因為涉入政變而被捕入獄，內政部長普戈卻自殺而死。

戈巴契夫與其他同志討論黨的未來，最終認為無路可走，只得宣布辭去蘇共總書記的職務，解散中央委員會。蘇聯各加盟國的共產黨也只能和一年前東歐各國的共產黨一樣，不是宣布解散，就是改名。

蘇聯共產黨的前身是俄國社會民主工黨（布爾什維克），於一九一七年二月革命後由列寧創立，至此走到終點，前後共七十四年。

蘇聯解體：從《別洛韋日協議》到《阿拉木圖宣言》

蘇共雖然解散了，戈巴契夫仍想繼續推動「主權國家聯盟」，但這時情況已經不同。西方各國原本對於是否要承認自行宣告獨立的波羅的海三小國有些遲疑，但在政變發生後便迅速地予以承認。其餘十二國不久後也都獲得承認，不過大多表示仍願意加入新聯盟。然而，葉爾欽的幕僚這時卻強烈主張，俄羅斯不需要有一個太上政府在上面統籌外交及軍事，又認為有一部分加盟共和國經濟情況不佳，新聯盟成立後反而會成為俄羅斯的負擔。

葉爾欽深以為然，於是依幕僚的建議，邀請烏克蘭總統克拉夫丘克（Leonid Kravchuk）及白俄羅斯最高蘇維埃主席舒什克維奇（Stanislav Shushkevich），一同到白俄羅斯的別洛韋日（Belavezha）原始森林中舉行祕密會議。會中討論葉爾欽所提出的一個新方案，其主要內容是承認各共和國退出蘇聯及分別獨立的事實，改而成立一個類似大英國協的「獨立國協」（Commonwealth of Independent States）組織。三國在會後簽訂草約，隨即又分別迅速地獲得各自最高蘇維埃批准，這就是所謂的《別洛韋日協議》（*Belovezha Accords*）。其他共和國至此也陸續點頭同意加入。

一九九一年十二月二十一日，蘇聯十一個加盟共和國（波羅的海三國拒絕參加，喬治亞在兩年後才加入）的領導人在哈薩克的首都阿拉木圖（Alma-Ata）集會，並發表宣言，共同成立獨立國協。至此蘇聯只能走入歷史，戈巴契夫只得在十二月二十五日透過電視轉播，發表最後一次演講，辭去蘇聯總統職位。又過一天，蘇聯最高蘇維埃也通過解體的決定。

蘇聯是由史達林在列寧病重時於一九二二年十二月建立，至此結束，共六十九年。但如果把一九一七年十月革命後的蘇俄內戰時期算入，也是七十四年。

第五部

共產世界崩解之後

（一九八九年後）

第16章 一九八九年後的東歐各國

本書在前面的三章裡，敘述了一九八九年到一九九一年之間發生在共產世界的三件大事：中國的六四事件、東歐的民主化革命，以及蘇聯解體。我相信，很多人必定好奇在歷經這些巨變之後，中國、東歐八國、前蘇聯及其組成的十五個加盟共和國，以及其他地區的共產勢力接著各自究竟如何演變？如何發展？這當然是一個極其重要的問題，因為這些國家的後續演變，在很大的程度上，無疑形塑了整個世界後來的政治及經濟發展；因而，也有必要為讀者們詳細敘述。本書第五部（第十六至十九章）正是為此一目的而寫。

本章的敘述將聚焦東歐國家，不過在一一分別敘述各別國家的演變之前，必須先指出兩件事：首先，東歐各國之所以發生巨變，主要原因是在政治和經濟都受到巨大的壓力，不得不進行改革。其次，各國的共產黨雖然都下臺了，不過是在政治上改變意識形態及體制，但經濟問題（如外債高築，通貨膨脹及低生活水平）卻不會因此而消失，因而是各國新政府上臺之後必須優先解決的重點。

另有一個後來普遍出現於各國的現象，在此一併指出。各國新政府上臺後，如果是由改革勢力主導，由於官員大多沒有執政經驗，也未必能迅速解決長久累積的經濟問題，人民極可能不滿，或失去耐性，其結果是讓由共產黨改名的左派政黨有機會東山再起。反之，新政府如果是由原先的共產黨改組，大多沒有積極改革的動力，人民因而遲早還是要趕他們下臺。但無論是哪一種情況，由於憲法已經廢除一黨專政，政黨輪替將成為常態。

以下先從波蘭說起。

波蘭的政經改革及政黨輪替

如前所述，波蘭在一九八九年九月成立新政府，原任共產黨總書記賈魯塞斯基依協議當選為臨時政府總統，不過總理及多數閣員都是由團結工聯成員擔任。波蘭的第一任總理馬佐維耶茨基（Tadeusz Mazowiecki）曾是華勒沙的親密戰友，但財經不是他的專長，所以提名經濟學家巴爾采羅維奇（Leszek Balcerowicz）擔任副總理兼財政部長。

巴爾采羅維奇曾是波共黨員，在波蘭馬克思列寧學院工作過，也曾經留學美國，取得博士學位。為了迅速將波蘭從社會主義計畫經濟轉型到資本主義市場經濟，巴爾采羅維奇成立一個顧問委員會，延攬一群國內外的財經學者專家，其中最有名的是美國哈佛大學的薩克斯（Jeffrey Sachs）教授。根據顧問委員會的建議，巴爾采羅維奇說服國會火速通過十一個法案，推出「休克療法」（Shock Therapy，或稱「震盪療法」），主要是採行徹底的經濟、貿易、金融自由化政策。具體地說，就是取消物價管制，取消國家補貼政策，放任國有企業破產或私人化，允許外資進入，允許解雇工人；嚴禁編列預算赤字，停止無限制印鈔票等等。

回顧二次大戰之後，美國為了要解決日本通貨膨脹的嚴重問題，同時幫助日本迅速復興，在一九四八年派了一位銀行家約瑟夫・道奇（Joseph Murrel Dodge）到東京，強迫日本政府採行「道奇路線」以推動財經改革，獲得巨大的成功，日本因而在一九六〇年代發展成為亞洲經濟巨人。

波蘭這時採行的休克療法，其實就是所謂的道奇路線，也同樣很快地就壓制了通貨膨脹，終結糧食及民生用品短缺，並大幅減少外債。不過和日本一樣，波蘭有許多國營企業也因而被關閉，造成大批工人失業，引起不滿。但一般認為改革是成功的，並為波蘭的經濟打下堅實的基礎。根據世界銀行的統計資料，波蘭在一九九二到九七年之間每年的經濟成長都達到十五至二〇％，人均國民所得在五年內從大約二千美元倍增到超過四千美元。

但波蘭經濟改革成功並不能保證團結工聯長保政權。華勒沙在一九九二年當選為總統，依法辭去團結工聯主席，卻與後繼的領導階層發生歧見，團結工聯內部因而發生分裂。與此同時，由原波蘭共產黨改組的波蘭社會民主黨與其他左派政黨共同組成一個「民主左派聯盟」，日漸壯大。

另有一個問題：波蘭新政府採行的政治體制是雙首長制，總理雖然擁有行政權，並且由國會選舉產生，總統卻有任免總理之權，而外交及國防事務也由總統執掌；此外，總統也有權解散國會，所以地位極為重要。華勒沙曾是傑出的團結工聯領袖，這時卻被許多人批評是不稱職的總統，連帶影響內閣也不穩定，五年中竟出現六任總理，分屬五個不同的政黨，因而政治越來越混亂。

一九九五年，華勒沙競選連任總統，結果敗給社會民主黨的候選人克瓦希涅夫斯基（Aleksander Kwaniewski）；同時，民主左派聯盟也贏得兩院國會大選，完全執政。波蘭三十幾個右翼民主政黨在敗選之後痛定思痛，共同組織「團結工聯選舉行動」（Akcja Wyborcza Solidarność，簡稱AWS），又重整集結成為一股強大的政治力量。雖然民主左派聯盟在五年後的總統及國會選舉仍然獲勝，但從二〇〇五年起，波蘭的執政黨一直都是由「法律與公正黨」（Law and Justice）及「公民綱領黨」（Civic Platform）輪替，而這兩個黨都是在二〇〇〇年之後，才從原來的團結工聯選舉行動裡分出來成立的。反之，波蘭民主左派聯盟及其他左派政黨在國會中的議員席次越來越少，只占一〇%左右，充分顯示選民的傾向。

卡廷大屠殺事件的真相

蘇聯解體後，波蘭有個爭論四十幾年，攸關歷史是非、真假的重大事件終於水落石出，真相大白，在此也必須一併敘述。

回溯一九三九年，蘇聯在與德國簽定瓜分波蘭的密約後迅速出兵，俘虜了數十萬波蘭人，大部分後來獲得釋放，或被流放；但有大約兩萬兩千人在一九四〇年四月初起的一個半月內遭到處決。死者中包括約三百名將軍及校級軍官、兩千名尉級軍官、一萬多名士兵及警察，另有一千多名知識分子及專業人士，如大學教授、醫師、律師、工程師及政府官員；總之，被處死的大多是波蘭的菁英分子。處決的地點主要在現今俄羅斯境內的卡廷（Katyn）、加里寧（Kalinin）及烏克蘭境內的斯塔洛柏斯克（Starobilsk）三處戰俘營中。所有的人都被在腦後開一槍斃命，然後被丟進萬人坑中，草草掩埋。

萬人坑在後來漸漸被人發現，但外界很少人知道，直到一九四三年德軍進攻到卡廷森林，發現數千具屍骨，宣稱是蘇聯所為，才引起軒然大波。當時波蘭流亡政府正與蘇聯合作對抗德國，其領導人西科爾斯基將軍（Wladyslaw Sikorski）不得不要求蘇聯解釋。但史達林辯稱納粹德國才是卡廷大屠殺的劊子手，卻謊稱是蘇聯所為，目的正是要離間波、蘇兩國。西科爾斯基不知真相為何，決定轉請國際紅十字會進行調查。為此史達林大怒，宣布與波蘭流亡政府斷交。兩個月後，西科爾斯基搭乘的軍機在起飛後失事，機上所有人全部喪生。有人懷疑墜機事件與蘇聯也有關，不斷提出「陰謀論」。

有學者研究相關的檔案後指出，當時的英國首相邱吉爾及美國總統羅斯福私下都相信卡廷慘案是蘇聯所為，卻因正在和蘇聯共同對軸心國作戰而壓制內部所有相關的報告。過了一年，史達林開始扶植由共產黨員組成的盧布林委員會，又蓄意消滅波蘭流亡政府及其所領導的地下反抗軍，詳情本書第六章已經敘述。然而，英、美兩國到二戰結束後還是繼續為蘇聯掩蓋惡行。

波蘭後來被關入鐵幕，卡廷事件遂成為一項禁忌，無人敢公開談論。一直到戈巴契夫宣布改革開放後，波蘭政府才開始要求他協助追查卡廷事件的真相，並獲得允諾。一九九〇年四月，波蘭臨時政府總統賈魯塞斯基訪問莫斯科，戈巴契夫當面坦承當年的大屠殺惡行確實是蘇聯所為。

蘇聯解體後，前蘇聯政府及蘇共的機密檔案大多轉由俄羅斯政府保管；有人在其中發現卡廷事件的極機密原始檔案，葉爾欽於是在一九九二年十月派特使到華沙，直接將這些檔案交給波蘭總統華勒沙。檔案中有一份資料是一九四〇年三月蘇聯內務部人民委員貝利亞寫的報告，其中建議處決兩萬五千多名波蘭俘虜，因為這些人在經過審訊後被認定「將來可能造成蘇聯控制波蘭的極大阻礙」；史達林、莫洛托夫、米高揚等多名政治局委員都在這份文件上簽署批准。那些奉命行刑的劊子手後來也有人出面承認，當年每晚處決兩百五十名無辜的俘虜之前必須先喝酒，但仍是無法減輕良心的不安。

卡廷大屠殺事件由此真相大白，不再有任何爭議。

一九八九年後的匈牙利及捷克斯洛伐克

緊接著波蘭發生民主化革命的國家，是匈牙利及捷克斯洛伐克。

匈牙利在一九九〇年三月第一次國會選舉後，由中間偏右的政黨「匈牙利民主論壇」的黨魁安妥出任總理。產生一個由三黨共同組成的聯合政府；由匈共改組而成的社會黨只獲得十一%的選票。

安妥擔任總理後，為了要解決和波蘭一樣嚴重的經濟問題，也採行市場經濟，引進私有化制度，結果卻失敗了，不但出現大批失業人口，物價也不斷地飆漲，達到每年二〇%，另外還有貪污、舞弊、犯罪率高等問題。人民至為不滿，黨內也為此出現爭論，開始分裂；更不幸的是，安妥在四年任期未滿就病死了。結果由原先匈牙利共產黨改組的社會黨獲得一部分保守政黨支持，在一九九四年五月的國會大選中竟獲得超過半數席次，取得政權。但社會黨在一九九八年又被選下臺，由一位歐班．維克托（Orban Viktor）所領導的「青年民主主義者聯盟—匈牙利公民聯盟」（Fidesz - Hungarian Civic Alliance，簡稱「青民盟」）取而代之，再度成立一個中間偏右的聯合政府。

到了二〇〇二年，社會黨又擊敗青民盟，東山再起，並在二〇〇六年五月大選再度獲勝。連選連任的總理費倫茨．久爾恰尼（Ferenc Gyurcsany）卻在黨內的閉門會議中，對黨員撂重話，說社會黨在過去四年完全沒有做出任何值得誇耀的政績，而是靠說謊贏得勝選；並且在這次會議中滿口髒話，出現十幾次極其粗鄙、下流的字眼。不料有一個廣播電臺祕密取得會議內容的錄音，在當年九月播出，結果引起全國民眾不滿，爆發長達十天的示威及暴亂。

一般認為，此事件是造成青民盟於二〇一〇年贏得大選而重新執政，並且獲得超過三分之二國會席次，取得絕對掌控權的主因；不但如此，青民盟在此後又三次贏得大選，歐班也一再連任總理。反觀社會黨則是連續大敗，越來越弱，已經淪為無足輕重的小黨。

值得注意的是，從二〇一一年起，歐班多次利用青民盟掌控國會的絕對優勢，發動修憲而擴張行政權，同時削弱司法權，又通過一項對青民盟有利的新選舉法。由於此一改變，青民盟雖然在二〇一四年只得到四十四%選票（原先二〇一〇年得到五十二%），卻仍能維持在國會中超過三分之二的絕對多數席次。二〇一五年，當歐洲因為中東戰亂而發生難民湧入危機時，歐班採取強硬的措施阻止難民進入（其中大多是敘利亞人）遭到許多歐盟國家批評，但也得到不少民眾表示支持。歐班選擇與俄羅斯、中國保持密切的關係，而無視於俄羅斯侵略烏克蘭及中共在香港反人權的強制行動，又主張所謂的「非自由民主」理念及「疑歐論」。歐班的所作所為使得多數歐盟國家極為不滿，認為匈牙利已經轉變為一個民粹主義的極右威權政體，歐洲會議更批評：「匈牙利已經不再是一個完全民主的國家」，聲稱將考慮停止匈牙利在歐盟中的部分權利，但歐盟國家中卻有一些右派民粹主義政黨對歐班熱烈表示贊同。

接著說捷克斯洛伐克。哈維爾領導絲絨革命後，於一九九〇年四月將國名改為「捷克和斯洛伐克聯邦共和國」。但在歷史上，捷克和斯洛伐克從來不是一個國家，而是由兩個分立的個體組成的聯邦，兩者在宗教信仰及經濟發展也有相當大的差異，因而雙方都有一部分人民表示不願繼續生活在同一個屋簷下，並爆發群眾示威運動，要求分離。捷克總理克勞斯（Vaclav Klaus）與斯洛伐克總理梅西亞（Vladimir Meciar）於是受命密集討論分離協議，並宣布於一九九三年元旦正式分家。由於分手過程極為和平有序，沒有發任何流血衝突，一般稱之為「絲絨分離」，與先前的絲絨革命互相輝映。

克勞斯原是哈維爾領導的「公民論壇」的一員大將，由於後來被選為總統的哈維爾不願再領導公民論壇，克勞斯於是另行成立一個右翼政黨，稱為「公民民主黨」（Občanská demokratická strana，簡稱ＯＤＳ），並在選舉後成為第一任捷克共和國總理，領導聯合政府。到了一九九八年，公民民主黨遭一個中間偏左的「社會民主黨」（Česká strana sociálně demokratická，簡稱ＳＯＣＤＥＭ）取而代之，成立另一個聯合政府。此後二十幾年，由於捷克始終沒有一個政黨在國會中過半，總是由中間派，或偏左，或偏右的聯合政府輪流執政。

梅西亞曾在舊日的共產政權裡擔任過內政部長，兼管祕密警察，在斯洛伐克獨自建國後也擔任第一任總理。但其本人及其所領導的「斯洛伐克民主運動」[1]都具有威權及民粹色彩，在一九九八年被右派及中間派組織的聯合政府取代。此後斯洛伐克的政黨又不斷地消失或新生，但和捷克一樣，總是由中間偏左及中間偏右的政黨各自組成聯盟，輪流執政。

一九八九年後的保加利亞

如前章所述，保加利亞的反對黨民主力量聯盟，在一九九一年底舉行的第二次國會大選中擊敗社會黨，順利組閣。但由於保加利亞和部分其他東歐國家一樣，企圖採取「休克療法」以解決經濟凋弊的大問題，但同樣也失敗了；結果不但造成經濟持續衰退，同時引發通貨膨脹，以及貪腐問題（保加利亞被認為是歐洲貪腐最嚴重的國家之一），使得該國社會始終處於動盪不安。

保加利亞實施單一國會制，國家的真正領導人不是總統，而是總理；但在前六年裡竟出現五位總理，並且分屬民主力量聯盟、獨立人士及社會黨，足以說明其政治混亂的情況。一九九七年，在全國人民為惡性通貨膨脹而爆發劇烈的抗議運動中，執政的社會黨被迫下臺，但民主力量聯盟接手後，仍無法解決上述種種問題，結果在二〇〇一年被一個新政黨取代，而創立此一新政黨的，竟是退位已有五十年的保加利亞沙皇西美昂二世（Simeon II）。

西美昂二世當年被共產黨逼迫退位時年僅九歲，後來因經商成為巨富。他在競選期間誓言，將快速發

---

1 Movement for a Democratic Slovakia，後期稱為「人民黨—爭取民主斯洛伐克運動」（People’s Party–Movement for a Democratic Slovakia）。

展保加利亞的經濟，引進外資，結果獲得人民支持，順利組閣。在他任內，保加利亞經濟果然快速成長，人均所得超過一倍，但他的其他承諾，如解決失業、貧富不均及治安問題仍然十分嚴重；其結果是社會黨在二〇〇五年的大選中獲勝，西美昂二世領導的政黨得到第二多票，只能在聯合內閣中扮演次要角色。

但在西美昂二世的政黨中，有一位前保加利亞共產黨員鮑里索夫（Boyko Borisov），卻成功地參選而成為首都索菲亞的市長，並且脫黨創立一個中間偏右的「保加利亞歐洲發展公民黨」（Grazhdani za evropeysko razvitie na Bŭlgaria，簡稱GERB），又在二〇〇九年一舉擊敗社會黨，成為此後保加利亞最大、最有影響力的政黨。西美昂二世由於得票越來越少，最後只得退出政壇。在保加利亞歐洲發展公民黨及許多新起的政黨競爭之下，社會黨及民主力量聯盟也逐漸失去選票，淪為小黨。

必須指出，保加利亞由於前述的經濟、通膨、治安及貪腐等的問題始終無法解決，人民失望而大量移民國外，生育率更遠低於死亡率，以致於人口大幅下降，竟從一九八九年的九百萬人降到只剩下二〇二二年的六百四十五萬，減少將近三成。其他東歐國家有一部分雖然也略有降低的趨勢，但沒有一個像保加利亞如此嚴重；即便是發生戰亂的波士尼亞，人口也只減少二成左右。

一九八九年後的羅馬尼亞

接著說羅馬尼亞。當初羅馬尼亞共產黨倒臺的過程與眾不同，是南斯拉夫之外唯一發生嚴重流血事件的東歐國家。不過由於西奧塞古政權在後期太快被推倒，有力量的反對黨還來不及組織，只出現許多零星小黨，共產黨卻迅速地改組成立「救國陣線」，並贏得大選，成立新政府，而仍然牢牢地掌握政權。

人民對此當然無法接受，反對人士及激進學生於是以選舉舞弊為由，拒絕承認新政府，並在首都布加勒斯特發起示威抗議。警察及憲兵奉命鎮壓，不料引發更大的暴亂，導致警政總部、國家電視臺、外交部大樓都被搗毀。

由於先前西奧塞古是因為軍隊拒絕鎮壓群眾而被推翻的，新當選為總統的伊利埃斯庫不敢命令軍隊鎮壓學生，只能「呼籲人民起來保護新政府」。這時，在首都西邊三百多公里外全國最大的煤礦區朱谷（Jiu Valley），竟有上萬名礦工起而響應，來到首都，將示威群眾打得頭破血流。這些礦工其實是由新政府的情報局勸誘，並安排專列火車載運到首都的。

救國陣線後來改名為「羅馬尼亞社會民主黨」，但還是沒有能力進行改革。首都布加勒斯特因而不斷地發生反政府抗爭事件，礦工又每次被請來為政府解圍。然而，政府對工人承諾的優惠條件漸漸無法兌現；礦工自認受騙，轉而發起示威，向政府要求補償，卻仍是拿不到，因而不再相信政府。最終，社民黨在一九九六年的國會及總統大選都大敗，由一個中間派及右派政黨組成的聯盟「羅馬尼亞民主議會」（Convenția Democrată Română，簡稱ＣＤＲ）取得政權。

但新總統康斯康斯坦司古（Emil Constantinescu）也無法迅速推動改革，主要原因是改革需要資金，而世界銀行及國際貨幣基金（International Monetary Fund，簡稱ＩＭＦ）都要求羅馬尼亞政府推動私有化，並不得繼續補貼煤礦及其他沒有績效的企業，否則不願提供貸款。這其實也和波蘭所採行的休克療法類似，或許能幫助羅馬尼亞，卻是一劑苦藥，不容易吞，但康斯康斯坦司古只能接受，同意逐步進行。煤礦工人於是又到首都示威抗議，但最終礦區還是一一被關閉，大部分工人被迫接受輔導退休或轉業。

到了二〇〇〇年，伊利埃斯庫又領導經過重組的社會民主黨重新取得政權，不過由於經濟改革已經啟動，他在上臺後只能維持同樣的路線。二〇〇四年之後，新政府大多是由自由、保守的政黨掌控，改革的政策大致就維持不變了。

事實上，羅馬尼亞既有良好的農業基礎，又擁有豐富的石油及天然氣蘊藏，只是在原有的僵硬體制及貪腐官僚統治之下無法發展；而在推動新政策之後，經濟開始發展，成長迅猛。依據世界銀行的資料，羅馬尼亞的人均所得在一九九九年及二〇〇八年各為美元一千六百一十元及八千八百元，十年之間成長四倍半，十分驚人。因而，在此期間，與羅馬尼亞有密切貿易關係的西歐國家，稱之為「東方之虎」。

阿爾巴尼亞的轉型正義

如前所述，阿爾巴尼亞共產黨總書記阿利亞雖然是由獨裁專制的霍查一手培養，卻毫不猶豫地放棄馬列主義，主動配合人民、學生和反對黨推動民主化，過程迅速、和平而不流血。一九九一年，當阿利亞領導由共產黨改名的社會黨贏得臨時選舉時，也同意國會及總統任期都只有一年，使得反對力量民主黨在隔年正式選舉中，奪得國會多數席次；同時，民主黨推出的總統候選人貝里沙也順利當選。

貝里沙開始執政後，決定推動市場經濟，引進外資，同意國企私有化，阿爾巴尼亞的國民所得由此大幅增加。然而，令人意想不到的是，他竟下令逮捕阿利亞和舊政府的總理、副總理等多人又起訴他們，罪名是他們在先前任職期間濫用職權，侵占國有財產等。阿利亞表示不能接受如此以政治鬥爭的方式清算社會黨，要求審判時由電視公開轉播，卻遭到拒絕。最後，所有被告都被判刑，阿利亞也被判處九年有期徒刑，雖然後來獲得減刑，但也坐了三年牢，到一九九五年七月才出獄。

必須指出，類似的情形先前也發生於其他東歐國家，但結果與保加利亞明顯不同。以波蘭為例，賈魯塞斯基從一九八一年開始擔任共產黨總書記之後，便迫害華勒沙和團結工聯成員，後來卻同意與團結工聯達成諒解及合作，並共同召開圓桌會議；因而，波蘭新政府在波共下臺後，並未清算舊政府的領導人。反觀阿爾巴尼亞，阿利亞從一九八五年開始執政後並未迫害反政府人士，貝里沙原本是一位名醫，也不是反抗運動領導人，更不曾遭受過迫害；因而，很多人質疑貝里沙在掌權後是否有必要如此對待阿利亞。

不料阿利亞出獄七個月又遭到逮捕，遭到起訴，理由是他在共產黨統治期間犯了「種族滅絕罪」。但不久後，由於阿爾巴尼亞發生全國性的龐氏騙局破滅案，導致無數人傾家蕩產，引發大動亂，阿利亞於是趁亂逃到國外。

阿爾巴尼亞的龐氏騙局案其實早在貝里沙執政不久後便開始了，其規模之大，也造成一部分經濟成長的假象。由於民主黨政府及總統貝里沙都表示支持，許多人蜂擁投入，據估計，竟有八十五萬人參加投資，約占全國人口的三成。但依靠發出不正常的高利息支撐的騙局，最終還是在一九九六年底破滅了，驚慌失措的民眾立刻走上街頭，痛罵民主黨；一直以來備受打壓的社會黨於是趁勢而起，內戰立刻爆發。不過由於聯合國應邀派維和部隊來維持秩序及進行調解，貝里沙也接受建議重新舉行國會大選，戰爭只進行半年後就結束了。

選舉結果社會黨大勝，重新執政。同時，兩黨進行和解，同意共同建立一個民主、自由的政治制度，強化行政效率，尊重司法獨立，並與西方國家接軌。此後社會黨與民主黨基本上是由選民投票決定而輪流執政。其間兩黨當然還是明爭暗鬥，但總是和平移轉政權，不再有大規模的流血事件。從經濟上看，阿爾巴尼亞原本就落後於東歐各國，但從二〇〇〇至二〇〇九年的十年間，飛快成長了四倍，人均所得也超過了四千美元。

地圖7：南斯拉夫聯邦地圖（1945-1991年）

南斯拉夫的三次內戰及科索沃戰爭

當東歐各國紛紛爆發民主化革命後，南斯拉夫的六個加盟國也不例外，各自宣告獨立，但如上一章所述，塞爾維亞總統米洛塞維奇強行阻止其他加盟國脫離聯邦，內戰於是爆發，並且不只一次，而是三次，還要再加上一次塞爾維亞境內的科索沃戰爭。

斯洛凡尼亞及克羅埃西亞戰爭

一九九一年六月，斯洛凡尼亞及克羅埃西亞同時宣布獨立。米洛塞維奇立刻向兩國宣戰，派軍隊分別進入兩國。不過兩者國情不同，結局也不同。

由於斯洛凡尼亞並未與塞爾維亞接界，人口中塞爾維亞裔也不多，所以戰爭進行十天後就接受國際調解。克羅埃西亞的獨立戰爭卻是長期的。米洛塞維奇不僅出動「南斯拉夫聯邦軍」到克羅埃西亞，又在其境內扶植塞爾維亞族裔成立「克拉伊納共和國」（Krajina），宣布獨立，組織軍隊與南斯拉夫聯邦軍並肩作戰。雙方軍隊各自屠殺非我族類的平民竟成為常態，原本是鄰居的不同族群瞬間成為不共戴天的敵人，因而有數千人死亡，另有五十萬人無家可歸，逃到國外。

波士尼亞戰爭

波士尼亞及赫塞哥維納（簡稱「波赫」或「波士尼亞」）位置在塞爾維亞與克羅埃西亞之間，人口不過四百多萬人，種族卻很複雜。如果按人口數排列，依次為波士尼亞人、塞爾維亞族裔及克羅埃西亞族裔，而分別信仰伊斯蘭教、東正教及天主教。三個不同族裔的代表正在國會中為如何組織新政府而爭執不下時，塞爾維亞族裔竟接受米洛塞維奇的扶植，自行成立一個「塞族共和國」。波士尼亞人與克羅埃西亞人只得合作，並肩作戰，波士尼亞戰爭與克羅埃西亞戰爭因而是同步進行的。一九九二年三月起，塞族共和國軍隊與南斯拉夫聯邦軍會合，包圍波士尼亞首都塞拉耶佛，長達三年又十個月。

由於塞爾維亞人對波士尼亞人施暴，如集體強姦、大屠殺及蓄意滅絕種族，據估計造成至少十萬人死亡，聯合國及北約決定派維和部隊到波赫，以制止暴行。不料塞爾維亞軍隊竟出兵到維和部隊進駐保護的斯雷布雷尼察（Srebrenica）地區，公然屠殺約八千名男子，又集體強姦婦女。另有塞族軍隊肆意砲擊塞拉耶佛的市場，造成數百名平民傷亡。北約無法忍耐，下令空軍對塞爾維亞軍隊發起連續三星期大轟炸。塞爾維亞不支，地面部隊又被克羅埃西亞及波士尼亞聯軍擊敗，只得同意停戰撤軍。三方最後在聯合國的監督下，於一九九五年十二月簽署和平協定，互相承認獨立。

科索沃戰爭

米洛塞維奇不斷地鼓吹民族主義，一心想要建立一個「大塞爾維亞國」，不料在對外發動三次戰爭失敗後，自己國內也爆發「科索沃戰爭」（Kosovo War）。

科索沃位於塞爾維亞南部，居民中大部分卻是信奉伊斯蘭教的阿爾巴尼亞裔，是從十五世紀該地被鄂圖曼帝國征服後，從鄰近的阿爾巴尼亞逐漸移居過來的。米洛塞維奇一向歧視異教徒及異族人，因而在一九八九年宣布取消科索沃的自治權，將狄托所任命的政府官員大部分換成塞爾維亞人，又鼓勵塞爾維亞人大量移民到科索沃，使得阿爾巴尼亞裔至為不滿，遂起而反抗。其中有一支「科索沃解放軍」在米洛塞維奇對外發動三次戰爭期間逐漸壯大，而在一九九六年四月突然對境內的塞爾維亞軍、警、特務發動攻擊。米洛塞維奇下令反擊，戰爭從此逐漸升溫，至一九九八年達到高峰。

由於塞爾維亞軍隊極端殘忍，造成死亡人數近萬，另有二十幾萬人流離失所，北約決定介入，從一九九九年三月起對塞爾維亞進行長達兩個半月的大轟炸。塞爾維亞又不支，又只得同意從科索沃撤軍。戰後，科索沃先由北約多國部隊進駐，後來轉交聯合國託管。

西方國家認為，米洛塞維奇在多次前南斯拉夫的內戰中犯下無數次屠殺平民及種族清洗的罪行，向海牙國際法庭提出指控，稱之為「屠夫」。二〇〇一年，塞爾維亞新政府下令逮捕米洛塞維奇，然後將他送交海牙國際法庭受審。五年後，米洛塞維奇死於被羈押的牢中，但究竟是病死，或自殺，或其他原因，至今仍有爭議。

米洛塞維奇的前半生可說十分不幸：幼年時父母離異；二十一歲時，父親自殺；三十一歲時，母親又自殺身亡。有人認為，這些不幸對米洛塞維奇日後的性格可能產生極為負面的影響，並導致上述他的種種極端暴戾行為。

第17章 一九九一年後的俄羅斯、烏克蘭及其他前蘇聯加盟共和國

上一章敘述了一九八九年之後東歐八國的演變，本章接著敘述一九九一年蘇聯解體後，原本十五個加盟國的後續變化。由於各國國情不同，各自的後續變化自然也都不同。不過如同上一章，我在分述各國的變化之前，必須先指出幾個發生在各國的共同問題及現象。

首先，由於蘇聯是在長期混亂中突然解體，十五個加盟共和國大多無法立即因應而大多顯得慌亂，這和東歐八國大多有時間討論如何過渡到民主化的情況極為不同；其結果是，除了波羅的海三小國的轉型過程比較平順之外，其他各國大多發生內部衝突，或是內戰，或與鄰國之間的戰爭。

其次，由於俄羅斯是前蘇聯加盟共和國中的超級大國，先後的領導人葉爾欽及普丁（Vladimir Putin）又有明顯干預其他國家的企圖，因而，除了波羅的海三小國之外、其餘各國的後續發展，包括內部鬥爭，或對內、對外的戰爭，無不受到俄羅斯極大的影響。

最後，在蘇聯八一九政變之後，各國雖然都停止共產黨一黨專政而改採多黨制，實際上只有少數發展為具有實質性的民主政治制度，大多還是落入不同形式的極權獨裁統治。有一部分歷史學家評論，這些不幸正是戈巴契夫改革失敗的後遺症。

為討論順序方便，我將先敘述波羅的海三小國，其次說舊蘇聯的三個核心國家，即是俄羅斯、白俄羅斯、烏克蘭，再說高加索三國，最後說中亞五國。

波羅的海三小國在獨立後的變化及發展

首先必須指出，在立陶宛獨立運動的過程中，共產黨總書記布拉札斯卡斯曾積極投入，甚至不惜與蘇共決裂，帶領黨員另行組黨而深獲民心。一九九二年十月，立陶宛舉行獨立後的第一次國會大選，布拉札斯卡斯領導其所創立的「民主勞工黨」（Lietuvos demokratinė darbo partija，簡稱LDDP），不僅擊敗了曾經領導立陶宛獨立運動的薩尤季斯所組成的選舉聯盟而獲勝，自己也在次年初也獲選為立陶宛第一任總統。

布拉札斯卡斯在一九九七年任滿下臺，阿達姆庫斯（Valdas Adamkus）繼其後獲選為總統，其過程極為特別而有趣。他在幼年時隨父母逃離立陶宛，移民到美國生活將近五十年，曾經擔任環保署的高官。蘇聯改革開放後，阿達姆庫斯開始頻繁回國探訪，退休後又決定回國定居，並申請放棄美國國籍而取得母國公民身分，獲得法院裁定取得競選總統的資格，又順利當選。

阿達姆庫斯擔任兩屆總統之後，立陶宛人民又在二〇〇九年選了一位舊日共產黨員葛寶斯凱德（Dalia Grybauskaite）擔任總統，不過早在蘇聯解體之前她就已經退黨，並曾赴美國留學。事實上，依立陶宛憲法規定，總統在當選後都必須退出政黨。

立陶宛國會也漸漸形成政黨輪替。二〇〇一年，民主勞工黨決定加入已有百年歷史的社會民主黨而消失。此後，新的社民黨與原先薩尤季斯改組而成立的「祖國聯盟—立陶宛基督教民主黨」（Tėvynės sajunga - Lietuvos krikščionys demokratai，簡稱 TS-LKD），一直是立陶宛最重要的兩個政黨，互相進行和平競爭，互有勝負。

拉脫維亞及愛沙尼亞與立陶宛國情類似，但有兩點不同。首先，立陶宛和波蘭一樣採半總統制，拉脫維亞及愛沙尼亞卻是採取議會制，總統只是虛位的元首。其次，在兩國國會中以偏右黨派及中間派居多，偏左的黨派在議會中從來不是多數派，所以沒有執政的機會，即便是在拉脫維亞位居第一大黨的「社會民主黨」，也始終只是主要的反對黨。

從葉爾欽到普丁——蘇聯解體後的俄羅斯

如前面指出，在舊蘇聯的十五個共和國中，俄羅斯無疑是最重要的一個，因為俄羅斯的人口占蘇聯的一半，土地占四分之三，經濟規模約占三分之二。當葉爾欽當選為俄羅斯總統，又決定要帶領俄羅斯脫離蘇聯時，戈巴契夫其實已經無法阻止蘇聯解體。

葉爾欽一向批評戈巴契夫只說不做，以致於國家混亂，人民貧困；等到獨立後，他就必須自己面對問題，尋求迅速解決的辦法。然而，現代史家幾乎一致同意，葉爾欽帶給俄羅斯的是更嚴重的混亂及貧困。幸而，他選擇的的繼任者普丁解決了大部分他所留下的爛攤子，不過在普丁長期執政下，又有新的問題產生出來。以下分段敘述其中的演變。

葉爾欽經濟改革的失敗

葉爾欽在一九九一年七月當選為俄羅斯總統，之後就決定要著手解決經濟的沉痾，於是任命兩位年輕的財經專家——蓋達爾（Yegor Gaidar）及丘拜斯（Anatoly Chubais）——賦予重責大任。

蓋達爾擔任財政部長，主張效法波蘭採行「休克療法」，採行劇烈改革的方式以加速推動市場經濟，立即解除物價管制，大幅裁掉國有企業的工人。丘拜斯被任命為「俄羅斯聯邦國有財產管理委員會」（State Committee for State Property Management of the Russian Federation）主席。他曾經擔任列寧格勒市副市長，在任內曾經研議如何參考捷克、匈牙利的作法以推動私有化，這時獲得葉爾欽同意，按人頭數免費發給人民「憑證」（Voucher），以便迅速推動國有企業私有化。

然而，俄羅斯的經濟改革尚未看到成效，盧布就已經大幅貶值，同時發生惡性通貨膨脹，使得數百萬俄羅斯人立刻陷入貧困；再加上許多工廠被關閉，大批工人失業，人民無不痛恨切齒。副總統魯茲柯伊（Alexander Rutskoy）及最高蘇維埃主席哈斯布拉托夫（Ruslan Khasbulatov）因而對休克療法深惡痛絕，反對繼續這種改革路線。

魯茲柯伊曾是阿富汗戰爭時著名的空軍飛行員，在多年後仍是百姓心目中的英雄；哈斯布拉托夫是一位知名的經濟學者。兩人在葉爾欽與戈巴契夫互鬥時都堅決地支持葉爾欽，這時卻與他反目相向。但葉爾欽決定不顧一切推動改革，也仍然信賴蓋達爾，不但請他暫代總理，又請最高蘇維埃同意他正式擔任總理，結果卻遭到否決。葉爾欽大怒，說最高蘇維埃是「保守及反動力量的堡壘」。最後雙方關係惡化，也導致葉爾欽所提的每一個議案在國會中都被否決。

俄羅斯的憲政危機及七寡頭

葉爾欽無法忍耐國會的抵制，在一九九三年九月突然宣布解散最高蘇維埃，提出修憲要求。但憲法法庭裁定葉爾欽的命令違憲，魯茲柯伊也召開人民代表大會，通過對葉爾欽的彈劾案，雙方的惡鬥於是演變成為憲政危機。保守派占據位在莫斯科的政府大樓「白宮」，並號召人民起來反對葉爾欽。但葉爾欽宣布進入緊急狀態，下令坦克攻占白宮，造成數百人死傷。魯茨科和伊哈斯布拉托夫雙雙被捕，經起訴後都遭判刑，不過後來都獲得特赦。

葉爾欽接著親自主導修憲，新憲法的主要內容是：將國會從一院制改為兩院制，在國家杜馬（下議院）之外增設一個不經選舉產生的聯邦委員會（上議院），又授予總統在一定條件之下有權解散國會，重新舉行大選；總統的權力因而擴大。蓋達爾及丘拜斯雖然沒有受命為總理，在後來數年中卻相繼擔任第一副總理，繼續推動改革。

然而，葉爾欽推動激進改革路線的結果是導致國家迅速朝向貧富不均及寡占傾斜，前述的「憑證式私有化」（voucher privatization）政策，尤其是造成寡占的重要因素。由於人民太窮，對未來也沒有信心，紛紛將政府發給的憑證賤賣給財團，其中又有官商勾結，國有企業及銀行因而大多被少數迅速崛起的黑色及灰色資本家低價收購。俄羅斯於是出現壟斷經濟的所謂「七寡頭」，其中的代表人物是別列佐夫斯基（Boris Berezovsky）及霍多爾柯夫斯基（Mikhail Khodorkovsky）。前者原本從事汽車、貿易、金融業，後來收購了多家重化工業國有企業，又控制了媒體及黑白兩道；後者以倒賣假酒及私人銀行起家，然後也開始收購國有企業，尤其是在一九九五年收購尤科斯（Yukos）石油公司之後，立即成為世界知名的石油業巨無霸。

七寡頭的共同點是與葉爾欽關係密切，通常經由總統顧問，即是葉爾欽的女兒塔地雅娜（Tatyana Dyachenko）與其聯繫，因而得以吞食國有企業，掌控國家經濟及金融，又干預政治，可謂明目張膽，肆無忌憚。

俄羅斯內戰：兩次車臣戰爭

葉爾欽執政期間除了政治及經濟混亂，還發生兩次車臣戰爭，是影響巨大的內戰。車臣（Chechnya）的地理位置在北高加索地區，南接喬治亞。車臣人口不多，但在歷史上以勇猛善戰，桀傲不馴聞名遠近。十九世紀中，車臣曾與印古什（Ingushetia）及達吉斯坦（Dagestan）等少數民族聯合，與數十萬沙俄軍隊打了五十幾年的仗，最後才終於臣服。但一部分車臣及印古什人仍心懷不甘，在二次大戰期間德國進攻蘇聯時，趁機起而反抗蘇聯。史達林因而在二次大戰後，以其與納粹德國合作為由，將五十萬車臣及印古什人放逐到西伯利亞，其中十五萬人死於半路上；赫魯雪夫執政後，允許這些人回到高加索的故鄉。到了蘇聯解體時，車臣仍屬俄羅斯，但由於舊恨新仇，人民反俄羅斯情結極為濃烈，目標始終是獨立建國。

車臣的領導人杜達耶夫（Dzhokhar Dudayev）剛好出生在二次大戰結束前一年，所以尚未足歲就由父母親抱著，一起被流放異鄉，幸而活下來，到十三歲時才又跟著父母回到車臣故土。他後來從軍，曾是阿富汗戰爭的英雄，官至少將，又曾奉派率部隊到愛沙尼亞，卻因不願鎮壓當地的獨立運動而辭官返鄉。

蘇聯在一九九一年發生八一九政變時，杜達耶夫立刻表示支持葉爾欽反抗政變集團，同時領導車臣人一起推翻共產政權，並宣布獨立。葉爾欽因而認同杜達耶夫，承認他在車臣的地位，並同意撤出所有在車臣的俄羅斯軍隊。後來杜達耶夫卻開始驅逐境內的俄羅斯人及烏克蘭人，引起葉爾欽的不滿。一九九四年十一月，葉爾欽下令出兵攻打車臣，第一次車臣戰爭於是爆發。當時車臣人口不到一百萬，俄羅斯國防部長誇口十天就能結束戰爭，結果卻屢屢吃敗仗，打了一年多仍結束不了，有一些俄羅斯人甚至開始同情車臣而反對此一戰爭。

到了一九九六年八月，葉爾欽怕戰爭影響自己競選連任總統，於是與車臣簽定和約，同意撤軍。此一和約等於承認車臣獨立，是車臣的一大勝利。然而，杜達耶夫不幸在簽約之前遭俄軍的飛彈炸死；更不幸的是，車臣內部原本已有兩派對立，這時開始分裂，其中的強硬派不顧溫和派的勸阻，在俄羅斯全境進行綁架、暗殺等恐怖活動。俄羅斯人民及國際社會因而不再同情車臣。

一九九九年八月，車臣強硬派又派兵入侵鄰國達吉斯坦。俄羅斯新任總理普丁這時剛好上任，立刻出兵八萬，發動第二次車臣戰爭，擊潰車臣反抗軍，占領車臣首都格羅茲尼（Grozny）。車臣溫和派被迫退到鄉下繼續打游擊戰，強硬派在俄羅斯各大城市進行的恐怖活動卻變本加厲，採取炸彈自殺恐怖攻擊，造成俄羅斯社會惶惶不安。到了二〇〇九年，俄羅斯政府宣布結束對車臣的戰爭，但此後仍有零星的恐怖攻擊事件發生。

葉爾欽（右）與普丁（左）。圖片出自Kremlin.ru

由於普丁對於此後俄羅斯的歷史來說太重要了，因此有必要先詳述他的出身。

普丁的出身背景及經歷

普丁於一九五二年出生在列寧格勒，父母親都是普通的工人。十六歲時，普丁獨自一人到蘇聯國安會辦事處，詢問承辦人員如何才能加入，被告知最好是服役退伍，或大學法律系畢業，於是普丁便考入列寧格勒國立大學法律系就讀。畢業後，他果然如願以償加入蘇聯國安會，又在一九八五年被派到東德擔任諜報工作；一九八九年底柏林圍牆倒塌後，他卻不得不回國，改而為列寧格勒蘇維埃主席索布恰克工作，負責對外事務。

索布恰克原本是列寧格勒國立大學著名的經濟學教授，也正是普丁的論文指導教授。如第十五章所述，在蘇聯改革開放時期，索布恰克曾和葉爾欽、沙卡洛夫一樣反對戈巴契夫，屬於激進民主派，也是「跨地區代表團」的五名聯合主席之一；後來他獲選為列寧格勒蘇維埃主席、並延攬一批年輕的學者研究市場經濟及私有化，其中包括前述的丘拜斯，所以普丁也與丘拜斯熟識。

一九九一年六月，列寧格勒和其他蘇聯各城市一樣，廢除蘇維埃制度，改選市長，索布恰克又當選為市長，普丁也繼續跟著他，最終升任為副市長。不過索布恰克在一九九六年競選連任聖彼得堡（由列寧格勒改名）市長時，其一名部屬，即是另一位副市長，卻與他競選，並在勝選後請普丁留任。普丁認為他背叛索布恰克，斷然拒絕，寧願找其他工作。這時正好葉爾欽第二次當選為俄羅斯總統，任命丘拜斯為總統辦公廳主任，丘拜斯於是請普丁到莫斯科，在總統辦公廳裡擔任總務局的一名副局長。

出人意外的是，普丁從此青雲直上，不但在總統辦公廳快速升遷，又在一九九八年七月被葉爾欽任命為俄羅斯聯邦安全局局長，幾個月後又被擢升兼任國安會祕書。一九九九年八月，葉爾欽任命普丁為總理；同年的最後一天，葉爾欽突然宣布辭職，請普丁代理總統。次年五月，普丁又經由選舉而當選總統，從此成為俄羅斯長期的國家領導人。

普丁接班

普丁無疑是葉爾欽選定的接班人，但葉爾欽為什麼必須找一位接班人？又為什麼是普丁？

事實上，葉爾欽在執政後期不但是身體不行，總統的位子也已經坐不穩。從經濟數據看，依世界銀行統計，一九九一到一九九九年之間，俄羅斯的人均所得竟從三千四百四十美元降到只剩一千七百五十元，整整縮減一半。經濟數字如此難看，當然是由於政治、社會極端混亂的結果，人民也極為不滿。

回溯一九九三年憲政危機爆發後，俄羅斯在修憲時取消黨禁，共產黨於是復起，並迅速壯大。一九九六年，共產黨黨主席裘加諾夫（Gennady Zyuganov）決定參選總統，來勢洶洶，不但在選前民調支持度遙遙領先，又聲稱當選後必定要追究葉爾欽的貪腐及所有的政治責任。葉爾欽又驚又懼，請七寡頭共同捐數億盧布以助選，同時利用七寡頭所壟斷的電視臺及媒體抹黑裘加諾夫，封鎖一切對葉爾欽不利的新聞，又使用舞弊、操控的手法，最後總算在這場不公正的選舉中獲勝而連任。

但二〇〇〇年總統選舉又即將來到，裘加諾夫必定仍將代表共產黨競選總統，由於俄羅斯憲法規定總統只能連任兩次，葉爾欽只能找一位可靠，又有能力阻止裘加諾夫當選的接班人。但為什麼是普丁？據一部分歷史學家的研究，有很大一部分是葉爾欽知道普丁與索布恰克之間的過去。

一九九一年，當八一九政變發生時，索布恰克到莫斯科與葉爾欽一起商議反政變，但當他飛回列寧格勒時，蘇聯國安會已經預備在機場逮捕他；普丁這時卻說服列寧格勒軍區領導人拒絕支持政變集團，並親自率領武裝警衛到機場迎接索布恰克，又由於列寧格的蘇聯國安會與普丁仍保持關係，所以不經交火就讓列寧帶索布恰克安全離開。

如前所述，索布恰克一九九六年競選連任市長失敗時，普丁拒絕接受新市長邀請留任。不久後，索布恰克又被檢察官指控任內濫用職權以圖利親屬，只得逃到法國隱居。當時索布恰克的故舊大多與他疏遠，普丁卻與其繼續來往。普丁擔任總理後，又對總檢察長施壓，使其撤銷對索布恰克的指控，索布恰克得以回國。

總之，一般認為葉爾欽可能認為：如果他指定普丁為接班人，普丁必能保護他本人和他的家屬不受追究，如同過去保護索布恰克一樣。而這正是葉爾欽最需要的。

普丁整肅七寡頭

葉爾欽既已選定普丁接班，七寡頭也沒有其他選擇，為了保護自己只能盡全力支持普丁競選總統。普丁當選總統後發布的第一道命令，正是保護葉爾欽及其家族此後不受追究。不過他同時下令免去葉爾欽的女兒塔地雅娜的總統顧問職位，以劃清界線。

至於七寡頭，普丁的態度就截然不同了。事實上，俄羅斯有一部分官員對七寡頭早已不滿，其中最不滿的是丘拜斯，在一九九七年回任第一副總理後曾經對葉爾欽進言，說那種「強盜式的資本主義」不能繼續下去。當時七寡頭之首別列佐夫斯基被稱為「克里姆林宮的教父」，同時在國安會中擔任委員，丘拜斯建議葉爾欽將他解任，結果自己反而被迫辭職下臺。

普丁對七寡頭也不以為然，在就任總統之後不久就開始整肅。他先派特種警察護送稅務人員到七寡頭之一的總部查帳，然後將該寡頭逮捕入獄，最後強迫他把所有資產以低價賣還給國家。不久後，別列佐夫斯基也被以貪污、擾亂金融、詐欺罪起訴，不得不在二〇〇一年逃到國外，於二〇一三年死於英國家中，死因不明。至於尤科斯石油公司總裁霍多爾柯夫斯基，同樣也在二〇〇三年以詐欺和逃稅的罪名遭到起訴，財產被政府沒收或拍賣，此後十年都在牢裡。

葉爾欽時代的七寡頭雖然都被整肅下去，卻有許多新寡頭竄上來。舉一個例子，有一位名叫德里帕斯卡（Oleg Deripaska）的寡頭，經由不斷地併購的手法，將其下的俄羅斯鋁業公司（Rusal）漸漸擴展成為全世界第二大的鋁業公司，同時跨足金融、房地產、汽車等行業，據估計身價將近三千億美元。另有一位阿布拉莫維奇（Roman Abramovich）在二〇〇三年因為豪闊地出價收購英超切爾西（Chelsea）球隊而名噪一時。其實阿布拉莫維奇用來買球隊的錢，只不過是其財產的零頭，而他的財產在俄羅斯富豪的排名還排不到十名內。

俄羅斯在普丁統治之下的政治及經濟發展

俄羅斯新寡頭之所以出現，說明了普丁只是不能容忍七寡頭跋扈且不受控制，又干預政治，並不是厭惡以寡頭方式發展資本主義。但新寡頭只能在普丁允許的產業範圍內運作，並與其充分配合；至於關鍵性的產業，例如天然氣和石油，普丁決定收歸國有，並加速開發俄羅斯豐富的蘊藏。俄羅斯的經濟也因此而飛快成長。如前所述，俄羅斯的人均所得在葉爾欽執政期間減半，但在普丁執政後，便從一九九九年的一千七百一十美元，增加為二〇〇七年的七千五百六十元，達到原來的四倍有餘。

但普丁並不以經濟發展成功為滿足。回顧一九九九年底普丁在被任命為代理總統的前兩天，就親自撰文發表一篇文章，標題是〈千年之交的俄羅斯〉，其中說，俄羅斯傳統的價值觀就是愛國主義、強國主義，人民應該團結一致，支持俄羅斯成為一個強有力的國家。普丁在當選總統之後，又在總統辦公室牆上掛起彼得一世的畫像，明顯地表達了他意欲恢復俄羅斯歷史的榮光。

普丁若要實現其宏偉的目標，自然要動員一切力量來支持他。不過自從俄羅斯採行民主選舉制度之後，可謂政黨林立，其中最大的共產黨擁有固定三成左右選票，但由於葉爾欽在擔任總統之後堅持不組黨，普丁甚至在國家杜馬裡都沒有自己能支配的力量。因而，在普丁的授意之下，幾個現有的政黨在二〇〇一年合併成立一個新黨，名為「統一俄羅斯」，並迅速成為俄羅斯第一大黨，在後來歷次國家杜馬的選舉中奪得超過一半，甚至七成以上的席次。俄羅斯共產黨雖然還是第二大黨，但席次越來越少，甚或低於一成，已經無法對統一俄羅斯黨構成威脅。

但普丁並沒有透過修憲廢除總統只能連任一次的限制，而是在二〇〇八年兩任總統屆滿時，請擔任第一副總理的梅德韋傑夫（Dmitry Medvedev）參選總統，並在當選後任命普丁為總理。梅德韋傑夫與普丁一樣，在列寧格勒國立大學就讀時曾在索布恰克門下，又從年輕時就長期跟隨普丁，因而透過如此安排，普丁仍是國家的真正領導人。到了二〇一二年，普丁又回任為總統，但同時修憲，將總統任期延長為六年，如此就可以再當十二年總統。

在普丁繼續統治期間，俄羅斯的經濟繼續飛快成長，人均所得在二〇一三年達到一萬兩千美元，比二〇〇七年又增加一倍，至為驚人。然而，俄羅斯的經濟成長至此達到頂點，此後開始反向大幅下滑，主因是普丁在二〇一四年下令出兵占領烏克蘭所屬的克里米亞半島，導致俄羅斯被逐出「世界八大工業國組織」（Group of Eight，簡稱G8）[1]，其他七國（G7）又在美國領導下，對俄羅斯實施嚴厲的經濟制裁。

但普丁為什麼下令出兵克里米亞呢？這就必須從烏克蘭與俄羅斯之間的歷史開始說起。

烏克蘭與俄羅斯的歷史糾葛及其獨立後的困境

回顧歷史，俄羅斯人、烏克蘭人及白俄羅斯人，其實同樣都源出一個名叫「基輔羅斯」（Kievan Rus）的古國，是所謂的羅斯人，或稱東斯拉夫人，屬於斯拉夫民族的一部分。然而，蒙古人在十三世紀滅掉基

1　由世界八大已開發國家經濟體組成的政府間政治論壇，正式成員國為成員包括美國、加拿大、英國、法國、德國、義大利、日本及俄羅斯。

輔羅斯，建立了一個金帳汗國，東斯拉夫人於是被打散。大致來說，以基輔為中心的烏克蘭人是直接在蒙古人的統治之下，在基輔之北的白俄羅斯人始終與立陶宛人一起抗拒蒙古人，在更北方的俄羅斯人則對蒙古人繳納稅金，稱臣入貢。

十五世紀時，有一位莫斯科大公領導俄羅斯人推翻金帳汗國，其後裔所建立的羅曼諾夫王朝逐漸強盛，在十八世紀時，吞併了白俄羅斯及烏克蘭，又擴展到高加索、中亞及西伯利亞。到了二十世紀，列寧推翻羅曼諾夫王朝，繼承其整個疆土；蘇聯解體後，俄羅斯、白俄羅斯及烏克蘭與其他共和國一樣，分別獨立。

事實上，俄羅斯不但是前蘇聯共和國當中的巨無霸，在蘇聯解體後對其他共和國也仍然具有極大的影響力，其他共和國如不是倚賴俄羅斯，就是畏懼俄羅斯，或兼而有之；其中烏克蘭及白俄羅斯由於和俄羅斯有前述的特殊歷史及地緣關係，尤其小心謹慎。

烏克蘭的經濟難題：「黑海航運公司事件」及其影響

烏克蘭在獨立後也和俄羅斯一樣，以尋求經濟脫困為當務之急，決定推動自由化及私有化，但也一樣導致企業破產，失業嚴重，貪污舞弊猖獗。當時一部分政府高層以私有化為名，將國營企業賤賣給外國財團，從中謀取私利，其中最令人矚目的是由總統克拉夫丘克親自簽署的一項命令，預備將黑海航運公司（Black Sea Shipping Company）的股票釋出給美國、英國及挪威的財團。

黑海航運公司已有一百六十年的歷史，是當時規模排名世界第一的航運公司，擁有將近三百艘大型商船。因而，最高議會議員在命令發布後就群起反對，許多人民也走上街頭示威遊行，至為激憤。當時擔任總理的庫契馬（Leonid Kuchma）也憤而辭職，並在一九九四年參加第二次總統大選，結果擊敗克拉夫丘克而當選。庫契馬在就任之後，立即下令停止黑海航運釋股案，但他除了繼續推動經濟自由化及私有化之外，也拿不出其他辦法，改革的陣痛因而繼續，而貪腐也依舊；不同的只是國企私有化的受益者，從外國財團轉為國內的寡頭及黑幫分子，與俄羅斯類似。

庫契馬在一九九九年連選連任總統後，烏克蘭的經濟也隨著俄羅斯經濟成長而快速成長，達到四倍有餘。但他在內政方面漸趨獨裁，不只操縱選舉，又壓制新聞自由，甚至被指控授意殺害一名高人氣的新聞記者，但他矢口否認。

烏克蘭與俄羅斯的關係，兼述克里米亞的歷史問題

在外交方面，庫契馬決定採取平衡策略，一面與俄羅斯維持良好關係，一面拉攏美國及歐盟以引入資金及技術。最重要的是，他知道必須小心翼翼地處理克里米亞半島問題。

克里米亞半島自古以來就是戰略要地，黑海艦隊從沙俄到蘇聯時代都以此為基地，也已有一百多年的歷史。一九五四年，赫魯雪夫卻把原本屬於俄羅斯的克里米亞劃為烏克蘭的屬地，原因至今沒有人能說清楚，克里米亞卻因而在蘇聯解體後被劃為烏克蘭屬地，其海軍基地的使用權於是成為雙方不能不討論的議題。一九九七年，俄羅斯與烏克蘭簽約，烏克蘭同意俄羅斯以付費方式租借海軍基地，其租金以俄羅斯供應烏克蘭天然氣的收入扣抵。此後在庫契馬任內兩國大致相安無事。

二〇〇五年初，庫契馬兩任總統期滿下臺，新任總統尤申科（Viktor Yushchenko）一向被認為是親美反俄派，又娶了曾在美國總統雷根及布希政府裡擔任要職的烏克蘭裔美國人為妻，烏俄之間從此進入多事之秋。尤其是，當烏克蘭的親俄及反俄派互鬥越來越激烈時，普丁政府也越來越不安；有人開始主張，當初赫魯雪夫把克里米亞劃歸烏克蘭乃是錯誤的決定，克里米亞半島上兩百多萬人口裡有超過六成是俄羅斯

人，所以本該屬於俄羅斯。後來高加索地區發現越來越多石油及天然氣，而都建造管線從黑海出口，普丁更決心要直接控制克里米亞。

事實上，克里米亞原本是韃靼人聚居之地，但史達林在歐戰即將結束時，突然下令把半島上四十幾萬韃靼人強制流放到烏茲別克，宣稱的理由與車臣一樣，是為了要「懲罰」其在戰爭期間與納粹德國合作。史達林同時鼓勵大批的俄羅斯人移居到克里米亞。戈巴契夫掌權後，韃靼人雖有將近二十萬人獲得准許而返鄉，但人數已經遠遠少於俄羅斯人。

美國著名歷史學家提摩希．史奈德（Timothy Snyder）在其所著的《到不自由之路》（*The Road To Unfreedom*）裡指出，普丁在後來企圖藉由極權統治以恢復大俄羅斯舊日版圖及榮光，排斥個人主義的思想越來越濃烈。這從他下令重新出版一九二〇年代起，流亡歐洲的法西斯主義者伊凡．伊林（Ivan Ilyrin）的手稿、文集；安排將原本默默無聞的伊林遺體，從瑞士遷回莫斯科，隆重改葬還親自獻花；並在演講中不斷地引用伊林的理論，要求政府官員研讀伊林的文章，都可以看得十分清楚。伊林曾說，任何主張將烏克蘭從俄羅斯分離的言論都是俄羅斯的敵人，普丁更是同感。

俄羅斯併吞克里米亞，入侵烏克蘭

二〇一〇年，烏克蘭舉行總統大選，親俄及反俄勢力又一次決戰，結果親俄的亞努科維奇（Viktor F. Yanukovych）僅以三％之差獲得勝選。兩派爭論的焦點之一，也是俄羅斯最為關注的——烏克蘭是否要加入歐盟。回溯從一九九一年到二〇〇九年之間，除了波羅的海三小國之外，已有九個東歐國家陸續申請加入歐盟，並獲得接納。這十幾國大多同時也加入歐盟的軍事組織，即是北約。由於烏克蘭的民意多數傾向加入歐盟，亞努科維奇在選前也承諾，將與歐盟簽訂擬議中的自由貿易協定。

但在普丁眼中，歐盟及北約無疑已經東擴，並限縮俄羅斯的發展空間，因而決定予以反制，並開始倡議組織一個包括原先蘇聯十二個加盟共和國在內（不包括波羅的海三小國）的「歐亞經濟聯盟」（Eurasian Economic Union，簡稱ＥＡＥＵ或ＥＥＵ）。亞努科維奇因而受到極大的壓力，不僅遲遲未與歐盟簽約，又主張烏克蘭加入歐亞經濟聯盟，結果全國各地從二〇一三年十一月起爆發長期的大規模示威活動，並與警方發生嚴重衝突。

次年二月，亞努科維奇在動亂達到高峰時突然失蹤，後來經證實已進入俄羅斯境內，烏克蘭國會因而認定他是叛逃，罷黜其總統職位。許多原本是親俄派的人這時紛紛譴責亞努科維奇，宣布脫黨而加入反俄派。數日後，亞努科維奇在俄羅斯公開露面，並私下向普丁求助，不料普丁的回應竟是派出特種部隊攻占克里米亞。烏克蘭部隊無力抵抗，大部分投降。到了三月中，俄羅斯在克里米亞成立的最高會議動員居民舉行公投，強迫民眾依照指示在公投單上圈選，然後根據公投結果宣布克里米亞脫離烏克蘭，加入俄羅斯聯邦。

烏克蘭拒絕承認克里米亞公投的結果，聯合國也不承認。美國更發動Ｇ７對俄羅斯進行經濟制裁，導致俄羅斯在其後數年中經濟倒退約三到四成，卻已經無法改變克里米亞的現狀。普丁也意猶未足，在二〇二二年二月又出兵到烏克蘭，意圖將烏東兩個省併入俄羅斯，理由是這裡居民大多是俄裔。以美國為首的西方國家再度嚴厲譴責俄羅斯，並提供金錢及武器援助烏克蘭。不過到了二〇二五年一月，由於美國新任總統川普對俄烏戰爭明顯與前任的拜登有不同的看法，表示將緩和與俄羅斯的關係，要求俄烏停戰以進行談判，又宣稱將大幅減少對烏克蘭的援助；因而，歐盟國家是否能在美國減少介入的情形下共同全力支持烏克蘭，對俄烏戰爭的結果將有決定性的影響。

川普其實從二〇一七年初起就擔任美國總統，只是在四年後的大選中輸給了拜登，不得不下臺；又過四年，他二度當選為總統。至於他為何對俄烏戰爭有不同態度，與其對中國的政策明顯有關，請容我在下一章討論中國時再詳細敘述。

盧卡申科在白俄羅斯獨立後的獨裁統治

白俄羅斯在獨立後也和俄羅斯、烏克蘭一樣，面臨經濟危機，也決定聘請外國顧問來協助進行經濟改革，推動自由化及私有化政策，企圖解除沉痾，但也一樣越陷越深。白俄羅斯的貪腐問題尤其嚴重，引起人民極端不滿，結果卻被一位強人盧卡申科（Alexander Lukashenko）利用，強行把國家轉變成為由其一人獨裁統治的體制。

盧卡申科在蘇聯時代曾經擔任過紅軍軍官、國營農場黨委書記等職。一九九三年，正當全國人民痛惡貪腐時，盧卡申科被選為最高蘇維埃反貪污委員會主席。半年內他就提出報告，彈劾七十名高官；蘇維埃主席舒什克維奇也名列其中，因而不得不辭職。第二年，盧卡申科挾其打貪的聲望參選總統，順利當選，接著又連選連任。後來他又經由人民公決修憲，廢除不得連任兩次以上的規定，所以連任三次、四次、五次，成為終身職的總統。

在內政上，盧卡申科與過去的共產黨一樣，以高壓手段限制言論、出版、新聞及宗教自由，拒絕西方式的民主。反對派及西方國家指控盧卡申科在背後操縱選舉，不承認其結果，卻無可奈

普丁（左）與盧卡申科（右）

何。直到本書出版時，盧卡申科也仍是總統，被國際媒體稱為「歐洲最後的獨裁者」。

在經濟政策上，盧卡申科開始執政後就表示，反對西方式的震盪療法，採取半計畫經濟，支持國營企業發展，結果與俄羅斯一樣，經濟破敗，國民所得不斷地下滑，但失業率也很低。等到普丁取代葉爾欽上臺後，白俄羅斯才因為獲得俄羅斯供應低廉、穩定的石油、天然氣，得以隨俄羅斯經濟迅速成長而跟著成長。白俄羅斯倚賴俄羅斯如此之深，盧卡申科因而更是與普丁密切配合，在俄羅斯與烏克蘭發生衝突時明確地表示支持俄羅斯，與普丁站在一起。

喬治亞獨立後的內戰及謝瓦納茲的再起再落

喬治亞在獨立後的變化極為曲折，並發生一些耐人尋味的故事，以下分段簡要敘述。

葉爾欽介入喬治亞內戰

如前所述，喬治亞在一九七〇年代，曾經有一位名叫加姆薩胡爾季阿的著名異議分子，因從事人權運動而遭到喬治亞共產黨第一書記謝瓦納茲流放。蘇聯解體前，這名異議分子卻是喬治亞獨立運動的重要領導人之一，因而在獨立後被選為總統，但他所面臨的是內外交迫的困境。對內來說，經濟疲弊，亟待解決；另有阿布克茲及南奧塞梯等地因種族問題掀起的分離主義運動。對外來說，由於加姆薩胡爾季阿在一九九一年蘇聯八一九事件時明顯支持政變集團，觸怒了葉爾欽及許多歐美國家領導人；後來又拒絕讓喬治亞加入獨立國協，使得葉爾欽更加憤怒。此外，加姆薩胡爾季阿在對付分離主義者、政治反對派及媒體時都採取高壓手段，這和他先前的人權鬥士形象完全相反，給國人及國際媒體的觀感尤其惡劣。在他手底下的總理及一部分閣員因而紛紛離去，轉而加入反對派。

一九九二年初，反對派發動軍事政變，葉爾欽直接派俄羅斯部隊參戰。加姆薩胡爾季阿大敗而逃，反對派共同推舉前蘇聯外交部長謝瓦納茲為國家委員會主席。加姆薩胡爾季阿逃到車臣，接受杜達耶夫的保護，又在不久後回到喬治亞組織反抗軍。內戰因而繼續不斷。

阿布克茲之戰、加姆薩胡爾季阿之死，以及葉爾欽的再度介入

一九九三年八月，喬治亞政府軍以搜捕叛軍為名，進入阿布克茲地區，但政府軍藉機到處搶掠，阿布克茲人起而反抗，另一場內戰於是爆發。這時車臣及高加索地區其他少數民族也紛紛出兵，與阿布克茲人並肩作戰，結果喬治亞政府軍大敗，潰不成軍。居住在阿布克茲的二十幾萬喬治亞人都驚恐萬分，害怕被殺，大多棄家而逃。

阿布克茲之戰後，加姆薩胡爾季阿也重新集結部隊追擊政府軍殘部，政府軍又一次潰敗，謝瓦納茲只得向葉爾欽緊急求援。葉爾欽原本就痛惡加姆薩胡爾季阿，更不喜他與車臣往來，於是邀請亞美尼亞、亞塞拜然共同出兵。亞美尼亞及亞塞拜然雖然一向敵對，但都是內陸國，不希望加姆薩胡爾季阿在喬治亞執政後控制黑海的出海港，限制本國的發展，因而也同意出兵。

但三國一同出兵另有一個先決條件：喬治亞必須立即加入獨立國協，成為會員國之一，謝瓦納茲也同意了。加姆薩胡爾季阿無法抵擋三國同時出兵，大敗而逃，但遭到圍捕，舉槍自盡。

謝瓦納茲貪腐政權下臺，以及其後的俄喬關係

謝瓦納茲在一九九五年被選為總統，又在五年後連選連任。由於他曾是歐美各國政要的座上客，明顯

親西方，甚至表示有意加入歐盟及北約，引起葉爾欽極端不滿，開始支持他的政敵。車臣戰爭爆發後，葉爾欽又指稱謝瓦納茲提供車臣游擊隊庇護，進一步介入喬治亞境內的分離主義運動。

不過謝瓦納茲最令人非議的是放任妻子、兒子及親信貪腐，以致國家經濟始終混亂，犯罪猖獗，人民無不痛恨切齒。二〇〇三年，喬治亞舉行國會選舉，執政黨又一次大勝；但人民普遍認為選舉不公，引爆前所未有的大規模示威遊行。謝瓦納茲早年曾以打貪著稱，又具國際名聲，在復出時原本是喬治亞人希望之所繫，最後竟背負家族貪腐的惡名而被迫辭職下臺。

謝瓦納茲下臺後，喬治亞人選出的新總統也是親美，也同樣傾向加入歐盟及北約；普丁更是不安，全力阻止。二〇〇八年八月，俄羅斯同時出兵到喬治亞境內的南奧塞梯及阿布克茲，支持當地的自治政權發起對喬治亞政府軍的戰爭，又不顧西方國家反對，宣布承認兩個地區獨立。喬治亞為此宣布退出獨立國協，又對俄羅斯斷交，但還是決定不加入歐盟及北約。

亞塞拜然與亞美尼亞的衝突及和解的循環

關於亞塞拜然與亞美尼亞之間的仇恨及衝突，我在先前已經多次指出與納卡地區的獨立運動有關。不過我在此還要引述已故的科學家沙卡洛夫曾發表過的一次評論：「對於亞塞拜然人來說，奪取卡巴拉克只是為了領土野心；對卡巴拉克的亞美尼亞人來說，卻是生或死的問題。」因而，不僅是住在納卡的亞美尼亞人全民皆兵，在亞美尼亞本土也有許多人自願到納卡參戰。

亞塞拜然及亞美尼亞在一九九一年九月幾乎是同時宣布獨立。亞美尼亞選出的第一任總統，正是長期以來納卡獨立運動的領導人彼得羅相（Levon Ter-Petrosyan）；亞塞拜然選出的第一任總統，卻是原共產黨第一書記穆塔利博夫（Ayaz Mutallibov）。蘇聯這時既已解體，雙方的衝突無人阻擋，自然升高。

由於亞美尼亞的人口及武力都遠遠不及亞塞拜然，彼得羅相極力拉攏葉爾欽，並獲得允諾支持。一九九二年春天，亞美尼亞突然出兵占領納卡的一個重要據點，並驅逐其中的亞塞拜然人，穆塔利博夫為此被迫辭職。一向從事反蘇活動的學者艾奇貝（Abulfaz Elchibey）被選為總統，立刻下令出兵納卡，企圖收復失土，結果卻大敗。艾奇貝大怒，下令將前線指揮官侯賽諾夫（Surat Huseynov）撤職；不料侯塞諾夫不服，竟叛變而回師向首都巴庫前進，艾奇貝被迫逃亡。這時剛被選為亞塞拜然國會議長的阿利耶夫與侯賽諾夫談判，以同意讓他擔任總理為條件，成功地阻止他繼續叛亂。

阿利耶夫在蘇聯時代原本是蘇聯國安會的官員，後來擔任亞塞拜然共產黨第一書記，長達十三年，但如第十三章所述，最後被戈巴契夫強迫退休。蘇聯瓦解後，亞塞拜然先後兩任總統都想阻止阿利耶夫復出，卻還是阻止不了。一九九三年十月，七十歲的阿利耶夫經由選舉當選為亞塞拜然總統。當時全民投票率超過九十七％，而其得票率幾近九十九％，一般認為足證選舉造假，而完全操控在他的手中。

阿利耶夫當選總統後，仍然讓侯賽諾夫繼續擔任總理，同時下令出兵到納卡。但一如沙卡洛夫的評論，亞塞拜然軍隊節節敗退，到最後亞美尼亞人不只收復整個卡巴拉克，又占領部分亞塞拜然的土地，竟將納卡與亞美尼亞連成一塊。阿利耶夫不得不接受美國及俄羅斯聯合調停，於一九九四年五月與亞美尼亞簽署停火協議。侯賽諾夫這時卻因為不滿簽訂停火協議而又一次發動政變，結果失敗而被捕，遭到判刑。

此後，阿利耶夫仍然不斷地經由談判及外交努力企圖拿回納卡，但一直到二〇〇三年病死之前都無法達成願望。不過在此期間，兩國基本上沒有重大衝突，因而都能致力於經濟建設。

以亞塞拜然為例。阿利耶夫開始與外國公司合作，開發國內豐富的石油蘊藏，陸續興建三條大輸油管，分別經由蘇聯、喬治亞及土耳其在黑海邊的海港出口到歐洲各國。亞塞拜然有了豐厚的石油收入，便能用以支持社會及經濟建設計畫，此後每年經濟成長都達到一〇%以上。阿利耶夫後來連選連任，又安排兒子接棒，所以他死後亞塞拜然仍是掌控在他的家族手中。

蘇聯解體後的中亞五國

本章最後要討論的是哈薩克、烏茲別克、土庫曼、吉爾吉斯及塔吉克等中亞五國。這五國的人民原本都是以游牧為生，除了哈薩克及土庫曼由於發現蘊藏的石油及天然氣，相對稍微富有，其餘三國人均收入都很低。五國人民大多信仰伊斯蘭教，但共產黨的勢力都非常強大。一九九一年蘇聯八一九政變失敗後，五國都解散共產黨，放棄一黨專政，又宣稱將實施多黨制。然而，五國之中有三國實際上並沒有真正的反對力量出現，大多只是由共產黨改名（如社會黨、祖國黨、人民民主黨等），然後又繼續執政；選出的總統大多也是原先的共產黨領導人，並且實施總統制，以便獨裁統治。

具體地說，哈薩克的納扎爾巴耶夫（Nursultan Nazarbayev），烏茲別克的卡里莫夫（Islam Karimov）及土庫曼的尼亞佐夫（Saparmurat Niyazov）在當選總統之前，都是該國的共產黨第一書記，根本沒有人敢和他們競選。他們後來也都連選連任，實際上是終身總統，在任都超過二十年，這三國的情況因而與先前一黨專政的時代沒有什麼不同。

塔吉克及吉爾吉斯的情況卻不同，以下分述。

塔吉克的戰亂

塔吉克和前面提到的三個國家一樣，共產黨第一書記納比耶夫（Rahmon Nabiyev）在一九九一年該國舉行大選時也當選為總統。但許多反對勢力認為選舉舞弊，拒絕接受，在發起強烈示威抗議後，共組「吉爾吉斯聯合反對派」（United Tajik Opposition，簡稱UTO），內戰立刻爆發。交戰雙方的背後都有不同的國外勢力，政府軍的背後是蘇聯及中亞其他四國，反抗軍的背後是阿富汗聖戰士及蓋達組織等。不同的伊斯蘭教派及各種不同背景的民兵組織，十分複雜。

第二年，納比耶夫遭到反抗軍攔截捕獲，被迫辭職下臺，政權轉到強悍的民兵領袖拉赫蒙諾夫（Emomali Rahmonov）手中，但內戰仍然繼續，一直打到一九九七年才由聯合國及俄羅斯出面調停。由於內戰慘烈，據估計至少造成十萬人死亡，一百二十萬人流離失所，境內遍地焦土，殘垣斷壁。

停火的條件之一是拉赫蒙諾夫同意讓出一部分內閣部長的職位給聯合反對派，不過聯合反對派從此無法阻止拉赫蒙諾夫一再連任，擔任終身總統至今。

關於塔吉克，還有一事必須一提。二〇〇七年，拉赫蒙諾夫將自己姓氏中的「諾夫」拿掉，回復為原來的姓氏「拉赫蒙」；不久後，塔吉克政府官員也紛紛跟著他一樣改回塔吉克式的姓氏。拉赫蒙之所以能結束內戰，又成為長期的國家領導人，無疑是靠俄羅斯的支持，卻做如此動作，其背後的意義值得讀者細細咀嚼。

吉爾吉斯的曲折演變

中亞五國當中，吉爾吉斯的演變最為不同，也最為曲折。該國在一九九一年選舉總統時，原共產黨第一書記和部長會議主席競爭激烈，互不相讓，以致最高蘇維埃無法決定，最後各方同意由經濟學者兼大學校長，也不是共產黨員的阿卡耶夫（Askar Akayev）為總統。令人驚訝的是，阿卡耶夫竟也能連續擔任三屆總統，直到二〇〇五年才因為反對者指責其在國會議員選舉中舞弊，又用人唯親，意圖培植兒女接棒，才被迫辭職下臺。在四個月後的總統直選中，由代理總統巴基耶夫（Kurmanbek Bakiyev）勝出。然而，吉爾吉斯在二〇一〇年又爆發第二次革命，將巴基耶夫趕下臺。

一般認為，吉爾吉斯在五年內接連發生兩次革命，都是由奧通巴耶娃（Roza Otunbayeva）及阿坦巴耶夫（Almazbek Atambayev）這兩位關鍵人物領導反對人士發動的。奧通巴耶娃曾任駐美、駐英大使及外交部長，是中亞地區極不尋常的女性政治人物。阿坦巴耶夫是吉爾吉斯社會民主黨（SDPK）的領導人。兩人都痛斥巴基耶夫比前任的阿卡耶夫還要腐敗，搞裙帶政治，全家老小和親戚都在政府中擔任要職。

事實上，國際社會多年來早已認定吉爾吉斯貪腐成風，是全世界最糟糕的國家之一，但導致巴基耶夫下臺的原因並不只是貪腐，而與外國勢力關係更大。當時俄羅斯幾乎完全控制吉爾吉斯的經濟、技術及金融，包括供應石油、配置電力系統及提供鉅額貸款，甚至控制了吉爾吉斯的新聞媒體。巴基耶夫從俄羅斯的貸款裡中飽私囊，普丁要求他停止將馬納斯空軍基地（Manas Air Base）租借給美國（主要用於支援對阿富汗的戰爭），他卻遲遲無法辦到。

普丁大失所望，決定不再支持巴基耶夫，下令瞬間大幅提高賣給吉爾吉斯的石油價格，迫使巴基耶夫不得不宣布油、電雙漲，公共運輸票價也齊漲，百姓群起抗議，引發暴動；同時，吉爾吉斯的媒體也奉命，鋪天蓋地報導巴基耶夫政府的負面新聞。兩星期後，巴基耶夫就被迫下臺了。

第二次政變後，奧通巴耶娃擔任代理總統，在兩個月內舉辦公投修憲，獲得九成人民贊成將總統制改為半總統制，以增加議會的權力，同時把總統任期延長為六年，但限制不得連任。二〇一一年，阿坦巴耶夫代表吉爾吉斯社會民主黨參選，當選為總統。一般認為，阿坦巴耶夫正直、廉潔，重視民主、自由、人權及司法獨立，又大力拓展吉爾吉斯與歐美國家之間的外交及合作關係，明顯企圖減少對俄羅斯的倚賴。

二〇一七年，阿坦巴耶夫六年總統任期即將屆滿，有人建議他修憲以便連任，但他拒絕，轉而支持擔任總理的熱恩別科夫（Sooronbay Jeenbekov）代表社會民主黨參選。不料熱恩別科夫比阿坦巴耶夫之前的兩位總統更加貪腐。阿坦巴耶夫失望至極，與其公開決裂。二〇二〇年，吉爾吉斯爆發第三次大規模抗爭，熱恩別科夫被迫辭職下臺，但國家也越來越紛亂。

在混亂中，有一位扎帕羅夫（Sadyr Japarov）領導其所創立的民粹主義保守政黨——「愛國」（Mekenchil）——趁勢而起，在二〇二一年初重新舉行的總統大選中獲勝，取得政權。扎帕羅夫善於利用社群網路媒體宣傳造勢，有無數的支持者。與總統大選同時，扎帕羅夫也推動進行一項公投，獲得壓倒性的多數票同意改回總統制；後來，他又將總統任期改為五年，可以連任一次。自此以後，吉爾吉斯逐漸走回極權獨裁體制。在外交上，扎帕羅夫明顯親俄；許多西方觀察家認為，俄羅斯之所以在侵略烏克蘭之後仍能躲過西方國家的一部分制裁，就是因為有一些極權國家在暗中提供協助，其中包括吉爾吉斯、哈薩克等中亞五國。

第18章

一九八九年後的中國——從「大國崛起」到新冷戰

一九九一年八月，就在蘇聯「八一九政變」發生後幾天，鄧小平在北戴河過八十七歲生日，和同志們談論蘇聯問題時說道：「戈巴契夫看上去聰明，實際上很笨：先把共產黨搞掉了，他憑什麼改革？」

後來有很多人贊同鄧小平的看法，但也有很多人不同意，認為戈巴契夫決定停止共產黨一黨專政是正確而必要的決定，只是可惜他犯了很多錯誤，如在第十四章及十五章所述，在用人、決策、賞罰、決斷、思慮不周等方面；也有人指出，戈巴契夫在犯了這麼多錯誤之後，如果不是在一九九一年的立陶宛一月事件，以及後來的八一九政變過程中又犯了許多致命的錯誤，蘇聯最終也還是不會解體。

但無論如何，東歐民主化及蘇聯即將解體，在當時確實使得許多中共保守派心驚肉跳，擔心同樣的事情將在中國重演，因而主張停止改革開放。鄧小平在同一天講話時，卻又說道：「蘇聯的教訓證明，中國走自己有特色的社會主義道路是正確的。這個特色的關鍵是以經濟建設為中心，離開了這一條，什麼口號也不靈。」這就意味，鄧小平雖然不贊成政治改革，卻堅持繼續經濟改革。

六四後中國經濟發展的困境及鄧小平第二次南巡

鄧小平為什麼堅持要繼續經濟改革呢？

回顧一九七八年，鄧小平在開始推動改革開放時，曾經說要讓人民收入翻幾番，早日脫離貧困，讓中國邁向富強之路；然而，中國的改革開放雖然取得部分成功，到這時人均所得也只有三百二十美元，是臺灣的二十分之一，更只有美國的六十分之一。

今後中國每年的經濟成長率即使能維持在一〇％，至少也要三、四十年後才能趕上美國，更何況在當時來看，中國的經濟成長必定是遲緩，因為存在雙重的阻力：其一，是歐美國家在六四事件之後仍然在抵制中國，並阻止世界銀行及亞洲開發銀行貸款給中國；其二，以陳雲為首的保守派仍然在抗拒資本主義，堅持社會主義的計畫經濟。對於後者，鄧小平心中尤其不滿。

一九九一年春節，鄧小平到上海視察，發現上海市容陳舊，連一棟摩天大樓也沒有，更是不滿。上海市委書記兼市長朱鎔基向他簡報，主張加速開發上海，又建議開發當時還只是一片荒煙蔓草的浦東地區。鄧小平大表贊同，到處參訪，並發表講話：「改革開放是強國富民的唯一道路。」、「如果我們仍然囿於『姓社還是姓資』的詰難，那就只能坐失良機。」

鄧小平離開後，上海《解放日報》又奉命繼續刊出鄧小平的講話內容，但保守派不以為然，起而反駁。此後左、右兩派圍繞在「姓社或姓資？」的議題進行論戰，而改革派很快就占了上風：四月，中共中央宣布朱鎔基升任為國務院副總理；九月，原本夾在兩派之間左右為難的總書記江澤民，突然要求《人民日報》刪改一篇明顯批評改革開放的社論稿，被認為是藉此表態向鄧小平靠攏。

一九九二年春節，鄧小平又帶領全家老小，由國家主席兼軍委副主席楊尚昆陪同到深圳視察。楊尚昆的弟弟軍委會祕書長楊白冰在接受訪問時，脫口而出：「中國人民解放軍要為改革開放保駕護航。」回顧一九八四年初，鄧小平曾經大舉南巡，結果引領全國的經濟發展風潮迅速地熾熱起來，這第二次南巡對於中國的未來無疑又將發生重大的影響。

鄧小平目睹當年深圳的一個小小漁村，如今已是一片高樓大廈，又參觀數家極為成功的民生用品及高科技公司，不禁欣喜萬分地說：「誰堅持改革開放，誰就上臺；誰不搞改革開放，誰就下臺」、「特區『姓社』，不『姓資』」、「要警惕『右』，但主要是防『左』」、「廣東要力爭用二十年的時間趕上亞洲四小龍。」

他又暗諷陳雲，說：「有的人，中國搞特區這麼大的事，自己從來就不來看看，站在老遠處指手劃腳。」香港及國外媒體這時都大幅報導鄧小平南巡之旅，江澤民也下令中共中央發出文件傳達他的「南巡講話」。到了五月初，陳雲突然出現在上海的電視螢幕上，說非常贊成開發浦東。

中共接著在十月召開十四大，確立鄧小平提出的「建設有中國特色的社會主義」理論。這時朱鎔基又獲得升任為七名政治局常委之一。朱鎔基曾經長期在國家計委工作，熟悉工業及財經，頭腦敏捷清晰，有大局觀，行事大膽而果決。當他剛上任副總理時，全國各地的企業由於相互連環拖欠，形成「三角債」，總共達到三千多億人民幣，嚴重影響市場資金運轉，但他只花一年就清理了其中的大部分，由此樹立其權威，也因此被鄧小平賦予財經重任。

另有一件大事必須指出，西藏自治區黨委書記胡錦濤，也在十四大之後被升任為政治局常委，又被鄧小平指定為江澤民的接班人。這種隔代指定接班人的安排空前絕後，江澤民卻無法不接受，日後也無法改變。不過由於鄧小平這時堅持退休，並要求中央顧問委員會解散，包括陳雲在內的成員和他一樣也全部退休，江澤民因而既是掌握黨政軍，又免於老人干政，權力大增。

朱鎔基與中國經濟的發展

鄧小平南巡後，中國的經濟發展果然重新加速，但由於各省市的領導紛紛決定「大幹快上」，唯恐落後，全國各地很快就出現過熱的現象：到處都在興建鐵路、公路，蓋高樓大廈，建新機場；地方銀行又無限制地放款，用於設立經濟開發區，設立新公司，蓋新廠房；結果是導致嚴重的通貨膨漲。一九九三年六月，朱鎔基不得不祭出「宏觀調控」，發布《十六條》，其重點是控制貨幣發行，控制信貸，控制房地產市場，控制政府部門「亂」採購，禁止非法集資。朱鎔基自兼中國人民銀行行長，召集全國各地銀行行長到北京，限令在四十天內收回所有非法的貸款，否則嚴懲不貸。

朱鎔基下令於一九九四年元旦取消物價及匯率雙軌制，更是一件大事。回顧一九八八年鄧小平企圖取消雙軌制，結果引起全國搶購、搶兌風波，被迫收回成命；朱鎔基這時宣布併軌，又宣布將人民幣對美元匯率大幅貶值為一比八·七，一錘定音，有利於出口，同時使得企業有了更公平的競爭環境。朱鎔基雷厲風行推動「宏觀調控」後，通膨終於趨緩，物價指數上漲率從一九九四年的二十一·七%降到一九九五年的十四·八%，一九九六年又降為六·一%。

統計朱鎔基從一九九一到九八年擔任副總理期間，中國的國內生產毛額（Gross Domestic Product，簡稱GDP）平均成長率約為十二%，出口成績尤其耀眼，成長三倍，達到年出口額一千八百億美元；外匯存底也因年年大幅貿易順差而快速累積。一九九八年初亞洲爆發金融危機時，已經升任為總理的朱鎔基公然宣稱，要承擔穩定亞洲金融環境的大國責任，因而被外國媒體稱為中國的「經濟沙皇」。

不過當時朱鎔基也面臨一個嚴重的國企存廢問題。自從改革開放以來，國企明顯不敵鄉鎮企業，節節敗退，其中很多瀕臨破產邊緣，國家已經不可能繼續支持，必須考慮長遠之計。一九九二年起，朱鎔基選定山東省諸城市為試驗點，允許賣掉一部分虧損嚴重的中小型國企。結果諸城的市長陳光竟把所屬的兩百七十幾家國企全部賣掉，其中大多賣給企業的員工，因而被譏稱為「陳賣光」。朱鎔基後來總結「諸城經驗」，決定此後將重點放在扶持大型國企，放棄中小型國企。

第二年，政府又提出一項「國退民進」的新政策，說在「抓大放小」原則之下，預備放棄的國企僅限於具有市場競爭性質的民生工業，至於和能源、金融及國家安全相關的產業，例如石油、煤炭、銀行、保險、電力、電信、軍事及尖端科技工業等，仍將由國家壟斷。全國三十幾萬家中小型國企一部分於是被關閉，數以千萬計的員工被遣散（通稱為「下崗」）；另有一部分由員工、鄉鎮企業或私營企業接手。

「國退民進」，企業家的宿命？

然而，在「國退民進」的過程中卻有無數備受爭議的事件發生。

由於國企的股權從一開始就沒有清晰的規範，許多人受命接辦老舊的國企，或在政府支持之下轉型到新事業，負責的領導人及其團隊擁有的股份卻很少，股權實際上大多仍留在地方政府手上；等到這些人披荊斬棘，建立起龐大的企業版圖，才想要請求增加或購買持股，機會已經不大。企業越是成功，賺錢越多，地方政府就越不肯放手，並且開始插手企業的決策及經營，雙方衝突於是不可避免，而誰勝誰負不問可知。

舉一個例。廣東順德有一家科龍集團，原本只是鄉鎮企業創辦的小電冰箱廠，在廠長潘寧的領導之下一路成長為全國銷售量第一的品牌。一九九二年鄧小平南巡時去參訪，驚嘆不已，脫口而出：「發展才是硬道理。」不料當潘寧向其所屬鄉鎮黨委書記力爭在企業改制時增加經營團隊的持股之後，竟在一九九八年底突然「被辭職」，最後只得移民到國外。

本書第十三章曾經提到的全國第一運動飲料品牌「健力寶」，是由李經緯在廣東三水創辦。他也是多次向三水地方政府要求分配部分股權給經營團隊，或出資購買股份，結果不但失去董事長兼總經理的職位，又在二〇〇二年與其創業團隊多人一起以「貪污罪」被捕。李經緯遭判十五年徒刑，最終死在醫院裡。

另有一家創辦於遼寧瀋陽的「華晨汽車」，與多家外國知名汽車廠合作，由董事長仰融主導，於一九九二年在紐約證券交易所上市，是中國第一家成功地在海外融資的國企，也曾是排名全國第三的汽車廠（僅次於上海大眾及一汽大眾）。然而，仰融也因為股權糾葛、政治鬥爭問題及對集團未來發展策略有不同看法，與遼寧省人民政府發生衝突，被迫於二〇〇二年逃到美國，資產被沒收，又遭到海外通緝。

中國作家吳曉波曾寫一本《激盪三十年》，其中詳述一九七八至二〇〇八年之間改革開放的歷史，並為數十位曾經赫赫有名的企業家寫小傳，前述的潘寧、李經緯及仰融只是其中的三位。這本書裡提到的其他人，大多也是在與地方政府官員力爭的過程中，經歷痛苦的煎熬，最後多半境況悲慘。有人稱之為「宿命」，真正有機會名利兼得的只是少數。

總之，中國在國企改革當中雖然聲稱「國退民進」，實際上，雖然大多數的國企被關閉，少數成功的仍由政府控制；至於不屬於市場競爭性的產業則由國家壟斷，因而，有人認為「國退民進」並非事實。

日本政府貸款對中國改革開放的貢獻

另有一事必須指出，中國在上世紀八〇及九〇年代經濟之所以能夠迅速發展，關鍵因素之一是獲得外國資金，包括對外借款（來自外國政府、世界銀行、ＩＭＦ或亞洲開發銀行）及引進外商直接投資，以下分述。

關於對外借款，最重要的無疑是來自日本。如前所述，早在鄧小平第一次改革開放，日本政府就已經開始對中國提供「政府開發援助」（Official Development Assistance，簡稱ＯＤＡ）[1]，包括低利貸款、無償援助及技術援助。據日本政府統計，在一九八〇到一九八九的十年間，其中最主要的低利貸款（年利率大多為一至二％）實際金額達到八千七百億日圓。一九八九年六四事件後，歐美國家都抵制中國，但日本政府仍繼續提供援助，其中低利貸款總金額在一九九〇年到二〇〇四年間，達到約兩兆兩千六百億日圓。二〇〇七年之後，由於中國經濟實力轉強，日本政府基本上停止低利貸款給中國，但仍繼續提供無償援助及技術援助，直到二〇二二年才全部停止。

總之，日本政府在將近三十年間，提供中國的低利貸款至少三百億美元，占此一期間中國對外貸款的六成以上；這些錢除了用於引進各種重化工業，最主要是從事基礎建設，如機場、鐵路電氣化、地鐵、港口。至於無償援助，主要是用於興建現代化的醫院及協助進行環境保護項目；技術援助的重點則是在於接受中國人員赴日本進修，派日本專家到中國傳授技術，以協助中國培養人才。後兩者加總也在二十五至三十億美元之間，對於中國的經濟發展而言也至關重要。

港商及臺商對中國改革開放的貢獻

其次討論外商直接投資。根據中國國家統計局的資料，在一九八五年及九〇年實際利用的外資金額，

1　已開發國家為開發中國家提供的經濟援助，用於經濟發展和提高人民生活，贈與二十五％以上的贈款或貸款。

分別只有二十億及三十五億美元，其後五年的成長卻極為驚人，到一九九五年已達到三百七十五億美元。

那麼這些外商直接投資究竟從哪裡來呢？直接地說，主要是港商及臺商。回顧中國於一九七九年決定試辦四個經濟特區後，率先投資的外商正是港商及臺商。六四事件後，由於西方國家嚴厲抵制中國，歐美外商大多也不到中國投資，港商及臺商卻沒有停止；鄧小平第二次南巡後，港商及臺商更是增加投資，是外資的主幹。不過由於港商及臺商的直接投資對中國改革開放的影響，甚至比日本政府的開發援助還要大，因而更有必要詳細說明。

以一九九八年，朱鎔基升任總理的這一年為例，同樣根據中國國家統計局的資料，中國的外商直接投資總金額是四百五十五億美元，其中港商投資一百八十五億，歐美商合計八十二億，維京（Virgin）、開曼（Cayman）及薩摩亞群島（Samoa）合計占四十五億，日商和新加坡都是三十四億，而臺商只有三十億，其餘來自其他國家。

但實際上，這些數字只有總數是可靠的，各國分別的投資金額卻與實際不符，主要是臺商的投資數字不正確。由於臺灣政府一直在盡力阻止，或減緩臺商到中國投資（原因將在本章後面敘述），當時臺商大多極力隱瞞到中國大陸投資之事，所以無論臺灣政府或中國政府的統計數字，都與臺商真正在中國大陸投資的金額相差甚遠。有一部分臺灣的經濟學者認為，在港商的投資裡有大約三成是臺商轉投資，而維京、開曼、薩摩亞（即是所謂的避稅天堂）的投資裡，有七成以上是臺商轉投資，其他各國在中國的投資裡，或多或少也有臺商轉投資，只是比例無法確定。總之，臺商在一九九八年於中國的投資絕對不是三十億美元，初步估算至少超過一百五十億美元，甚至可能比港商在中國的投資還要多。

臺商違反臺灣政府禁令及勸告而經由第三地踴躍到中國投資的情況，從另一現象可以清楚地看見：一九九〇年代初期，在中國大陸華南及華中地區，如深圳、東莞、珠海、蘇州、昆山等地，已有無數的臺商工廠聚集；另外，在上海、北京，以及廣東、福建、江蘇各省許多城市裡，也有許多臺灣人居住的聚落形成；而當時在中國任何一地，鮮少有香港人或其他國家的人形成類似的聚落。

港商及臺商為什麼要到中國投資？主要是因為當時香港及臺灣都名列亞洲四小龍之一，但在多年成功發展經濟後，土地、人工、環保問題等都成為瓶頸；而同時，中國大陸制訂優惠的招商政策，提供開發工業區的土地，廉價的人工，龐大的內需市場，以及公共建設機會，對港商及臺商有極大的吸引力。至於兩者投資的行業，港商大多以公共建設、開發工業區及服務業為主，臺商則是以蓋工廠從事生產製造及外銷為主。臺商當時面臨的瓶頸更是嚴重，因而臺灣政府無論如何阻擋，其實無法阻止臺商經由第三地迂迴「西進」。

港商、臺商除了協助中國經濟迅速成長之外，另有一項極重要的貢獻。如前所述，中國當時有三十幾萬家國企正在面臨被關閉中，因而有數以千萬計的員工「下崗」，引發嚴重的社會問題；同時也有來自內地各省，數以億計的農民工湧向沿海城市，都要尋找工作。上述臺商、港商所投資的正是勞力密集的製造業，或是需要大批人手的服務業、土木建築業，正好提供龐大的就業機會。

外商進入中國後所製造的產品大多轉出口，使得中國的出口迅速成長。一九九四年起，中國出口首次超過一千億美元，進出口順差首次超過一百億，此後不再有逆差，每年都能賺取大量外匯。二〇〇一年底，中國獲得允許加入世界貿易組織（World Trade Organization，簡稱WTO），進出口更是大增，貿易順差在二〇〇五年首次超過一千億美元。二〇〇六年底，中國的外匯存底超過一兆美元，超越日本，位居世界第一。

中國農民工遭到的雙重剝削

但必須指出，中國經濟之所以能迅速發展成功，另有一個關鍵：若沒有數以億計的農民工，中國就不可能製造出各種價格低廉的產品，並大量出口，發展成為所謂的「世界工廠」。

農民工只有少數來自工廠所在地，大部分是從鄉村移動到城市，更多是從內地移動到沿海地區，並且隨著中國的經濟迅速成長而迅速成長。根據中國政府的統計資料，以農民工為主的流動人口在一九八二年只不過六百五十七萬人，到二〇〇〇及二〇一〇年已經分別增加到一・四億及二・六億人。根據一位臺灣學者吳介民在中國深入調查、研究後所寫的一本《尋租中國》，這些農民工雖然對中國的經濟發展做出巨大的貢獻，卻無法分享到成功的果實。吳介民說：「中國外向型勞力密集工業化的『奇蹟』，說穿了就是奠立在對農民工的剝削之上。」

農民工遭遇到什麼樣的剝削呢？首先，是在身分歧視上。從毛時代起，中國便開始嚴格執行「城鄉二元體制」（rural-urban dualism）的戶籍區分，農村居民被規定為「農業戶口」，專司農業生產；工業生產則是專屬於「非農業戶口」的城鎮居民。農民工雖然遷移到城鎮從事工業生產，其身分仍然被認定是農民，而不是工人，更不是城鎮居民，因而無法獲得城鎮居民應有的待遇。

舉一個例。農民工由於被排除在城鎮居民適用的社會保險制度（包括養老保險、醫療保險、工傷保險等）之外，只能接受次等的農民保險或綜合保險，而兩者的保障差距極大。農民工的子女的教育也遭到歧視，經常被拒絕進入公立小學、中學就讀；即使被接受，也常會被要求額外收費。正因如此，農民工如果有子女（中國自一九七九年起實施一胎化政策，大多只有一個），通常是留在老家，交由祖父母或其他親人撫養，也就是通稱的「留守兒童」。農民工遭到的歧視還包括遷徙、居住的自由權，不能登記工作地的戶口；二〇一七年十一月，北京市政府在天寒地凍時將所謂的「低端人口」（據估計達到三十萬人）驅趕出城外，是其中最引人非議的案例。

農民工遭到的第二層剝削——工資。根據吳介民引述深圳市政府的統計資料，二〇一二年當地的城鎮就業人員以及外來農民工的最低工資，分別是人民幣四千九百六十三元及一千五百元，前者是後者的三・三倍。在中國其他城市，兩種身分的工資比較也都在三倍以上，而以北京為最高，達到五・六倍。兩者差距如此之大，並非外資刻意歧視農民工，而是中國政府從改革開放之始，便壓抑農民工的工資。一方面藉以吸引勞力密集型的外資廠商前來設廠，另一方面給地方及中央政府留下分潤「經濟剩餘」的空間，從而得以向外資抽取各種費用，包括管理費、保護費、掛靠費、工繳費、特別費等，以及所得稅。

在此情形下，農民工如果希望賺更多錢，就只有超時加班，每週加班時數甚至有超過正常上班四十小時的情況。超時加班當然是違法的，中方官員也知情，但默許而留下「灰色空間」，以便收取「灰色收入」。即便如此，農民工一個月所得與城鎮工人所得還是相距甚遠。

總之，如出身中國的美國著名經濟學家許成鋼指出，中國的農民工大多處於絕對貧困，是中共用戶口制度製造出來的一個巨大二等公民階級。

臺海兩岸關係的演變及香港的九七回歸

說到這裡，讀者或許會問：臺商為什麼要隱瞞他們赴中國大陸投資的事實呢？這個問題非常重要，其根源在於臺灣和中國兩個政府之間的矛盾關係。事實上，由於臺海兩岸的關係在過去數十年間不斷地變化，因而必須從蔣經國的時代回溯，才能完整地討論。

蔣經國時代的兩岸關係

如前所述，美國總統卡特決定從一九七九年元旦起與中國建交，並與臺灣斷交。在此之前，美國雖然一再承諾必定會和臺灣充分諮商與中國建交之事，這時卻刻意保密，直到美中共同宣布建交前的七小時，也就是在一九七八年十二月十六日清晨三點鐘，才請駐臺灣大使安克志（Leonard Unger）求見蔣經國。蔣經國在睡夢中被叫醒；聽完安克志的口頭照會，大怒，卻無可奈何，只能召集重要官員開會討論如何應對，以防止發生恐慌及動亂。

在美、中聯合發表的公報中，美國認知只有一個中國，臺灣是中國的一部分，臺美之間的共同防禦條約[2]在一年後自動失效。中美建交的頭一天，中共發表《告臺灣同胞書》，提議兩岸開始「三通」，也就是「通郵、通航、通商」，而最終目標是結束兩岸的分裂，完成與臺灣「和平統一」；蔣經國卻發表聲明，說不論在任何情況下，絕對不與中共政權交涉。幾個月後，蔣經國又宣稱對中國將堅持「不接觸、不談判、不妥協」的「三不政策」。有人認為，這是他歸結自己一生與蘇共、中共接觸、談判、妥協失敗的慘痛經驗而得到的結論。

與此同時，美國國會也通過一個《臺灣關係法》（*Taiwan Relations Act*，簡稱TRA）[3]，以保障臺灣的安全，其中規定，美國期望臺灣的前途將以和平方式決定，「任何企圖以非和平方式來決定臺灣的前途之舉——包括使用經濟杯葛及禁運手段在內，將被視為對西太平洋地區和平及安定的威脅，而為美國所嚴重關切」；美國也將繼續提供防禦性武器給臺灣，並與臺灣維持非官方管道的聯繫。

但由於中國持續要求美國明訂停止銷售武器給臺灣的日期，後來繼任為美國總統的雷根不得不於一九八二年與中國簽定《八一七公報》，承諾將逐步減少出售給臺灣的武器，但雷根又親自擬了一份備忘錄，稱為〈六項保證〉[4]，發給國務卿及國防部長，用以解讀《八一七公報》，其中說：「任何減少對臺軍售，要以臺灣海峽和平，及中國維持其尋求和平解決臺灣問題的基本政策為前提。」

香港回歸問題及中共「一國兩制，五十年不變」的承諾

就在《八一七公報》發布一個月後，英國首相柴契爾夫人飛到北京與鄧小平談判香港問題。中國在清朝末年，也就是在十九世紀，由於國家積弱，執政者又愚昧不堪，屢屢受列強欺凌，被迫將香港及九龍永久割讓給英國，又將新界也租借出去，租期九十九年，預計在一九九七年即將到期。不過柴契爾夫人的想法是不談香港、九龍，而希望中國同意新界的「九七大限」能再往後延長。

不料鄧小平見到柴契爾夫人之後，直言此一問題事關主權，中國完全沒有迴旋的餘地，一九九七年不但要收回新界，也要收回香港和九龍；不收回就無法向人民交代，連他自己都必須下臺。鄧小平又說，中國收回香港後，將允許香港繼續實行資本主義，保持現有的政治、經濟、法律等制度；他也希望得到英國的合作，一同磋商制訂方針和政策、以避免發生波動或混亂。鄧小平甚至定下期限：如果兩國在兩年內談不成，中國只好單獨宣布收回香港的辦法；言下之意，是不排除以武力解決。

---

2 《中美共同防禦條約》（*Sino-American Mutual Defense Treaty*），於一九五四年簽訂的國際條約。該條約以軍事為基礎，包含政治、經濟、社會等合作；根據條約第十條規定，該條約無限期有效，但若一國向對方提出終止通告，會在通告發出時刻的整一年後失效。

3 是現行的美國國內法，於一九七九年簽署生效。

4 Six Assurances。此為美國對於《八一七公報》內容的單方面澄清，並對臺灣與美國國會雙方面提出保證，雖然美國已經與中華人民共和國建立正式外交關係，但對臺灣的承諾不變。

柴契爾夫人未料到鄧小平的態度如此強硬，談完之後出來時臉色凝重，心神恍惚，一不小心竟踩空一個階梯，跌倒在地。全世界媒體立刻大幅報導，都說大事不妙。此後雙方談判也不順利，甚至因為談判破裂而一度引發港股崩盤；一部分香港的大型企業因而決定轉移到外地註冊，更多市民想移民到國外。英國最終還是在一九八四年十二月與中國簽署了《中英聯合聲明》（*Sino-British Joint Declaration*），同意於一九九七年七月一日將新界、九龍及香港全部移交給中國。世事令人莞爾，一代強人鄧小平竟未能眼見自己談定的香港回歸，在二月十九日先走一步，享耆壽九十二歲。

一九九〇年，中國全國人民代表大會又根據《中英聯合聲明》的基本原則及政策，制訂《香港基本法》，其序言明白指出，中國政府對香港恢復行使主權時，決定設立香港特別行政區，並按照「一個國家，兩種制度」的方針，不在香港實行社會主義的制度和政策。其後的條文中也明確規定，香港將由港人高度自治，享有行政管理權、立法權、獨立的司法權和終審權；並將保障言論、出版、集會結社、旅行及宗教信仰等自由；私人財產、企業所有權及外來投資均受法律保護。最值得注意的是第一章第五條，其中重申香港特別行政區不實行社會主義制度和政策，保持原有的資本主義制度和生活方式，「五十年不變」。

香港回歸後是否真的能維持五十年不變呢？以結果來看，答案是否定的，詳情將在本章最後一節再敘述。不過在此必須說明，鄧小平當時做出「一國兩制，五十年不變」的承諾，其實也針對臺灣。

回溯《中英聯合聲明》發布之前半年，鄧小平在接見一個香港工商代表團時發表談話，講題是「一個國家，兩種制度」，這是他第一次在對外的重要場合提出「一國兩制」的說法。事實上，鄧小平對臺灣的重視程度甚至超過香港，所以「一國兩制」並不是只針對香港、澳門，也是在向臺灣喊話。後來他也曾透過各種管道（包括新加坡的李光耀）希望與蔣經國接觸、談判，以「一國兩制」的方案達到和平統一。然而，蔣經國仍是堅持三不政策，對中共不予理睬，而只專注於臺灣內部的改革。

蔣經國最後的改革及開放臺灣人民赴中國——臺商西進之始

蔣經國後期在臺灣的改革，基本上是他在執政前期的政策之延續，包括民主化、本土化及推動經濟快速發展。然而，由於美臺斷交對臺灣內部造成巨大震撼，此後臺灣又發生數件重大的貪腐案，以及侵害人權的重大命案，使得蔣經國備受國內外的壓力。

一九八一年，一位在美國教書，名叫陳文成的臺裔美籍博士回到臺灣探親，卻被警備總部約談；不料第二天早晨，有人在臺灣大學校園內發現他的屍體，明顯是在生前遭到刑求致死。一九八四年，蔣經國的二兒子蔣孝武被發現涉嫌指使臺灣情報單位及黑社會分子，到美國刺殺一位臺裔美籍的作家劉宜良。這兩個案件爆發後震動整個臺灣社會，更引起美國政府及國會震怒（因為兩名受害人都有美國籍），使得蔣經國不得不將一向倚賴的情治首長王昇及蔣孝武，先後貶放到國外當大使。同時，他也不得不開始放鬆對島內反對勢力的壓制。

一九八六年九月，蔣經國默許反政府人士公開集會，「民主進步黨」（Democratic Progressive Party，簡稱ＤＰＰ）於是成立；但一般認為，美國眾議院在不久前，以壓倒性的票數通過敦促國民黨開放黨禁的決議案，也是促使蔣經國做此決定的關鍵因素之一。一個月後，蔣經國在接受《華盛頓郵報》（*Washington Post*）發行人葛蘭姆夫人（Katharine Graham）親自採訪時，宣布臺灣即將解除戒嚴，尤其出人意外。不過臺灣真正解嚴，已是八個月後；之所以延緩，與其後母——即是蔣介石的遺孀宋美齡——於一九八六年底從美國回到臺北長住，國民黨內部保守勢力重新集結有關。

蔣經國對中共雖然堅持三不政策，但自從中國改革開放以來，臺灣商人對沿海城市的巨大商機無不趨之若鶩，臺灣政府只得允許兩岸之間的間接轉口貿易，但仍嚴禁臺商到中國投資。同時，基於人道理由，臺灣政府也不得不宣布從一九八七年十一月起鬆綁政策，允許一九四九年來臺的老兵回到中國探親；而一旦開放老兵探親，實際上也無法阻止臺商假借名義到中國直接經商或投資。從此以後，臺商對中國的投資就迅速追上港商，但大多是經由第三地轉投資，所以不在兩岸政府的統計數字裡。

在蔣經國推動的本土化政策中，最值得注意是在一九八四年舉行大選時邀請一位本土出身，當時擔任臺灣省主席的李登輝與自己搭檔參選，由大約一千名所謂的「萬年國大代表」（大多從一九四八年起即擔任此一職務）負責選舉，分別當選為正、副總統。但蔣經國的晚年長期為糖尿病所苦，健康極差，在一九八八年一月突然大量吐血而逝世，李登輝於是依法繼任為總統；又在激烈的政爭中獲得國民黨內改革派的支持，擊敗保守派的挑戰，接任國民黨主席，並兩次贏得總統選舉，擔任總統一直到二〇〇〇年。

李登輝在執政期間獲得黨內的改革派、學生運動及社會輿論支持進一步推動臺灣的民主化，包括廢止國民黨遷臺之後，數十年不曾改選過的「萬年國會」（與前述的「萬年國代」同時存在），重新全面改選立法委員；以及總統由間接選舉改為直接普選。因此在野的民進黨也獲得更大的發展空間，但國民黨內部的分裂也更加嚴重。不過對李登輝來說，更大的挑戰是如何處理兩岸關係。

李登輝與兩岸關係

兩岸關係牽涉極廣，其中最重要的有兩件：首先，自從臺灣退出聯合國、美中建交後，臺灣不但被迫與大部分的邦交國斷交，也被排除在幾乎所有的國際組織之外，而是否能突破此一被孤立的狀態，取決於美國及中國的態度；其次，由於臺商不斷西進，兩岸人民互動也越來越頻繁，臺灣政府不能不與中國面對面討論相關的問題。總之，李登輝已經無法再堅持蔣經國的三不政策，必須考慮逐步與中國進行官方交流。

一九九〇年五月，李登輝在第一次正式獲選（間接選舉）為總統之後發表就職演講，說：「如果中共當局放棄在臺灣海峽使用武力，不阻擾我們在一個中國的前提下開展對外關係，則我們願以對等地位，建立雙方溝通管道，全面開放學術、文化、經貿與科技的交流，以奠定彼此間相互尊重，和平共榮的基礎，期於客觀條件成熟時，依據海峽兩岸中國人的公意，研討國家統一事宜。」

幾個月後，李登輝又發表一個《國統綱領》，其中說，大陸與臺灣都是中國的領土，促成國家的統一應是兩岸共同的責任；不過統一要分成三個階段逐步進行，依次是互惠交流、互信合作及協商統一階段。依此原則，臺灣後來又成立「行政院大陸委員會」（陸委會）及由其指揮的民間組織「海峽交流基金會」（海基會），以處理兩岸相關的事務；中國大陸也成立兩個對口單位，即國務院臺灣辦公室（國臺辦）及由其指揮的「海峽兩岸關係協會」（海協會）。

一九九二年七月，臺灣政府又通過《兩岸人民關係條例》，明訂有關兩岸人民之間的經濟、貿易、文化交流的條文。在此之前，從臺灣「偷跑」到中國經商、投資的公司大部分是中小企業，稍具規模的大公司卻不敢；至此，臺商總算有明確的法律可以遵循。

中國大陸對此表示歡迎，但對於臺灣主張的「分三階段漸進」卻有不同的看法，要求雙方在進行互惠交流和互信合作的同時，也必須早早協商如何統一。另有一個更大的問題：兩岸雖然都說「一個中國」，卻有不同的解讀。例如，臺灣代表認為，所謂的「一個中國」是指一九一二年就已經成立的中華民國，並不是一九四九年才成立的中華人民共和國，因而，統一並不意味臺灣將成為中華人民共和國管轄下的一個特別行政區；兩岸都只是中國的一部分，現狀是由兩個政治實體分別統治。但中共當局認定這種解釋等於主張分裂國家，宣稱：「堅決反對任何『兩個中國』、『一中一臺』或任何形式的『一國兩府』。」

「一個中國」及「九二共識」問題

兩岸雖然對「一個中國」及交流的進程有不同看法，卻同意由海協會及海基會的會長，汪道涵及辜振甫，於一九九三年四月在新加坡舉行會談；又為了替「汪辜會談」鋪路，決定各派處長、主任層級的代表，於一九九二年十月在香港召開一個會前會。在此一「九二香港會談」中，雙方最根本的差異在於，臺灣堅持「一個中國，各自表述」，簡稱「一中各表」；而中國大陸只同意「一個中國」，不接受各自表述。臺灣認為，如果同意中國單方面定義的「一中」大前提，又不容許有不同的解讀，等於還沒有談判就已經輸了。因而，雙方最後並沒有簽訂任何協議。

「九二香港會談」既是無法取得共識，六個月後的「汪辜會談」雖然吸引世界各國的媒體大幅報導，注定也不會有結果。汪辜兩人在會後所簽訂的，其實都只是事務性的文書，而不是政治性的協議。

然而，在「九二香港會談」中雙方究竟是否有達成共識，後來竟成為一項極大的爭議。中共堅持有「九二共識」，也就是雙方都承認「一中」的原則。臺灣內部卻意見紛紜，大致來說，民進黨及國民黨內的李登輝派否認有「九二共識」，被歸為「獨派」；反之，國民黨內反李登輝派大多傾向同意有「九二共識」，被歸為「統派」。

「汪辜會談」後，北京領導人認定李登輝是在朝「臺獨」的道路上前進，無法容忍，兩岸關係於是漸漸惡化。一九九六年三月，臺灣舉行第一次全民直選總統期間，北京政府一方面發動媒體文宣大肆攻擊李登輝，另一方面發射導彈到臺灣附近海域，並舉行大規模海陸空軍事演習，即所謂「文攻武嚇」，但以結果看，反而是幫助李登輝以高票當選。

在此之後，李登輝認為兩岸政府基本上缺乏互信，中國大陸的法制又不健全，臺灣政府已經無法保護臺商在中國的權益，因而提出「戒急用忍」的主張，希望減緩臺商在中國投資，同時避免臺灣自己的經濟發展受影響，甚至遭到淘空。但臺商西進的趨勢至此已經無法停止，許多臺商又不願得罪政府，於是繼續採取間接投資前進中國的作法，其中有越來越多的大企業及高科技產業也加入。因而，臺灣實際上是一九九〇年代中國最大的投資國，許多臺灣人也跟著到中國工作，有些人還攜帶家眷，據估計最多時達到一百五十萬人。而如李登輝所預見，此後二十幾年間臺灣確實有資金被「淘空」的現象，以致於經濟發展明顯遲緩，年輕人留在臺灣更是難以找到好的工作。

後李登輝時代兩岸關係的變化

一九九九年七月，李登輝接受《德國之聲》（*Deutsche Welle*）訪問，在回答問題時說：「兩岸關係定位在特殊的國與國關係，所以並沒有再宣布臺灣獨立的必要。」中共對此反應激烈，斥責「兩國論」已暴露李登輝一貫蓄意分裂祖國的意圖，下令停止兩岸的交流對話，並表示對李登輝已經不抱任何期待，只希望在他任滿下臺後，國民黨的新領導人能當選為總統，並遵守「一個中國」原則。然而，在二〇〇〇年及二〇〇四年被選為臺灣總統的，並不是中共屬意的國民黨候選人，而是民進黨的陳水扁。

不過陳水扁之所以在二〇〇〇年贏得總統選舉，主要是因為李登輝無法阻止國民黨內有兩人（其副總統及前臺灣省長）執意要參選，使得陳水扁漁翁得利。陳水扁的本土意識極為強烈，這時美國的政策是以與中國合作發展經貿關係為優先，主張保持臺海現狀，陳水扁不得不同意配合，避免有過激的言論及行動引發兩岸爭端，但仍是發生不少爭議事件。例如，他在二〇〇二年公開提出所謂的「一邊一國論」，立即引發中共強烈表示不滿，也使得美國視其為一個「麻煩製造者」。在陳水扁執政期間，民進黨與國民黨（以及國民黨內更傾向統派的黨員出走而成立的政黨）之間的關係，即是所謂的「藍綠對立」也不斷地惡化。

陳水扁在第二任總統期間又涉及許多弊案，被普遍認為有貪腐之嫌，民進黨因而失去民眾支持，以致二〇〇八年總統選舉時大敗。此後八年，輪由國民黨馬英九擔任總統的「馬政府」執政，兩岸關係漸趨緩和，兩岸高層舉行多次會議，在經貿、文化、旅遊也有突破性發展。但在野黨及越來越多的知識分子認為，馬政府長期向中國大陸傾斜，將擴大對臺灣自身經濟、社會的損害，並且增強中國對臺灣的操控及影響力。

二〇一〇年，馬政府與中國政府簽訂《海峽兩岸經濟合作架構協議》（*Economic Cooperation Framework Agreement*，簡稱ＥＣＦＡ）。二〇一三年六月，又依此框架簽定《海峽兩岸服務貿易協議》（*Cross-Strait Service Trade Agreement*，簡稱ＣＳＳＴＡ），然後要求立法院審議通過。到了二〇一四年三月，此一議案還在審議中，國民黨立法院黨團卻宣稱依法在九十天後尚未通過，即視為已經審議通過。由於此一服貿協議涉及允許中國人民在臺灣投資進行金融、保險、證券，乃至商業、通訊、營造工程、運輸、配銷、觀光旅遊、娛樂及運動等行業，其影響巨大無比，因而引起大學學生、公民團體及民眾強烈不滿，起而占領立法院，是所謂的「太陽花運動」；同時，有數十萬人在臺北市參加反服貿遊行示威。最後，馬政府不得不擱置該協議。

太陽花運動之後，兩岸關係開始冷卻，馬政府更是受到重創，導致國民黨在二〇一六年初的總統大選慘敗，民進黨再度上臺，此後八年為蔡英文擔任總統的「蔡政府」時代。蔡英文在李登輝時代便受邀擔任國統會的幕僚，據報導，更是一九九九年李登輝提出「特殊的國與國關係」方案的起草人之一，又一向否認有「九二共識」，拒絕中國堅持的「一國兩制」，中共自然失望。

不過就在二〇一六年十一月，美國大選揭曉，共和黨候選人川普當選為總統，美中關係開始發生天翻地覆的轉變，臺灣的國際地位及兩岸關係更是受到極大的影響。為什麼美中關係會發生如此巨大的變化呢？一般認為，一部分原因與川普有關，但更大的原因與中國自認已經「大國崛起」，及其國內外政策的改變有極重要的關連。

中國「大國崛起」及其背後的爭論，兼述劉曉波及其遭遇

如前所述，中國從一九八〇年代初期起經濟就快速成長，據世界銀行統計，中國的GDP在一九九八年首次超過一兆美元，二〇〇六年更以二．七兆美元超越英國；在二〇一〇年更是以六．一兆美元超越日本，成為世界第二大的經濟體，只是與美國還有一段距離。

中國在經濟實力大幅成長之際，在政治、軍事及其他方面的力量也是大增，許多人民因而對中國的未來寄以厚望，但也有人發出自滿及排外的言論。事實上，早在一九九六年就出現一本《中國可以說不》，由七位記者、作家共同撰寫，引發社會巨大的迴響。從這本書裡的幾篇標題，如：「蒼天當死、黃天當立」、「亞歐對話—西方不亮東方亮」、「美國的外交是不誠實和不負責任的」、「在臺灣問題美國不要走火」、「日本正在加入遏制中國的大合唱」，就可以看出民族主義情緒及排外思想已經在升溫。此後，中國國內不斷有書籍、雜誌、報紙及其他媒體討論類似的內容，但也有表達不同的意見。

二〇〇六年，中國中央廣播電臺播放一部電視影片《大國崛起》，分十二集報導西歐、美國、日本、蘇聯共九個國家如何大國崛起的歷史，以與中國在清朝末年如何因為傲慢、愚昧而導致落伍、衰敗相對照，最後探索中國應如何藉改革開放成功而走向復興的道路。這部影片引起全國轟動，但同時也引發爭論。一般來說，自由派的菁英知識分子大多表示讚賞，認為這部影片力圖淡化意識形態，視角寬廣、多元而客觀；反之，黨內有許多「新左派」卻對該片猛烈抨擊，甚至說這部影片是在「煽動政變」。

在《大國崛起》播出之前，中共也曾指示拍攝另一部八集的電視影片《居安思危——蘇共亡黨的歷史教訓》，其中的重點是指出：蘇聯解體最重要的原因是赫魯雪夫批判史達林，到戈巴契夫又公開背叛共產主義。中共中央指示這部影集不公開播放，卻要求各級黨員都必須看完，以堅定黨員堅持社會主義道路的信念，提高黨員的警惕性及危機意識。這兩部影片的背後思想明顯水火不容，為何會先後推出，詳情不得而知，但無疑導致新左派反應激烈。新左派甚至有人喊出「二十一世紀是中國的世紀」、「中美之間必有一戰」；中國知識分子領袖劉曉波因而指出，這顯示出中共高層的思想正出現分歧，並呼籲胡錦濤政權不可走到歧路上去。

劉曉波從六四天安門事件之後，就已經是中國最著名的異議分子，曾多次被捕入獄。對於中國的大國崛起，他非但不以為喜，反而引以為憂，這在他所發表的一篇文章〈在大國崛起的背後〉裡可以清楚看出；其中說道，中國在崛起後雖然大幅提高了經濟、軍事及政治力量，卻迴避了民主憲政，也不能保護公民的財產權、自由權，必將無法長治久安。他又說，獨裁政府正在以狂熱的民族主義誤導，並綁架民心，又意圖以戰爭威脅迫使臺灣屈服，對日本不斷地操控反日風潮，對美國也日趨強硬，企圖對亞、非、拉丁美洲的落後、獨裁國家進行「金錢外交」，以達到聯合反美的目的，同時利用中國的市場經貿利益以分化西方國家。但劉曉波認為，中國獨裁式的崛起如果不能遏止，不僅是中國人的災難，對世界文明也將產生負面效應。

二〇〇八年十二月，劉曉波更邀集三〇三位中國海內外各界人士共同簽署一份《零八憲章》，其中的重點包括修改憲法、分權制衡，立法民主，司法獨立、公職選舉、城鄉平等，保障人民的自由、財產，以及轉型正義等。但中共立刻下令，以「煽動顛覆國家政權」罪名逮捕劉曉波及多名其他的發起人。此後劉曉波長期被關在獄中，即使在二〇一〇年獲得諾貝爾和平獎，也無法出國前往領獎；最後，終於在二〇一七年因病死在被嚴密監管的醫院中。

習近平接任中共總書記及其後中美關係的急速變化

二〇一二年十一月，中共舉行十八大，選舉習近平為總書記，此後的中國開始走上不同的道路，逐漸進入多事之秋。

習近平生於一九五三年，在十三歲時正逢文化大革命爆發，由於他的父親習仲勳與鄧小平一樣，被打為走資派而遭到整肅，被劃為「黑五類」，習近平被迫停止學業，多次被關押審查，又從一九六九年初起被下放，到陝西延安偏遠的鄉村裡參加「上山下鄉運動」。又由於父親的問題，他不斷地爭取加入中國共產黨，被駁回十幾次之後才獲得批准。一九七五年，習近平經由特殊的工農兵學員推薦制管道（不經入學考試）進入北京清華大學化工系就讀，於一九七九年畢業。不過當時的大學大多是從鄧小平於一九七七年中第三次復起之後才逐漸恢復正常教學，有許多人因而對習近平真正的教育水平表示懷疑。

鄧小平主政後，習仲勳擔任廣東省委第一書記，是改革派的一員大將；習近平經由父親安排，在國防部擔任部

中共三代總書記：習近平、江澤民、胡錦濤（左至右）

長的一名祕書。不過從一九八二年起，習近平轉到地方，從一名縣委副書記做起，後來一帆風順，歷任各級地方黨委書記，曾擔任浙江省委書記、上海市委書記及政治局常委等要職。

習近平的「反貪腐」、「中國夢」及「一帶一路」

在出任總書記不久後，習近平就開始發起大規模的「反腐敗」，雷厲風行；遭到罷黜懲處的人員層級極高，其中包括中央政治局常委及兩名中央軍委會副主席。這是在江澤民及胡錦濤時代從未發生過的事，因而獲得許多人民讚許。但也有人認為，習近平是藉著整肅黨、政、軍內的山頭，同時也清除政敵以鞏固自己的統治地位。

習近平上任滿兩週，即提出所謂的「中國夢」，宣稱：「實現偉大復興就是中華民族近代以來最偉大的夢想」。回溯東歐及蘇聯發生劇變時，鄧小平曾經在中共內部講話，說必須要冷靜觀察，處變不驚，韜光養晦；在改革開放期間，他也曾以同樣的話告誡高層黨員。所謂的「韜光養晦」，意思是要能善於藏拙，收斂鋒芒，但同時也要能厚植自己的實力。一般認為，江澤民及胡錦濤主政時，基本上是尊從鄧小平的指示，因而儘管新左派不斷地高聲叫囂，挑釁以美國為首的西方國家，兩人的言行還是十分低調。相對地，習近平的作風顯得極為不同。

二〇一三年起，習近平開始推動所謂的「一帶一路」計畫。這是一項全球性的開發計畫，目標是重建中國歷史中的陸地及海上的絲綢之路，以加強與中亞、俄羅斯、東南亞、中東、非洲、歐洲及南美國家之間區域合作，並提供融資來協助這些國家進行鐵路、高鐵、公路、港口等基礎建設，以及興建發電廠、煉油廠、銅礦場等，總金額達到一千億美元。「一帶一路」被視為習近平極為重視的「大國外交」策略核心，在一開始推動就獲得許多國家支持與歡迎，最多時達到一百五十個國家加入此計畫；但也有人認為中國是企圖藉此與以美國為首的西方國家抗衡，以取得在全球事務中的主導地位。

事實上，早已有人批評美國過於短視，花費四十幾年及無數的金錢與蘇聯進行冷戰，但在蘇聯解體之後對第三世界卻幾乎不聞不問。這使得中國有機會連結這些國家，如前述劉曉波指出，得以在亞、非、拉丁美洲地區的落後、獨裁國家進行「金錢外交」，以達到聯合反美的目的。以非洲為例，據國際知名的「惠譽國際評等」（Fitch Rating）統計，中國在二〇〇一至二〇一〇年之間貸款給非洲國家達到六百二十七億美元，是世界銀行提供的五倍。

在一部分觀察家看來，種種跡象顯示中國是要藉著「一帶一路」進一步擴大其國際影響力及控制力，因而引起美國極大的關注。在後來，更有一部分國家由於過度借貸用於缺乏效益的投資而無法償債，只得又與中國簽訂若干犧牲國家權益的新合約，例如長期租借港口給中國，或出讓煤礦、銅礦及其他礦藏的採礦權利。有人於是開始指稱「一帶一路」是一種「債務陷阱外交」，一種新殖民主義。中國政府對此至表憤慨，認為是不負責任的言論及西方國家惡意抹黑，但已無法阻止越來越多國家選擇退出一帶一路計畫。

從「戰狼外交」到川普發動中美貿易戰

與此同時，中國與周邊許多國家也日漸發生衝突，例如，在南海海域因為部分島嶼的主權歸屬及海洋權利聲索問題，而與越南、菲律賓、馬來西亞、澳洲等國發生爭端；與日本因釣魚臺（日本稱為尖閣群島）的主權歸屬問題而發生爭執；與印度因多處邊界爭議問題日益發生嚴重的衝突。中國又意圖封鎖臺灣的發展空間，如有國家對其警告不予理會而仍與臺灣提升交流及互訪，立即採取經貿報復措施。習近平自詡的「大國外交」因而又被批評為「戰狼外交」[5]。

5　「戰狼」是中國現代軍事題材電影片名，共兩集，內容具有強烈的民族意識。

美國研究中國政策的主流意見，原本是所謂的「擁抱熊貓派」（panda baggers），傾向於主張與中國發展經貿關係、商業往來的好處，又認為中國在經濟發展起來之後，極可能也會改變其政治體制，朝民主、自由的方向發展；然而，在歐巴馬（Barack Hussein Obama II）擔任總統期間，持相反意見的聲音越來越大，認為許多美國人過去對中國的解讀極為錯誤，中國在經濟繁榮之後，不但不可能放棄馬列主義的意識形態，反而將成為美國的競爭對手及頭號軍事威脅，美中之間不可避免將發生衝突。「痛擊熊貓派」（panda bashers）陣營迅速壯大的結果，就是川普在二〇一六年十一月贏得美國總統大選。

川普在競選期間便強烈抨擊中美之間存在已久的鉅額貿易逆差問題，認為中國人正在「偷走」許多美國人的就業機會，又指責中國人以不正當的方法，偷竊美國的智慧財產權及商業祕密，強逼美國人技術轉移到中國。川普出身商人，其實也是一位極具爭議性的人物，被認為有種族歧視，性別歧視的傾向，主張嚴格防止非法移民進入美國，又拒絕參加《巴黎協議》（*Paris Agreement*）。二〇一八年三月，川普在美、中多次進行談判之後，宣布將對中國出口到美國價值六百億美元的產品，額外課徵高額關稅；不久後，中國也宣布採取反制措施，對美國輸出到中國的產品（主要是農產品）徵收高額關稅。雙方彼此也設置非關稅壁壘，後來又都繼續擴大徵收關稅的產品範圍，中美貿易戰於是無法停止。

中國回歸毛路線

習近平在執政初期並未特別顯現出他的意識型態，但在二〇一七年十月中共召開十九大，通過習近平連任總書記，同時也將「習近平新時代中國特色社會主義思想」寫入中共黨章之後，他企圖效法毛澤東的個人崇拜就已經凸顯了。此後，習近平又指示展開的一連串舉措，被認為更有開始背離鄧小平的改革開放政策，回到毛路線的傾向。

例如，二〇一九年，中國三家最知名企業集團的創辦人兼董事長，阿里巴巴的馬雲，騰訊的馬化騰，以及聯想集團的柳傳志，幾乎同時「被退休」；與此同時，共產黨地方黨部也派出大批幹部，進駐數百家稍具規模的民營企業。二〇二〇年，阿里巴巴旗下的金融服務公司螞蟻集團，在上海、香港兩地預定公開募股籌資（Initial Public Offerings；簡稱ＩＰＯ）計畫又被喊停。

二〇二一年，中國政府又對全國各地的房地產業、補教業、外送業、電玩遊戲業祭出「全面整頓」的命令。其中原本正規經營的補教業，被以「減少學生及家長的負擔」為由，勒令不准盈利，不准上市，不准外資投資，影響至少三百萬人立即失業，尤其令人匪夷所思。同時，習近平也提出為了要減緩貧富差距，要求企業協助國家達到全民「共同富裕」的目標；不久後，騰訊及阿里巴巴就分別承諾，將各自捐出五百億及一千億人民幣，用於配合政府進行專項計畫。全國所有企業由此無不憂心驚恐。

新疆再教育營問題及香港反送中運動

除了西藏，中共在新疆的統治一向也被認為兼具種族歧視及宗教歧視，維吾爾人至為不滿，多次發生抗爭及暴亂事件而被鎮壓，最終導致有一部分人於二〇〇四年在美國成立「東突厥斯坦共和國流亡政府」——中共稱之為「疆獨」——嚴陣以待。自此之後，新疆地區的暴亂事件更是頻繁發生。

習近平掌權之後，決定更嚴厲處置疆獨，從二〇一四年起指示在新疆設立許多「職業技能教育培訓中心」（即外界所稱的「再教育營」），並逐年擴大，據估計，到二〇一九年已有一百萬人以上被送至營中。有媒體報導稱，再教育營中存在強制教育愛國思想及無神論、語言、文化清洗，以及強制分離孩童父母等行為。西方國家紛紛表示關注「再教育營」侵犯基本人權，並提出各種抵制措施；但中共否認相關的指控，並指責西方國家干涉中國的內政。

與此同時，香港特區也發生問題，並引起國際社會更大的關注。

回溯一九九七年六月三十日深夜，中、英兩國領導人依據雙方於一九九〇年簽訂的《聯合聲明》（*Sino-British Joint Declaration*），在香港共同舉行隆重的交接典禮，於七月一日零時完成，中國政府也再一次承諾「一國兩制，五十年不變」。但香港人民由於對中國政府缺乏根本信任，許多人開始移民國外，留在島內的人民對香港政府施政事事聽從中共指示也不滿，發生多次大規模的抗爭事件，其中最具代表性的是在二〇一四年的「占領中環事件」（或稱「雨傘運動」），據報導參加人數超過一百萬，其主要訴求是為了要爭取真普選。

二〇一九年，香港發生更大的「反送中運動」，其原因是中國政府宣稱為了要「填補國安漏洞」決定修改《基本法》，將加入一個新的《逃犯條例》，允許引渡香港人民到中國國內受審。香港人民大驚，從六月起開始上街遊行抗議，港府命令警察以武力驅趕，人民卻越聚越多，據報導在後來幾個月間有三次遊行，其人數超過一百五十萬，其中最多的一次約有兩百萬人，是香港人口總數的四分之一，與發生在一九八八年的「波羅的海之路」的情況相似。但中共命令香港政府強力鎮壓，逮捕數千人，又在二〇二〇年六月的全國人大會強行通過《香港國安法》，接著根據此一新法，下令逮捕香港《蘋果日報》集團創辦人黎智英及多位其他人士，罪名是「勾結外國或境外勢力危害國家安全」。

黎智英被認為是占中及反送中運動最重要的領導人之一。在他被捕之後，香港公民反抗運動等於已經劃下句點。然而，《逃犯條例》及《香港國安法》的制訂也等於宣告，中國政府對英國及香港人民所做的承諾——五十年不變——已名存實亡，並嚴重破壞美國及西方國家與中國之間的互信。

從新冠肺炎疫情爆發到新冷戰

就在香港反送中運動抗爭仍在進行而尚未落幕之際，中國與美國又因為「新型冠狀肺炎」（Coronavirus disease 2019，簡稱 COVID-19）疫情而爆發更尖銳的衝突。

「新型冠狀肺炎」是一種極為嚴重的特殊傳染性肺炎，於二〇一九年底在中國湖北省武漢市首次出現後，逐漸演變成一場大瘟疫；一年後，全世界每日確診平均已達到七十萬人，在最高峰二〇二二年初，每日確診超過三百萬人，直到二〇二三年初才被控制下來。據世界衛生組織統計，至二〇二三年底已有七億七千萬確診，將近七百萬人死亡；其中美國確診超過一億人，死亡人數達到一百一十萬，屬於重災區，西歐也一樣嚴重。美國政府認為中國是疫情的源頭，又懷疑中國在一開始就刻意隱瞞，以致世界各國都未能採取防範措施，要求中國為導致疫情擴散負責，對中國的態度轉趨嚴厲。

二〇二〇年六月，川普政府發布命令，將二十家由中國人民解放軍「擁有或控制」的企業列入制裁黑名單中，禁止美國人投資；此後又陸續增列人工智慧（ＡＩ）、網路、晶圓製造，以及與臉部辨識等明顯違反人權的中國企業及機構，到川普任期結束前，總數已達到三十五家，其中無一不是中國的產業龍頭。

二〇二〇年七月二十一日，美國又突然要求中國在七十二小時內關閉其在休士頓的總領事館，理由是中共利用該館從事顛覆活動，以取得經濟及軍事情報，並恐嚇人民。中國尚未完成撤館行動，美國國務卿龐培歐又於七月二十三日在位於加州的尼克森總統圖書館，以《共產中國與自由世界的未來》為題發表公開演說，列舉中國在貿易霸凌、軍事擴充、香港反送中運動、新疆集中營及武漢病毒等問題，說：「中國今天在國內越來越威權，而且越來越咄咄逼人地敵視世界其它地方的自由，」更直接批評「習近平總書記是一個破產的極權主義意識形態的真正信仰者」。不過龐培歐也指出中國人民不同於中共，因而美國及自由世界國家必須支持中國人民一起來反對中共。

第二天，中國外交部發言人駁斥彭培歐的演講罔顧事實，顛倒黑白，同時宣布採取反制，要求美國在七十二小時內關閉其在四川成都的總領事館。

英國廣播公司及其他國際媒體的報導中，紛紛稱龐培歐的演講是「新鐵幕演講」及「新冷戰演講」，此後中美關係持續惡化。即使是川普在二〇二〇年十一月舉行的總統大選尋求連任而敗給民主黨候選人拜登，美國民意大多反中共的情勢已極為明顯，拜登政府對中共因而一樣強硬。新冷戰於是逐步升高，一方是美國及其盟友，另一方是中國、俄羅斯及其盟友。

川普二度當選美國總統的影響

然而，如我在上一章所述，川普在二〇二四年十一月再次當選美國總統之後，美國的政策又發生了巨大的變化。川普認為，美國必須集中力量對付他視為首要威脅的中共政權，因而有意緩和與俄羅斯的關係，要求俄、烏停戰，又宣稱將減少對烏克蘭的援助，並要求歐盟國家承擔支持烏克蘭的主要責任。

事實上，川普之所以如此，另有一個重要原因：美國國債過去二十年來不斷地快速攀升，到這時已經超過三・六兆美元，意即平均每一國民背負超過十萬美元的債務。而國債問題之所以如此嚴重，是因為美國長久以來流失製造業，導致每年出現龐大的貿易赤字；再加上美國政府效率不彰，對外大幅援助等等問題所致。為了解決這些問題，川普誓言重建美國的製造業，又在二〇二五年四月初宣布，將提高所有進口商品的關稅，從原先平均不到三％提高為一〇％到四十九％，視各國對美國的貿易順差而定；至於中國商品的關稅則將從二〇％提高到五十四％。但由於川普宣布加稅後引起全球股市暴跌，世界各國無不表示嚴重關切，川普遂決定暫緩執行，改而給予各國與美國協商的寬限期；不過由於中國政府宣稱將對美國採取反制，川普又將中國商品的關稅提高為一百二十五%，並立即生效。中美貿易戰至此達到一個新高點。不過雙方經過緊急協商，在五月中竟達成一個九十天的暫時協議，在此期間，美國將把中國商品的進口關稅降為三十%，中國也把從美國進口商品的關稅降到一〇%；雙方似乎有意緩解。

然而，美中貿易戰未來將會如何發展？新冷戰的結果究竟又會如何呢？由於許多事情仍在發展中，我在此就不做臆測，本章的敘因而到此為止。

第19章 共產主義在第三世界的退潮

如前所述，在東歐國家及前蘇聯所有加盟共和國的共產黨都垮臺之後，中國共產黨也只得暫時放棄馬列主義的意識形態，以解決經濟困境為優先。在如此翻天覆地的變化之後，第三世界（包括亞洲、非洲及拉丁美洲地區的開發中國家）的共產黨無不受到巨大的衝擊，必須小心因應。本章的目的，正是要敘述這些共產黨如何對應，以及其後發生的變化。這些變化雖然因為各自的處境不同而有差異，但大致的情況可以分為四類如下：

A類國家：該國的共產黨政權已經十分穩固，暫時沒有被推翻的危險，但為了長保政權，選擇和中國一樣，在政治上仍然堅持馬列主義及一黨專政，在經濟上則是設法推動改革，向資本主義靠攏。

B類國家：該國的共產黨雖已取得政權，但十分脆弱，很快就被推翻。

C類國家：該國的共產黨尚未取得政權，必須繼續依靠蘇聯、古巴或中國的援助繼續進行革命；但直接地說，由於蘇共已經垮臺，古巴、中國又自顧不暇，無法再繼續輸出革命，這些國家的共產黨已無前景，只能衰敗、解散，或覆滅。

D類國家：該國的共產黨是介於B類及C類國家之間，雖然已經取得政權，在巨變內外壓力之下，被迫選擇放棄一黨專政，或與反對勢力妥協，走出一條不同的道路。

但不論如何，大勢所趨是共產主義在第三世界中急遽地退潮。本章以下將依序分別舉例說明這四類國家裡所發生的變化。

A類國家：該國的共產黨政權穩固，並且堅持繼續一黨專政

如果我們將「共產國家」定義為「憲法中規定共產黨一黨專政的國家」，那麼除了中國，就只有越南、寮國及古巴合於此一定義。北韓雖然曾經是一個共產國家，嚴格地說已經不能再稱之為共產國家，因為金日成早就以自創的「主體思想」取代馬列主義，作為北韓勞動黨唯一的指導思想，同時寫入黨章及憲法裡。北韓在經濟上也不曾改革開放，是另一不同之處。但北韓仍然由勞動黨一黨專政，其本質與共產黨無異，所以在本章中將北韓仍列為這類國家。事實上，普丁統治下的俄羅斯也是屬於這一類，但由於俄羅斯在本書第十七章中已經討論過，本章不再重複討論。

越南的「革新開放」及其與中、美關係的發展，兼述寮國

越南在一九七五年南北統一之後，由於共產黨總書記黎筍堅持極左路線，又決定一面倒向蘇聯，與中共反目，以致在國際社會中陷入孤立，經濟也越來越落後。鄧小平在中國推動改革開放後，越共政治局委員阮文靈（Nguyen Van Linh）也主張改革開放，大膽與總書記黎筍爭論，卻被逐出政治局。一九八六年，黎筍病死，由元老長征接任總書記。但這時越南經濟已經疲弱不堪，戈巴契夫又宣稱將在蘇聯進行改革，長征自認年老體衰，接任半年便決定讓位給阮文靈，越南於是確立「革新開放」的政策。

越南踏出的第一步是允許私人企業，引入外資，此後又逐步放棄計劃經濟，學習中國走向「社會主義導向的市場經濟」。此後三十幾年，越南的外資來源以日本和臺灣為主；不過越南的革新開放基本上和中國一樣，僅限於經濟層面，政治體制仍然維持共產黨一黨專政。

越南曾入侵柬埔寨，並長期駐軍，但阮文靈自知已經無力繼續，於是邀請柬埔寨、寮國及東協各國派代表共同舉行會談，並於一九八九年二月簽約，承諾在半年後完成從柬埔寨撤軍。此舉獲得中國領導人表示歡迎。

阮文靈也急於與中國修好，因而攜同總理杜梅（Do Muoi）於一九九〇年九月飛到四川成都，與中共總書記江澤民及總理李鵬密會，並決定於隔年恢復正式邦交。在阮文靈之後，從杜梅到現任的阮富仲（Nguyen Phu Trong）共四任總書記都致力於革新開放，並維持與中共的良好關係。

然而，越南與中國之間的關係並不容易完全改善，主要原因之一是越共在過去二十年來不斷地對人民灌輸仇恨中國的思想，一時無法淡化；其次是中、越之間對於南海的西沙、南沙群島的主權歸屬有嚴重的爭議，日後也常為此發生衝突，甚至引發多次排華事件。其中最為嚴重的一次發生在二〇一四年，遍布五

省。又由於越南人大多無法分辨臺灣人及中國人，所以臺商開設的許多工廠也遭難，頻頻發生罷工及打、砸、搶、燒的暴力事件，受害者達到兩百多家，據估計有二十幾人死亡，數百人受傷。

由於革新開放亟需出口市場，越南對美國也主動示好，並表示願意協助美國尋找越戰時失蹤的美軍遺骸。美國對此表示歡迎，於是逐步解除對越南的經濟制裁及其他禁令，最終同意於一九九五年與越南關係正常化。二〇〇七年，越南在美國及歐盟國家支持之下加入世貿組織，此後經濟更是快速成長。

值得注意的是，越南雖然在美國與中國之間維持平衡關係，但是當美、中關係開始緊張，中國對鄰國又顯現出「戰狼外交」的姿態，越南明顯地已經逐漸趨向配合美國。

以下簡單地說寮國的改變。寮國人民革命黨（寮共）一向對越共亦步亦趨，因而在黎筍在世時，不敢跟著鄧小平的腳步走得太快，只是在一九七九年宣布放寬一部分對自由市場和商品流通的限制。不過當阮文靈推動革新開放後，寮共總書記凱山・豐威漢立刻宣布跟著走向市場經濟體制。但寮國在一黨專政體制下官員思想仍是僵硬，無法提出具體有效的改革措施，又地處內陸，所以貿易及外資來源大多倚賴鄰近的中國、泰國及越南三個國家。更嚴重的是，該國教育水準較高的人民大多選擇移居到鄰國或海外，所以始終無法有突破的發展。

古巴的改革及其與美國的關係變化

據估計，古巴與蘇聯來往最密切時，每年從蘇聯獲得四十至六十億美元的援助，其中大部分用於派兵到海外為蘇聯打仗。蘇聯在一九八八年開始從阿富汗撤軍後，也要求古巴逐步撤回所有在海外的部隊。卡斯楚大怒，將黨、政、軍及情報機關中所有親蘇分子全部清除出去。但古巴二十幾年來忙於輸出革命，除了製糖及菸草工業之外，沒有什麼新的經濟建設，年輕人因而大多失業，對國家已經不抱希望，紛紛乘船向北，冒險偷渡到美國邁阿密。正在此時，古巴國內卻發生了「奧喬亞事件」。

奧喬亞從卡斯楚開始革命起就是他的伙伴，也是推翻巴第斯塔政權及豬灣戰役獲勝的大功臣。後來，他又奉派到南美及非洲各國指揮戰爭，在海外有極高的聲譽，更是古巴人民心目中的大英雄。然而卡斯楚卻懷疑奧喬亞陰謀反叛，指控他收賄，走私古柯鹼，下令將他逮捕。奧喬亞在一九八九年七月受審時，卡斯楚下令開放電視轉播，民眾都看見奧喬亞在法庭上認罪，又發言唾棄自己，說自己已經沒有臉面繼續活下去。有人說，其情景猶如史達林時代的三次莫斯科大審判。不久後，奧喬亞就被槍決了。

一般認為，奧喬亞事件真正傷害的是卡斯楚本人在國內、外的形象。然而，對古巴更大的衝擊是，蘇聯在一九九〇年通知將全面停止經濟援助。卡斯楚從這時起竟連糖也不容易賣出去，不得不開始推動市場經濟，開放外國到古巴貿易及投資，又主動與鄰國改善關係，親自出訪歐洲國家。國際社會對卡斯楚的轉變表示歡迎，唯有美國仍然堅持繼續對古巴經濟制裁。

卡斯楚曾在一九九六年訪問梵諦岡，到了一九九八年一月，教宗若望保祿二世決定回訪，在哈瓦那造成轟動。卡斯楚一向秉持無神論，這時竟出席了教宗主持的彌撒，並接受教宗的要求大赦近三百名政治犯，不過仍然堅持馬列主義及共產黨一黨專政。

卡斯楚在晚年時已逐步把權力交給弟弟勞爾．卡斯楚，又在二〇一一年請勞爾擔任古巴共產黨第一書記，因而當他在五年後病死時，勞爾的地位已經十分穩固。勞爾在內部以推動經濟改革為優先，又廢除了共產黨幹部終身制，並致力於與美國改善雙邊關係，獲得美國總統歐巴馬同意把古巴從支持恐怖主義的名單中剔除，兩國最終於二〇一五年重新建交，是古巴外交上極大的突破。二〇一九年，古巴又經由人民公投通過新憲法，承認私有財產制，進一步放寬外國投資。二〇二一年，勞爾任滿十年下臺，古巴共產黨第一書記改由狄亞茲—卡內爾（Miguel Diaz-Canel）擔任，卡斯楚家族長達六十年的統治終於落幕。

然而，美國總統川普第一次上任後，又以古巴是共產獨裁專制統治為由，重新對古巴實施經濟制裁及禁運；川普下臺後，拜登對古巴也維持同樣的政策，古巴的經濟因而受到極大的打擊。COVIC-19疫情肆虐時，古巴更是受到重創，導致全國各地在二〇二一年七月爆發大規模的抗議事件，群眾紛紛要求獲得食物供應及疫苗接種，也有要求結束共產黨一黨專政。狄亞茲—卡內爾下令鎮壓抗議的群眾，逮捕數千人，並指控美國政府在背後操縱；中國及俄羅斯也發表聲明，對古巴政府表示支持。今後古巴局勢將會如何發展，猶未可知。

北韓的經濟困境及其核武對世界的威脅

談到北韓，不能不詳細說明其核武及導彈的發展，因為這是攸關國際社會安全的大問題，對北韓與其他國家之間的關係，也有極大的影響。

自從美國及蘇聯成功發展核武之後，世界各國紛紛跟進，掀起一股發展核武的熱潮。美、蘇都擔心核武器無限制地擴散將增加核戰爭的危險，因而號召全世界五十幾個國家，於一九六八年共同簽署《禁止核子武器擴散條約》（*Non-Proliferation Treaty*，簡稱ＮＰＴ），此後又有一百多個國家陸續簽約加入。該條約規定，除了已經擁有核武的美、蘇、英、法、中五國之外，其餘國家都不准研發或製造核武；並請「國際原子能總署」（International Atomic Energy Agency，簡稱ＩＡＥＡ）協助各國發展核能的和平用途，同時負有監督、檢查的權力。不過印度、巴基斯坦及以色列都拒絕簽署，連法國和中國也不簽。北韓雖然國窮民困，卻還是在暗中研發核武及導彈，也拒簽ＮＰＴ。

一九八五年，北韓突然同意簽署了ＮＰＴ，不過當美國要求ＩＡＥＡ派員前去檢查時卻遭到拒絕，又在一九九三年初宣布退出ＮＰＴ。到了同年五月，北韓突然進行一項「蘆洞一號」導彈試射，導彈就落在日本海裡。據研判，這枚飛彈的射程已經能打到部分日本國土，而飛彈如果攜帶核子彈頭，後果不堪設想，日本因而全國震動。美國也大驚，急忙邀北韓會談，但雙方談判一年多仍無進展；美國總統柯林頓（Bill Clinton）為此漸感不耐，傾向接受軍方建議，預備發起突擊直接摧毀北韓的核武特區。但由於中國堅決反對，柯林頓只得請前總統卡特擔任特使，於一九九四年六月飛往平壤。金日成與卡特會面後表示願意重啟對話。

不料金日成突然在七月初病逝，由兒子金正日接任。不過美國最終仍是說服金正日簽訂《核框架協議》（*DPRK-U.S. Nuclear Agreed Framework*），美國同意為北韓建造兩座發電用的新式輕水反應爐，以取代原有的舊反應爐；美國、日本又共同承諾，每年運送五十萬噸重油給北韓，以滿足其能源需求。美國簽訂這項協議的著眼點在於：輕水反應爐沒有核廢料可供提取濃縮鈾以發展核武。然而，此後美國在限制北韓核武的進展仍是有限。

一九九五年起，北韓連續三年發生飢荒，據估計至少有兩百五十萬人餓死，約為北韓人口的十分之一。美國及世界各國基於人道理由，決定與中國合作，透過聯合國糧農組織對北韓提供救援，於一九九六年送交大約五十萬噸糧食，第二年又大幅增加。金正日卻在此期間發動國家宣傳機器，為自己塑造個人崇拜，再一次強調「主體思想」，並加速整肅異己，以確保其政權。

南韓政府原本是對北韓採取強硬的態度，一九九八年初開始擔任南韓總統的金大中對此卻有不同的看法，認為更好的方法是積極協助北韓脫離困境，於是開始推動所謂的「陽光政策」。然而，北韓在同年八月突然又發射一枚「大浦洞一號」導彈，竟直接飛越日本上空，然後掉落在太平洋上。日本民眾更加驚恐，美國也極度震驚。

北韓後來雖又與美國暫時達成協議，但雙方的基本矛盾仍在，不免因故再發生衝突；衝突後北韓又試射飛彈，美國又與北韓談判，然後又達成和解。如此的循環模式在後來二十幾年中不斷地上演，美、日、南韓卻都束手無策。

二〇一一年，金正日因心臟病去世，由其第三子金正恩（Kim Jong-un）繼任，但金氏王朝依舊實施獨裁統治，核武及導彈的威脅也依舊，近年來情況更是嚴重。例如，根據南韓軍方的統計資料，北韓在二〇二二年共發射了九十二枚各種不同種類、不同射程的飛彈，是有史以來最多的一年，其中十一月二日一天之內竟發射了二十三枚，其威嚇意味極為濃厚。南韓、日本對北韓提出嚴重抗議，但毫無作用。

B類國家：該國的共產黨雖已取得政權，但十分脆弱，迅速被推翻

非洲的衣索匹亞、索馬利亞及中亞的阿富汗是具有代表性的這類國家，以下分述。

衣索匹亞及索馬利亞共產政權的覆滅及兩國的後續發展

如前所述，衣索匹亞與索馬利亞於一九七七年爆發歐加登戰爭時，蘇聯決定支持衣索匹亞，並空運古巴部隊到非洲協助衣索匹亞擊退索馬利亞軍隊。

衣索匹亞雖然獲勝，北方卻出現分離運動，南方各部族也紛紛起而武裝抗暴。古巴從一九八八年起開

始撤軍後，內戰升高，南方各路反抗軍合組「衣索比亞人民革命民主陣線」（ye'ītiyop，簡稱「衣革陣」），並與北方的「厄利垂亞人民解放陣線」（hizbawi ginbar harenet ertra，簡稱「厄人陣」）結盟，共同於一九九一年五月攻陷首都阿迪斯阿貝巴，結束共產政權的統治。衣革陣與厄人陣於是各自成立衣索比亞及厄利垂亞的新政府，兩國卻在一九九八年因邊界糾紛而爆發戰爭，不過在兩年後還是接受國際仲裁，罷兵言和。

長久以來，衣索匹亞始終是世界上最貧窮的國家之一，不過根據世界銀行的資料，其經濟在共產政權下臺後已逐漸成長，從二〇〇四年起十幾年間，更是非洲經濟成長最快的國家，年平均實際GDP成長率達到一〇%以上，在不斷有飢荒的情形之下實屬不易。可惜的是，由於複雜的種族問題，衣索匹亞逐漸又發生武裝衝突，並於二〇二〇年起爆發大內戰，雙方軍力都達到數十萬人，造成數百萬人流離失所，至今仍無法結束。

索馬利亞的情況與衣索匹亞類似，在歐加登之戰後就已叛亂四起，各路反抗軍同樣在一九九一年共同推翻共產政權。不同的是，此後國家繼續陷入各地軍閥割據及內戰中，南方戰況尤其劇烈，北方因而在不久後宣布成立一個獨立的「索馬利蘭共和國」，以避開南方持續的戰火。

此後二十年間，聯合國雖然派出維和部隊，提供人道救援，美國也積極介入，並由各方協助成立過渡聯合政府，卻仍是無法阻止戰火繼續燃燒，並有伊斯蘭教派武裝組織開始崛起。二〇一二年，各方政治勢力終於同意成立一個「索馬利亞聯邦共和國」，但由於伊斯蘭教派發生分裂，其中基本教義派組織（即「聖戰士」）堅持繼續武裝反抗政府，並有蓋達組織及「伊斯蘭國」（Islamic State，簡稱ＩＳ）在背後支持，因而，該國不幸至今也仍是處於內戰中。

附帶說明，索馬利亞的長期戰亂導致人民生活極度困難，其中有部分漁民轉為海盜，劫持來往通過蘇伊士運河的商船，引發全球航運危機。世界各國紛紛派軍艦前往護航，打擊海盜，但至今索馬利亞海盜也還是繼續出沒。

從阿富汗共產黨的覆滅到美國與塔利班之間的戰爭

蘇聯雖然在一九八九年二月完成從阿富汗撤軍，但由於聖戰士各自為戰，並沒有統一的組織，所以原先蘇聯扶植的納吉布拉政府一直撐到一九九二年四月首都喀布爾被攻陷後才投降，阿富汗的共產政權至此滅亡。但當時有各種不同背景、不同外國勢力支持的軍隊同時進入喀布爾，因而在成立一個聯合新政府之後也同樣繼續熾烈的軍閥內戰。在這時，有一支「塔利班」（Taliban）部隊在阿富汗第二大城坎大哈（Candahar）突然崛起。

塔利班大部分是來自阿富汗難民營中的伊斯蘭學校的學生，因而又稱「學生軍」或「神學士」，由奧馬爾（Mohammed Omar Mujahid）領導，主張「消滅軍閥，反腐敗，重建國家」而獲得無數的百姓支持。一九九六年九月，塔利班攻占喀布爾，四年前就已經下臺的納吉布拉及其他前共產黨員大多又被逮捕，慘遭酷刑而死。

塔利班奉行遜尼派伊斯蘭原教旨主義，聲稱其所建立的「阿富汗伊斯蘭酋長國」將是世界上最純潔的國家。為了保持其純潔性，塔利班規定恢復伊斯蘭教傳統的生活方式，例如：女性一律不准出外工作；禁絕西方的音樂、電影、電視；虐殺什葉派教徒及少數民族；又下令滅佛，竟連已有一千五百年歷史的兩座巴米揚大佛（Buddhas of Bamyan）也被爆破摧毀。其結果是對外完全封閉，經濟上更是赤貧，全國的文盲人數快速增加。

二〇〇一年九月十一日，美國紐約貿易中心雙塔突然遭到恐怖分子挾持的飛機撞擊而起火倒塌，造成約三千人死亡或失蹤，美國及全世界人民極度震驚。美國總統小布希（George Walker Bush）要求阿富汗引渡涉有重嫌的蓋達組織領袖賓拉登，卻被奧馬爾拒絕。小布希震怒，下令美軍開進阿富汗，北約部隊及北方聯盟（一支在北方的反塔利班部隊）也應邀一起出兵。塔利班政權在兩個月內就被趕出喀布爾，轉而像從前一樣，繼續打游擊戰。一場新的阿富汗戰爭於是又開打，但與先前不同的是美國取代蘇聯，支持阿富汗新政府對塔利班作戰。

二〇一一年，美國發起一項行動擊斃賓拉登，但仍繼續與塔利班的戰爭，只不過是減低駐軍的規模，一直到二〇二〇年川普政府才與塔利班簽訂撤軍協議。隔年，當拜登政府完成撤出美軍後，塔利班立即重新占領喀布爾，建立新政府。美國在阿富汗進行戰爭前後正好二十年，一般認為無異是在打另一場越戰，也同樣失敗。

C類國家：
該國共產黨尚未能取得政權，無法逃脫衰敗、解散或覆滅的命運

如前所述，由於美國主導的兀鷹行動，在一九八〇年代末拉丁美洲幾乎已經沒有共產黨還能繼續活躍。在非洲情況也類似。值得敘述的，只有東南亞的馬來西亞、緬甸及菲律賓三個國家的共產黨。

馬共、緬共的瓦解

本書在第十一章也已敘述，鄧小平決定停止輸出革命後，陳平所領導的馬共受到極大的衝擊，不得不接受泰國政府居中協調，與馬來西亞政府談判。三方最後在一九八九年共同簽署協定，馬共同意自動解散。但由於馬來西亞政府不歡迎陳平回國定居，陳平始終回不了國門，只能停留在泰國，一直到過世。

至於緬甸共產黨，也就是由緬甸各邦少數民族分別組織的「新人民軍」，由於大多種植、販賣鴉片，不靠中共援助，所以受鄧小平的決定影響較小。他們仍然有武力，只是多半已經厭戰。

一九八八年，緬甸爆發大規模的民主運動，有五十萬名學生及民眾在首都仰光示威遊行。緬甸國父翁山將軍的女兒翁山蘇姬（Aung San Suu Kyi）正好回國，並在演講中表示支持和平抗爭，民主運動因而更加風起雲湧，卻遭到緬甸政府以武力血腥鎮壓，造成數千人死亡，此後翁山蘇姬被長期軟禁。

如果是在過去，如此大規模的反政府運動，並且是由昔日革命領袖翁山的女兒領導，共產黨必定起而加入其中；然而各邦的「新人民軍」卻視如不見，反而都決定結束與政府對抗。一九八九年三月，彭家聲領導的果敢部隊率先宣布脫離緬甸共產黨，並與政府簽定停戰協議。此後半年內，撣邦、佤邦、克欽邦等十幾個少數部族武裝部隊也紛紛退出共產黨。緬甸共產黨至此實質上已經不復存在。

不過緬甸的動亂並未就此停止。一九九二年，年老的尼溫將政權交給另一軍事強人丹瑞（Than Shwe）繼續獨裁統治。丹瑞由於內部動亂不斷，又遭到國際社會嚴厲制裁，在巨大的壓力下不得不在二〇一〇年同意修憲，進行民主改革，並釋放翁山蘇姬。在後來十年中，翁山蘇姬領導反對黨於歷次選舉裡連續獲得絕對勝選，軍方卻也越來越無法忍受，在二〇二〇年選舉大敗後竟發動政變，並逮捕翁山蘇姬。但這一次，少數民族不再坐視，全部起而反抗。第二年，緬甸又一次爆發大內戰，而不幸地，直到本書出版時也還是在繼續戰亂中。

菲律賓共產黨的衰敗

從一九六〇年代末起，菲律賓共產黨就接受中共援助而成立「新人民軍」，由西松及布斯蓋諾領導，在農民支持之下反抗貪腐的馬可仕政權。雖然西松和布斯蓋諾都在一九七〇年代被捕入獄，新人民軍仍然繼續反抗馬可仕政府。

不過菲律賓最主要的反政府力量並不是菲共，而是參議員艾奎諾及其支持者。如第十一章所述，艾奎諾在一九八三年回國時遭到公然殺害，反對力量於是擁護其遺孀柯拉蓉繼續與馬可仕對抗。一九八六年菲律賓舉行總統大選時，柯拉蓉也參選，挑戰馬可仕。馬克仕卻又以賄選、作弊等手法操縱選舉結果，然後自行宣布當選。但菲律賓全民激憤，群起包圍總統府。馬可仕最後只得自動下臺，逃往夏威夷，柯拉蓉於是繼任為總統。

柯拉蓉上任後，決定與新人民軍舉行和談，並下令釋放西松和布斯蓋諾。新人民軍提出要求進行土地改革，又要求美軍歸還租借的蘇比克海軍基地（Subic Bay）及克拉克空軍基地（Clark Air Base）。然而，由於菲律賓各省市有權有勢的人物無一不是大地主，又控制了國會，柯拉蓉沒有可能答應迅速地進行土地改革。這時的菲律賓窮困不堪，失業問題嚴重，據估計，美國每年為上述兩個基地付給菲律賓的租金及提供其他援助，合計至少有九億美元，同時有四萬多名菲律賓人受雇為美軍工作；因而，柯拉蓉也沒有可能立即停止與美國合作。

雙方既無法達成協議，菲共就繼續領導農民與政府對抗。不過從這時起，菲共內部開始發生重大的歧見，並在一九九二年達到頂點。當時菲共開會通過決定進行一次整風運動，要求黨員都自我檢討，承認錯誤；凡是不願承認錯誤者一律開除。這是仿效一九四三年中共的延安整風運動，並且不是第一次，因為先前也曾進行過一次。但有一部分人堅決反對，因而造成內部分裂為「重中派」及「拒絕派」，兩派開始互相殘殺。

西松原本是一位教授兼作家，從一九八七年起就已移居荷蘭，但美國ＣＩＡ及菲律賓當局都懷疑他是重中派的背後指導者，在暗中發出指示恐怖活動的命令。西松始終否認，卻因為涉嫌發生在菲律賓的數起命案，而在二〇〇七年遭到荷蘭當局逮捕及起訴，但最後因為證據不足而被釋放。至於布斯蓋諾，當年在獲釋出獄之後決定直接參選從政，卻意外遭到槍擊，幾乎喪命，於是決定回鄉務農，目標是以協助農民推動農業合作化及機械化而消除貧窮。他不再相信共產主義武裝鬥爭有其必要，認為只是徒勞無功，終將自取滅亡。

據估計，菲律賓共產黨及新人民軍的成員至今只剩數千人，而仍然繼續從事恐怖活動，甚至殺害平民及神職人員。二〇一六年當選菲律賓總統的杜特蒂（Rodrigo Duterte）自稱曾是西松的學生，並深受其影響，因而在上任後邀請菲共進行和談，但談判還是破裂，只得宣布將菲共及新人民軍都列為非法的恐怖組織，下令繼續取締。

D類國家：該國的共產黨被迫，或選擇放棄一黨專政

這類的國家比較多，具有代表性的國家包括東南亞的柬埔寨、拉丁美洲的尼加拉瓜，以及非洲的剛

果、幾內亞比索、安哥拉。

柬埔寨洪森政權的演變

回溯一九七八年越南揮軍入侵柬埔寨後，波布領導的赤柬在中共支持之下，繼續反抗越共支持的柬埔寨橫山林政權。流亡北京的施亞努也自創一個「奉辛比克黨」（Funcinpec），實際上是一個保皇黨，由其子拉那烈（Norodom Ranariddh）主持。不過這兩股勢力最後由中共協調合作，成立流亡政府，以施亞努為主席，其共同目標是推翻柬共。

一九八五年，柬埔寨共產政權內部發生鬥爭，結果總書記兼總理橫山林被迫讓出總理職位給副總理洪森，從此洪森成為柬埔寨實質上最高的領導人。如前所述，越共總書記阮文靈後來決定從柬埔寨撤軍，對洪森而言正是一個統一國家的機會，於是開始與施亞努所領導的流亡政府談判。雙方最後在一九九一年十月簽署了《巴黎和平協定》，同意各自逐步解除武裝，並將擇期在聯合國的監督之下舉行大選。洪森也宣布廢除一黨專政，改採多黨制。協定簽署後，洪森到北京迎接施亞努返國；兩人返回金邊時，人民夾道歡呼迎接。

一九九三年九月，柬埔寨如期舉行大選，結果奉辛比克黨擊敗洪森改組柬共而成立的柬埔寨人民黨，但在議會中席次並未過半，拉那烈只得同意與洪森共組聯合政府，分別擔任第一及第二首相。柬埔寨又通過新憲法，採君主立憲制，請施亞努第三度登基為國王。但洪森在不久後發動政變，迫使那拉烈逃到國外，在那拉烈同意退讓後才允許他回國。人民革命黨於是經由另一次選舉而獲得過半數議會席次，洪森也順利地成為唯一的首相；同時，拉那烈獲任為國民議會議長。

此後洪森卻越來越獨裁，並肆意操縱選舉。原先奉辛比克黨及其他反對黨在國會中還能占有不少席次，二〇一八年大選所選出的議席，卻全數由柬埔寨人民黨囊括，明顯地既不自由也不公正。二〇二三年，洪森更安排其長子洪馬內出任為總理，一般認為，其企圖效法北韓金氏政權家天下的作法已十分明顯。

回來說赤柬。《巴黎和平協定》簽訂後，赤柬拒絕接受，堅持繼續其武裝鬥爭路線，但在柬埔寨新政府採取招安策略之後，赤柬官兵紛紛繳械投降。波布大驚，懷疑赤柬前國防部長宋成（Son Sen）也意欲投敵，派衛隊屠殺其全家十四口，結果引發眾怒，被逮捕監禁，但在第二年就病死了。赤柬其餘的領導人後來也紛紛投降或被捕。二〇〇三年，聯合國與柬埔寨政府合組特別法庭，以「謀殺罪」、「危害人類罪」、「種族滅絕罪」起訴喬森潘、農榭（Nuon Chea）、英沙里等赤柬前領導人。不過審詢拖到二〇一四年才宣判，這時英沙里已經死了，其他人大多被判處無期徒刑。許多柬埔寨人無法忘記當年在赤柬暴政之下經歷的慘痛，對此判決的程序及結果至表疑惑。

尼加拉瓜及委內瑞拉的政治演變及其相互關係

嚴格地說，尼加拉瓜不能稱為共產國家，因為桑解的領袖奧特嘉是在一九八四年經由國際社會認同的民主自由選舉而產生的總統，該國既沒有實施一黨專政，議會裡反對黨也極為活躍。然而，美國總統雷根仍然視尼加拉瓜為共產國家，授意CIA支持「康特拉」在尼加拉瓜進行內戰，又實施嚴厲的經濟制裁，必欲除去桑解政權而後快。

尼加拉瓜後來的發展極為曲折而奇特，奧特嘉先被人民選下臺，十七年後卻又復起，其過程與委內瑞拉有極大的關連，而這兩國後來的發展更是令人驚訝，因而有必要詳細敘述如下。

奧特嘉敗選下臺及其再起

一九九〇年初，尼加拉瓜舉行第二次大選，國際社會至為關注，有兩千多名觀察家到尼加拉瓜考察，結果由反對黨「尼加拉瓜在野黨聯盟」推出的總統候選人查莫洛夫人（Violeta Chamorro）竟然一舉獲勝；在野聯盟也在國會選舉贏得過半席次。奧特嘉只能接受敗選，黯然下臺。

在蘇慕薩時代，查莫洛夫人的丈夫是尼加拉瓜一家著名的報社發行人兼總編輯，卻不幸遭到暗殺，查莫洛夫人於是接管該報社，繼續反抗蘇慕薩政府。桑解推翻蘇慕薩政權後，查莫洛夫人受邀加入聯合政府，但在後來漸漸和奧特嘉不合，於是求去，轉為反對勢力的領袖。不過奧特嘉敗選的主因是美國的制裁造成尼加拉瓜經濟衰落，外債高築，惡性通貨膨脹，以及龐大的失業人口。許多選民擔心如果奧特嘉連任將繼續被制裁，決定支持反對黨。

查莫洛夫人就任總統後，桑解及康特拉都同意立刻結束內戰，放下武器。這時，美國不僅取消對尼加拉瓜的禁運，也與西方國家決定豁免尼加拉瓜的部分債務，又提供貸款使其能以新債抵償舊債。但查莫洛夫人無法從美國取得足夠的援助金額以重建滿目瘡痍的國家，甚至必須削減教育及社會福利支出，失業及通貨膨脹問題也依然嚴重，因而也出現不少罷工及抗議活動。

一九九六年查莫洛夫人任滿下臺（依新憲法規定總統不得連任），奧特嘉代表桑解參加該年及二〇〇〇年的兩次大選，卻還是都敗給右翼的「憲政自由黨」（Partido Liberal Constitucionalista，簡稱PLC）候選人。

然而，由於憲政自由黨在此後發生嚴重的分裂，導致二〇〇六年舉行的大選竟有兩人出馬競逐總統，互不相讓。這時桑解組織中也發生分裂，也一樣有人堅持出馬與奧特嘉同時競選總統，但對奧特嘉的威脅不大。因而，奧特嘉最終雖然只得到三十八%的選票，卻當選為總統，於是再一次取得政權。

值得注意的是，美國在此次大選中同樣明白表示不希望奧特嘉當選，委內瑞拉總統烏戈．查維茲（Hugo Chavez）卻公開表示支持奧特嘉，又提供大量的資金及其他支援，並且承諾將供應廉價的石油給尼加拉瓜，以免奧特嘉當選後尼加拉瓜又遭到美國制裁。

必須說明，拉丁美洲各國在一九七〇年代末大多是由右翼軍人獨裁統治，但由於美國不斷地鼓勵、引導各國走向民主化，後來各國的總統大多是經由民選產生；其中有中間派，有偏右，也有偏左，而委內瑞拉總統查維茲正是最偏左的一位。

查維茲及其「玻利瓦主義」對拉丁美洲的影響

回溯十九世紀初，委內瑞拉有一位革命家玻利瓦（Simon Bolivar）曾經領導南美幾個國家的人民，共同推翻西班牙的統治而獲得獨立，是歷史上有名的英雄。查維茲年輕時起就崇拜玻利瓦，並有強烈的反帝國主義及反美傾向，於是與若干同志一起創立一個「玻利瓦主義」（Bolivarianism），屬於左派民族主義。

委內瑞拉的經濟發展倚賴石油出口至深，國際石油價格雖然在一九七〇代居高不下，從一九八五年起卻大幅下跌，導致委內瑞拉長期政治及經濟混亂。查維茲於是利用人民的不滿情緒，在一九九二年發動軍事政變，企圖推翻政府，結果失敗而被捕。不過他在兩年後就獲得特赦出獄，又在一九九八年參選總統，竟然當選。此後，他又逐步經由公投、修憲及操控選舉等一連串的手法成立一個凌駕於現有的立法、司法機構之上的國家制憲會議，並取得絕對的控制權，於是轉為獨裁統治。

查維茲接著強行推動土地改革、社會福利政策及財富重分配，但這些被稱為「古巴化」的措施引起許多人激烈反對，導致二〇〇二至二〇〇四年之間爆發工會大罷工，軍隊政變，以及反對黨發動罷免公投。不過查維茲由於有廣大的窮人支持，又掌控了政府及軍隊，不僅沒有被推翻，反而更加強高壓極權統治。

與此同時，由於國際原油價格又開始飆漲，委內瑞拉的油元收入暴增，查維茲決定擴大社會福利政策，包括免費醫療、教育，並且出資將石油、電力、電信、銀行等大型私營企業都收歸國有，同時大量進口食品、衣物、醫藥、汽車等。然而，由於支出過於龐大，委內瑞拉也開始向國外大舉借貸。

查維茲也曾在二〇〇四年與古巴、玻利維亞及幾個國家共同成立一個組織「美洲波利瓦人民聯盟」（Alianza Bolivariana para los Pueblos de Nuestra América，簡稱ＡＬＢＡ），並積極拉攏、支持中南美洲各國裡有同樣理念的政治領袖。因而，當尼加拉瓜的奧特嘉處境困難時，查維茲決定對他伸出援手。查維茲同時也與俄羅斯、中國、伊朗密切往來，美國雖然極為不滿查維茲，卻無可奈何。

委內瑞拉的危機

二〇一三年，查維茲病死，其指定的接班人馬杜羅（Nicolas Maduro）繼任為總統後，基本上維持與查維茲同樣的內政及外交政策。但從第二年起，由於國際原油價格暴跌，委內瑞拉的財政開始陷入困境，不但貨幣狂貶，所有的社會福利政策都被迫停止，包括水、食物及醫藥在內的民生必需品也極度匱乏。查維茲在位期間，委內瑞拉人民對於長久以來無法解決的貪腐問題、高犯罪率早有微詞，更痛惡政府壓迫，甚至殺害反對人士。這時，所有不滿的情緒一起爆發，示威抗議於是大起，要求馬杜羅下臺，但馬杜羅拒絕。

此後數年，委內瑞拉越來越深陷危機之中，外債竟超過一千億美元，同時有數以百萬計的人民大量外逃，使得中南美洲國家都不安；其中有十一國與加拿大的代表於二〇一七年在秘魯首都利馬集會討論，決定成立一個利馬集團（The Lima Group）[1]，支持委內瑞拉國內的反對力量採取和平的手段以結束危機，並提供人道救援，美國對此也表示支持。然而，即便國家已經陷入危機，馬杜羅還是繼續操控二〇一八年的總統選舉，然後宣稱勝選連任，但美國、歐盟及利馬集團國家都拒絕承認。由於馬杜羅始終拒絕與國內的反對派妥協，委內瑞拉的危機究竟如何，何時才能緩解，至今也沒有答案。

尼加拉瓜奧特嘉第二次執政後的獨裁統治及困境

奧特嘉在查維茲的協助之下，於二〇〇六年當選為總統之後，就和查維茲採取一樣的外交政策，遠離西方國家而親近俄羅斯、中國及伊朗。在國內，奧特嘉也改採獨裁及高壓政策，全面控制政府所有的部門及軍隊、警察，又嚴厲壓制反對他的人，並指示最高法院進行修憲，取消有關總統不得連任的規定。二〇一一年尼加拉瓜大選時，奧特嘉不再允許國際媒體派員來觀察，因而雖然獲選連任為總統，西方國家大多拒絕承認選舉的合法性。

二〇一四年起，由於委內瑞拉逐步陷入危機，尼加拉瓜失去奧援，也開始面臨困境。為了解決困難，奧特嘉曾經同意由一個中國公司出鉅資興建一條運河的計

在委內瑞拉總統查維茲（前右）強力支持下，奧特嘉（前左）於下臺十六年後在二〇〇六年再度當選為尼加拉瓜總統

1　葡語 Grupo de Lima，法語 Groupe de Lima，簡稱GL。共計十二個國家，包括分別為：巴西、加拿大、智利、哥倫比亞、哥斯大黎加、瓜地馬拉、宏都拉斯、墨西哥、巴拿馬、巴拉圭和秘魯。其後蓋亞那和聖露西亞。

畫，以開闢可以連通太平洋與大西洋之間的新航線，而與巴拿馬運河競爭，但交換條件之一是給予該公司五十年獨家特許權。不料國內反對的聲浪大起，並爆發大規模的示威抗議事件，使得該計畫不得不暫緩，最終又因該公司資金短缺而取消。

二〇一八年四月，尼加拉瓜的學生及市民又因為不滿政府要求加稅及削減社會福利，爆發更大的示威抗議活動，遍及十幾個城市，達到三十萬人，要求奧特嘉及副總統（即其夫人）下臺，但都遭到血腥鎮壓。據統計，到當年底已有三百多人死亡，其他受傷及被捕入獄者達到數千人。

尼加拉瓜雖然不斷出現反政府抗爭，奧特嘉在二〇二一年的選舉時仍然與其夫人搭當參選，然後宣稱獲得高票當選為正、副總統。然而，所有被認為可能威脅到奧特嘉的其他候選人，選前不是被逮捕，就是逃亡國外，或被取消資格。國際社會指稱尼加拉瓜的選舉極為可恥，但對此無可奈何。

非洲剛果、幾內亞比索及安哥拉共產政權的轉型

蘇聯及古巴都撤出非洲之後，剛果、幾內亞比索及安哥拉在全世界反共產主義的風暴之下都決定放棄一黨專政，改採多黨制。不過這些國家的政權最後仍然掌握在前共產黨的手中，情況和中亞的五個前蘇聯加盟共和國類似。

以下先說剛果。強人恩格索在一九九二年開放的大選中竟然慘敗，只得下臺；不過他無法忍耐，等不及下一次選舉就發動內戰，擊敗政府軍，於是被選為總統。此後又連選連任，實際上是終身總統。

再說幾內亞比索。該國原本是由一個九人軍事執政團統治，由維埃拉（Joao Bernardo Vieira）領導，後來決定改採多黨制，不過原來的革命政黨還是執政黨，選出的總統也還是維埃拉。此後該國不斷發生軍

隊內部鬥爭及政變，卻沒有中斷民主選舉，而原來的革命政黨也還是繼續執政。不過該黨有一部分成員在二〇一八年出走而成立新黨，雖然在國會中只是第二大黨，卻贏得二〇一九年的總統選舉。此一新發展極為值得注意。

最後說安哥拉。回溯戈巴契夫決定停止輸出革命時，安哥拉仍是處於內戰，但安人運政權的領導人多斯桑托斯（Jose Eduardo dos Santos）表示願意接受聯合國調停，並與其對手安盟的領導人薩文比（Jonas Savimbi），一同坐上談判桌。雙方於一九八八年底簽定協議，同意在聯合國監督之下舉行和平選舉，以代替戰爭。在雙方背後的古巴和南非也同意在兩年內完成撤軍；據估計，此時古巴及南非各自在安哥拉的軍隊還有數萬人。

一九九二年二月，由聯合國派員監督的大選如期舉行，由多斯桑托斯與薩文比競選總統。不料薩文比在敗選後竟拒絕接受結果，又發起武裝鬥爭。此一內戰時斷時續，一直到薩文比於二〇〇二年在戰場上被擊斃，安盟才同意放下武器；歷經二十七年的安哥拉內戰至此也才結束。此後多斯桑托斯一直擔任總統，直到二〇一七年病逝。

曼德拉與南非共產黨

本章對於第三世界各國共產黨的結局大致已經敘述完畢，不過在此卻要補述南非的共產黨。其原因有三：首先，南非共產黨創立於一九二一年，實際上是非洲最早的共產黨；其次，南非共產黨對於南非參加前述的安哥拉內戰具有極大的牽制力量；第三，一九九〇年代後南非共產黨雖然不是執政黨，卻是執政聯盟中的重要成員，在南非有極大的政治影響力。

南非共產黨雖然很早就成立，早期並不活躍。當時南非最大的人民組織是一九一二年成立的「非洲民族會議」（African National Congress，縮寫ANC，簡稱「非國大」），其成立目的是為了要向白人政府爭取黑人的政治、經濟及教育的權力。不料白人政府極端歧視黑人，竟變本加厲，在一九四八年頒布實施「南非種族隔離政策」（Apartheid）。非國大發起非暴力抗爭，卻屢次遭到殘酷鎮壓。一九六〇年，非國大發動一次大規模的示威抗爭活動，結果白人軍警竟向群眾開槍，導致六十九人死亡，兩百人受傷。南非政府又在事後宣布非國大為非法組織。

非國大深受刺激，決定改採暴力武裝鬥爭，因而在第二年與南非共產黨結盟，共同成立一個軍事組織，稱為「民族之矛」（Spear of the Nation）。非國大的領袖曼德拉（Nelson Mandela）在兩黨合作初期兼任民族之矛的總司令，不料在一九六二年被捕，此後一直被關在獄中。南非共產黨於是開始主導民族之矛的行動，但仍奉繫在獄中的曼德拉為領袖。民族之矛也遵從曼德拉的指示，只採取破壞軍事設施及公共設施（如發電站、運輸系統及電話線），以對政府施壓，但盡量避免造成人員傷亡。曼德拉出身南非大部落的酋長之家，始終否認自己是共產黨員，但總是有人對此表示懷疑。

一九六九年起，民族之矛開始派一部分部隊前往安哥拉及莫三比克，協助當地的共產游擊隊進行獨立戰爭。安哥拉及莫三比克在一九七四年分別獲得獨立後，都同意協助民族之矛，並提供訓練基地，由古巴及蘇聯協助其訓練，南非境內的武裝鬥爭於是越來越激烈。南非政府從這時起卻開始配合美國出兵到安哥拉及莫三比克，因而是內外作戰，備極煎熬。同時，南非由於種族隔離政策遭到國際社會的譴責及制裁也越來越嚴厲，更是痛苦不堪。

戈巴契夫決定停止輸出革命後，南非政府總算看見一條出路，並從一九八九年初起逐漸撤回國外的軍隊。同年八月，長期主張種族隔離政策的南非總統波塔（P. W. Botha）辭職下臺，繼任的戴克拉克（F. W.

de Klerk）立刻邀請被關在獄中已有二十七年的曼德拉會談。一九九〇年二月，戴克拉克宣布釋放曼德拉，廢止種族隔離政策，並回復非國大及南非共產黨的合法地位。一九九四年，曼德拉在大選中領導非國大一舉擊敗長期執政的國民黨，成為南非第一位黑人總統。

南非共產黨的理念實際上與馬列主義有相當大的差距，不過仍然保留共產黨的名稱不變，並與非國大及南非工會大會共同組成一個左傾的「三方聯盟」。根據三方的協議，南非共產黨員及南非工會大會的成員，都不以其原本的組織成員的名義從政，而是以個人身分加入非國大，取得其黨員身分，然後再參選公職。曼德拉任滿離職之後，後來的南非總統也都是非國大的成員。

然而，南非的貧窮、犯罪及失業等問題依然嚴重，尤其必須指出的是南非貧富不均的情況至為驚人，該國的吉尼係數[2]始終高居世界榜首。非國大在南非歷次大選中得到的票數因而越來越少，在國會中的席次也跟著不斷地減少；更由於內部嚴重分裂，非國大在二〇二四年選舉所獲的國會中席次驟降到只剩四成，以致於不得不與南非一直以來最大的反對黨「民主聯盟」（Democratic Alliance）及其他小黨合組聯合政府。值得注意的是，民主聯盟的成員涵蓋許多不同的族群，包括白人、有色人及黑人，其前身早在一九五〇年代後期就已經存在，最先是由國會中（當時議員全部都是白人）主張反對種族隔離政策的一群人所組成的。

南非未來將會如何發展，尚未可知。

2　Gini coefficient，也稱吉尼指數（Gini Index），指一個國家貧富收入差距的指標，數字越高表示越是貧富懸殊。

後記

共產世界的過去、現在及未來

如我在自序裡所說，我在寫這本書時為自己訂了一條規則：盡量只做「客觀的」敘述或引述，而不跳進去表示我自己的「主觀的」意見。如果我在書中把我的主觀評論與客觀敘述放在一起，我擔心將會混淆讀者，以致於妨礙其自行判斷歷史的是非曲直。我當然也知道，凡人都不免受到自己潛在的主觀意識影響，所以要做到完全客觀敘述是不可能的，但我總是要求自己盡可能客觀。

有一些朋友知道我在寫這本書，都表示贊同這個作法；不過其中有一部分人說，這樣一來讀者也就無法知道我對共產主義及共產黨有什麼看法，那就可惜了，所以建議另外寫一篇，以表達自己的觀點及評論。我欣然同意，因為我也希望能與讀者們分享心得。這篇後記就是為此而寫，其中論點當然也都是根據史實而來，只是相對可能比較主觀，讀者們如果有不同看法，我當然尊重。

在後記裡，我不想長篇大論，而只挑出三個極其關鍵的題目，來和讀者們一起探討。

首先，馬克思的理論究竟錯在哪裡？

其次，共產黨的本質究竟是什麼？繼馬克思之後，列寧、史達林、毛澤東等代代傳遞的共產主義又是如何演變？

最後，中共政權、中國又將往何處去？

馬克思的理論究竟錯在哪裡？

馬克思年輕時可以說是憤世嫉俗，但他是有理由的，因為他所看見的，是一個不公不義的歐洲社會，不但有帝制的高壓統治，有腐敗的教會與王權狼狽為奸，還有為富不仁的資本家，造成社會極端的貧富不均。馬克思因而誓言推翻現有的一切，以拯救被剝削的無產階級，建立他理想中的共產主義世界。《共產黨宣言》正是他在三十歲時（一八四八年），和小他兩歲的恩格斯一起發表的。

馬克思的立意無疑是良善的，他的聰明才智也遠遠超過一般人；但不幸的是，他所提出的理論及主張充滿了錯誤，這些理論及主張後來又為野心家所用，結果是為人類帶來極大的禍害。

馬克思、恩格斯為什麼宣稱其所提倡的共產主義是「科學的」？但為什麼它不是？

首先我要指出，馬克思、恩格斯所提倡的共產主義，並不如其所宣稱是「科學的」。我猜有很多讀者可能不明白，為什麼「科學」或「不科學」會是一個大問題。實際上，這是一個核心問題。

在馬克思的時代裡，「科學」其實是歐洲社會流行、崇尚的一個詞彙，代表「進步」的意思。馬克思堅稱其理論是科學的，事實上是為了抬高自己，而貶低同時代其他社會主義或共產主義，並在《共產黨宣言》裡稱之為「反動的」、「封建的」、「保守的」，或「空想的」。更重要的是，馬克思唯有堅稱共產主義是科學的，才能宣稱「共產革命埋葬資本主義乃是歷史的必然」，藉此吸引青年人、知識分子及無產階級為共產主義的歷史使命拋頭顱、灑熱血。

然而，針對馬克思的理論是否科學，歷來有很多人提出質疑。例如，本書第二章提到，波柏在其巨著《開放社會及其敵人》裡指出，馬克思的理論缺乏「可證偽性」，因而不能說是科學的，一般認為，這已經擊中馬克思主義的要害。吉拉斯也曾批評：「在人類的思想史上，要找到比自然辯證法更荒謬的東西是不容易的。」又說：「馬克思主義被當成『科學』，但沒有一個有地位的馬克思主義理論家是科學家。」

吉拉斯所提到的「自然辯證法」，是由恩格斯根據馬克思的唯物辯證理論應用到自然科學（包括物理、化學、生物等）而發展出來。恩格斯生前並未發表，究竟是否「科學的」也沒有人能確知。不過在恩格斯死後大約三十年，德國社會民主黨的理論家伯恩斯坦曾經把這份手稿送交當時科學界的泰斗愛因斯坦，並詢問其意見。愛因斯坦看完後回了一封信，內容十分委婉，但也明確地說，該手稿雖然是由歷史上知名人物所寫，其內容無論是從當代物理學或物理學史的觀點來看，都不重要。但在後來，蘇聯共產黨還是整理這份手稿並出版成冊，且附一篇序，其中說：「他（即恩格斯）指明了自然界中的一切都是辯證地進行的，因而認識自然界的唯一正確的方法便是唯物辯證法。」

我再舉一例。列寧臨死前曾預立遺囑，其中批評了史達林、托洛斯基及其他四名蘇共重要領導人。關於布哈林，列寧寫道他是「黨裡最有價值，最重要的理論家」，但在後面又說布哈林「從來就沒學會辯證法，我想也從來沒有完全懂得辯證法。」我必須坦承自己也曾研究辯證法，自認沒有完全讀懂；不過當我讀到列寧這一段遺囑時，我已經釋然。我不禁要問，假如連布哈林都被列寧批評從來沒有完全懂得辯證法，那麼當時布爾什維克派裡究竟有幾個人懂？這就說明了一件事：辯證法恐怕沒有一個客觀的標準，而是由最高領導人決定誰懂誰不懂。這種依據地位高低決定誰懂誰不懂的邏輯，在後世所有國家的共產黨裡屢見不鮮，但往往攸關當事人的生死。

錯誤而不科學的馬克思主義，為什麼能吸引熱血青年投入共產革命？

馬克思的理論也有很多其他錯誤，更做了很多錯誤的預言。舉例來說，《共產黨宣言》裡提到，無產階級的統治將使得人對人的剝削隨之消失。事實上，在後來的共產國家裡，人對人的迫害只有更嚴重。至於說到，在共產世界裡不會有民族對民族的敵對關係，但凡從後來南斯拉夫與蘇聯決裂、中蘇決裂、中越之戰，越柬之戰等史實，就可以得出結論——馬克思錯了。

馬克思又說，資本主義只能以暴力革命的方式推翻，那更是無稽。事實證明，英國的工黨及德國的社會民主黨，皆由該國工人團體以和平漸進的方法，採取議會路線而建立的強大政黨，其主張的社會福利政策大多也能逐步實現。

那麼，馬克思主義既是不科學，又錯誤百出，為什麼能吸引那麼多熱血青年？這正是歷史的悲哀之處。簡單地說，那是因為我們今天說馬克思主義錯了，大部分是在列寧創立共產政權之後才提出的，在此之前很少有人評論。實際上，當時人們所看見的只是資本主義之惡。二十世紀初，英國哲學家羅素曾經說：「資本主義在今日已經不容於世界。人類文化的遺產，已不是資本制度所能保全。」人們只要細細地體會這句話，便能明白為什麼共產革命會興起。關於這方面，前述的卡爾．波柏曾談到自己年輕時的親身經歷，十分值得參考。

第一次世界大戰結束時，只有十六歲的波柏自願到維也納的共產黨辦公室幫忙跑腿。波柏說，當時共產黨對年輕人有極大的吸引力，因為馬克思說，共產主義成功地推翻資本主義乃是歷史的必然，在那之後，人們就會享受美好的生活，人人互信互愛，永遠沒有戰爭。共產黨員奮鬥的目標，就是讓此一夢想提早實現。

不過波柏又說，這樣的訴求及理想其實是一個陷阱，一個「捕鼠器」，而他就是那隻被引誘到陷阱裡的老鼠。波柏很快就發現，共產黨人其實是為達目的不擇手段，只顧黨的利益，唯莫斯科的命令是從，無論是對事或對人，只隔一天，態度就可以完全轉變。共產黨又善於挑撥群眾的情緒，鼓動他人冒生命危險。波柏有六名朋友因而在一九一九年六月參加示威活動，被維也納警察開槍射殺。波柏認為，沒有人有權力以這種欺騙方法叫別人犧牲生命，於是決定脫離他所稱的「捕鼠器」。

我在第十四章裡引述布哈林的遺囑時，自己從中強烈感受到他自年輕時起是如何地矢志於共產革命。然而，讓我感受更強烈的，卻是布哈林近乎絕望的陳述，說自己並不是屈服在無產階級「無情而純潔」的斧鉞之前，而是在一部讓他感覺無力的「惡毒的機器」前面。我相信，許多讀者的感受和我一樣，並且和我一樣有著同樣的問題：「這樣一部惡毒的機器究竟是如何造出來的呢？」這正是我希望在後記中討論的第二個主題。

共產黨的本質及其傳承

關於這個主題，首先我們要討論的是，「一黨專政」及「一人獨裁」的體制究竟從何而來？其次，為達目的，不擇手段的思想又是從何而來？最後，如此的體制及本質在後世又是如何經由傳承而演變？

一黨專政及一人獨裁的起源

本書在第一章中已經指出，早在法國大革命時期就有一位巴貝夫開始主張：必須建立一個有紀律的秘密組織以進行暴力革命，而由少數菁英領導。這項主張由巴黎公社事件的主角之一布朗基承繼。俄國的革命理論家特卡切夫也曾向恩格斯建議：革命謀反的工作必須由一個有組織、有紀律的中央集權化的政黨指揮，其領導人必須要有絕對權威。但馬克思及恩格斯一向都沒有真正屬於自己掌控的組織，這樣的建議對他們也是無用。

然而如第四章所述，一九〇三年俄國社會民主工黨在倫敦召開代表大會做出一個重要決議。當時大會討論一個問題：「黨的紀律究竟要支配黨員的行為到什麼樣的地步？究竟黨的基本民主原則和黨的目標何者重要？」在黨員們激烈地爭辯之後，大會主席普列漢諾夫做出的最後裁決竟是：「革命的成功是最高的法律。」這就等於說，為了革命的需要，民主、自由、人權，以及人的尊嚴都可以犧牲。這正是列寧一向的主張，而在寫成白紙黑字後就成為布爾什維克派人人必須遵守的法則。

為達目的，不擇手段——虛無主義者涅恰耶夫對列寧的啟示

但列寧僅憑這樣一個決議就能完全控制布派嗎？當然不可能。那麼列寧還靠什麼呢？如本書第三章所述，列寧靠得是他領導布派黨徒從事非法犯罪活動——包括搶劫、勒贖、誘拐及印假鈔等——所得的金錢。光是在提比里斯銀行運鈔車案中，史達林便已為列寧搶來三十四萬盧布；更不用說，由搶案、勒贖案、誘拐案，以及印假鈔等，所得的金錢更多。孟什維克派對此極為不齒，怒責列寧搶來、騙來的是「臭錢」，但列寧仍是我行我素。

列寧為什麼行為若此？這就不能不提到虛無主義者涅恰耶夫。「虛無主義」從一八六〇年代起在俄國流行，其特點是否認上帝，否認沙皇，否認舊社會、舊思想，主張拋棄一切傳統、一切權威。涅恰耶夫是虛無主義中突出的代表人物之一，曾經寫了一本小冊子《革命家問答書》，主張採取恐怖行動和無所不用其極的手段以摧毀舊世界。列寧卻讚美他，說他有「超人的組織天才，到處建立謀叛工作的特殊能力，以

及使其思想永久深入人的記憶中的才能。」

《革命家問答書》裡面表達的，是一種令人不寒而慄的邪惡思想、真正是為達目的，不擇手段。由於該書全文只有二十六條、約三千字，讀者們或可直接上網找出來研究。我相信讀者們不至於誤解我是在為這本小冊子宣傳；剛好相反，我是希望讀者們在細讀其中的文字後能夠豁然明白，布哈林所描述的那一部「惡毒的機器」的本質究竟是怎麼來的。

共產黨本質的傳遞及其演變──從馬克思、列寧、史達林到毛澤東

有朋友問我：馬克思、列寧、史達林，以及毛澤東，究竟有什麼不同？我第一個看法是，馬克思雖然與其他三人都從事共產革命，卻是唯一沒有嘗到權利滋味的人，所以也不曾有機會為了保持其權位而殺害無辜，或迫害同志。

列寧就不同了。當他終於發動十月革命，建立了世界上第一個共產主義國家而欣喜萬分時，其舊日的革命同志及在不同陣營的社會主義者，如高爾基、普列漢諾夫、克魯泡特金及考茨基等，對他都十分不齒，也都發表極為負面的批評，或稱其「缺乏崇高的道德理想，不能創造出一種奠基於自由和正義的新社會制度」，或預言俄國將會面臨大屠殺、大黑暗、大災難。不幸的是，這些預言在後來都成為事實。列寧雖然兇惡，卻不嗜殺。在他建立祕密警察組織「契卡」之後所鎮壓的對象，大多是真正的敵人；布派內即使有同志反對他的政策，列寧最多只是將其撤職、降級或流放，很少有人被下獄或遭到殺害。

史達林卻又不同。在他所發動莫斯科大審判、大清洗及其他無數的冤案之中，慘遭殺害的同志多達一百萬人；史達林又是為自己發動「造神運動」的始作俑者。凡此種種，在其後任者赫魯雪夫所公布的報告裡都已清楚地揭露。

毛澤東在整肅異己及造神運動方面比起史達林更是青出於藍，其所利用的工具就是發動前後十幾次的政治運動；包括延安整風、反右運動、大躍進、文化大革命等等。數百萬人遭到迫害、處決或自殺，數千萬人餓死；但我認為，毛澤東的流毒對後世影響最大、最深的是「階級鬥爭」的思想。誠如已故的高華在其名著《紅太陽是怎樣升起的？》所言，這套思想不但植入中共的肌體，演化為黨的性格的一部分，更不幸的是，其不良影響至今仍籠罩著整個中國社會。

中共往何處去？中國又往何處去？

如本書自序及第十九章所說，全世界如今只剩下四個國家能符合共產國家的定義：中國、越南、寮國和古巴。不過其中真正對世界有重要影響的是中國，因而，關於共產世界的未來，我將聚焦於討論中國。

那麼我為什麼同時問：「中共往何處去？」、「中國又往何處去？」原因很簡單——中共不等於中國。中共若等同於中國，至少要符合兩個條件：首先要能代表中華文化；其次要能代表十四億人民。事實上，自從文化大革命之後，無論是在中國境內或是海外的中國人，早就認為中共把中華文化都丟掉了。當代最著名的美國華裔歷史學家余英時先生尤其多次公開指出：中共不能代表中華文化，也不等同於中華文化。至於中共政權是否能代表其人民，必須從兩方面來看：中共政權究竟是如何產生的？中共執政後究竟又如何對待人民？

中共能否代表十四億中國人民？——從毛澤東的功與過說起

直接地說，今天中共之所以執政，原因是國共內戰中，中共擊敗國民黨之後，於一九四九制訂憲法時自行規定，由共產黨一黨專政。換句話說，中共政權並不需要人民同意就能永遠繼續執政。

那麼中共又是如何對待人民呢？這就有必要從毛澤東及鄧小平說起。關於毛澤東，無人能否認他是領導中共建立中華人民共和國的領袖；但也沒有人能否認，在他統治中國的二十七年間犯下無數的錯誤，卻從未真正認錯過。即便是在大飢荒中餓死三、四千萬人，毛澤東也不曾說過一次表示哀傷的話。他之所以如此，若不是對於人命漠不關心，就是被共產黨的僵硬體制及造假文化所蒙蔽。關於這些，本書許多章節已舉出夠多的例子，於此不再贅述。總之，「偉大的毛主席」離偉大其實很遠；如不是中共刻意掩蓋事實，又不斷地推動「造神」，毛澤東的真正形象恐怕早已顯露無遺。

不過中共也清楚無法隱瞞全部，所以曾經在一九八一年發布《關於建國以來黨的若干歷史問題的決議》（以下簡稱《決議》），宣稱毛澤東確實犯了嚴重的錯誤；但《決議》只是著重於其在文化大革命中犯的過錯，對於其他政治運動中所犯的錯誤卻大多不提。最後的結論是毛澤東的「功績是第一位的，錯誤是第二位的」；至於毛澤東思想，《決議》說今後仍然要高舉。

鄧小平曾多次親自參與《決議》起草小組會議，並指示：「毛澤東思想這個旗幟丟不得，丟掉了這個旗幟，實際上就否定了我們黨的光輝歷史。」葉劍英也曾在起草小組會議中發言：「蘇聯人遷了史達林的墓，我們就對毛澤東來個鞭屍，這不就刺激人民提問，社會主義對在哪裡，共產主義好在哪裡嗎？……如果我們要追根究底，我們將發現，責任不在毛澤東一個人那裡，我們全都有責任。」這些發言紀錄清楚地說明了一件事，中共元老們之所以不肯丟掉毛澤東，只是為了要維持共產黨的統治地位，也為了避免自己得為錯誤負責任，是站在共產黨的利益的角度出發，所以共產黨如何能代表人民？

鄧小平的功與過

沒有人能否認鄧小平在文革後復出，撥亂反正，又主導中國的改革開放，奠定中國經濟飛快成長的基礎，對國家及人民立下大功。但鄧小平在掌權之後，一心維護馬列主義及中共一黨專政，是其最具爭議的問題點。

八六學潮及六四運動時，中國原本有機會依請願的學生及人民的期望，逐步進行重大的變革，鄧小平卻罷黜了胡耀邦，又把學生請願定調為暴亂，再罷黜趙紫陽，最後下令出動坦克及軍隊以鎮壓天安門的學生。在這兩次的鎮壓行動中，鄧小平或許自認是為國家解除了危險，使其不至於像東歐國家那樣傾覆。

事實上，如果從人民的觀點，東歐民主化革命是極為成功而必要的變革，戈巴契夫也自認這是他個人的極大成就。至於蘇聯解體，鄧小平斷言戈巴契夫的「失敗」，是因為同時進行政治及經濟改革，許多中共的理論家隨之附和，也都是錯誤的解讀。我相信，讀者們如果詳細閱讀第十三至十五章的敘述，瞭解了蘇聯解體的整個過程，必定會同意這是極為草率且片面的論點。戈巴契夫從第一天擔任蘇共總書記就決心放棄共產黨一黨專政，實是令人敬佩，只可惜他犯了許多不必要也不應該犯的錯誤，以致於功敗垂成。

總之，鄧小平雖然具有足夠的威望及聰明才智，可惜他的思想始終被「四個堅持」所禁錮，只站在共產黨的角度，而不是國家及人民的。倘若他在六四事件時採取稍微緩和的處理辦法，並在其後適時推動逐步體制改革，相信有機會使中國完全改頭換面，並為自己建立起截然不同的歷史地位。中國後來號稱崛起，卻始終無法進行政治改革，其實是問題越來越多，也越來越大；如劉曉波所說——並非大國崛起，而是大國沉淪。

馬列主義對中華文化的負面影響——論中共對宗教、人權的迫害

必須指出，共產主義的根源是馬列主義，對於中國來說是一種外來思想，並且與中國固有的文化不相容，所以造成的衝擊尤其大。我在此特別要討論《共產黨宣言》裡面非常重要的一段話：「共產主義要廢除永恆真理，它要廢除宗教、道德，而不是加以革新。」所帶來的負面影響。

讀者們可能要問：是什麼原因讓馬克思和恩格斯主張共產主義不需要真理、宗教及道德，而將之廢除呢？事實上，如果我們把這句話的前後文也都讀了，就會發現原來馬克思是因為認定在無產階級的統治下，人對人和民族對民族的剝削及對立都將會消失，因而說「從宗教的、哲學的和一切意識形態的觀點對共產主義提出的種種責難，都不值得詳細討論了。」然而，我必須再一次提醒讀者們，《共產黨宣言》裡斷言人對人，以及民族對民族的剝削及敵對關係都將永遠消失，已經被證實是大錯特錯。那麼如果基本假設錯了，不需要真理、宗教及道德的結論還能成立嗎？

但不論如何，令人遺憾的是日後的共產黨政權都還是主張無神論。中共建政之後也同樣粗暴地打壓宗教。本書在部分章節已經敘述了有關中共對西藏人民及達賴、班禪喇嘛的所作所為，那不但是對宗教，也是對人權的迫害，當然也沒有真理及道德可言。對於信仰伊斯蘭教的新疆維吾爾人，中共也是從一九五〇年代初起開始著手對付，發起大量移民到新疆，使得新疆漢人的人數從三十萬增加到一九六二年的五百三十萬，與維吾爾人的人口數相當。維吾爾人因而不安，又自認遭受歧視，導致不斷地發生抗爭及暴力恐怖活動；中共的作法卻變本加厲，從二〇一七年起以反恐、去極端化、教導工作技能為名，強制將一百多萬名維吾爾人送入「再教育營」，給予漢語及思想教育，包括無神論的思想。

回溯文化大革命時，無數的廟宇、教堂、清真寺遭到劫難。文革後，五大宗教只是緩慢恢復，具有傳

統宗教色彩的各式各樣氣功門派卻更迅速成長。其中成長最快的是法輪功，成立於一九九二年，到一九九九年學員已超過七千萬人，達到西藏及新疆合計人口的數倍之多，於是成為中共打壓的新對象。雖然中共內部的部分高層抱持保留態度，江澤民卻堅稱法輪功是邪教，下令成立層級極高的專門機構以對付法輪功學員，其中包括集體逮捕、勞改、再教育、有期徒刑及死刑。令人難以置信的是，有人死後竟被摘取器官，供販賣做為移植之用，有一部分人甚至可能是在生前被活摘器官。

更驚人的是，此後十五年間，中國境內進行各種高收費的移植器官手術，包括換心，換肝、換腎、換眼角膜等等，竟成為爆炸性成長的產業。據估計有超過一百萬人接受移植，其中包括許多蜂擁而至的外國人。但這些器官大多並非出於自願捐贈，而是來自大量的死刑犯，或非法被處死的人，其中除了法輪功成員，也包括異議人士、維權人士等等。

強摘器官移植涉及龐大的商業利益，而中國的政、法、軍、警、醫等機構無疑參與其中，所以很難相信中共高層不知情。由於國際社會對此事表示極大的關注，中共不得不在二〇一五年下令喊停，但有可信的來源指出，這種極其野蠻、可恥的集體犯罪行為至今還在繼續中。

中共及中國人民的選擇——兼論中國的「圓桌會議」

關於習近平提出所謂的「中國夢」，我在第十八章已經詳述，此處不再贅述，不過我可以斷言：中共如果繼續一黨專政，中國絕對沒有可能偉大復興；中國人民如果希望國家走向一條更寬廣的道路，只有設法脫離中共的統治。

中共究竟能往何處去？只有兩條路，其一是堅持繼續一黨專政，用盡一切辦法保住政權，一直到有一天終於被推翻；其二是主動下臺。

大約五、六年前，仍然有很多學者專家認為中共政權極為穩固，又大到不可能倒。新冷戰開始之後，卻有越來越多的人認為中共政權終將垮臺，但究竟何時，說法不一。也有人問我這問題，但我所關心的並不是中共何時下臺，而是中共會在「何種情況」下臺；更明確地說，究竟是在混亂中，還是在有秩序的情況之下下臺。

我相信，三十幾年前才發生過的東歐民主化革命及蘇聯解體，對於中共當局來說，會是很好的借鏡。在東歐八國民主化革命的過程當中，有極為順利，也有發生流血衝突、暴亂或內戰；差別極大。那是為什麼呢？簡單地說，是因為那些革命順利的國家的共產黨，都在戈巴契夫的鼓勵及人民的期許之下，已有心理準備，並且大多同意與反對人士舉行「圓桌會議」，共同討論國家的未來，以便有秩序地和平轉移政權。反之，那些無法民主化革命的國家的共產黨領導人，如不是抗拒改革，就是利用宣傳民族主義以保護其政權，或為達到其個人的野心，或其他原因，以致於失敗，導致國家動盪，人民受苦。

至於蘇聯解體，我已重複說明過，究竟它是成功或失敗，端看是從共產黨、國家，還是人民的角度來判斷。中共領導人及黨員如果能同意國家、人民高於共產黨，那麼就應該學習戈巴契夫勇於改革的決心，同時也要避免他所犯的種種不必要的錯誤。

事實上，我認為中共不妨考慮召開圓桌會議，在願意放棄一黨專政的大前提之下，邀請國內外各方有識之士，一起討論如何為國家的重大變革做充分的準備。這是鄧小平當年能做應做，卻沒做的事，習近平及其同志或接班人或許還來得及。

習近平及其同志若無此意願，那麼中國人民就有必要自己選擇自己的路。不過由於中國社會及人民都受到中共政權嚴密監控，現在已經移居海外而仍關心祖國的中國菁英分子有其必要擔起責任，設法在境外召開沒有共產黨人參加的圓桌會議，集結各方人士，共同討論中國的未來。

對此我也有一個附帶建議：劉曉波曾在二〇〇八年提出《零八憲章》，至今已有超過一萬三千個知名人士在上面簽名；這份宣言內容極為完整，或許值得召開圓桌會議時當作重要參考資料。

我也相信，世界上的民主、自由國家，包括美國、歐盟各國、日本、臺灣在內，大多應當樂見中國境外人士召開這樣的圓桌會議，並給予適當的支持。畢竟，沒有任何國家、任何人願意看見有一天中共突然不得不下臺，中國卻因為沒有預先準備好而發生動亂。

誌謝

這本書是以我在二〇二〇年出版的《共產世界大歷史》一書為基礎，經過修訂、更新、重新編排及改寫而再版，所以我首先還是要感謝五年前幫助這本書出版的朋友們，其中包括出身史丹佛大學歷史系，對俄國史、東亞史及共產主義都有深入研究的孫隆基教授，遠流出版社的董事長王榮文先生、出版總監林馨琴女士及責任編輯楊伊琳小姐，以及負責繪製所有地圖的楊景涵小姐（我的外甥女）。

關於新書，我同樣要感謝前述的孫隆基教授。如我在初版自序裡所說，我們兩人的思想及理念其實有相當大的差距，但當我遇到與馬列主義理論有關的問題時，他仍然是我求教的對象。我從來不希望自己寫的書過於主觀，因而，向這樣一位理念與我不同的專家學者請教當然是有幫助的。另外，我也要謝謝史丹佛大學胡佛研究所的資深研究員郭岱君博士。郭博士專精近代東亞史，特別是有關中日戰爭及國共內戰。我在書中關於這方面的敘述有一些問題百思不解，幸好讀了她所寫的，或主編的書，並向她當面求教而得到極好的答案。除了以上兩位，我曾請教過的人其實還不少，不過我就不一一列舉。

但我必須指出，由於這本書敘述的範圍太廣，綜合敘述並不容易，幸而這世界上有很多學者專家著書立說，在網路時代很容易找到或買到他們的著作，並有很多不同的版本、不同的說法可供對照、比較，深入研究，這是我之所以能完成這本書最重要的原因。也因此，我要在此對所有我列在參考書目上的作者們致上我最大的敬意。

這本書的英文版及中文繁體版是同步進行寫作，同步出版的。關於英文版，首先我要感謝負責編輯、印刷的臺灣書林書店的董事長蘇正隆先生及責任編輯的劉純瑀小姐。蘇先生同時也是負責出版、行銷的加拿大Lynx Publishing的董事長。其次，我要感謝來自美國，幫忙進行本書英文翻譯的Tim Smith及Michael Nakhiengchanh，以及來自英國，負責校定的Ian Maxwell。我特別要感謝Ian Maxwell，經過他校定之後的英文版是如此地精準、典雅而流暢，使我喜不自勝。事實上，這個翻譯團隊也是蘇正隆先生幫忙召集、組織成軍的，所以我又要謝謝他一次。

另外，我也要感謝一位Mr. Alan Adam，他是某美商公司臺灣負責人，卻熱心自願擔任本書英文版的第一位校閱讀者（proofreader）。Alan也不是專業的歷史家，對美國、蘇聯、東西歐及共產黨的歷史卻無比熟悉。他在讀後與我和Ian逐章討論，不僅挑出其中許多錯誤，提出許多建議，最後又寫一封信給我，其中讚揚這本書既具有教育性，寫作處理也相當公正、平衡而客觀，翻譯更是出色。雖然我知道他說這些話不免有些客氣，我還是因此增加不少對這本書的信心。

關於中文繁體版，我要再一次感謝遠流出版公司的董事長王榮文先生，以及責任編輯沈依靜小姐。沈小姐實際上不但負責編輯，也協調與出版、行銷等所有相關事務，對本書出版貢獻極大。

國立臺灣大學政治學系名譽教授明居正先生對共產主義理論有深入的研究，是一位備受尊敬的學者，也是國際知名的政治評論家，在百忙之中竟首肯答應為本書寫中文序及英文序，實是讓我喜出望外，也無比榮耀，我在此誠摯地感謝他。

位在紐約的博登書屋是一家出版社，於二〇二〇年協助北京清華大學法學教授許章潤先生出版其在中國被禁止而無法出版的一本書，並藉此契機成立。我很榮幸，我的新書中文簡體版也由博登書屋出版。在此感謝該書屋的社長榮偉先生、編輯葉望珊小姐，以及介紹我們認識的作家朋友鮑承謨博士。同時，我也要藉此表達我對許章潤教授的尊敬。

我也要藉此感謝所有在我寫書、出書過程當中給我鼓勵、幫助，或給我指引的朋友們。這些人也是非常多，多到我數不清，所以我在此只能提一小部分，其中包括：臺灣大學新聞研究所名譽教授張錦華博士、臺積電文教基金會董事陳健邦先生、前國科會副主委廖俊臣教授（我的舅舅）、清華大學人文社會學院院長李卓穎博士、政治大學社會科學學院院長楊婉瑩博士、亞太堅韌研究基金會執行長林夏如女士、前新竹教育大學校長曾憲政先生、臺北市立建國中學歷史老師黃春木先生、我的清華同班同學陳基成、兩位清華學弟呂志鵬、戴兆群，還有美國著名的出版人Mr. Peter Osnos，著名的學者兼作家Prof. Orville Schelle，等等。

最後，我要感謝這本書的讀者們，正是因為有廣大的讀者的支持及鼓勵，才會有許多作者滿懷熱情繼續不斷地寫作，有許多出版社在努力不懈地繼續出版好書。

編後記——本書取材廣泛，如若疏漏使用中國用語，絕非刻意，請諸君不吝指正，以裨內容進步；編輯已盡最大努力採用臺灣專有名詞以及學術名詞，包含人、事、時、地、物，以傳承維護繁體中文所珍視的價值。

附錄 I
共產大事年表

公元紀年	亞洲	沙俄、蘇聯及其15個加盟共和國	歐洲、美洲、非洲及中東
一二三五			英國圈地運動開始
一五一六			摩爾發表《烏托邦》
一七六〇—一七七〇			工業革命開始
一七七六			亞當斯密發表《國富論》
一七七九			英國盧德運動起
一七八九			法國大革命爆發
一八〇〇			歐文開始試行社會主義工廠
一八〇四			拿破崙頒布《民法典》並加冕為法蘭西皇帝
一八二五		俄國十二月黨人案	

公元紀年	亞洲	沙俄、蘇聯及其15個加盟共和國	歐洲、美洲、非洲及中東
一八三〇			歐洲革命年，多國起義遭鎮壓
一八三六			德國正義者同盟成立
一八三九			布朗基巴黎革命失敗；英國憲章運動開始
一八四二	第一次鴉片戰爭		
一八四七			德國正義者同盟改名為共產主義者同盟
一八四八			《共產黨宣言》發表。歐洲各國革命及英國憲章運動請願皆失敗。法國國民工廠屠殺事件
一八五二		赫爾岑流亡倫敦辦《鐘聲》雜誌	
一八五六		車爾尼雪夫斯基任《現代人》雜誌主編	
一八六〇	第二次鴉片戰爭		奧哲爾任倫敦工人聯合會主席
一八六二		列寧格勒大火；車爾尼雪夫斯基遭流放	
一八六三			拉薩爾創立全德意志工人聯合會
一八六四		第一國際成立於倫敦	
一八六七	日本明治維新開始		馬克思出版《資本論》第一卷
一八六九		涅治耶夫著《革命者問答書》	德意志社會民主工黨成立
一八七〇		列寧生	普法戰爭

一八七一			巴黎公社事件
一八七四		俄國民粹主義「到民間去！」運動	
一八七五			德意志社會主義工人黨成立
一八七六		第一國際解散	
一八八三		俄國勞動解放社成立於日內瓦。馬克思病逝倫敦	
一八八四			英國費邊社成立
一八八七		列寧之兄刺殺沙皇未遂遭處決	
一八八九		第二國際成立於巴黎	
一八九〇	中國義和團事件		德國社會民主黨成立
一八九四	第一次中日戰爭		
一八九五		列寧遭流放西伯利亞	伯恩斯坦批判馬克思主義，被批為修正主義者
一八九八		俄國社會民主工黨明斯克大會，與會者多被捕	
一九〇〇		列寧開始主辦《火星報》	英國工黨成立
一九〇三		俄國社會民主工黨通過「黨紀高於民主、人權原則」的決議。布爾什維克、孟什維克分裂	
一九〇四	日俄戰爭，俄國戰敗		
一九〇五		俄國流血星期日事件，革命爆發	
一九〇六		斯托雷平改革，俄國革命陷入低潮	
一九〇七		提比里斯銀行運鈔車搶案	

公元紀年	亞洲	沙俄、蘇聯及其15個加盟共和國	歐洲、美洲、非洲及中東
一九一一	中國辛亥革命推翻清朝	斯托雷平被黜，遭刺殺	
一九一二	中華民國成立	列寧辦《真理報》。連納金礦慘案	南非「非國大」成立
一九一四		塞拉耶佛事件，一戰爆發。第二國際分裂。列寧號召「變帝國主義戰爭為國內戰爭」	
一九一七		二月革命，十月革命	
一九一八	俄國取消對中國不平等條約	蘇、德簽《布列斯特條約》。俄國內戰起，一戰結束。協約國出兵干涉俄國革命；德國社民黨分裂，德國共產革命失敗	
一九一九	列寧成立第三國際。戰後各國簽《凡爾賽和約》		
	中國五四運動	波蘇戰爭爆發（次年以蘇俄戰敗結束）	
一九二一	中共成立。里昂中法大學事件，一百零四名中國學生被遣送回國	列寧推新經濟政策。紅軍鎮壓喀琅斯塔得水兵及坦波夫農民	南非共產黨成立
一九二二	日共成立；中共第二次大會	史達林任總書記。列寧兩次中風。史達林成立蘇聯	
一九二三	中國國民黨「聯俄容共」	蘇共十三大，列寧因第三次中風未參加	
一九二四	黃埔軍校成立	列寧死，托洛斯基、史達林權力鬥爭	
一九二五	孫中山死，國民黨分裂	蘇共將史達林主張的「一國社會主義」列入黨章	
一九二六	中國國民革命軍北伐	蘇聯介入英國大罷工事件	
一九二七	上海四一二事件，國民黨清共。中共開除總書記陳獨秀，發動南昌、湖南、廣州起義	蘇共開除托洛斯基黨籍，開始推農業集體化及重化工業	英國宣布與蘇聯斷交

一九二八	中共在莫斯科召開六大。濟南事件；皇姑屯事件	蘇聯終止新經濟政策。布哈林、李可夫被逐出政治局	
一九二九	紐約股市崩盤，世界經濟大恐慌起		
一九三〇	中共富田事變		
一九三一	九一八事變。臺共謝雪紅遭開除黨籍		
一九三二		蘇聯三年大飢荒起。柳亭事件；史達林妻自殺	納粹躍升德國第一大黨
一九三三	日本在中國東北成立滿州國		希特勒任德國總理
一九三四	蔣介石第五次剿共，中共長征	基洛夫案	希特勒自任德國國家元首；尼加拉瓜革命領袖桑定諾遭殺害
一九三五	中共遵義會議		
一九三六	西安事變。蔣經國返回中國；日蘇張鼓峰事件	第一次莫斯科大審判；史達林大清洗同時開始	日德簽防共協定
一九三七	七七事變，中日爆發全面戰爭，中國國軍大敗，華北淪陷	第二次莫斯科大審判。圖哈切夫斯基案	托洛斯基在墨西哥成立第四國際
一九三八	共產國際承認毛澤東為中共領袖	第三次莫斯科大審判，布哈林、李可夫遭處決	慕尼黑會議
一九三九	日、蘇諾門罕戰役	德、蘇簽李賓特洛甫密約，瓜分波蘭。歐戰爆發	
一九四〇	中共與日軍百團大戰	卡廷森林屠殺事件。敦克爾克大撤退。托洛斯基遭刺殺	
一九四一	新四軍事件。胡志明成立越盟	美國通過租稅法案。德國進攻蘇聯	
	日、蘇簽互不侵犯條約。珍珠港事變；美國參戰		

公元紀年	亞洲	沙俄、蘇聯及其15個加盟共和國	歐洲、美洲、非洲及中東
一九四二	中共延安整風運動起，前後兩年		
一九四三	義大利投降。史達林解散共產國際。開羅會議。德黑蘭會議		
一九四四	羅斯福撤換史迪威	盟軍登陸諾曼地。紅軍坐視華沙波蘭起義軍被德軍殲滅事件	
一九四五	中共七大確立毛澤東領導地位。國共內戰起，馬歇爾來華調停，發布停戰令。中蘇簽同盟條約。蘇聯阻國軍接收東北		羅斯福死，杜魯門繼任
	雅爾達會議。德國投降。波茲坦會議。美國在日投下原子彈，蘇聯出兵中國東北及朝鮮，日本投降。第一號命令發布，蘇聯出兵接收中國東北、北韓；越盟反法戰爭、印尼反荷戰爭起		
一九四六	馬歇爾調停國共內戰，迫蔣停止追擊共軍，調停失敗離華	肯南「長電報」。邱吉爾發表「鐵幕演說」	
一九四七	臺灣二二八事變。馬共總書記萊特叛逃，陳平繼任。緬甸彬龍會議。翁山遇刺身亡	馬歇爾計畫、莫洛托夫計畫分別推出。蘇共成立共產情報局	
一九四八	中國上海金融風暴；遼瀋戰役。印尼茉莉芬事件	捷共迫死外交部長馬薩里克。狄托事件	
一九四九	國民黨敗退臺灣，中共建國。菲律賓政府剿虎克黨	蘇聯在匈牙利、東德完成衛星化。北約成立	
一九五〇	中蘇簽友好同盟新約。韓戰爆發，美國出兵，中國志願軍抗美援朝。毛岸英死於韓戰。		
	GHQ彈壓日共。馬來亞剿共		
	中共推土改運動	史達林整肅匈共	
一九五一	各國與日本簽《舊金山和約》。日美簽安保條約		
	西藏抗中共入侵	史達林整肅捷共	

一九五二	印共艾地獲中共同意支持革命	蘇共十九大取消政治局，設中央主席團	埃及納瑟政變推翻法老王
一九五三	韓戰結束	史達林病逝。貝利亞被捕。赫魯雪夫任蘇共第一書記	
一九五四	菲律賓虎克黨解散。越共敗法軍於奠邊府。馬來華玲會議破裂 日內瓦九國會議討論東南亞問題		CIA策劃瓜地馬拉政變
一九五五	金日成處死朴憲永。印尼萬隆會議	華沙公約成立。赫魯雪夫與狄托修好	華沙公約成立。赫魯雪夫與狄托修好。
一九五六	鄧小平任中共總書記。北韓勞動黨宗派事件	赫魯雪夫蘇共二十大作祕密報告。波蘭動亂。匈牙利革命。蘇伊士運河事件	
一九五七	中共反右運動開始。金日成清洗黨內蘇聯派、延安派	蘇聯流產政變。蘇聯發射史潑尼克人造衛星	吉拉斯出版《新階級》
一九五八	大躍進開始。金門砲戰	中蘇開始交惡	
一九五九	達賴逃印度。廬山事件	赫魯雪夫受邀訪美。蘇聯停止協助中共發展核武	古巴卡斯楚革命成功
一九六〇	黎筍任越共第一書記	蘇聯停止與中國合作項目 U2飛機事件。四方會議流會	甘迺迪獲選美國總統。非洲革命年
一九六一	蔣介石拒兩個中國案。南韓五一六政變。新加坡人民行動黨分裂	中蘇在蘇共二十二大公開決裂 豬灣事件。東德建柏林圍牆	尼加拉瓜桑解成立。南非「民族之矛」成立

公元紀年	亞洲	沙俄、蘇聯及其15個加盟共和國	歐洲、美洲、非洲及中東
一九六二	中國大飢荒累計死三千萬人。中共七千人大會	古巴飛彈危機事件	南非曼德拉被捕入獄
一九六三	越南政變總統吳廷琰遇害	中蘇論戰開始	美國總統甘迺迪遇刺
一九六四	中共羅布泊試爆原子彈成功	赫魯雪夫被黜布里茲涅夫繼任	詹森當選美國總統，增兵北越。巴西總統古拉特被迫下臺
一九六五	〈評《海瑞罷官》〉出刊。印尼九三〇事件		莫里森事件，美國反戰風潮起
一九六六	中共發布「五一六通知」，文革及紅衛兵運動開始	蘇共二十三大重設政治局，設總書記。回復史達林路線	迦納政變，恩克魯瑪下臺。格瓦拉死於南美
一九六七	上海一月風暴。武漢事件。紅衛兵火燒英國代辦處事件		麥納馬拉辭職。以阿六日戰爭
一九六八	停止紅衛兵運動。劉少奇、鄧小平遭停職。上山下鄉運動	布拉格之春，蘇聯入侵捷克。卡斯楚向布里茲涅夫輸誠	美軍在越南達五十萬人。尼克森當選美國總統
一九六九	中俄珍寶島事件及新疆衝突；美國制止蘇聯核武攻擊中國。越戰越南化 胡志明病逝。菲共復起		蘇丹、利比亞、索馬利亞政變
一九七〇	中共廬山會議。林彪失勢。柬埔寨政變推翻施亞努		埃及納瑟死，沙達特繼位。智利阿葉德成立左派政府
一九七一	林彪逃亡事件 季辛吉密訪中國。中國入聯合國，臺灣退出		沙達特驅逐蘇聯顧問
一九七二	尼克森訪中國簽「上海公報」。中日建交。臺日斷交	尼克森訪蘇聯，簽《反彈道飛彈條約》	第四次中東戰爭

一九七三	美、北越簽《巴黎和平協定》鄧小平第二度復出		智利政變，阿葉德死。阿富汗政變
一九七四	鄧小平在聯合國演講「三個世界」。中共批林批孔運動		美國水門案。葡萄牙康乃馨革命。衣索匹亞共產革命
一九七五	柬共、越共、寮共分別攻陷金邊、西貢、永珍，展開大屠殺	歐、美、蘇三十七國簽《赫爾辛基協議》	安哥拉內戰起。美國與南美國家啟動兀鷹計畫
一九七六	毛病逝，華國鋒代主席。四人幫被捕。文革結束		卡特當選美國總統。阿根廷政變推翻左派政權
一九七七	鄧小平復出，重開大學，試行包產到戶。越柬邊境衝突		捷克哈維爾發表七七憲章。索馬利亞、衣索匹亞戰爭
一九七八	中共平反右派分子，確立改革開放。越共出兵逐赤柬	蘇聯、越南簽友好條約。戈巴契夫任蘇共政治局委員	阿富汗四月革命
一九七九	蔣經國宣示「三不政策」。北京之春。鄧小平出兵「懲罰」越南。中共決定試辦經濟特區，引入外資。	美、蘇簽SALT II，遭美國國會延擱後取消。蘇阿十年戰爭起	美中建交，美臺斷交。美國通過《臺灣關係法》。尼加拉瓜桑解推翻蘇慕薩政權
一九八〇	日本開始對中國提供經濟及技術援助（ＯＤＡ）。鄧小平決定停止支持馬共。胡耀邦任中共總書記，趙紫陽任總理		狄托病逝。波蘭團結工聯成立。雷根當選美國總統
一九八一	中國鄉鎮企業、國企競爭激烈		ＣＩＡ支持康特拉反尼加拉瓜政府。團結工聯華勒沙被捕入獄。埃及總統沙達特遭刺殺

公元紀年	亞洲	沙俄、蘇聯及其15個加盟共和國	歐洲、美洲、非洲及中東
一九八二	八大王事件。十二大鄧小平報告「建設有中國特色的社會主義」。陳雲提「鳥籠理論」	布里茲涅夫死，安德洛波夫任蘇共總書記	美、中簽《八一七公報》；雷根擬定對臺〈六項保證〉。柴契爾訪北京與鄧小平談香港問題
一九八四	鄧小平第一次南巡	安德洛波夫死，契爾年科任蘇共總書記	雷根連任美國總統。中、英簽九七回歸《聯合聲明》
一九八五	上海寶鋼完成第一期工程。全年FDI合計二十億美元。柬埔寨內鬥，洪森奪權	戈巴契夫任蘇共總書記，首提「改革」，發動反酗酒運動失敗。葉爾欽任莫斯科市委書記	雷根、戈巴契夫日內瓦會晤談判。伊朗門事件。奧特嘉就任尼加拉瓜總統
一九八六	中國八六學潮。黎筍死，阮文靈任越共總書記，推革新開放。	戈巴契夫在蘇共二十七大首提「公開性」。沙卡洛夫獲釋。蘇共政治局決定從阿富汗撤軍。車諾比核災事件	雷根、戈巴契夫再會冰島
一九八七	胡耀邦下臺，趙紫陽接任中共總書記	戈巴契夫批判史達林。葉爾欽遭解任莫斯科市委書記	雷根、戈巴契夫在白宮簽《中程導彈條約》
一九八八	中國通貨膨脹嚴重。蔣經國病逝，李登輝接任臺灣總統及國民黨主席	安德烈耶娃投書事件。蘇共黨代表會議通過政體改革。戈巴契夫聯合國演講。亞美尼亞大地震。蘇聯開始從阿富汗撤軍	布希當選美國總統。波共與團結工聯同意將召開圓桌會議。安哥拉停戰協定簽定
一九八九	西藏動亂。胡耀邦病逝。六四天安門事件。江澤民繼趙紫陽任中共總書記。越南承諾從柬埔寨撤軍。緬甸各族游擊隊脫離緬共。馬共結束武裝鬥爭	提比里斯毒瓦斯事件。戈巴契夫當選最高蘇維埃主席。戈巴契夫訪北京。波羅地海之路和平示威運動。立陶宛廢共產黨一黨專政	波蘭、匈牙利等東歐六國共產黨下臺，改採多黨制。波蘭採休克療法改革經濟。柏林圍牆倒塌。羅馬尼亞西奧塞古遭處決。古巴歐巧阿事件。蘇聯、古巴軍隊撤離非洲

一九九〇	中國通過《香港基本法》，承諾香港九七回歸後五十年不變。越南阮文靈、杜梅密會江澤民、李鵬於成都	蘇聯終止一黨專政。「五百天市場經濟計畫」胎死腹中。戈巴契夫當選總統。葉爾欽當選俄羅斯最高蘇維埃主席，在蘇共二十八大退黨	南斯拉夫、阿爾巴尼亞停止共產黨一黨專政。南斯拉夫醞釀內戰。東、西德合併。尼加拉瓜奧特嘉敗選，內戰結束。蘇聯停止援助古巴。南非曼德拉獲釋出獄
一九九一	中越復交。柬共廢除一黨專政	立陶宛一月事件。蘇聯公投通過。葉爾欽當選俄羅斯總統。八一九流產政變。蘇聯及各共和國共產黨全部下臺，蘇聯解體	華沙公約解體。克羅埃西亞戰爭爆發。阿爾巴尼亞社會黨勝選。衣索匹亞及索馬利亞共產政權遭推翻，內戰起
一九九二	鄧小平二次南巡。臺海兩岸九二香港會談。菲共分裂及鬥爭	俄羅斯採休克療法改革經濟失敗。喬治亞內戰，俄羅斯介入。塔吉克內戰起。亞美尼亞、亞塞拜然戰爭起	波士尼亞戰爭爆發。阿爾巴尼亞前總統阿利亞敗選遭起訴入獄。剛果、安哥拉皆放棄共產黨一黨專政
一九九三	朱鎔基宏觀調控。北韓退出NPT，試射導彈。柬埔寨洪森敗選，發動政變。臺海兩岸汪辜會談	俄羅斯憲政危機。阿力耶夫任亞塞拜然總統。阿布克茲戰爭。俄羅斯介入喬治亞第二次內戰	捷克、斯洛伐克絲絨分離
一九九四	中國出口首次超過一千億美元。金日成死，金正日繼任。美、朝簽《核框架協議》。洪森在柬埔寨重新大選中勝選	盧卡申科、庫奇馬分別當選白俄羅斯、烏克蘭總統（前者最後成為終身總統）。第一次車臣戰爭爆發	匈牙利社會黨擊敗民主黨派而組閣。南非曼德拉當選總統。幾內亞比索放棄一黨專政
一九九五	美、越復交。北韓三年大飢荒起	謝瓦納澤獲任喬治亞總統	波蘭、羅馬尼亞政權皆更替。波士尼亞戰爭結束。

公元紀年	亞洲	沙俄、蘇聯及其15個加盟共和國	歐洲、美洲、非洲及中東
一九九六	朱鎔基決定「抓大放小」，國企破產，員工下崗問題嚴重。中共對臺文攻武嚇	俄羅斯、車臣簽停戰協議，結束戰爭	科索沃戰爭爆發。羅馬尼亞推動私有化經濟改革。阿爾巴尼亞內戰後社會黨上臺，兩黨和解。卡斯楚訪問梵諦岡。塔利班攻陷喀布爾，建立政權
一九九七	香港九七回歸交接。	塔吉克內戰結束	恩格索政變後獲選剛果總統
一九九八	朱鎔基升任總理。北韓再發射導彈。亞洲金融危機	第二次車臣戰爭	教宗回訪古巴。查維茲當選委內瑞拉總統。匈牙利大選，青民盟獲勝
一九九九	李登輝機受德國之聲訪問，提「兩國論」	葉爾欽辭總統，普丁代理	北約介入科索沃戰爭，轟炸塞爾維亞。波蘭、捷克、匈牙利加入北約
二〇〇〇	中國農民工流動人口達一．四億	普丁獲選俄羅斯總統，整肅七寡頭，扶植新寡頭	
二〇〇一	中國獲准加入WTO	「統一俄羅斯」黨成立	美國九一一事件。保加利亞前沙皇西美昂二世勝選組閣
二〇〇二			匈牙利社會黨再次執政
二〇〇三		喬治亞革命逐謝瓦納澤下臺	
二〇〇四	日本貸款中國二十餘年累計三．三兆日幣。越南爆發排華事件	東歐及前蘇聯加盟國陸續加入北約及歐盟，對蘇聯漸成威脅	委內瑞拉、古巴、玻利維亞等國組玻利瓦聯盟

二〇〇五	中國貿易順差首次超過一千億美元	烏克蘭總統庫奇馬任滿下臺，親美派尤先科當選總統。吉爾吉斯政變	保加利亞大選，社會黨擊敗前沙皇西美昂二世
二〇〇六	中國外匯存底超過一兆美元		奧特嘉獲查維茲支持當選尼加拉瓜總統，改採獨裁統治
二〇〇八	劉曉波發表《零八憲章》被捕。	普丁總統任滿，梅德韋傑夫繼任，普丁任總理	
二〇一〇	中國GDP超越日本，成為世界第二大經濟體。中國流動人口達二・六億。臺灣馬政府與中國簽ECFA協議	烏克蘭亞努科維奇當選總統，違反選前諾言，拒絕加入歐盟。吉爾吉斯二次政變，總統巴基耶夫下臺	歐班領導匈牙利青民盟擊敗社會黨，重新執政
二〇一一	北韓金正日死，金正恩繼位		勞爾・卡斯楚任古巴共產黨總書記。奧特嘉續任尼國總統
二〇一二	習近平獲選中共總書記，標榜民族復興	普丁回任俄羅斯總統	
二〇一三	習近平提「一帶一路」計畫。臺灣馬政府與中國簽服貿協議	烏克蘭爆發反亞努科維奇示威	委內瑞拉查維茲死，馬杜羅繼任總統
二〇一四	中共在新疆廣設再教育營。香港占中運動。臺灣「太陽花運動」反服貿。越南排華暴動	亞努科維奇逃入俄羅斯。普丁出兵占領克里米亞	委內瑞拉危機。尼加拉瓜大規模示威抗議
二〇一五			美國古巴回復邦交
二〇一六	蔡英文當選臺灣總統		川普當選美國總統

二〇一七	習近平連任中共總書記。劉曉波病死。北京低端事件。菲律賓總統杜特蒂邀菲共和談破裂	吉爾吉斯總統阿坦巴耶夫任滿下臺，新總統熱恩別科夫貪腐	美國再對古巴制裁。美洲十二國成立「利馬組織」以協助結束委內瑞拉危機
二〇一八	柬埔寨國會選舉，人民黨囊括所有席位		川普發動美中貿易戰
二〇一九	香港反送中運動。武漢發現新冠肺炎		
二〇二〇	中國人大通過《香港國安法》		衣索匹亞內戰爆發
	全世界爆發嚴重新冠肺炎疫情。川普宣布制裁中國企業，國務卿龐培歐發表「新鐵幕演講」。新冷戰開始		
二〇二一	中共提出「共同富裕」，回歸毛路線	吉爾吉斯民粹主義者札帕羅夫當選總統	拜登就任美國總統，繼續制裁中國企業。古巴勞爾任滿下臺，爆發大規模群眾抗議事件
二〇二二	中共二十大廢除總書記連任限制規定，習近平第三次連任。北韓全年發射九十二枚導彈	俄烏戰爭開始，G7支持烏克蘭，制裁俄羅斯	
二〇二四			川普第二次當選美國總統

附錄II
主要參考書目

中文或日文、韓文翻譯著作（依作者姓氏筆畫排列）

1《東歐各國共黨》，卜大中、王切女、王明在、許光泰等，政治大學國際關係研究中心（臺北），1978
2《西歐各國共黨》，卜大中、王切女、王明在、許光泰等，政治大學國際關係研究中心（臺北），1978
3《亞太地區共黨》，卜大中、王切女、王明在、許光泰等，政治大學國際關係研究中心（臺北），1978
4《從追求到幻滅：一個中國經濟學家的自傳》，千家駒，時報出版，1993
5《國際共黨與拉丁美洲》，王建勛，政治大學國際關係研究中心，1976
6《留俄回憶錄》，王覺源，三民書局，1969
7《我的父親鄧小平》，毛毛，三聯出版社，2013
8《毛語錄》，毛澤東，衛城出版，2012
9《毛澤東選集》第一至四卷，毛澤東，人民出版社，1991
10《昭和史》，半藤一利，林錚顗譯，玉山社，2011
11《李光耀回憶錄》，李光耀，世界書局出版，1998
12《三十歲以前的毛澤東》，李銳，時報出版，1993

13〈留法勤工儉學運動與中共在法組織、擴張及鼓動鬥爭的回憶〉，《傳記文學》雜誌，李璜，第97-100號，1970
14《俄國新總統普京傳：從克格勃到葉利欽的接班人》，何亮亮，明鏡出版社，2000
15《中國：潰而不崩》，何清漣、程曉農，八旗文化，2017
16《一滴淚：從肅反到文革的回憶》，巫寧坤，允晨文化，2007
17《無奈的選擇——冷戰與中蘇同盟的命運》，沈志華，中國社科文獻出版社，2012
18《最後的天朝：毛澤東金日成與中朝關係（1945-1976）》（上、下冊），沈志華，香港中文大學出版社，2017
19《中國可以說不》，宋強、張藏藏等，中華工商聯合出版社，1996
20《尋租中國：臺商、廣東模式與全球資本主義》，吳介民，臺大出版中心，2019
21《激盪三十年：中國企業1978-2000》，吳曉波，中信出版社，2014
22《毛澤東私人醫生回憶錄》，李志綏，時報出版，1996
23《國史札記：事件篇》，林蘊輝，東方出版中心，2008
24《國史札記：史論篇》，林蘊輝，東方出版中心，2009
25《國史札記：人物篇》，林蘊輝，東方出版中心，2012
26《金大中自傳》，李仁澤、王靜、高恩姬譯，中國人民大學出版社，2012
27《北韓：從游擊革命的金日成到迷霧籠罩的金正恩》（北朝鮮現代史），和田春樹，許乃云譯，聯經出版，2015
28《我與中共和柬共》，周德高自述，朱德淵撰，田園書屋出版，2008
29《吉田茂：尊皇的政治家》，原彬久，高詹燦譯，臺灣商務印書館，2007
30《在歷史巨人身邊》，師哲，中央文獻出版社，1991
31《李宗仁回憶錄》，李宗仁自述，唐德剛撰，南粵出版社，1986
32《張學良口述歷史》，張學良自述，唐德剛撰；遠流出版，2009
33《費邊社會主義思想》，張明貴，聯經出版，1983

34《史達林與冷戰》，張盛發，淑馨出版社，2000
35《野坂參三與毛共》，張棟材，中華民國國際關係研究所，1969
36《制度基因：中國制度與極權主義制度的起源》，許成鋼，國立臺灣大學出版中心，2024
37《重探抗戰史》共三冊，郭岱君（主編），聯經出版，2022
38《近代中國史綱》，郭廷以，中文大學出版社，1979
39《東南亞史》，梁英明，人民出版社，2010
40《拿破崙法典》及其影響〉，梅汝璈，中國法學會法學期刊研究會，2016
41《蔣經國論》，曹聚仁，人民出版社，2009
42《往事並不如煙》，章詒和，時報出版，2004
43《一陣風，留下千古絕唱》，章詒和，時報出版，2005
44《伶人往事》，章詒和，時報出版，2005
45《這樣事和誰細講》，章詒和，時報出版，2009
46《周恩來與黃埔軍校》，陳予歆，《黃埔》雜誌，2018
47《陳布雷回憶錄》，陳布雷，傳記文學出版社，1967
48《中國共產革命七十年》，陳永發，聯經出版，2001
49《謝雪紅評傳》，陳芳明，麥田出版，2009
50《重探戰後臺灣政治史》，陳翠蓮，春山出版，2021
51《費德林回憶錄：我所接觸的中蘇領導人》，費德林（Nikolai T. Fedorenko），新華出版社，1995
52《彭德懷自述》，彭德懷，人民出版社，1981
53《鄧小平文選》第一至三卷，鄧小平，人民出版社，1994
54《找尋真實的蔣介石：蔣介石日記解讀》四冊，楊天石，三聯書店，2008-2017

55《革命》，四卷本，楊奎松，廣西師大出版社，2012

56《中國改革年代的政治鬥爭》，楊繼繩，天地圖書，2011

57《蘇俄在中國》，蔣介石，中央文物供應社，1956

58《孫中山與胡志明》，蔣永敬，臺灣商務印書館，2011

59《中共富田事變真相》，鄭學稼，國際共黨問題研究社，1976

60《史達林真傳》，鄭學稼，亞洲出版，1954

61《列寧評傳》，鄭學稼，黎明文化，1978

62《第三國際興亡史》，鄭學稼，亞洲出版，1954

63《大國沈淪》，劉曉波，允晨文化，2010

64《親歷中蘇關係（1957-1966）》，閻明復，中國人民大學出版社，2015

65《趙紫陽傳：一位失敗改革家的一生（上中下）》，盧躍剛，印刻出版，2019

66《大江大海一九四九》，龍應台，天下雜誌出版，2009

67《文化大革命十年史》，嚴家其、高皋，遠流出版，1990

英文或其他外文原著之中譯本（依作者姓氏英文字母先後排序）

1.《注定一戰：中美能否避免修昔底德陷阱？》（*DESTINED FOR WAR: Can America and China Escape Thucydides' Trap?*），格蘭厄姆．艾利森（Graham Allison）著，包淳亮譯，八旗文化出版，2018

2.《勃烈日涅夫的力量和弱點》，阿夫托爾漢諾夫（Abdurakhman Avtorkhanov）著，楊春華、張道慶譯，周愛琦校，新華書局出版，1981

3.《自由四論》，以賽亞．伯林（Isaiah Berlin）著，陳曉林譯，聯經出版，1986

4.《卡爾．馬克思》，以賽亞．伯林（Isaiah Berlin）著，李寅譯，譯林出版社，2018

5.《失落的一代：中國的上山下鄉運動》，潘鳴嘯（Michel Bonnin）著，歐陽因譯，中文大學出版社，2009
6.《新疆再教育營：中國的高科技流放地》（*In the Camps: China's High-Tech Penal Colony*），戴倫・拜勒（Darren Byler）著，閻紀宇譯，春山出版，2023
7.《毛澤東：鮮為人知的故事》（*Mao: The Unknown Story*），張戎、喬・哈利戴（Jon Halliday）著，張戎譯，開放出版，2006
8.《在戈爾巴喬夫身邊六年》，切爾尼亞耶夫（Anatoly Chernyaev）著，徐葵、張達楠等譯，世界知識出版社，2001
9.《二戰回憶錄》（共六卷），邱吉爾（Jennie Jerome）著，吳萬沈等譯，左岸文化，2002-14
10.《蘇聯帝國興亡史（上下冊）》（*The Rise and Fall of the Soviet Empire*），布萊恩・柯洛齊（Brian Crozier）著，林添貴譯，智庫文化，2003
11.《朝鮮戰爭》（*The Korean War: A History*），布魯斯・康明思（Bruce Cumings）著，林添貴譯，左岸文化，2013
12.《先知三部曲：托洛斯基》（共三冊），艾薩克・多伊徹（Isaac Deutscher）著，中央編譯出版社，1998
13.《毛澤東的大飢荒：1958－1962的中國浩劫史》（*Mao's Great Famine: The History of China's Most Devastating Catastrophe, 1958–1962*），馮客（Frank Dikotter）著，郭文襄、盧蜀萍、陳山譯，印刻出版，2012
14.《文化大革命：人民的歷史1962－1976》（*The Cultural Revolution: A People's History 1962-1976*），馮客（Frank Dikotter）著，向淑容，堯嘉寧譯，聯經出版，2016
15.《新階級：對共產主義制度的分析》（*The New Class: An Analysis of the Communist System*），吉拉斯（Milovan Djilas）著，居浩然譯，聯合報出版，1957
16.《不完美的社會》，吉拉斯（Milovan Djilas）著，葉倉譯，今日世界社，1970
17.《費正清中國回憶錄》（*Chinabound: A Fifty Year Memoir*），費正清（John King Fairbank）著，閆亞婷、熊文霞譯，五南圖書，2014
18.《斯大林的生與死》，路易斯・費希爾（Louis Fischer）著，彭志毅譯，張金鑒校，中國政法大學出版社，1989

19.《中國的第二個大陸》(*China's Second Continent: How a Million Migrants Are Building a New Empire in Africa*)，傅好文（Howard W. French）著，李奧森譯，麥田出版，2015
20.《從俾斯麥到希特勒》(*Von Bismarck zu Hitler: Ein Rückblick*)，賽巴斯提安・哈夫納（Sebastian Haffner）著，周全譯，左岸文化，2009
21.《最寒冷的冬天：美國人眼中的朝鮮戰爭》(*The Coldest Winter: America and the Korean War*)，大衛・哈伯斯塔姆（David Halberstam）著，王祖寧、劉寅隆譯，重慶出版社，2006
22.《往事與隨想（共三冊）》，亞歷山大・赫爾岑（Alexander Herzen）著，巴金、臧仲倫譯，譯林出版，2009
23.《中國近代史》，徐中約（Immanuel C. Y. Hsu）著，計秋風、鄭會欣譯，茅家琦、錢承旦校，中文大學出版社，2019
24.《周恩來傳》，許芥昱著，張北生譯，香港明報出版，1976
25.《戰後歐洲六十年1945～2005（共四卷）》(*Postwar: A History of Europe since 1945*)，東尼・賈德（Tony Judt）著，黃中憲譯，左岸文化，2013
26.《史達林：從革命者到獨裁者》(*Stalin: New Biography of a Dictator*)，奧列格・賀列夫紐克（Oleg V. Khlevniuk）著，陳韻聿譯，左岸文化，2018
27.《赫魯曉夫回憶錄》，赫魯曉夫（Nikita Khrushchev）著，述弢、王尊賢等譯，社會科學文獻出版社，2006
28.《克魯泡特金自傳》(*Memoirs of a Revolutionist*)，彼得・克魯泡特金（Kropotkin, Peter）著，巴金譯，三聯書局，1985
29.《列寧回憶錄》(*Memories of Lenin*)，娜・康・克魯普斯卡婭（Nadezhda Krupskaya）著，哲夫譯，人民出版社，1960
30.《李潔明回憶錄》，李潔明（James R. Lilley）著，林添貴譯，時報出版，2003。
31.《毛澤東最後的革命》(*Mao's Last Revolution*)，羅德里克・麥克法夸爾（Roderick MacFarquhar）、沈邁克

（Michael Schoenhals）著，關心譯，左岸文化，2010

32. 《共產黨宣言》（*Manifest der Kommunistischen Partei*），馬克思（Karl Marx）、恩格斯（Friedrich Engels）著，中共中央編譯局譯，人民出版社，1992

33. 《論巴黎公社》，中共中央編譯局編，人民出版社，1971

34. 《赫魯曉夫》，羅伊・麥德維杰夫（Roy Medvedev）著，王德樹、李家祿譯，人民出版社，1986

35. 《馬克思》（*Karl Marx: A Biography*），大衛・麥克里蘭（David McLellan）著，王珍譯，五南出版，2012

36. 《麥納馬拉越戰回顧》（*In Retrospect: The Tragedy and Lessons of Vietnam*），羅伯・麥納瑪拉（Robert S. McNamara）、布萊恩・范德瑪（Brian VanDeMark）著，汪仲、李芬芳譯，智庫文化，2004

37. 《論法的精神》，孟德斯鳩（*Montesquieu*）著，張雁深譯，臺灣商務印書館，1998

38. 《蔣介石：失敗的獨裁者》（*Victorious In Defeat: The Life and Times of Chiang Kai-Shek, China, 1887-1975*），亞歷山大・潘佐夫（Alexander V. Pantsov）著，梁思文、張淑娟譯，聯經出版，2023

39. 《毛澤東：真實的故事》（*Mao: The Real Story*），亞歷山大・潘佐夫（Alexander V. Pantsov）、梁思文（Steven I. Levine）著，林添貴譯，聯經出版，2015

40. 《出賣中國：中國貪腐分析報告（全新修訂版）》（*China's Crony Capitalism: The Dynamics of Regime Decay*），裴敏欣（Minxin Pei）著，梁文傑譯，八旗文化，2022

41. 《二十世紀的教訓：卡爾・波柏訪談錄》（*The Lesson of this Century: with two talks on freedom and the democratic state*），卡爾・波柏（Karl Popper）口述，吉安卡羅・波賽提（Giancarlo Bosseti）採訪，王凌霄譯，貓頭鷹出版社，2000

42. 《開放社會及其敵人》（*The Open Society and Its Enemies*），卡爾・波柏（Karl Popper）著，莊文瑞、李英明編譯，桂冠出版，1992

43. 《列寧的墳墓：一座共產帝國的崩潰》（*Lenin's Tomb: The Last Days of the Soviet Empire*），大衛・雷姆尼克（David

Remnick）著，林曉欽譯，八旗文化，2014

44. 《社約論》（*DU CONTRAT SOCIAL*），盧梭（Jean-Jacques Rousseau）著，徐百齊譯，臺灣商務印書館，2006

45. 《低端人口：中國，是地下這幫鼠族撐起來的》（*Le peuple des rats: Dans les sous-sols interdits de la Chine*），派屈克・聖保羅（Patrick Saint-Paul）譯，聯經出版，2018

46. 《鏖門的年代：1941至1975年間的美越關係》（*A Time for War: The United States and Vietnam, 1941-1975*），羅伯特・史丘欽格（Robert D.Schulzinger）著，席代岳譯，麥田出版社，2001

47. 《國富論》（*The wealth of nations*），亞當・斯密（Adam Smith）著，謝宗林、李華夏譯，先覺出版，2000

48. 《西行漫記》（*Red Star Over China*），愛德加・帕克斯・史諾董（Edgar Parks Snow）著，樂山譯，東方出版，2015

49. 《追尋現代中國》（*The Search for Modern China*），史景遷（Jonathan D. Spence）著，溫洽溢譯，時報出版，2001

50. 《到不自由之路：普丁的極權邏輯與全球的民主危機》（*The Road to Unfreedom: Russia, Europe, America*），提摩希・史奈德（Timothy Snyder）著，林俊宏譯，聯經出版，2023

51. 《蔣經國傳》（*The Generalissimo's Son: Chiang Ching-kuo and the Revolutions in China and Taiwan*），陶涵（Jay Taylor）著，林添貴譯，時報出版，2000

52. 《洛克與政府論》，洛伊德・湯瑪斯（D. A. Lloyd Thomas）著，黃煜文譯，五南出版，2015

53. 《舊制度與大革命》（*L'Ancien Régime et la Révolution*），阿勒克西・德・托克維爾（Alexis de Tocqueville）著，李焰明譯，時報出版，2015

54. 《托洛斯基自傳》，托洛斯基（Leon Trotsky）著，勝利譯，問學出版社，1988

55. 《杜魯門回憶錄（上下卷）》，杜魯門（Harry Truman）著，李石譯，東方出版社，2007

56. 《基督新教倫理與資本主義精神》（*Die protestantische Ethik und der Geist des Kapitalismus*），韋伯（Max Weber）著，康樂、簡惠美譯，遠流出版，2007

57.《周恩來傳》，迪克．威爾遜（Richard Wilson）著，封長虹譯，國際文化出版公司，2011

外文原著，暫無中譯本

1. *World Communism*, Franz Borkenau, University of Michigan Press, 1962
2. *The Rise and Fall of Communism*, Archie Brown, Ecco, 2009
3. *Stalin: A Political Biography*, Isaac Deutscher, Oxford University Press, 1974
4. *The Cold War: A New History*, John Lewis Gaddis, Penguin, 2006
5. *The Best and the Brightest*, David Halberstam , Ballantine Books, 1993
6. *A Fragile Relationship: The United States and China since 1972*, Harry Harding , Brookings Institution Press, 1992
7. *Armageddon Averted: The Soviet Collapse, 1970-2000*, Stephen Kotkin, Oxford University Press, 2003
8. *Stalin: Paradoxes of Power,1878-1928*, Stephen Kotkin, Penguin Books, 2014
9. *Stalin: Waiting for Hitler,1929-1941* , Stephen Kotkin, Penguin Books, 2018
10. Lizarralde, Carlos. *Venezuela's Collapse: The Long Story of How Things Fell Apart*, Carlos Lizarralde, Independently published, 2024
11. *The Life and Death of Lenin*, Robert Payne, Simon & Schuster, 1964
12. *Wealth and Power: China's Long March to the Twenty-first Century*, Orville Schell and John Delury, Random House, 2013
13. *The Oxford Handbook of the History of Communism*, S. A. Smith, Oxford University Press, 2013
14. *Gorbachev: His Life and Times*, William Taubman, W.W. Norton & Company, 2017
15. *Khrushchev: The Man and his Era*, William Taubman, W. W. Norton & Company, 2003
16. *Stilwell and the American Experience in China, 1911-45*, Barbara W. Tuchman, Random House, 2001
17. *Collapse: The Fall of the Soviet Union*, Vladislav M. Zubok, Yale University Press, 2021

另眼看歷史——

共產世界大歷史

一個革命理想的形成與破滅（5週年增訂新修版）

A Macrohisory of the Communist World 2nd Edition: The Making and Unmaking of a Revolutionary Ideal

作　者——呂正理
主　編——沈依靜
企劃／校對——國軒　封面設計——萬勝安　內文排版——張彩梅　地圖繪製——楊景涵
圖片授權——p.218, p.229, p.259, p.272, p.274, p.299, p.307, p.315, p.334, p.339, p.370, p.392, p.401, p.402, p.411, p.424, p.432, p.468, p.499, p.527（以上20幀・達志影像）；封面：「捷克絲絨革命——布拉格・1989年11月25日・萊特納公園・人群」（授權公眾創用・攝影、掃描者ŠJů.），「1933年蘇聯大飢荒（地圖）」，「莫斯科・克里姆林宮（從河上拍攝）1920年代初」，「柏林圍牆・1989年4月」（授權公共創用・攝影、掃描者Kuebi=Armin Kübelbeck），「另眼看歷史icon」（購自vecteezy.com・萬勝安上色）；書腰：「天安門廣場・2020年8月25日」（授權公共創用・數位攝影者N509FZ）；封底：戈巴契夫，六四坦克人，波蘭團結工聯（以上3幀・達志影像）；全書未注明攝／作者，均屬公眾領域。

發 行 人——王榮文
出版發行——遠流出版事業股份有限公司
地　址——104005臺北市中山北路一段11號13樓
電　話——（02）2571-0297
傳　真——（02）2571-0197
郵　撥——0189456-1
著作權顧問——蕭雄淋律師

2025年6月1日　二版一刷
定價——新臺幣630元
ISBN——978-626-418-150-1

遠流出版公司

https://www.ylib.com
ylib@ylib.com

國家圖書館出版品預行編目（CIP）資料

共產世界大歷史：一個革命理想的形成與破滅 = A Macrohisory of the Communist World 2nd Edition: The Making and Unmaking of a Revolutionary Ideal／呂正理著. -- 二版. -- 臺北市：遠流出版事業股份有限公司, 2025.06
572面；17×23公分
5週年增訂新修版
ISBN 978-626-418-150-1(平裝)
1. CST: 共產主義
549.309　　114003381